Paarformeln in mittelalterlichen Stadtrechtstexten

DEUTSCHE SPRACHGESCHICHTE

TEXTE UND UNTERSUCHUNGEN

Herausgegeben von
Thomas Klein, Eckhard Meineke, Hans Ulrich Schmid,
Hans-Joachim Solms, Klaus-Peter Wegera und Claudia Wich-Reif

BAND 5

Zu Qualitätssicherung und Peer Review der vorliegenden Publikation

Die Qualität der in dieser Reihe erscheinenden Arbeiten wird vor der Publikation durch mindestens zwei Herausgeber der Reihe geprüft.

Notes on the quality assurance and peer review of this publication

Prior to publication, the quality of the work published in this series is reviewed by at least two of the editors of the series.

Frauke Thielert

Paarformeln in mittelalterlichen Stadtrechtstexten

Bedeutung und Funktion

PETER LANG
EDITION

Bibliografische Information der Deutschen Nationalbibliothek
Die Deutsche Nationalbibliothek verzeichnet diese Publikation in der Deutschen Nationalbibliografie; detaillierte bibliografische Daten sind im Internet über http://dnb.d-nb.de abrufbar.

Zugl.: Bochum, Univ., Diss., 2015

Umschlagabbildung:
© Frauke Thielert

D 294
ISSN 1619-098X
ISBN 978-3-631-67012-5 (Print)
E-ISBN 978-3-653-06162-8 (E-Book)
DOI 10.3726/978-3-653-06162-8

Peter Lang Edition ist ein Imprint der Peter Lang GmbH.

Peter Lang – Frankfurt am Main · Bern · Bruxelles · New York · Oxford · Warszawa · Wien

Diese Publikation wurde begutachtet.

www.peterlang.com

Vorwort

Die Idee zu dieser Arbeit entstand im Rahmen eines Seminars an der Ruhr-Universität Bochum mit dem Thema „Recht in der Literatur – Literatur im Recht". Sie wurde im Wintersemester 2014/15 von der Philologischen Fakultät der Ruhr-Universität Bochum als Dissertation angenommen.

Mein besonderer Dank gilt an erster Stelle meinem Doktorvater, Prof. Dr. Klaus-Peter Wegera, der meine wissenschaftliche Entwicklung stets gefördert und die Erstellung dieser Arbeit mit Anregungen und Kritik begleitet hat. Weiterhin möchte ich PD Dr. Andreas Rüther für die Übernahme des Korreferats danken, sowie Prof. Dr. Simon Dickel, Prof. Dr. Manfred Eikelmann und Prof. Dr. Luuk Houwen dafür, dass sie mit mir disputiert haben.

Für die Aufnahme in die Reihe „Deutsche Sprachgeschichte. Texte und Untersuchungen" möchte ich mich ganz herzlich bei Prof. Dr. Thomas Klein, Prof. Dr. Eckhard Meineke, Prof. Dr. Hans Ulrich Schmid, Prof. Dr. Hans-Joachim Solms, Prof. Dr. Klaus-Peter Wegera und Prof. Dr. Claudia Wich-Reif bedanken.

An dieser Stelle sind aber auch meine Freunde und Kollegen zu erwähnen, die durch ihre fachliche und persönliche Unterstützung zum Gelingen dieser Arbeit beigetragen haben. Stellvertretend sind hier Dr. Nina Bartsch und Roxana Kotula zu nennen, denen ich für ihre akribische Korrekturarbeit danken möchte.

Zu guter Letzt gilt mein sehr persönlicher Dank meiner Familie und meinem Lebensgefährten für ihre Geduld und ihren Beistand. Meinem Vater, der die Fertigstellung dieser Arbeit leider nicht mehr erleben durfte, danke ich dafür, dass er mein Interesse an Geschichte und Sprache geweckt und stets gefördert hat. Ihm sei diese Arbeit gewidmet.

Inhaltsverzeichnis

Dieses Werk enthält zusätzliche Informationen als Anhang. Sie können von unserer Website heruntergeladen werden. Die Zugangsdaten entnehmen Sie bitte der letzten Seite der Publikation.

I. Einleitung

Paarformeln werden zumeist nach dem Verhältnis ihrer Glieder zueinander kategorisiert und im Hinblick auf Rechtstexte als eine frühe Form der Definition bezeichnet.[1] Es erscheint allerdings widersinnig, wenn eine Definition tautologische Ausdrücke miteinander kombiniert, da der so erfasste Begriff ohne Weiteres auch mit einem Wort wiedergegeben werden könnte. Ausgehend von diesem Widerspruch entwickelte sich die Idee, die Bedeutung und Funktion von Paarformeln in Rechtstexten genauer zu untersuchen.

Da die Funktion von Paarformeln in literarischen Texten anders bewertet wird als in Rechtstexten[2], bezieht sich die folgende Untersuchung ausschließlich auf mittelalterliche Rechtstexte. Diese können allerdings sehr unterschiedlicher Natur sein, sie können beispielsweise Rechtsgeschäfte nachträglich schriftlich fixieren (Urkunden) oder präskriptiver Natur sein (Gesetze, Verordnungen) und können sich dementsprechend in ihrer sprachlichen Gestaltung signifikant voneinander unterscheiden. Die Festlegung dieser Untersuchung auf präskriptive Texte städtischer Herkunft ist in der Absicht begründet, ein Korpus von Texten zugrunde zu legen, das Zeugnisse enthält, die weitestgehend der gleichen Lebensrealität und Verschriftlichungsabsicht entstammen, in denen demzufolge eine größtmögliche inhaltliche Übereinstimmung zu erwarten ist.[3] Diese Beschränkung ergibt sich zum einen aus der bisherigen Vernachlässigung dieser häufig überlieferten Textsorte in Bezug auf Paarformeln, zum anderen aus der Absicht, die von Grimm

---

1 vgl. z.B. Ruth Schmidt-Wiegand: Paarformeln, in: Handwörterbuch zur deutschen Rechtsgeschichte, 5 Bde., hrsg. u. begr. v. Wolfgang Stammler, Adalbert Erler und Ekkehard Kaufmann, Berlin 1971–1998 [HRG], Bd. III, Sp. 1387–1393 [Schmidt-Wiegand: Paarformeln]; Stefan Sonderegger: Die Sprache des Rechts im Germanischen, in: Schweizer Monatshefte 42, (1962/63), S. 268 [Sonderegger: Sprache des Rechts].

2 vgl. z.B. Werner Besch: Zweigliedriger Ausdruck in der deutschen Prosa des 15. Jahrhunderts, in: Neuphilologische Mitteilungen 65 (1964), S. 200–221 [Besch: Zweigliedriger Ausdruck]. Zu den Bedeutungs- und Funktionsunterschieden identischer Paarformeln in Recht und Literatur vgl. Frauke Thielert. Zwischen Rechtsformel und rhetorischem Stilmittel: Zur Bedeutung und Funktion von Paarformeln in Hartmanns von Aue „Iwein", in: Nina Bartsch/ Simone Schultz-Balluff: Perspektivwechsel. Oder: Die Wiederentdeckung der Philologie. Bd. 2: Grenzgänge und Grenzüberschreitungen. Zusammenspiele von Sprache und Literatur in Mittelalter und Früher Neuzeit (zugleich FS Klaus-Peter Wegera). Berlin 2016 [im Druck].

3 Zur Korpuszusammenstellung vgl. Kap. V.3.

und ihm nachfolgenden Sprach- und Rechtshistorikern aufgestellte Behauptung, dass in Stadtrechten Paarformeln in geringerer Anzahl verwendet werden würden als in anderen Rechtstextsorten,[4] zu überprüfen und ggf. zu modifizieren.

Da im Folgenden die Untersuchung der Bedeutung und Funktion von Paarformeln in Rechtstexten im Vordergrund steht, ist es notwendig, die bisherigen Definitionen einer genauen Überprüfung auf ihre Anwendbarkeit für diesen Themenbereich zu unterziehen und eine speziell auf rechtliche Kontexte ausgerichtete Definition des Paarformelbegriffs zu entwickeln.[5] Hierzu ist es unerlässlich, zunächst die bisherige Forschungsgeschichte und den jetzigen Stand der Forschungsdiskussion eingehend darzustellen.

Daran anschließend wird in gesonderten Kapiteln auf die Geschichte der deutschen Stadt und auf das Stadtrecht bzw. städtische Recht eingegangen. Dies erscheint notwendig, da die mittelalterliche Stadt als besonderer Lebensraum mit einer anders gearteten Gesellschafts-, Verwaltungs- und Wirtschaftsstruktur sich von dem sie umgebenden Land abhebt und dementsprechend neue, an die Verhältnisse dieses sich entwickelnden Lebensraums angepasste Rechtsvorschriften erfordert. Diese neuen Rechtsvorschriften beruhen auf Privileg und Gewohnheit, werden aber orientiert an den Bedürfnissen von Handel und Gewerbe durch städtische Satzungen und Willküren erweitert. Es werden so neuartige Formen des Güter- und Handelsverkehrs entwickelt, die eine Fixierung in schriftlicher Form verlangen.

Diese schriftliche Fixierung bildet die Basis der vorliegenden Arbeit, dabei wird der zeitliche Rahmen für die Auswahl der Texte nicht aufgrund sprachhistorischer Erwägungen festgesetzt, sondern mit Blick auf die rechtshistorischen Entwicklungen gewählt. Diese Überlegung führt zu einer Festlegung auf einen Zeitraum, der mit dem Aufkommen deutschsprachiger, städtischer Gesetzgebung beginnt und mit der sog. Rezeption des römischen Rechts um ca. 1500 endet. Aus 20 über den deutschsprachigen Raum verteilten Texten städtischer Gesetzgebung werden zunächst die auftretenden ‚Paarformeln' tabellarisch erfasst, anhand des Wörterbuchs von Matthias Lexer[6] lemmatisiert und in ihrem jeweiligen Verwendungskontext verortet.

---

4 vgl. z.B. Jakob Grimm: Deutsche Rechtsaltertümer, Bd. 1., 4. Aufl., Darmstadt 1974, S. X [Grimm: Rechtsaltertümer]; Gerhard Salomon: Die Entstehung und Entwicklung der deutschen Zwillingsformeln, Göttingen 1919, S. 34 [Salomon: Zwillingsformeln].

5 vgl. Kap. V. 1.

6 Matthias Lexer: Mittelhochdeutsches Handwörterbuch, 3 Bde., Leipzig 1872–1878 (online abrufbar unter: http://woerterbuchnetz.de/Lexer/).

Die so erfassten Belege bilden die Grundlage für die in der Auswertung unternommene Untersuchung, die v.a. die semantischen Eigenschaften und Funktionen von Paarformeln in mittelalterlichen Rechtstexten thematisiert. Die Strukturierung der Untersuchung nach juristischen Begriffen wie z.B. ‚natürliche Person' oder ‚Objektives Recht' dient ausschließlich der Übersichtlichkeit und impliziert keinerlei Gleichsetzung zum heutigen Recht und seinen Rechtsbegriffen. Abgesehen von diesen mehrere Formeln umfassenden Kapiteln werden in der Analyse ebenfalls einzelne Formeln berücksichtigt, die entweder in der bisherigen Forschung diskutiert werden oder in höherer Frequenz im Korpus belegt sind. In der Auswertung wird dabei grundsätzlich die Frage nach der Struktur, der Bedeutung und der Funktion der Formeln in den jeweiligen Verwendungskontexten im Vordergrund stehen. Hierzu ist neben der Betrachtung der gesamten Formeln eine gesonderte Betrachtung der die Glieder verbindenden Konjunktion notwendig, die einen erheblichen Einfluss auf die Bedeutung und Funktion einer Wortverbindung hat.

Zum Abschluss wird noch ein Exkurs zum Wandel formelhafter Wendungen anhand ausgewählter Beispiele unternommen. Hier soll v.a. der Frage nachgegangen werden, welche Gründe sich für bzw. gegen eine Weiterverwendung der jeweiligen Formeln im heutigen Sprachgebrauch erkennen lassen.

II. Forschungsüberblick

Seit dem frühen 19. Jahrhundert beschäftigt sich die germanistische Forschung mit der sprachlichen Erscheinung der Paarformel in mittelalterlichen Rechtstexten. Häufig liegt der Fokus dabei auf der Frage nach der Herkunft der Formeln und ihrer Abhängigkeit von anderen Sprachen, v.a. dem Lateinischen. Bei den Untersuchungen zur Semantik von Formeln und deren Funktion im Rechtstext handelt es sich zumeist um Einzelfalluntersuchungen, die lediglich eine oder zwei Formeln im Blick haben. In den seltensten Fällen – zumeist nur im Bereich der Urkundensprache – wird die Verwendung von Paarformeln innerhalb einer Rechtstextsorte untersucht.

Die ersten Ansätze zur Beschäftigung mit der Paarformel als Element des mittelalterlichen volkssprachigen Rechts bzw. deren sprachlicher Verwendung finden sich bereits 1828 bei Jacob Grimm. In seinem Werk ‚Deutsche Rechtsaltertümer' beschäftigt er sich mit dem Phänomen der Paarformel, allerdings ohne diese begrifflich zu benennen, Grimm spricht in diesem Kontext von einem Merkmal der „germanischen Rechtssprache"[7]. Ausgehend von der Überzeugung, dass „jedes recht [...] technische althergebrachte ausdrücke [hat], die sich vor gericht erhalten"[8], sammelt Grimm Formeln, die er sowohl in deutschsprachigen als auch lateinischen, angelsächsischen und skandinavischen Rechtsquellen findet und führt diese nach Kategorien geordnet auf.

Er wählt dabei die Kategorien, die in der ihm nachfolgenden Forschungsdiskussion auch weiterhin die Grundlage bilden: alliterierend, (end-)reimend, tautologisch und negativ schließend. Diese, nach heutigem Forschungsstand als Paarformeln zu bezeichnenden Erscheinungen, stellen für Grimm „grundformen der alten rechtssprache"[9] dar, deren Funktion er als die eines technischen Rechtswortes umschreibt. Diese Formeln führt er nachfolgend unter den Überschriften ‚Alliteration' (S. 8), ‚Reim' (S. 17), ‚Tautologie' (S. 19) und ‚negativer Schlusssatz' (S. 37) auf. Die Alliteration hält er für eine in der deutschen Sprache und Dichtung tief verwurzelte Form, die auch in deutschen Rechtstexten zahlreich zu finden sei. Kennzeichnend für eine Alliteration ist für Grimm, dass „nur gleichartige redetheile, nicht ungleichartige, gebunden werden"[10]. Darunter

7 Grimm: Rechtsaltertümer, S. 1.
8 Grimm: Rechtsaltertümer, S. 1.
9 Grimm: Rechtsaltertümer, S. 45.
10 Grimm: Rechtsaltertümer, S. 8.

versteht er, dass beide Glieder grundsätzlich dem gleichen Lebensbereich entstammen, wie *bann und gebot*; *geld und gut*; *küche und keller*. Er unterteilt diesen Abschnitt in substantivische, adjektivische und verbale Alliterationen.

Während Grimm auf eine Erläuterung zu den endreimenden Formeln verzichtet und lediglich auf das von ihm angenommene geringere Alter dieser Formeln im Vergleich zu den alliterierenden verweist, scheinen ihm die tautologischen Formeln eine genauere Betrachtung wert zu sein. Zu diesen merkt er an, dass einerseits das zweite (oder auch dritte) Glied den Gedanken des ersten Gliedes wiederaufnimmt, um dessen Sinn zu verstärken und dem Gesagten mehr Festigkeit zu verleihen, andererseits durch das zweite (oder dritte) Glied – und hier stellt sich die Frage, ob es sich noch um reine Tautologien handelt – bestimmte Besonderheiten des ersten Glieds hervorgehoben werden. Er unterteilt diesen Abschnitt in zweigliedrige und dreigliedrige Formeln, die in der heutigen rechts- und sprachhistorischen Forschung als ‚synonyme Wortreihen'[11] bezeichnet werden. Zu den Formeln mit negativem Schlusssatz gibt Grimm lediglich an, dass auch diese zur Dreigliedrigkeit erweitert werden könnten, wobei dann die ersten beiden Glieder positiv bleiben und das letzte negiert wird wie z.B. „recht erlauben u[nd] unrecht verbieten"[12] oder „stete, feste u[nd] ungebrochen"[13]

In dem an die Paarformeln anschließenden Kapitel zu den ‚Formeln' beschäftigt Grimm sich überwiegend mit Redensarten und Sentenzen, worunter sich allerdings auch einige zu Paaren verbundene Sätze finden lassen.[14] Er selbst spricht von „feierlichen, wiederkehrenden und sinnlich gewandten Redensarten"[15]. Auch hier finden sich in seinen umfangreichen Auflistungen zahlreiche Paarformeln, die von ihm allerdings nicht als solche gekennzeichnet werden.

Grimms ‚Deutsche Rechtsaltertümer' sind v.a. durch sein Bemühen gekennzeichnet, Material zusammenzutragen. Obwohl er für diese Materialsammlung schon weitaus mehr Quellen, v.a. aus dem Bereich der Weistümer, als seine Vorgänger[16] heranzieht, scheint ihm, wie die Vorworte zur 2. und 4. Ausgabe zeigen,

11 Schmidt-Wiegand: Paarformeln, Sp. 1387–1393.

12 Grimm: Rechtsaltertümer, S. 38.

13 Grimm: Rechtsaltertümer, S. 40.

14 Grimm: Rechtsaltertümer, S. 8ff.

15 Grimm: Rechtsaltertümer, S. 45.

16 Mit Vorgängern sind hier die Kompilatoren von Sprichwörtern und Sentenzen gemeint, die bereits im 16. Jahrhundert beginnen, Sprichwörter zu sammeln und zu erläutern. Zu nennen sind hier z.B.: Johannes Agricola: Sibenhundert vnd funfftzig Deutscher Spruechwœrter/ ernewert/ vnd gebessert/ Durch Johan. Agricola. Mit vielen schœnen lustigen vnd nuetzlichen Historien vnd Exempeln erkleret vnd ausgelegt, Wittenberg

der Forschungsgegenstand auch nach der Herausgabe der ‚Rechtsaltertümer' nicht erschöpfend behandelt zu sein. Grimms Leistung liegt v.a. darin, wie Gerhard Dilcher es zusammenfasst, dass es ihm allein durch das Zusammentragen von Material gelungen sei, zu zeigen,

> „dass es sich bei den zwei- und dreigliedrigen Formeln um eine Erscheinung handelt, die in der ganzen älteren deutschen Rechtssprache von den uns bekannten Anfängen bis ins späte Mittelalter (und darüber hinaus) beheimatet ist."[17]

Bei aller Vorsicht, die Grimm bei der Zusammenstellung seines Materials walten lässt, kommt er dennoch zu dem Schluss, dass

> „durch alle weisthümer [...] eine ziemlich gleichförmige terminologie [gehe], die, weil keine gegend von der andern entlehnte, auf einem traditionell fortgepflanzten alterthume beruht."[18]

Landschaftliche Abweichungen im Bereich der Lexik der einzelnen Glieder erscheinen ihm, solange das semantische Paradigma davon nicht berührt wird, als unwesentlich.[19] Zusammenfassend lässt sich sagen, dass Grimm, ohne den in der auf ihn folgenden Forschungsdiskussion üblichen Begriff ‚Paarformel' zu verwenden, dennoch die Grundlage zur Diskussion desselben gelegt hat. Durch seinen akribischen Willen zur Zusammenstellung aller Formeln, derer er habhaft wird, hat er der ihm nachfolgenden Forschung die Basis geschaffen. Die von ihm entworfenen Kriterien lassen sich in der Folge in den unterschiedlichen Definitionsansätzen wiederfinden, wobei dieses Spektrum wahlweise erweitert oder verengt werden kann, das Gerüst aber weitestgehend konstant bleibt.

Grimm selbst befasst sich in seiner Abhandlung zur ‚Poesie im Recht', aus der der oft zitierte Ausspruch „dasz recht und poesie miteinander aus einem bette aufgestanden waren"[20] stammt, erneut mit dem Phänomen der Paarformel. Poesie und Recht scheinen ihm verwandt zu sein, dies sieht er in der Sprache widergespiegelt. Als Beweis führt er verschiedene dem Recht und der Dichtung gemeinsame

---

1582; Friedrich Petri: Der Teutschen Weissheit. Faksimiledruck der Ausgabe von 1604/05, hrsg. und eingel. von Wolfgang Mieder, Bern 1983 (Nachdrucke deutscher Literatur des 17. Jahrhunderts, Bd. 46) oder Johann Christian Blums: Deutsches Sprichwörterbuch, 2 Bde., Hildesheim 1990 (Nachdruck der Ausg. Leipzig 1780 und 1782).

17 Gerhard Dilcher: Paarformeln in der Rechtssprache des frühen Mittelalters, Frankfurt/Main 1961, S. 11 [Dilcher: Paarformeln].

18 Grimm: Rechtsaltertümer, S. 7.

19 vgl. Grimm: Rechtsaltertümer, S. 1ff.

20 Jakob Grimm: Von der Poesie im Recht, in: Kleinere Schriften von Jakob Grimm, Bd. 6, Berlin 1882, S. 153 [Grimm: Poesie].

Begrifflichkeiten an[21], um in der Folge auf die den beiden gemeinsamen Alliterationen und Reime einzugehen.[22] Wie für die Poesie nimmt Grimm für das Recht und das Sprechen vor Gericht Stäbe und Reime, also dichterische Formen, an. Dieser Ansatz wird in der Folge auch von Otto Gierke[23] und anderen Rechtshistorikern[24] verfolgt und weiter ausgebaut. So ergänzt Andreas Heusler[25] Grimms Theorie um den mnemotechnischen Aspekt von Stabreimen, der gerade in einer illiteraten Gesellschaft wesentlich gewesen sei. Karl-Siegfried Bader verweist auf die kultisch-sakralen Aspekte, die spezifischer Bestandteil der Rechtssprache seien.[26]

Gegen alle genannten Ansätze wurden in der Folge Gegenargumente angeführt, von denen hier beispielhaft die von Stefan Sonderegger und Gerhard Köbler vor einer weiteren vertieften Auseinandersetzung mit der Forschungsgeschichte erläutert werden sollen. Sonderegger stellt sich in seinem Aufsatz zur ‚Sprache des Rechts im Germanischen' die Frage, inwieweit Grimms Thesen einer philologischen Prüfung standhalten können. Dazu geht er zunächst auf die uneinheitliche Rechtsüberlieferung ein, die seiner Ansicht nach einen „ganz ungleichen Anteil poetischer Elemente und Formeln"[27] aufweist. Er stellt fest, dass in unterschiedlichen Rechtshandlungen voneinander abweichende Formulierungen verwendet werden. In einem weiteren Schritt grenzt er das Verhältnis von gesprochener Sprache in Recht und Dichtung voneinander ab, indem er für das Recht einen hohen Anteil gesprochener Sprache ausmacht (Rechtsvortrag, Sprechsätze, Eide etc.),

---

21 vgl. Grimm: Poesie, S. 155ff.

22 vgl. Grimm: Poesie, S. 159ff. Vgl. hierzu auch die Ausführungen zu Walther Merk: Werdegang und Wandel der deutschen Rechtssprache, Marburg 1933 [Merk: Werdegang] und Hans Fehr: Kunst und Recht, Bd. 3: Die Dichtung im Recht, Bern 1936 [Fehr: Dichtung im Recht].

23 vgl. Otto von Gierke: Das deutsche Genossenschaftsrecht, Bd. 2: Geschichte des deutschen Körperschaftsbegriffs, Berlin 1873, S. 12f.: „Unausgesondert noch lebte und wirkte im Recht das religiöse, das ethische das dichterische Element […]".

24 vgl. hierzu: Heinrich Brunner: Deutsche Rechtsgeschichte, Bd. 1, 2. Aufl., Berlin 1906; Karl von Amira: Grundriß des germanischen Rechts, Bd. 1, 3. Aufl., Straßburg 1913; Hermann Conrad: Deutsche Rechtsgeschichte, Bd. 1: Frühzeit und Mittelalter, 2. Aufl., Karlsruhe 1962.

25 vgl. Andreas Heusler: Deutsche Versgeschichte, Bd. 1, Berlin/Leipzig 1925, S. 12ff.

26 vgl. Karl Siegfried Bader: Recht – Geschichte – Sprache, in: Historisches Jahrbuch 93 (1973), S. 19: „Wichtiger noch als diese Fragen, die es überwiegend mit Formelementen zu tun haben, scheint uns aus rechtshistorischer Sicht die ursprüngliche Funktion der Rechtssprache zu sein. […] Für die Frühzeit ist der sakrale Ursprung der Wortgebundenheit unstreitig." hierzu auch: Dilcher: Paarformeln, S. 30ff.

27 Sonderegger: Sprache des Rechts, S. 263.

der sich in der Dichtung nicht nachweisen lasse. Während die Dichtung nur „das hochstehende, kompliziert, abgewogene Gespräch“[28] kenne, sei die Rechtssprache „voller Kurzreden, voller Anlässe, jemanden mit einer Beleidigung oder Ehrverletzung vor Gericht ziehen zu lassen.“[29]

Auch im Bereich von Wortzusammensetzungen und bezüglich des Stabreims kann er keinerlei Gemeinsamkeiten entdecken. Während die Rechtssprache zu Stabverbindungen neige, vermeide die Sprache der Dichtung diese. Der Stabreim im Recht verwende häufig eine Stabung mit gleichen Begriffen oder wurzelverwandten Wörtern, ein Vorgehen, das in der Dichtung möglichst umgangen werde. Zusätzlich fehle der Rechtssprache jegliche dichterische Variation. Sie verfüge zwar über eine Reihe von Paarformeln, deren Funktion allerdings in einer „Frühform der Definition“[30] gesehen werde müsse:

> „[...] sie mag ursprünglich magischen Charakter gehabt haben, in ihr liegt aber nicht wie bei der Variation ein behagliches Auskosten der gleichen Vorstellung in verschiedenen Stilfiguren, sondern sie visiert deutlich ein ganzes an und läßt sich im allgemeinen nicht in ihre Bestandteile zerlegen [...]“[31]

Die der Rechtssprache eigentümliche Bildhaftigkeit sieht Sonderegger ebenso als zweckgebunden an. Rechtssprache, so Sonderegger weiter, verfahre nicht nach ästhetischen Kriterien, sondern nach dem Grundsatz der Eindeutigkeit und Einprägsamkeit. Er kommt zu dem Schluss, dass Grimms Ausführungen „eigentlich gar kein Beitrag zur Rechtssprachenforschung, sondern ein Aufsatz zur romantischen Lehre von den Dichtungsgattungen“[32] seien.

Köbler, der zu einem ganz ähnlichen Schluss kommt wie Sonderegger, versucht basierend auf den Analysen von Harald Erhardt[33] und Bärbel Baum[34] zum Stabreim, „das Verhältnis der einzelnen Stabreime zum Gesamtumfang einer ausgewählten Quelle zu ermitteln.“[35] Dabei grenzt er Zufallsstabreime und Absichtsstabreime voneinander ab. Als Zufallsstabreim bezeichnet er das zufällige Aufeinandertreffen gleich anlautender Wörter, die er als logische Folge des begrenzten Lautsystems einer jeden Sprache ansieht. Für das Althochdeutsche

28 Sonderegger: Sprache des Rechts, S. 265.
29 Sonderegger: Sprache des Rechts, S. 265.
30 Sonderegger: Sprache des Rechts, S. 268.
31 Sonderegger: Sprache des Rechts, S. 268.
32 Sonderegger: Sprache des Rechts, S. 270.
33 vgl. Harald Ehrhardt: Der Stabreim in altnordischen Rechtstexten, Heidelberg 1977.
34 vgl. Bärbel Baum: Der Stabreim im Recht, Frankfurt 1986.
35 Gerhard Köbler: Von dem Stabreim im deutschen Recht, in: Rechtshistorische Studien. Fs Hans Thieme, hrsg. v. Karl Kroeschell, Sigmaringen 1986, S. 23 [Köbler: Stabreim].

berechnet er anhand des Althochdeutschen Wörterbuchs von Rudolf Schützeichel[36] die statistische Häufigkeit von Zufallsalliterationen mit 7,788%[37], wobei er zwar die grundlegenden Möglichkeiten der Stabreimbildung im Althochdeutschen berücksichtigt, sich dennoch der Fehleranfälligkeit seiner Rechnungen bewusst bleibt.[38] In einem nächsten Schritt untersucht er die Häufigkeit von Stabreimen im Hildebrandslied. Dabei kommt er bei 441 Wortformen auf eine Gesamtzahl von 80 Stabreimen, was einen Anteil von ca. 18% ausmacht, wobei er nicht nur direkt aufeinanderfolgende, sondern auch weiter auseinanderliegende Worte betrachtet. Bei direkt aufeinanderfolgenden Worten liegt die Häufigkeit bei 12%. Aus der näheren Betrachtung der stabenden Worte schließt er, dass „der Stabreimdichter aus formalen Gründen zu bewußter Wortwahl gezwungen ist."[39]

Da frühmittelalterliche Rechtsquellen zumeist lateinisch abgefasst sind, greift Köbler zur Untersuchung der Häufigkeit von Stabreimen auf die Sprüche des Ingelheimer Oberhofs zurück, von denen Adalbert Erler[40] behauptet, dass in ihnen der Stabreim häufig vertreten sei. Von ca. 2.500 erfassten Sprüchen wählt er 66 per Zufallsprinzip aus (13.730 Wortformen). In diesen kann er 27 Stabreime nachweisen (pro ca. 500 Wortformen ein Stabreim), also nicht einmal ein Stabreim pro Schöffenspruch, und urteilt daher, dass „[d]emnach [...] keine Rede davon sein [kann], daß der Stabreim in Ingelheim häufig ist."[41] Viele der auftretenden Stabreime, wie z.B. *Schultheiß und Schöffen*, identifiziert er als Zufallsstabreime oder wie *mogende und macht* als regionale Eigentümlichkeit. Bei der Untersuchung eines einzelnen 183 Worte umfassenden Urteils kommt er auf 15 Zufallsstabreime und einen Absichtsstabreim, dies ergebe „für den Zufallsstabreim in etwa die vorausberechnete Wahrscheinlichkeit und für den Absichtsstabreim die vermutete Seltenheit"[42].

Als weiteres Argument gegen die Alliteration als spezifisch germanische Erscheinung, die dem ungelehrten Sprachempfinden entspringe, führt Köbler die

36 Rudolf Schützeichel: Althocheutsches Wörterbuch, 7., durchgesehene und verb. Auflage, Berlin/Boston/Mass. 2012.

37 Zu den Grundlagen seiner Berechnung vgl. Köbler: Stabreim, S. 23ff.

38 Köbler führt die Probleme seiner Berechnungen, die u.a. auf der Häufigkeit der Verwendung verschiedener Wörter beruhen, genauer aus, vgl. Köbler: Stabreim, S. 22ff.

39 Köbler: Stabreim, S. 30.

40 vgl. Adalbert Erler: Die älteren Urteile des Ingelheimer Oberhofes, Bd. 1, Frankfurt/Main 1952, S. 21ff.

41 Köbler: Stabreim, S. 30.

42 Köbler: Stabreim, S. 33.

ausführliche rhetorische Schulung mittelalterlicher Schreiber an[43], die eine unbeeinflusste Wortwahl (nahezu) unmöglich mache. Er kommt zu dem Ergebnis, dass zwar Absichtsalliterationen in Rechtstexten auftreten, eine Häufung dieser in Relation zum Gesamttext aber nicht nachweisbar sei und so die Basis für alle zum Stabreim vorgetragenen Theorien als hinfällig angesehen werden könnten.[44]

Mit Fokus auf die Paarformel in mittelalterlichen Rechtsquellen entstehen in Grimms Nachfolge verschiedene, thematisch eingegrenzte Arbeiten, die vorwiegend das Verhältnis von lateinischen und deutschen Formeln zu beleuchten versuchen, wie z.B. die Arbeit von Dietrich Schäfer, die das Verhältnis der Formel *mit minne oder mit rechte* zu der im Wormser Konkordat auftretenden Formel *consilio vel iudicio* untersucht.[45] Dabei ist Schäfer weder der Erste noch der Letzte, der sich mit dieser Formel beschäftigt: Bereits 1866 hat Carl Gustav Homeyer[46] eine Untersuchung zu dieser Formel vorgelegt, die auch in der Folgezeit z.B. bei Erich Gaisser mit Blick auf die Schöffensprüche[47], bei Hans Hattenhauer mit der Frage, ob *minne und rëht* als Ordnungsprinzipien des mittelalterlichen Rechts gelten können[48] oder Hermann Krause mit der Betrachtung des Sinngehalts der Formel ausführlich behandelt wurde.[49] Ein weiterer Schwerpunkt liegt auf der Untersuchung von Paarformeln in der Urkundensprache, wobei hier sowohl Überblicksdarstellungen zur

43 Diese rhetorische Ausbildung erkennt auch Regula Matzinger-Pfister als einen Grund für die Erweiterung der Paarformeln in Urkunden ab dem 14. Jahrhundert, vgl. Regula Matzinger-Pfister: Paarformel, Synonymik und zweisprachiges Wortpaar. Zur mehrgliedrigen Ausdrucksweise der mittelalterlichen Urkundensprache, Zürich 1972, S. 80 [Matzinger-Pfister: Urkundensprache].

44 Köbler: Stabreim, S. 33ff.

45 Dietrich Schäfer: Consilio vel judicio = mit minne oder mit rechte, in: Sitzungsberichte der Königlichen Preussischen Akademie der Wissenschaften zu Berlin, Berlin 1913, S. 719–733 [Schäfer: Consilio vel judicio].

46 Karl Gustav Homeyer: Über die Formel „der Minne und des Rechts eines anderen mächtig sein", in: Abhandlungen der Königlichen Akademie der Wissenschaften zu Berlin, hrsg. v. der Königlichen Akademie der Wissenschaften zu Berlin, Berlin 1866, S. 29–56 [Homeyer: Minne und Recht].

47 Erich Gaisser: Minne und Recht in den Schöffensprüchen des Mittelalters, Tübingen 1955 [Gaisser: Schöffensprüche].

48 Hans Hattenhauer: „Minne und recht" als Ordnungsprinzipien des mittelalterlichen Rechts, in: ZRG (GA) 80 (1963), S. 325–344 [Hattenhauer: Minne und recht].

49 Hermann Krause: Consilio et iudicio. Bedeutungsbreite und Sinngehalt einer mittelalterlichen Formel, in: Geschichte im Spiegel von Geschichtsschreibung und Geschichtsdeutung. Fs Johannes Spörl, hrsg. v. Clemens Bauer, Laetitia Boehm und Max Müller, Freiburg/Breisgau 1965, S. 416–438 [Krause: Consilio et iudicio]. Dazu auch Ernst Dittmer: Untersuchungen zum Formelschatz der frühen deutschen Urkunden.

Verwendung von Paarformeln und ihrer Abhängigkeit von lateinischen Vorlagen als auch Einzelfallbetrachtungen unternommen werden.

In der neueren Zeit hat sich auch die Phraseologieforschung mit der Paarformel bzw. der formelhaften Sprache in historischen Sprachstufen auseinandergesetzt. Dabei liegt neben der Frage nach Auftreten und Funktion von Paarformeln ein wesentlicher Forschungsschwerpunkt auf der Untersuchung von Wandelerscheinungen, denen formelhafte Wendungen im Laufe ihres Gebrauchs z.B. in der Lexik oder Semantik unterliegen. Hier sind v.a. die Arbeiten von Harald Burger und Natalia Filatkina zu nennen, aber auch diverse Einzeluntersuchungen zu Variation, Entstehung und Entwicklung von Paarformeln.

Zunächst sollen aber ihrer Chronologie folgend die umfassenderen Arbeiten, d.h. zur gesamten Rechtssprache und Urkundensprache, vorgestellt werden. Daran anschließend werden die thematisch auf die Analyse einer Formel begrenzten Untersuchungen behandelt und abschließend die Sichtweise der (historischen) Phraseologie auf die sprachliche Erscheinung ‚Paarformel' vorgestellt.

Auch wenn auf eine Darstellung der Arbeiten zu Paarformeln in literarischen Texten weitestgehend verzichtet wird, sollen zunächst die Ausführungen Richard Moritz Meyers kurz dargestellt werden, da sich hier der früheste Versuch einer Definition der Paarformel findet. Meyer verwendet in seiner Untersuchung zur altgermanischen Poesie von 1889 ausschließlich den Begriff der Zwillingsformel und definiert diese

> „als stehende durch eine Partikel vermittelte Verbindungen zweier Worte gleicher grammatikalischer Kategorie (Substantiva, Adjektiva, Verba, Adverbia), die einen einheitlichen Sinn wiedergeben und durch ein einziges Wort der gleichen Kategorie (schwächer) wiedergegeben werden könnten."[50]

Meyer versteht Zwillingsformeln als variierende Doppelung, wobei es für ihn unerheblich ist, ob die verbindende Partikel kopulativ oder disjunktiv ist, da sich die Glieder der Formel in beiden Fällen zu einem höheren Begriff verbinden. Dieser Begriff wäre in Bezug auf die Rechtssprache wohl als Rechtsbegriff zu bezeichnen. Bei der Binnendifferenzierung der Zwillingsformeln unterscheidet Meyer zwischen inhaltlichen und formalen Kriterien: Inhaltlich differenziert er tautologische

---

Die Formel minne oder reht, in: Sprachwissenschaft 4 (1979), S. 24–52 [Dittmer: Formelschatz].

50 Richard Moritz Meyer: Die altgermanische Poesie nach ihren formelhaften Elementen beschrieben. Nachdruck der Ausgabe von 1889, Hildesheim 1985, S. 240f. [Meyer: Altgermanische Poesie].

und antithetische Formeln; formal zwischen stabreimenden, endreimenden und reimlosen Formeln.[51] Seiner Differenzierung nach Inhalt und Form schließen sich in der Folge zahlreiche Untersuchungen auch terminologisch an.

Weiterhin beschäftigt sich Meyer mit der Frage nach der Herkunft der Paarformeln, die er als eine Komprimierung von altgermanischen Langverszeilen ansieht.[52]

In Anlehnung an Meyers Ausführungen untersucht Gerhard Salomon 1919 „[d]ie Entstehung und Entwicklung der deutschen Zwillingsformeln". Dabei grenzt er sich sowohl bezüglich der Begriffsdefinition als auch hinsichtlich der Frage nach der Herkunft stark von Meyer ab. Auch wenn er die Häufigkeit des Auftretens als Hauptkriterium zur Bestimmung von Formelhaftigkeit ansetzt, so möchte er dennoch auch nur einmal auftretende Formeln, sofern diese durch formale Mittel gefestigt sind und einen Oberbegriff bilden, nicht von der Untersuchung ausschließen. Letztlich erklärt er die „Einheitlichkeit des Sinns"[53] zum wichtigsten Merkmal der Zwillingsformel und führt aus:

> „Jede Vereinigung zweier Glieder gleicher grammatischer Kategorie, die einen einheitlichen Sinn ergibt, wird also zur Formel, sobald man aus bestimmten äußeren Indizien, wie z.B. dem Stabreim oder auch dem Endreim, schließen kann, daß sie bewußt und aus künstlerischer Absicht geschaffen ist."[54]

Des Weiteren weist er daraufhin, dass Formelhaftigkeit immer auch vom Kontext abhängig ist. Als Beispiel führt er hier die Begriffe *ouge* und *ôr* an, die sowohl als Teile einer Aufzählung, wie z.B. in *„mit den ougen, mit den orin, mit dem munde, mit handen unde mit fuozzen* […]"[55] als auch als Formel auftreten können, wie z.B. in *„hete ich ougen oder ôren danne dâ, sô kund ich die rede verstân* […]"[56].

Auch Salomon unterscheidet „nach dem gedanklichen Verhältnis, in dem die Teilbegriffe zum Oberbegriffe stehen"[57], zwischen tautologischen und antithetischen Paarformeln, wobei er den Begriff ‚antithetisch' mit Blick auf die Einheitlichkeit des Sinns für problematisch erachtet und diese daher als summierende

51 Meyer: Altgermanische Poesie, S. 240f.

52 Meyer: Altgermanische Poesie, S. 247f.

53 Salomon: Zwillingsformeln, S. 13.

54 Salomon: Zwillingsformeln, S. 13.

55 Benediktbeurer Glauben und Beichte III, in: Elias von Steinmeyer: Die kleineren althochdeutschen Sprachdenkmäler, Berlin 1916, S. 359.

56 Walther von der Vogelweide: Leich-Lieder – Sangsprüche, 14., völlig neubearb. Aufl. der Ausgabe Karl Lachmanns, hrsg. v. Christoph Cormeau, Berlin u.a. 1996, S. 42,3f.

57 Salomon: Zwillingsformeln, S. 20.

Formeln bezeichnet. Bei den tautologischen Formeln wiederum differenziert er zwischen solchen, die aus der Wortwiederholung entstehen und solchen, die einen negativen Schlusssatz aufweisen. Dabei hält er eine Synonymie der einzelnen Glieder nicht für notwendig und bemerkt, dass der durch die Formel gebildete Oberbegriff, wenn auch abgeschwächt, durch eines der Glieder ausgedrückt werden könne.

Diese Eigenschaft unterscheide die tautologischen wesentlich von den summierenden Formeln, da bei diesen der gebildete Oberbegriff mindestens die Summe der Einzelbegriffe umfasse, zumeist aber über diesen hinausreiche. Auch hier unterscheidet er wieder zwei Subklassen, nämlich divergierende und konvergierende Formeln: Konvergierende Formeln drücken das bezeichnete Ganze durch Nennung zweier beliebiger Teile aus, divergierende werden durch die Benennung des Anfangs- und Endpunkts des Bezeichneten gebildet und umfassen auch alles, was sich dazwischen befindet. Sie umschließen das Bezeichnete somit.[58]

Als formale Aspekte der Zwillingsformel benennt er die bindenden Elemente Stabreim und Endreim, Assonanz und Ablaut; als Kriterien zur Anordnung der einzelnen Glieder sachliche Prinzipien (zeitliche Abfolge, logische Bedingungen, Wichtigkeit, etc.), Rhythmus und die Vermeidung des Hiats, die ihm als eines der wesentlichen Prinzipien erscheint.[59]

Nach diesen grundlegenden Erläuterungen widmet sich Salomon dem eigentlichen Thema seiner Arbeit: der Entstehung von Paarformeln. Im Gegensatz zu Meyer, der die Paarformeln in Abhängigkeit zu Alliterations- und Endreimpoesie setzt, geht Salomon davon aus, dass diese den „das menschliche Leben durchziehenden Dualismus zum Ausdruck“[60] bringen und dem Bedürfnis nach Wiederholung und Anschaulichkeit entspringen. Während Meyer die Eigenheit der germanischen Poesie als Grundlage für die Ausbildung von alliterierenden Paarformeln betrachtete und diese so auch zu einer Besonderheit der germanischen Sprachen erklärt, zeigt Salomon anhand einer Reihe von Beispielen, dass auch das Lateinische alliterierende Formeln aufweist, und führt dies auf die Anfangsbetonung, die zunächst auch im Lateinischen zu finden gewesen sei, zurück. Generell

58 Salomon teilt den konvergierenden und divergierenden Formeln auch spezielle Bereiche zu. Die konvergierenden bezeichnen zumeist Arten einer Gattung, Sache und Person, zwei Sachen, die in der Erfahrung oft nebeneinander vorkommen und Begriffe, die in dem Verhältnis des Nacheinanders stehen. Divergierende Formeln bezeichnen räumliche, zeitliche, substantielle oder sexuelle Antithesen, Salomon: Zwillingsformeln, S. 21f.

59 vgl. Salomon: Zwillingsformeln, S. 22ff.

60 Salomon: Zwillingsformeln, S. 25.

weist er die von Meyer postulierte Abhängigkeit des Reims in Paarformeln vom Reim als Versbindemittel zurück und begründet diese in Wortwiederholung und dem Streben nach Variation.[61] Den Reim an sich – in alliterierenden wie auch endreimenden Formeln – versteht er als Mittel der Festigung von Formeln, das „nur zu natürlich [ist] und [...] der Neigung der Sprache, Sache und Form zu einander in Beziehung zu setzen, [entspricht]."[62]

Für die endreimenden Formeln hält er fest, dass diese bezüglich ihres Alters den alliterierenden in nichts nachstehen und ebenfalls nicht der (endreimenden) Poesie entstammen. So ließen sich auch in Formeln belegte Reimpaare überaus selten in der Poesie nachweisen. Er zeigt, dass gerade in Rechtsaufzeichnungen – als Beispiel dienen ihm die Weistümer – endreimende Paarformeln relativ häufig belegt sind, und wertet dies als Beleg für das außerordentlich hohe Alter endreimender Formeln und als ein Indiz für eine von der Endreimpoesie unabhängigen Entstehung. Er schließt, wie bereits vor ihm schon Grimm, aus dem Vorkommen in Rechtsaufzeichnungen auf ihre ‚Volkstümlichkeit'.

Salomon kommt zu dem Schluss, dass die Zwillingsformeln in Rechtsquellen wie dem Sachsenspiegel weitaus älter seien als die Quellen, in denen sie verzeichnet sind. Für städtische Rechtsquellen und Landesgesetze hält er fest, dass das ‚Nüchterne und Verstandesmäßige', das diese von den Volksrechten und den Weistümern unterscheide, zu einer geringeren Verwendung von Paarformeln geführt habe.[63] Dennoch bezeichnet er als wesentliche Triebkräfte für die Herausbildung neuer Paarformeln in Spätmittelalter und früher Neuzeit zum einen die Städte mit ihrer differenzierten Gesellschaft, zum anderen die Bibelübersetzung Luthers, die eine Reihe von Paarformeln beinhaltet, die sich bis heute erhalten haben.[64]

Stark vom Zeitgeist geprägt sind die Ausführungen Walther Merks anlässlich seines Amtsantritts als Rektor der Universität Marburg 1932. In seiner Antrittsvorlesung[65] stellt er die Entwicklung der deutschen Rechtssprache bis in die jüngste Zeit dar, wobei er gerade deren Überfremdung mit lateinischen Begriffen seit dem 15. Jahrhundert negativ beurteilt.[66]

---

61 vgl. Salomon: Zwillingsformeln, S. 25ff.
62 Salomon: Zwillingsformeln, S. 41.
63 Salomon: Zwillingsformeln, S. 34ff.
64 vgl. Salomon: Zwillingsformeln, S. 45ff.
65 Merk: Werdegang.
66 Der Einfluss des Lateinischen und anderer Sprachen auf die deutsche Rechtssprache wird von der späteren Forschung positiver bewertet. So sieht z.B. Schmidt-Wiegand das Vorhandensein einer vom Lateinischen unbeeinflussten deutschen Rechtssprache aufgrund der sog. Frührezeption des römischen Rechts als nicht gegeben an und wertet

Merk sieht das Aufkommen des Juristenlateins zum Ende des Mittelalters als wesentlichen Einschnitt in das einheimische Recht an. Das Mittelalter selbst unterteilt er in drei Großabschnitte, die von der jeweiligen Überlieferungslage bzw. von der für die Rechtsaufzeichnungen verwendeten Sprache geprägt sind. So nennt er als ersten Abschnitt die Zeit des mündlich überlieferten Rechts (bis zum Ende der Völkerwanderungszeit), gefolgt von einem durch das Lateinische geprägten Abschnitt vom 5.–13. Jahrhundert und als dritten einen Zeitraum „deutscher Aufzeichnungs- und Beurkundungsspache“[67] im Spätmittelalter.[68]

Für die ersten beiden Abschnitte hält er fest, dass sich kein hinreichendes Material zur Erschließung einer ‚altdeutschen' Rechtssprache finden lasse, auch wenn er z.B. im Satzbau der lateinischen Rechtsaufzeichnungen immer die ‚deutsche Urform' zu erkennen meint. Erst mit dem 13. Jahrhundert und den seitdem vermehrt auftretenden deutschen Quellen lasse sich eine deutsche Rechtssprache wirklich fassen. Diese Rechtssprache, so Merk, „empfängt ihr besonderes Gepräge dadurch, daß sie die Ausdrucksform eines jugendlichen Rechtes gewesen ist“[69], d.h., dass sie sich durch eine relative Armut von Allgemeinbegriffen und gleichzeitigem Reichtum von farbigen Bildern auszeichne. Es handele sich auch noch nicht um eine überregionale Rechtssprache, da es im deutschsprachigen Raum eine Reihe von Rechtssprachlandschaften gegeben habe.

Die Bildhaftigkeit der Rechtssprache verleihe dieser einen dichterischen Hauch, der sich auch in der häufigen Verwendung von Wortpaaren widerspiegele. Merk unterscheidet hier durch Stabreim verbundene Wortpaare, die ihm die älteste Form zu sein scheint, durch Endreim verbundene Wortpaare, inhaltlich verbundene Wortpaare, in denen das zweite oder dritte Glied den Gedanken des ersten in Variation ausdrückt und solche mit negativem Schlusssatz. Auf ihre Funktion innerhalb der Rechtssätze geht er nicht ein, weist jedoch auf eine gewisse Ähnlichkeit zu den Zauberformeln hin.

In den Zeitraum vom 13.–15. Jahrhundert verortet er die Erweiterung des rechtssprachlichen Wortschatzes durch Kompositabildung und Derivation

---

die Aufnahme von lateinischen Begriffen, Lehnübersetzungen und Lehnbildungen als Bereicherung des deutschen Rechtswortschatzes, vgl. Ruth Schmidt-Wiegand: Fremdeinflüsse auf die deutsche Rechtssprache, in: Sprachliche Interferenz. Fs Werner Belz, hrsg. v. Herbert Kolb, Tübingen 1977, S. 226–245 [Schmidt-Wiegand: Fremdeinflüsse].

67 Merk: Werdegang, S. 9.

68 vgl. hierzu auch Otto Gönnenwein: Geschichte des juristischen Vokabulars, in: Beiträge zur Rechtsforschung, hrsg. v. Ernst Wolff, Berlin/Tübingen 1950, S. 42 [Gönnenwein: Juristisches Vokabular].

69 Merk: Werdegang, S. 14.

insbesondere auf *-heit*, *-keit*, *-schaft* und *-unge*, die ihm als ein Zeichen der Vergeistigung des Rechts erscheinen. Insgesamt beurteilt er die Rechtssprache des Mittelalters, „in jeder Richtung als befähigt [...], aus eigener Kraft immer reichere und verwickeltere Kultur- und Wirtschaftsverhältnisse zu umspannen."[70] Insofern ist es nicht verwunderlich, dass ihm die „Überfremdung"[71] des Wortschatzes der Rechtssprache im 16. Jahrhundert durch die Übernahme von lateinischen Begriffen als „Sprachvergewaltigung"[72] erscheint. Diese zeigt sich für Merk nicht nur im Wortschatz, sondern auch im Satzbau. Paarformeln werden in dieser Epoche häufig zur Erläuterung eines lateinischen Begriffes durch einen deutschen verwendet (*Verwaltung und Administration*). Im Folgenden stellt Merk die Entwicklung vom 16.–19./20. Jahrhundert dar, auf die hier nur kurz eingegangen werden soll:

Die Verwendung lateinischer Begriffe und Formulierungen nimmt bis in das 18. Jahrhundert hinein solche Ausmaße an, dass teilweise nur einzelne Wörter oder Teilsätze in deutscher Sprache übrig bleiben. Dies führt zu einer Unverständlichkeit des Rechts für nicht Lateinkundige und in der Folge zu einer Gegenbewegung durch die Gesetzgeber. Neben der „Überfremdung der Rechtssprache"[73] seien gerade die Rechtstexte des 17. und 18. Jahrhundert durch einen belehrenden und bevormundenden Ton gekennzeichnet, den Merk auf den ‚alles regelnden Polizeistaat' zurückführt.[74] Erst in der 2. Hälfte des 18. Jahrhunderts und v.a. im 19. Jahrhundert besännen sich die Gesetzgeber wieder auf die deutsche Sprache, so dass z.B. das Preußische Allgemeine Landrecht sich wieder ‚durch volkstümliche, gemeinverständliche Ausdrucksweise' auszeichne.[75] Allgemein hält er fest, dass wenn auch die Gesetzessprache stark an ‚sinnlicher Kraft' verloren habe, dennoch eine Zunahme an „begrifflicher Schärfe und Klarheit"[76] zu beobachten sei.[77]

Eine ähnliche Meinung vertritt 1936 Hans Fehr. Er betrachtet Recht und Rechtssprache unter dem – wie er es selbst nennt – Motto: Die Dichtung dient dem Recht.[78] Nachdem er in den ersten beiden Bänden seiner Reihe ‚Kunst und Recht' bereits ‚Das Recht im Bilde' (Bd. 1) und ‚Das Recht in der Dichtung' (Bd. 2)

70 Merk: Werdegang, S. 19.
71 Merk: Werdegang, S. 24.
72 Merk: Werdegang, S. 26.
73 Merk: Werdegang, S. 24.
74 vgl. Merk: Werdegang, S. 25.
75 vgl. Merk: Werdegang, S. 29.
76 Merk: Werdegang, S. 33.
77 vgl. Merk: Werdegang, S. 32f.
78 Fehr: Dichtung im Recht, S. 7.

behandelt hat, widmet er sich u.a. im Hinblick auf Paarformeln in Bd. 3 der Frage nach dem „künstlerischen Moment“[79] im deutschen Recht.

Als Grundlage für seine Untersuchung benennt er die ‚Rechtsdichtung‘, zu der für ihn sowohl Versdichtungen als auch ‚gesteigerte Prosa‘ zählen und die sich – nach Fehr – bis in das 19. und 20. Jahrhundert nachweisen lasse. Gerade im Bereich der gesteigerten Prosa verortet er Paarformel und mehrgliedrige Formel, wobei er sein Hauptaugenmerk auf alliterierende und tautologische Formeln richtet. Anschließend an Naumann[80] weist Fehr darauf hin, dass die einzelnen Glieder tautologischer Formeln häufig feinste Bedeutungsunterschiede aufweisen.[81] Er erwähnt die bindende Kraft von Formeln im Bereich von Wortzaubern[82] und führt Rechtsbereiche an, in denen vermehrt Paarformeln verwendet werden, wie den Bereich der Strafen, ohne dabei jedoch über die Ergebnisse Grimms hinauszukommen.

Im Wesentlichen geht es Fehr darum, das künstlerische und dichterische Potential älterer deutscher Rechtstexte aufzuzeigen und dies nicht nur im Bereich einzelner Worte, Formeln oder stilistischen Merkmalen, sondern auch bei ‚dramatischen Rechtsakten‘ oder der Bebilderung von Rechtsbüchern wie dem Sachsenspiegel. Es scheint ihm dabei weitaus mehr an einer Sammlung poetisch geformter Rechtsakte gelegen zu sein, als an der Frage nach der Funktion dieser „poetischen Elemente“ im Recht. So trägt er zahlreiche Beispiele aus unterschiedlichsten Bereichen – von altgermanischen Rechtsquellen bis hin zu Texten von Narrengedichten – zusammen, um die enge Verbindung zwischen dem deutschen Volk und seinem Recht zu verdeutlichen, die durch das Eindringen des römischen Rechts gefährdet wurde.[83]

Unter einem ganz anderen Gesichtspunkt betrachtet Otto Ludwig in seinem Aufsatz zur ‚Synonymabildung in Formeln der Rechtssprache‘[84] die Paarformeln. Sie sind für ihn nicht dichterisches Mittel, sondern ein Mittel, um Verständnisbarrieren zu vermeiden. Eine eigene Definition zur Paarformel gibt er nicht. Seinen Ausführungen lässt sich lediglich entnehmen, dass er zwischen rein formelhaften

---

79 Fehr: Dichtung im Recht, S. 8.

80 vgl. Hans Naumann: Versuch einer Geschichte der deutschen Sprache als Geschichte des deutschen Geistes, in: Deutsche Vierteljahresschrift für Literaturwissenschaft und Geistesgeschichte 1 (1923), S. 146.

81 vgl. Fehr: Dichtung im Recht, S. 9ff.

82 vgl. Fehr: Dichtung im Recht, S. 32.

83 vgl. Fehr: Dichtung im Recht, S. 15ff.

84 Otto Ludwig: Synonymabildung in Formeln der Rechtssprache, in: Zeitschrift für Mundartforschung 13 (1937), S. 215–223 [Ludwig: Synonymabildung].

mehrgliedrigen Ausdrücken und einen Begriff erweiternden Formeln unterscheidet, die sich allerdings auch zu Formeln mit einfachem Inhalt entwickeln (können). Sinn und Zweck der Formeln liegen für ihn im unmissverständlichen Formulieren eines Sachverhalts.[85]

Grundlegend vertritt Ludwig die These, dass gerade das mittelalterliche Urkundenwesen zum Synonymastil neige. Ob dieser Synonymastil eine Weiterbildung von aus germanischer Zeit Überkommenen oder eine Angleichung an lateinische Vorbilder darstellt, lässt er offen, die Synonymabildung ist für ihn v.a. Ausdruck des Stilgefühls[86] des Mittelalters. Er hält für den Bereich der Übersetzungen aus dem Lateinischen fest, dass der deutsche Text zumeist über mehr synonyme Ausdrücke verfüge als die lateinische Vorlage, von denen er zahlreiche als „zwecklose Stilmittel"[87] charakterisiert. In Rechtstexten hingegen erscheinen ihm die Formeln als ein Mittel, um Missverständnissen oder Nicht-Verstehen vorzubeugen.

Ludwig unterscheidet hinsichtlich ihrer Bildung drei Typen von Synonyma: Paarformeln mit negativem Schluss (*varen laissen ind niet halden*), Paarformeln, die von jeher synonyme Ausdrücke kombinieren und Paarformeln, die sich im Laufe ihrer formelhaften Verwendung erst zu synonymen Begriffspaaren entwickeln. Diese unterscheidet er weiter hinsichtlich der Funktion des zweiten Gliedes. So gebe es Formeln, in denen das zweite Glied die Vollendung des ersten ausdrücke (*erkundigen und erfaren*), Formeln, in denen das zweite Glied die folgende Handlung wiedergebe (*erschraken und erforhten*), Formeln, die vom Allgemeinen zum Besonderen führten (*birsen und jagen*) sowie Formeln, in denen das erste Glied polysem sei und durch das zweite Glied auf eine Bedeutung festgelegt werde (*bald und anfänglich*). Er schließt seine Untersuchung mit einem Einblick in sprachliche Spielereien im Umgang mit Paarformeln ab, indem er zeigt, wie Komposita ‚zerrissen' werden, um Paarformeln daraus zu bilden, so werde z.B. aus *brustwehr* die Formel *brust und wehr* gebildet.[88]

85 vgl. Ludwig: Synonymabildung, S. 216ff.

86 vgl. hierzu auch: Adalbert Erler: Zeitstil und Rechtsstil, in: Studium Generale 7 (1954), S. 612–618. Erler versucht zu begründen, dass Recht als Kulturerscheinung betrachtet werden sollte. Er differenziert die formal äußerliche Seite von der inhaltlichen Seite und schließt, dass diese nicht deckungsgleich sein müssen. Altes Recht könne sich in moderner Form präsentieren. Auch wenn das Recht eher konservativer Natur ist und dem Zeitstil zumeist nachhinke, gelte dennoch als allgemeiner Grundsatz, dass sich jede Zeit das ihr angemessene Recht schaffe.

87 Ludwig: Synonymabildung, S. 217.

88 Ludwig: Synonymabildung, S. 215ff.

Ebenfalls mit Blick auf Synonymabildungen – hier allerdings in der deutschen Prosa des 15. und 16. Jahrhundert – beschäftigt sich Werner Besch mit Paarformeln. Dabei lehnt er eine monokausale Erklärung dieses Phänomens ab und sieht stattdessen zwei wesentliche Gründe für die Verwendung synonymer Ausdrücke innerhalb von Paarformeln bzw. zweigliedrigen Ausdrücken. Zum einen benennt er die rhetorische Funktion solcher Formeln, zum anderen die sprachausgleichende, erklärende Funktion.[89] Dabei findet Sprachausgleich sowohl zwischen deutschen und lateinischen Begriffen als „Übersetzungsvehikel"[90] statt, hier um ein Fremdwort durch ein deutsches Wort zu erklären, als auch zwischen Wörtern verschiedener dialektaler Provenienz, um eine Verständigung über Sprachraumgrenzen hinweg zu ermöglichen.[91]

Mit der Frage nach der „rechtssprachliche[n] Gestalt der Paarformel als sinnvolle[r] Erscheinung des frühen germanisch-mittelalterlichen Rechtsdenkens"[92] beschäftigt sich die Dissertation Gerhard Dilchers. Da es ihm um die Beantwortung der Frage nach der Herkunft der Paarformeln in der deutschen Rechtssprache bzw. ihrer Abhängigkeit vom lateinischen Sprach- und Rechtskreis geht, arbeitet er mit den frühesten Rechtsquellen, die in ‚heimischer' Sprache verfasst sind. Heimisch bedeutet für Dilcher an dieser Stelle, dass die Quellen nicht in lateinischer Sprache abgefasst wurden, so dass die germanischen Stammesrechte und Urkunden aus fränkischer Zeit für seine Untersuchung nicht herangezogen werden. Neben der Abfassung in Volkssprache stellt Dilcher als Auswahlkriterium den Einfluss fremden Rechtsdenkens auf den jeweiligen Text, den er möglichst ausgeschlossen wissen möchte. Dies sieht er in angelsächsischen Quellen des 7.–10. Jahrhundert, isländischen Quellen des 12. Jahrhundert und friesischen Rechtsquellen des 13. Jahrhundert gegeben. Volksrechte bezieht er nur dann in die Untersuchung mit ein, wenn sich „hinter der lateinischen Sprachform [...] germanische Formeln erschließen lassen."[93]

---

89 Diese Begründung findet sich auch bei Matzinger-Pfister für das vermehrte Auftreten mehrgliedriger Ausdrücke in Urkunden seit dem 14. Jahrhundert, vgl. Matzinger-Pfister: Urkundensprache, S. 79ff.

90 vgl. hierzu: Erika Bauer: Zweigliedrigkeit und Übersetzungstechnik, in: Würzburger Prosastudien II. Untersuchungen zur Literatur und Sprache des Mittelalters, hrsg. v. Peter Kesting, München 1975, S. 175–192 [Bauer: Zweigliedrigkeit] und Margot Schmidt: Zwillingsformeln als plus ultra des mystischen Weges, in: Archiv für das Studium der neueren Sprachen und Literaturen 223 (1986), S. 36–42 [Schmidt: plus ultra].

91 vgl. Besch: Zweigliedriger Ausdruck, S. 200–221.

92 Dilcher: Paarformeln, S. 9.

93 Dilcher: Paarformeln, S. 22f.

Dilcher begreift die Paarformel grundlegend als die „Verbindung zweier Worte gleicher grammatikalischer Kategorie“[94]. Er setzt sich dabei näher mit der Frage auseinander, wie sich der formelhafte Charakter eines solchen Wortpaars definieren lässt. Formelhaftigkeit entsteht für Dilcher zunächst einmal durch mehrfaches Auftreten eines Wortpaars innerhalb von Rechtsquellen, wobei er Paarformeln, die lediglich einmal belegt sind, nicht von vornherein ausschließen will. Er kommt zu dem Schluss, dass für seine Untersuchung der Rechtssprache des frühen Mittelalters

> „[a]ls Formel […] vielmehr jedes Wortpaar aufgefasst werden [soll], das als technisches Mittel der Rechtssprache verwandt wurde.“[95]

Die Formulierung ‚technisches Mittel der Rechtssprache‘ erläutert er an dieser Stelle nicht weiter.

Bereits für die vorchristliche Zeit kann Dilcher die Verwendung von Paarformeln bei der Formulierung von Rechtszusammenhängen nachweisen und verweist auf die Bedeutung des gesprochenen Worts im magischen und rechtlichen Bereich. Dilcher sieht hier starke Ähnlichkeiten gerade bezüglich der genauen Benennung einer Sache und den Auswirkungen, die eine richtige oder falsche Benennung mit sich bringen kann. Die Rechtsrede, die in einem aus dem profanen ausgesonderten Raum (Thingstätte) stattfindet,[96] versteht er als „erhöhtes, dem Sakralen und Magischen verwandtes Sprechen“[97].

Die von ihm untersuchten Formeln unterteilt er nach inhaltlichen Bereichen in Formeln aus dem Bereich der magischen Verwünschungen, lokative Formeln, Paarformeln als Mittel zur genauen Benennung, zur Bezeichnung subjektiver Merkmale, aus dem Bereich sakraler Männerbünde und Paarformeln in Treueeiden. Dabei geht er auf die Funktion der Formeln im jeweiligen Bereich ein und zeigt, dass Paarformeln dazu dienen, das Objekt eines Fluches zu erfassen[98], einen bestimmten Raum genau abzugrenzen[99] oder Dinge genau zu bezeichnen.[100]

---

94 Dilcher: Paarformeln, S. 18.
95 Dilcher: Paarformeln, S. 19.
96 vgl. Dilcher: Paarformeln, S. 29ff.
97 Dilcher: Paarformeln, S. 32.
98 vgl. Dilcher: Paarformeln, S. 35ff. Dilcher vergleicht hier dieses Fassen-Wollen durch die Paarformel bildlich mit dem Zufassen eines Zangenpaares.
99 vgl. Dilcher: Paarformeln, S. 39ff.
100 vgl. Dilcher: Paarformeln, S. 43ff. Dilcher spricht hier von dem „Motiv des Richtigsagen-Wollens“.

Er kommt zu dem Schluss, dass die Paarformeln im germanischen Bereich über ein hohes, allerdings nicht genauer bestimmbares Alter verfügen und verortet ihre Herkunft im „archaischen Denken [...], das in Vorstellungen von Magie und Mythos lebt."[101] Im rechtlichen Bereich werden sie zwar ihrer mythisch-magischen Motive entkleidet, allerdings weiterhin als erprobte Sprachfigur des, wie Dilcher es nennt, ‚Richtig-sagen-Wollens' weiter verwendet. Ihre Funktion in Rechtstexten sieht er in der genauen Bezeichnung von Personen, Orten oder Tatbeständen bzw. in der Formulierung des ‚richtigen', treffenden Klagevorwurfs. Die Paarformel erscheint ihm daher als das dem mittelalterlichen Rechtsdenken entsprechende Mittel zur Erfassung und Benennung von Tatbeständen, das dementsprechend nicht auf rein mnemotechnische Funktionen reduziert werden kann.[102]

Mit Blick auf die Paarformeln in der Urkundensprache kommt auch Fritz Schubert auf den magischen Charakter von Paarformeln zu sprechen. Er erkennt in ihnen ein Mittel, mit dem durch Schaffung eines ‚magischen Zwangs' Rechtsfrieden erzwungen werden soll. Abgesehen davon sieht er durch die genaue Umgrenzung eines Begriffs mithilfe einer Paarformel die Möglichkeit gegeben, zu gewährleisten, dass sich keine der Parteien in irgendeiner Form ihrer Rechtsverpflichtungen entziehen könne.[103]

Der Verwendung von Paarformeln in Urkunden vom 13.–18. Jahrhundert widmet sich Regula Matzinger-Pfister. Sie versucht, die unterschiedlichen Annahmen zur Herkunft der Paarformeln (lateinischer oder germanischer Ursprung) miteinander zu verbinden und nachzuweisen, dass in beiden Annahmen Wahres steckt. Basierend auf Quellen ganz unterschiedlicher Provenienz und Alters untersucht sie – unterteilt nach Zeitabschnitten (13. Jahrhundert, 14. Jahrhundert und ab dem 14. Jahrhundert) und Ausstellungssprachen (Deutsch, Latein) – zwei- und mehrgliedrige Formeln auf ihre Entwicklung und Charakteristika hin. Dabei richtet sie ihr Augenmerk sowohl auf das Verhältnis der Glieder zueinander und die formalen Elemente als auch auf die Zunahme der Verwendung mehrgliedriger Ausdrücke im Untersuchungszeitraum und den Wandel, dem diese seit dem 16. Jahrhundert auch im Hinblick auf den Einfluss der Kanzleisprachen unterliegen. Ein weiterer wesentlicher Aspekt ist für Matzinger-Pfister auch der Verwendungsrahmen der Formeln.[104]

---

101 Dilcher: Paarformeln, S. 67.

102 vgl. Dilcher: Paarformeln, S. 67ff.

103 vgl. Fritz Schubert: Sprachstruktur und Rechtsfunktion. Untersuchung zur deutschsprachigen Urkunde des 13. Jahrhunderts, Stuttgart 1979, S. 69ff.

104 vgl. Matzinger-Pfister: Urkundensprache, S. 7ff.

Formeln bzw. mehrgliedrige Ausdrücke charakterisiert sie auf formaler und inhaltlicher Ebene, bleibt dabei allerdings relativ vage. So hält sie auf formaler Ebene fest, dass

> „[i]m wesentlichen die einzige Form mehrgliedriger Ausdrucksweise [...] die häufig stabende ‚Paarformel' [ist], die gelegentlich zum drei- oder viergliedrigen Ausdruck ausgeweitet werden kann."[105]

Mehrgliedrige Ausdrücke mit höherer Gliederzahl entstünden zumeist durch Aneinanderreihung von Paarformeln. Für die inhaltliche Ebene, die sie mit der funktionalen Ebene vermischt, erscheinen ihr die Hervorhebung und Aufzählung wesentlicher oft konkreter Einzelheiten zur Erfassung von Abstrakta oder Tatbeständen als wesentlich. Diese sieht sie im „vorlogischen Denken [...] der frühen einheimischen Rechtssprache"[106] begründet.

Die Verwendung mehrgliedriger Ausdrücke stellt sie sowohl in der einheimischen als auch in der lateinischen Rechtssprache als Usus heraus und versucht, die Herkunft über Indizien wie Stabreim, Kettenstruktur, typisch germanische Inhaltsstruktur oder Bildhaftigkeit zu ermitteln, wobei ihr das sicherste Kriterium, das Auftreten gleicher oder ähnlicher Ausdrücke in älteren Quellen zu sein scheint. Als weitere Hinweise für die Herkunft aus der einheimischen Rechtssprache benennt sie das Auftreten deutscher Formeln in lateinischen Urkunden. Auf das Alter einer Formel ließe sich allerdings möglicherweise auch durch ihren Inhalt schließen.

Als der deutschen Rechtssprache entstammend macht sie *recht und redlich, Haus und Hof, Eigen und Erbe* sowie verschiedene stabende Formeln wie *Wort und Werk, gewalt und gewer* oder *gang und gäbe* aus. In Eiden, Acht-, Lade- oder Pertinenzformeln weist sie vielgliedrige Ausdrücke nach, die an verkettete Paarformeln der germanischen Rechtssprache erinnern. Als weitere Verwendungsbereiche für Formeln mit „germanisch anmutende[r] inhaltliche[r] Struktur"[107] benennt sie die Bezeichnung von Tatbeständen (*wundet oder slehit*) oder Abstrakta wie „überall"[108] oder „jedermann"[109]. Beispiele für Formeln, die vermutlich dem gelehrten Recht entstammen, entnimmt sie Testamentsklauseln, Klauseln zur Feststellung der Willensfreiheit oder Zinsminderungsklauseln. Bei Formeln wie *Wort und Werk* bzw.

---

105 Matzinger-Pfister: Urkundensprache, S. 27.
106 Matzinger-Pfister: Urkundensprache, S. 27.
107 Matzinger-Pfister: Urkundensprache, S. 50.
108 Matzinger-Pfister: Urkundensprache, S. 54.
109 Matzinger-Pfister: Urkundensprache, S. 54.

Rat und Tat kann sie aufgrund des sowohl vorhandenen germanischen als auch römischen Erbes keine eindeutige Zuordnung vornehmen.[110]

Das Hauptaugenmerk bei der Betrachtung der Formeln seit dem 14. Jahrhundert liegt für Matzinger-Pfister in ihrer Erweiterung zur Mehrgliedrigkeit und deren Gründe. Sie hält fest, dass Mehrgliedrigkeit bis dahin eher selten in der deutschen Urkundensprache anzutreffen ist. Als Typen der Erweiterung unterscheidet sie die Hinzufügung eines oder mehrerer sinnverwandter Worte, Hinzufügen eines Fremdwortes oder auch „die koordinierte mehrgliedrige Gestaltung ganzer Satzgefüge“[111]. Begründet sieht sie diese Entwicklung – wie Besch – im Sprachausgleich aber auch im Einfluss des rhetorisch überformten Kanzleistils, der zur Anhäufung von Synonyma neige.

Sprachausgleich stellt sie aber nicht nur als Begründung für Mehrgliedrigkeit fest, sondern auch für eine Reihe von lateinisch-deutschen Mischformeln des 13. und 14. Jahrhundert Treten ein lateinisches und ein übersetzendes deutsches Wort bereits in lateinischen Urkunden des 13. Jahrhundert nebeneinander, so wird ein regional geläufiger Begriff mit dem lateinischen Oberbegriff des gelehrten Rechts verbunden oder ein lateinischer Fachausdruck zur Bezeichnung eines geläufigen einheimischen Rechtsinstituts verwendet. Für deutsche Urkunden lässt sich dieser Vorgang erst im 14., vermehrt im 16. Jahrhundert nachweisen, wobei entweder ein altes Rechtswort als Übersetzung genutzt werden kann (*schwertmagen*) oder der deutsche Begriff durch ein neu geschöpften Ausdruck (*nacherbsatzungen*) wierdergegeben werden kann. Die Unterschiede zwischen erläuterndem Wortpaar und zweigliedrigem synonymen Ausdruck, wobei im erläuternden Wortpaar übersetzt, im synonymen Ausdruck aus stilistischen Gründen wiederholt wird, zeigt sie an der Entwicklung der Formeln *punkt, stuck und artikel*, *gewere – possessio* sowie *quitt, ledig und los*.[112]

Für *punkt, stuck und artikel* hält sie eine Übernahme des auf Schriftlichkeit beruhenden *artikel*[113] im Rahmen des Verschriftlichungsprozesses des Rechts in Deutschland für möglich. Dabei sieht sie mit dem Umkreisen des Gemeinten den gleichen Denkvorgang verwirklicht wie bei den alten Paarformeln germanischen Ursprungs. Für die spätere Zeit kann sie ein Übergewicht der mittlerweile

---

110 vgl. Matzinger-Pfister: Urkundensprache, S. 43ff. Gleiches gilt für Formeln mit *haben – halten*; *nutzen – niessen* oder *verkoufen – verkumbern* (und Varianten), vgl. Matzinger Pfister: Urkundensprache, S. 68ff.

111 Matzinger-Pfister: Urkundensprache, S. 77.

112 vgl. Matzinger-Pfister: Urkundensprache, S. 85ff.

113 „abschnitt eines schriftstücks“, http://www.woerterbuchnetz.de/Lexer?bookref=1,98,32 (abgerufen am: 23.03.2014).

als synonym anzusehenden Formulierungen *stuck*[114] *und artikel* bzw. *punkt*[115] *und artikel* feststellen.

gewere ist schon vor der Übernahme von *possessio* in zahlreichen Paarformeln zur Bezeichnung der Sachherrschaft an einem Gegenstand vertreten. Die Verbindung mit *possessio* tritt erst in den letzten Jahrzehnten des 15. Jahrhundert in Erscheinung, wobei ältere Formeln nicht abgelöst, sondern erweitert werden oder bestehen bleiben. Matzinger-Pfister sieht hierin ein Indiz, dass *gewere* und *possessio* als inhaltlich gleich angesehen wurden, wobei der einheimische Begriff nach und nach zugunsten des römisch-rechtlichen Begriffs zurückgedrängt wird.

Auch *ledig und los* existierte als feste Formel bereits vor der Übernahme des romanischen *quit*. Hier zeigt Matzinger-Pfister anhand zahlreicher Belege, auf welchem Weg (Altfranzösisch – Niederdeutsch – Hochdeutsch) das Wort *quit* in die deutsche Urkundensprache aufgenommen wurde.[116]

Ebenfalls mit der Paarformel in Urkunden, speziell mit dem Einfluss des Lateinischen auf die deutsche Paarformel, beschäftigt sich Ernst Dittmer in zwei Aufsätzen. Dabei stellt er einmal die Frage nach dem Einfluss auf die deutsche Urkundensprache[117] und einmal die Formel *minne oder reht*[118] in den deutschen Urkunden in den Vordergrund.

In dem 1981 erschienenen Aufsatz zur Urkundensprache will Dittmer der „Frage nach dem Einfluss der gleichzeitigen lateinischen Urkundensprache auf die Paarformeln der frühen deutschen Urkundensprache“[119] nachgehen. Eine Aussage über das Verhältnis beider vor der Entstehung einer deutschen Urkundensprache und somit über den Einfluss lateinischer Rechtssprache auf die deutsche möchte er damit nicht tätigen. Um dieser ersten Frage nachzugehen, definiert er zunächst sehr genau den Begriff der Paarformel und grenzt diesen vom Begriff der bloßen Paarung ab. Eine Paarformel sieht er als eine besondere Form der Paarung an,

---

114 „abschnitt, artikel“, http://www.woerterbuchnetz.de/Lexer?bookref=2,1259,53 (abgerufen am: 23.03.2014).

115 „Abschnitt eines gegliederten (Rechts-)Textes“, Deutsches Rechtswörterbuch. Wörterbuch der älteren deutschen Rechtssprache, hrsg. v. der Preußischen Akademie der Wissenschaften, bisher im Druck erschienen Bde. 1–12, Weimar 1934–2012 (http://drw-www.adw.uni-heidelberg.de/drw/) http://drw-www.adw.uni-heidelberg.de/drw/ (abgerufen am: 23.03.2014) [DRW].

116 vgl. Matzinger-Pfister: Urkundensprache, S. 107ff.

117 Ernst Dittmer: Der lateinische Einfluss auf die Paarformeln der frühen hochdeutschen Urkundensprache, in: Zeitschrift für Sprachwissenschaft 6 (1981), S. 439–478 [Dittmer: Urkundensprache].

118 Dittmer: Formelschatz, S. 24–52.

119 Dittmer: Urkundensprache, S. 478.

wobei Paarungen nach seiner Definition zweigliedrige Wortverbindungen sind, die einen einheitlichen Begriff bezeichnen, dabei aber eine lediglich stilistische Erscheinung sein können. Die Paarformel hingegen ist für ihn eine stehende, stereotype und formelhafte Paarung und hat somit den Charakter einer lexikalischen Erscheinung entsprechend der eines Wortes.[120]

Er gibt nach Paarungstypen[121] sortiert das Paarformelinventar der hochdeutschen Urkunden seines Untersuchungszeitraums (1240–1290) wieder und vergleicht dieses mit dem Inventar lateinischer Urkunden des gleichen Zeit- und Sprachraums im Hinblick auf gegenseitige Abhängigkeit. Dabei definiert er Abhängigkeit so, dass diese nur dann als gegeben gesehen werden kann, wenn die deutschen Formeln nach lateinischem Muster neugebildet werden. Unabhängig hingegen ist für ihn eine Paarformel, wenn diese selbständig neu gebildet wird bzw. aus dem überkommenen Formelschatz entnommen wird, wobei die Frage eines möglichen früheren lateinischen Einflusses – wie erwähnt – unbeachtet bleibt. Ausgehend von dieser Fragestellung kommt er zu dem Ergebnis, dass im Gesamten gesehen lediglich ein Viertel der untersuchten Formeln lateinischen Ursprungs seien. Betrachte man allerdings nur die neugebildeten Formeln, zeige sich, dass drei Viertel abhängig, also nach dem Muster lateinischer Formeln gebildet worden seien.

Wiederum mit Blick auf Urkunden untersucht Dittmer bereits 1979 die Paarformel *mit minne und reht*. Dabei kann er auf Vorarbeiten von Karl Gustav Homeyer[122], Dietrich Schäfer[123], Erich Gaisser[124] und Hans Hattenhauer[125] zurückgreifen.

Homeyer, dessen Interesse dem Ausdruck *der Minne und des Rechts eines anderen mächtig sein* gilt, untersucht anhand lateinischer und deutscher Urkunden die Bedeutung und die Verwendungsbereiche des o.g. Ausdrucks im Umfeld von Streitbeilegungsmöglichkeiten im Mittelalter. Dabei weist er auch auf Varianten

---

120 Dittmer: Urkundensprache, S. 442ff.

121 Paarungstypen definiert Dittmer nach zwei unterschiedlichen Kriterien: zum einen nach dem semantischen Verhältnis der beiden Glieder zueinander, also tautologisch, summierend, antithetisch und differenzierend; zum anderen nach dem formalen Verhältnis der Glieder zueinander, also alliterierend, endreimend und reimlos, vgl. Dittmer: Urkundensprache, S. 446f.

122 Homeyer: Minne und Recht, S. 29–56.

123 Schäfer: Consilio vel judicio, S. 719–733.

124 Gaisser: Schöffensprüche.

125 Hattenhauer: Minne und recht, S. 325–344.

zum Begriff *Minne* hin[126] und verortet *Minne* als eine von drei Möglichkeiten der Streitbeilegung im Bereich des Fehdewesens, die er in der Reihenfolge: „Güte, Recht, Selbsthülfe“[127] angibt. Güte und Recht versteht er als friedliche Wege, die Fehde als gewaltsamen Weg, der erst nach Güte und Recht beschritten werden dürfe. Auf die unterschiedlichen Verfahren geht Homeyer nicht weiter ein. *Der Minne und des Rechts mächtig* werde eine Person, wenn eine zweite sie dazu ermächtige und sich so den friedlichen Formen der Streitbeilegung verpflichte. Die Ermächtigung bezog sich dabei zumeist auf einen Schiedsrichter.[128]

Eine Untersuchung der besonderen Unterschiede in den Verfahrensarten unternimmt 1913 Schäfer, dem es zunächst einmal darauf ankommt, die Missverständnisse in der Forschung bezüglich der Übersetzung und des Verständnisses von *consilio vel judicio* v.a. im Wormser Konkordat von 1122 auszuräumen. Er sieht in *consilio vel judicio* das lateinische Äquivalent zur deutschen Formel *mit minne oder mit rechte* und versteht *mit minne oder mit rechte* ebenfalls als unterschiedliche Formen der Streitbeilegung, und zwar einmal durch gütlichen Vergleich, das andere Mal durch richterlichen bzw. schiedsrichterlichen Spruch.[129] Diese ‚Zweiseitigkeit‘ der Streitbeilegung kann er auch an weiteren lateinischen und deutschen Beispielen belegen. Den Unterschied zwischen *consilio vel judicio* und *consilio et judicio* fasst er darin, dass bei der Formulierung mit *vel* zwei Möglichkeiten geboten werden, wohingegen die Formulierung mit *et* „eine in Verhandlungen gefundene gütliche Vereinbarung, die in die Form eines richterlichen Spruches gekleidet wurde“[130] bezeichne. Die Herkunft der Formel verortet er im kirchlichen Bereich und belegt dies durch die in den frühen Belegen feststellbare Beteiligung kirchlicher Würdenträger bei der Konfliktlösung.[131]

Dieser Meinung schließt sich Hattenhauer weitestgehend an, wobei für ihn die Frage nach den aus der Formel zu gewinnenden Erkenntnissen im Hinblick auf die Ordnungsprinzipien des mittelalterlichen Rechts im Vordergrund steht. Diese Frage sieht er durch die Ausführungen Homeyers und Schäfers als noch

126 Als Varianten gibt er „Freundschaft“, „Liebe“ oder „Gleich“ an, vgl. Homeyer: Minne und Recht, S. 30f. Gaisser fügt diesen Begriffen noch „Güte“ hinzu, vgl. Gaisser: Schöffensprüche, S. 24ff.

127 Homeyer: Minne und Recht, S. 29.

128 Homeyer: Minne und Recht, S. 29ff. Dieser Meinung schließt sich auch Erich Gaisser an, obwohl er dies in den von ihm untersuchten Schöffensprüchen nicht nachweisen kann, vgl. Gaisser: Schöffensprüche, S. 115ff.

129 vgl. Schäfer: Consilio vel judicio, S. 719ff.

130 Schäfer: Consilio vel judicio, S. 728.

131 Schäfer: Consilio vel judicio, S. 729ff.

nicht beantwortet an. Er betrachtet, neben Varianten zu *minne und recht* auch die Wortfelder[132], in denen die Formel auftritt. *Minne* bestimmt er als Gegensatz zur Fehde und hebt hervor, dass die im Verfahren nach *Minne* bedachte Partei an sich keinen Rechtsanspruch auf die erhaltene Leistung gehabt habe.[133] Die Formel selbst verortet er zunächst im Fehdewesen und den Landfriedensvereinbarungen, kann sie aber auch im Verfassungsrecht, Privatrecht sowie stadtrechtlichen Quellen nachweisen.

Das Verfahren selbst beschreibt er als zweistufiges Verfahren, in dem *Minne* i.d.R. den Vorrang einnehme. Für beide Verfahren, so Hattenhauer, sei jeweils dasselbe Gericht zuständig, das, sollte im Verfahren nach *Minne* keine Streitbeilegung erzielt werden können, umgehend das Verfahren nach Recht einleitet. Den Vorrang für das Minneverfahren sieht er darin begründet, dass eine gütliche Einigung den Frieden dauerhafter sichern würde als eine nach strengem Rechtsverfahren gefundene Lösung. Das Verfahren nach *Minne* sei allerdings nicht als ‚rechtloses' Verfahren zu verstehen, es biete dem Richter lediglich mehr Möglichkeiten bei der Rechtsfindung als das formstrenge Verfahren nach *Recht*. Ebenso wie Schäfer sieht Hattenhauer die Herkunft des Verfahrens nach *Minne* im kirchlichen Kontext, zwischen beiden Verfahrensarten erkennt er „das Verhältnis der Antithese"[134].

Während Erich Gaisser dieser Vorstellung einer Gleichheit von *consilio vel iudicio* und *mit Minne oder mit Recht* bereits 1955 vorsichtig widerspricht[135], versucht Krause[136], dessen Urteil wiederum von Dittmer[137] relativiert wird, Hattenhauer in seinen Ausführungen gänzlich zu widerlegen. Gaisser untersucht

132 Er führt hier u.a. „verrichten mit minne oder mit reht", „minne und recht tun", „nach minne und recht geleisten/bessern" an, vgl. Hattenhauer: Minne und recht, S. 330f.

133 vgl. Hattenhauer: Minne und recht, S. 327ff.

134 Hattenhauer: Minne und recht, S. 342.

135 „Da die Form der Entscheidung „consilio" wohl meistens dann gewählt wurde, wenn ein Minnespruch gefällt werden sollte, ist die nachmalige Gleichsetzung der Begriffe „consilio" und „Minne" erklärlich. Doch wird ein mit „consilio" bezeichnetes Verfahren nicht ein Schiedsgerichtsverfahren nach Minne gewesen sein.", Gaisser: Schöffensprüche, S. 119.

136 Krause hält „consilium" lediglich für einen Ausdruck, der in Ergänzung zu „iudicium" auf die Art des Zustandekommens eines Urteils, nämlich „durch Frage und Folge, durch Urteilsvorschlag, Beratung und Zustimmung hinweist. „consilium" trete nur selten in den Gegensatz zu „iudicium", vgl. Krause: Consilio et iudicio, S. 416–438.

137 Dittmer: Formelschatz, S. 24–52. Dittmer gibt Krause zwar weitestgehend Recht, dass „consilium" hier zumeist als Ergänzung bezüglich des Verfahrens zu sehen ist, schließt sich aber der Meinung Gaissers an, dass die Formel „consilium - iudicium" durchaus auch das Minne-Recht-Verfahren umfassen kann, vgl. S. 43ff.

deutsche Schöffensprüche und stellt dabei zunächst einmal heraus, dass *Minne* in der Rechtssprache zwar auch das Verhältnis zweier Menschen zueinander beschreibe, aber im Unterschied zur Sprache der Dichter nicht emotional aufgeladen sei, sondern „gütliches Einvernehmen und die Bereitschaft [...] Spannungen in friedlicher Weise [...] auszugleichen“[138] bezeichne. Ebenso beschreibe *Minne* den so hergestellten Rechtsfrieden. Insofern sieht auch er *Minne* als Gegensatz zu *Recht* an, da zwar auch das *Recht* darauf ausgerichtet sei, den Rechtsfrieden wiederherzustellen, dies aber erst nach einem Zerwürfnis und ohne Berücksichtigung der Besonderheiten eines Falles tue. Diesen Gegensatz sieht er auch in *Minne oder Recht* sprachlich durch das *oder* realisiert.[139]

Er ordnet das Verfahren nach *Minne oder Recht* im Wesentlichen dem materiellen Recht, aber auch der Sühnegerichtsbarkeit und dem Schiedsverfahren zu. Gaisser kommt in seinen detaillierten Ausführungen zum Verfahren nach *Minne* oder Recht zu dem gleichen Schluss wie Schäfer und Hattenhauer. Voraussetzung war, dass die Parteien sich zur gütlichen Einigung bereitfanden und sich dem Schiedsspruch eines Dritten unterwarfen. Auch er versteht das Verfahren nach *Minne* nicht als rechtloses Verfahren, sondern lediglich als weniger formstrenges Verfahren. Gaisser sieht in der Formel den ‚Dualismus‘ der Streitbeilegung im Mittelalter ausgedrückt: „die Parteien hatten die Wahl zwischen *Minne* oder *Recht*.“[140]

Auf der Basis dieser Untersuchungen versucht Ernst Dittmer 1979, erneut die Herkunft der Formel *minne oder reht* und ihrer Abhängigkeit von lateinischen Vorbildern zu beleuchten. Auch er kontextualisiert die Formel im Bereich der Schiedsgerichtsbarkeit und stellt im Hinblick auf deren einsetzenden Gebrauch im 11. Jahrhundert in Oberitalien die Frage, ob *minne und reht* und die im deutschen Raum belegten lateinischen Entsprechungen womöglich „aus der Terminologie des römisch-kanonischen Rechts, wie es sich im 12. und 13. Jahrhundert in Oberitalien entfaltet“[141] hat, entnommen ist. Als Vorbilder kommen für ihn nur Formeln in Betracht, die vor 1200 belegt sind und sowohl inner- als auch außerhalb Deutschlands vorkommen.[142] Textgrundlage für seine Abhandlung sind deutsche und lateinische Urkunden aus dem deutschsprachigen Raum sowie lateinische Urkunden aus Oberitalien bis 1290.

---

138 Gaisser: Schöffensprüche, S. 22.
139 vgl. Gaisser: Schöffensprüche, S. 22ff.
140 Gaisser: Schöffensprüche, S. 121.
141 Dittmer: Formelschatz, S. 31.
142 vgl. Dittmer: Formelschatz, S. 50.

Als lateinische Entsprechungen für *minne oder reht* setzt er fünf Formeln an[143], die allerdings alle – im Gegensatz zum deutschen *minne oder reht* – ein hohes Maß an Variabilität aufweisen. Der Vergleich zwischen den deutschen und den lateinischen Belegen zeigt, dass die Verteilung der lateinischen Formeln im deutschen Sprachraum stark variiert und lediglich zwei dieser Formeln sowohl in Deutschland als auch in Oberitalien vertreten sind. Allerdings treten die lateinischen mit *amicitia* und *amor* gebildeten Formeln zeitlich erst nach der deutschen Formel auf, so dass Dittmer sie als Vorbilder für *minne oder reht* ausschließen kann. Die beiden als Vorbild infrage kommenden Formeln *amicabilis compositio vel iustitia (ius, iudicium, sententia)* und *amicabiliter vel secundum iustitiam/ius* kann er bereits für das römische Recht im 6. Jahrhundert nachweisen, allerdings nicht im Rahmen der Schiedsgerichtsbarkeit, sondern allgemein als Bezeichnung für einen außergerichtlichen, gütlichen Vergleich.[144]

Die sprachliche Untersuchung der Formeln zeigt zunächst, dass *minne oder reht* im Gegensatz zu den lateinischen Entsprechungen als feste Formel auftritt, lediglich die Verbindung von *iustitia – amor* weist ein hohes Maß an Festigkeit auf, wobei allerdings in der deutschen Formel anders als in der lateinischen grundsätzlich *minne* das erste Glied bildet. Eine semantische Übereinstimmung kann er lediglich für *amicitia* und *amor* ermitteln, für *amor* stellt er jedoch eine abweichende Bildungsweise fest, wohingegen *amicitia* ebenso wie *minne* ein Verbalabstraktum sei. Da allerdings beide Bildungen erst nach der deutschen Formel nachweisbar sind, hält er sie eher für Übersetzungen von *minne oder reht.*

Letzten Endes geht Dittmer von einer Eigenständigkeit der deutschen Formel aus, da sie sich zum einen hinsichtlich ihrer Festigkeit und der Stellung der Glieder von den lateinischen Entsprechungen unterscheide zum anderen ihr frühes und über den gesamten Untersuchungsraum verbreitetes Auftreten für eine tiefe Verwurzelung in der deutschen Rechtssprache spreche. Rückschlüsse auf die Herkunft des Schiedsgerichtsbarkeitswesens möchte er hieraus aber nicht ziehen.[145]

Ebenfalls vor dem Hintergrund der Abhängigkeit vom Lateinischen untersucht Krause[146] die lateinische Formel *iustitiam facere et recipere* sowie die deutsche

---

143 „amicabilis compositio vel iustitia (ius, iudicium, sententia)", „amicabiliter vel secundum iustitiam/ius", „amicitia vel iustitia (ius, iustitia)", „iustitia vel amor", „iudicium (ius, iustitia) vel concordia", vgl. Dittmer: Formelschatz, S. 28.

144 vgl. Dittmer: Formelschatz, S. 31ff.

145 vgl. Dittmer: Formelschatz, S. 45ff.

146 Hermann Krause: Mittelalterliche Anschauungen vom Gericht im Lichte der Formel: iustitiam facere et recipere, Recht geben und nehmen, München 1974 [Krause: Mittelalterliche Anschauungen].

Entsprechung *Recht geben und nehmen* und deren Varianten seit ihrem Auftreten im 6./7. Jahrhundert bis zu ihrem Verblassen im 17. Jahrhundert Zudem erhofft er sich aus der Untersuchung der Formel, Rückschlüsse über die Auffassung von Recht und Gericht im Mittelalter ziehen zu können. Er stellt die Entwicklungslinien der Formel dar und kommt anhand der für die ‚germanischen Nachfolgestaaten' relevanten Quellen[147] zu dem Schluss, dass *iustitiam facere et recipere* nicht dem spätantiken römischen Recht entnommen ist, sondern dass es sich bei der Formel um einen ‚Neuanfang' handele. Generell möchte Krause für die Entstehung von Paarformeln keine eindimensionale Entwicklung „germanischen Ur-sprungs"[148] oder einen „ausschließlichen Einfluss lateinischer Vorbilder"[149] annehmen, sondern präferiert die Vorstellung mehrerer Traditionsstränge: „eine Parallelentwicklung mit wechselseitigem Austausch."[150]

Krause ordnet den Paarformeln im Lateinischen wie auch im Deutschen Formulierungsvarianten zu. Er definiert dabei ‚Formel' in Anlehnung an de Boor und Mohr im ‚Reallexikon der deutschen Literaturgeschichte'[151]. Für die Definition von Paarformel bezieht er sich auf die Ausführungen von Dilcher und Matzinger-Pfister. Dementsprechend gelangt er zu dem Schluss, dass Paarformeln in zwei Varianten auftreten, in denen ihre Glieder entweder in einem tautologischen oder antithetischen Verhältnis zueinander stehen[152] und ordnet *Recht geben und nehmen* den antithetischen Verbindungen zu. Antithetische Verbindungen bezeichnen nach Krause einen einheitlichen Sinn, indem sie den bezeichneten Gegenstand von gegensätzlichen Ausgangspunkten her erfassen.

---

147 Er führt hier den Codex Theodosianus und die Interpretationen zu den Sentenzen des Paulus an, vgl. Krause: Mittelalterliche Anschauungen, S. 7.

148 vgl. Grimm: Rechtsaltertümer, S. 1.

149 Krause: Mittelalterliche Anschauungen, S. 11.

150 Krause: Mittelalterliche Anschauungen, S. 11.

151 vgl. Christian Schmidt-Cadalbert: Art. Formel$_2$ (Erzählformel), in: Reallexikon der deutschen Literaturwissenschaft. Neubearbeitung des Reallexikons der deutschen Literaturgeschichte, hrsg. v. Werner Kohlschmidt und Wolfgang Mohr, Bd. 1, 2., unveränderte Aufl., Berlin 2001, S. 471–476. Formel wird hier 1. als „[f]este, wiederkehrende Wortfolge mit bestimmter emotiver, konativer und phatischer Funktion" und 2. als „Wiederkehrendes Textelement mit referentieller Funktion, das als fixierte, gültige Wendung die Ebene der sprachlichen Realisation und als in sich sinnvolle Motivverkettung oder Prägung eines Gedankens oder Begriffs die Sinnebene betrifft" definiert, ebd., S. 619.

152 Auf weitere Ausführungen bezüglich der Struktur von Paarformeln verzichtet er, vgl. Krause: Mittelalterliche Anschauungen, S. 8f.

Um die von ihm untersuchte Formel tatsächlich als Formel verstehen zu können, ist es für Krause unerlässlich, dass

> „ein gleichbleibendes Objekt und gleiche Beziehungen der Beteiligten möglicherweise die Klammer einer Sinneinheit zu fassen erlauben."[153]

An einer Reihe von Beispielen macht er deutlich, dass allerdings sowohl das ‚Objekt des Gebens und Nehmens' ständig wechseln kann als auch die Bedeutungen von *geben* und *nehmen* ein breites Spektrum aufweisen, so dass er sowohl zu der Frage gelangt, wer Recht gibt und nimmt, als auch um was für eine Art von Recht es sich handelt. Mit Blick auf seine Quellen kommt er zu dem Schluss, dass es sich um Recht im Umkreis des Gerichts handele, das von ganz unterschiedlichen Adressaten – Kläger, Beklagtem, Richter – genommen werden könne.

Im Zuge der Betrachtung über die knapp 1.000 Jahre der Verwendung der Formel macht Krause unterschiedlichste Verwendungsweisen aus, denen nur ihre Gebundenheit an das Gericht und das Unterworfensein unter dieses gemeinsam ist. So kann *Recht geben und nehmen* bzw. hier noch die lateinischen Entsprechungen schon bis zum 13. Jahrhundert im Reklamationsrecht bezüglich der Gerichtsbarkeit des Grafen und der Stellung des Vogtes oder im Rahmen von Rechtsstreitigkeiten zwischen Papst und Kaiser auftreten. Krause macht deutlich, dass Formeln variabel einsetzbar sind und – wenn sie sich als praktikabel erweisen – auch variabel eingesetzt werden.[154]

Während sich für das 12. Jahrhundert kaum Belege finden lassen, tritt die Formel *Recht geben oder nehmen* mit dem Aufkommen der deutschen Rechtstexte stärker in Erscheinung. Krause verortet sie anhand des Sachsenspiegels und verschiedener Stadtrechte als eine der Formeln, die zu dem Repertoire der vor Gericht zu gebrauchenden Formeln zählen. Er stellt hier noch einmal deutlich heraus, dass es sich bei *Recht nehmen und geben* nicht um die Übersetzung einer lateinischen Formel handele, sondern vielmehr um eine der deutschen Rechtssprache eigene Formulierung. Die im Sachsenspiegel zu findende Formel *rechtes plegen und helpen*[155] stellt er inhaltlich mit *Recht nehmen und geben* gleich, da auch hier die vollständige Unterstellung unter das Gericht bezeichnet werde.

---

153 Krause: Mittelalterliche Anschauungen, S. 13.

154 vgl. Krause: Mittelalterliche Anschauungen, S. 13ff.

155 vgl. Eike von Repgow: Des Sachsenspiegels erster Theil, oder das sächsische Landrecht: nach der Berliner Handschrift v. J. 1369, hrsg. v. C. G. Homeyer, 3., umgearb. Ausg., Berlin 1861, I 60 §3: *swar de man recht vorderet, dar scal he rechtes plegen unde helpen.*

Für die Folgezeit stellt er ein Ineinanderfließen beider Formeln fest und kommt bei der Untersuchung dieser ‚Mischformen' zu dem Ergebnis:

> „Aus ihnen allen ergibt sich die Beobachtung, daß die einzelnen Glieder der beiden Formeln austauschbar sind […]. Die Sinneinheit ist stärker als die Glieder."[156]

Als Verwendungsbereiche macht er die Beschreibung von Gerichtszuständigkeit und Gerichtsgewalt aus, wobei er im Gegensatz zur karolingischen Epoche eher prozessrechtliche Kompetenzklärung im Vordergrund sieht. Die Formel lasse sich nun auch häufig in städtischen Rechtskontexten nachweisen, in denen sie die ‚allgemeine Gehorsams- und Verhaltenspflicht' des Bürgers umschreibe.[157] Zahlreiche Belege des hohen und späten Mittelalters zeigen eine Verwendung im Bereich von Grundstücksgeschäften oder Gewährschaften, allerdings trete *Recht geben und nehmen* auch weiterhin im Reklamationsrecht und in Zusammenhängen auf, in denen versucht werde, eine Fehde zu vermeiden. Dieser Aspekt spiegelt sich, so Krause, insofern in der Grundaussage der Formel wider, als dass sie die Abkehr von der Fehde und die Forderung der Unterstellung unter das Recht bezeichnet. Abschließend hält er fest, dass *Recht geben und nehmen*

> „Ausdruck gewesen [ist] für das risikoreiche Einstehen vor Gericht mit der ganzen Person, Ausdruck für den Machtbereich des Gerichtsherrn, Ausdruck für die Unterwerfung unter das Recht, Ausdruck für den Gegensatz von gewaltsamer Selbsthilfe und geordneter Rechtsfindung, Ausdruck für die Gleichheit beider Parteien vor dem Richter."[158]

Auch wenn für die Deutung der Formel im Einzelnen immer die Betrachtung des Kontexts notwendig sei, ließen sich dennoch Rückschlüsse über die Auffassung von Recht und Gericht im Mittelalter aus ihr ziehen.

Einen ganz ähnlichen Ansatz wählt bereits 1962 Ludwig Fuhr bei seiner Beschäftigung mit der Formel *ane argeliste unde geverde*. Dabei versucht er, die Entstehung, Entwicklung, Bedeutung und das Verschwinden der Formel und ihre Verbindung zur lateinischen Formel *sine fraude et malo ingenio* (und deren Varianten) darzustellen. Ebenso wie Krause für *Recht geben und nehmen* schlussfolgert er, dass sich für eine direkte Übernahme der ‚Arglistformel' aus dem römischen Recht in fränkischer Zeit keine Belege finden lassen. Ebenso wenig, so Fuhr, ließe sich eine Beeinflussung von römisch-rechtlichem Gedankengut weder inhaltlich noch formal feststellen, vielmehr scheinen ihm die lateinischen Formulierungen

156 Krause: Mittelalterliche Anschauungen, S. 41.
157 vgl. Krause: Mittelalterliche Anschauungen, S. 48ff.
158 Krause: Mittelalterliche Anschauungen, S. 66f.

die „Übersetzung von Eides- bzw. Vertragsklauseln [...], die germanischen Ursprungs sind“[159], zu sein.[160]

Für die lateinischen ‚Arglistformeln‘ kann Fuhr einen ersten Beleg in einem Vertrag von 587 nachweisen. Die Formel tritt hier im Rahmen der Beeidung des Vertrags auf, dessen Einhaltung beide Parteien *ohne List oder betrügerische Absicht* beschwören und sie so zur Einhaltung des Vertrags mit ihrer gesamten Person verpflichtet. Weitere frühe Belege finden sich in den Treue- und Untertaneneiden unter Karl dem Großen und seinen Nachfolgern, für die Fuhr germanische (nicht römische) Herkunft annimmt. Er versteht die Funktion der Formel hier als Art Generalklausel, die „das ethisch gebotene Verhalten in eine Rechtspflicht“[161] wandele. Dabei geht er davon aus, dass der Treueeid ohne Arglistformel lediglich ein gewisses ethisches Gebot im Sinne der Unterlassung von Arglisthandlungen enthält, wohingegen der Treueeid mit ‚Arglistformel‘ dem König eine rechtliche Handhabe im Hinblick auf jede gegen ihn gerichtete Handlung bot. Er sieht dabei die ‚Arglistklausel‘ auch in einem sakralen Zusammenhang, da sie im Rahmen eines Eides unter Anrufung der Heiligen vorgenommen wird.[162]

In der nachkarolingischen Zeit nimmt die Frequenz der Belege für die Formel ab. Dies setzt Fuhr in einen kausalen Zusammenhang mit der Teilung des karolingischen Reichs. Erst im 14. und 15. Jahrhundert tritt sie dann in deutscher Sprache gehäuft im Rahmen von Gelöbnissen, Vertragseiden, privatrechtlichen Verträgen sowie Amts- und Bürgereiden auf. Dabei ist *ane argeliste unde geverde* grundsätzlich auf das zukünftige Verhalten – die Einhaltung eines Vertrags oder das Ausführen einer Amtspflicht – ausgerichtet. Fuhr versteht *argeliste* und *geverde* ebenso wie *fraus* und *dolus* als:

> „[...] lediglich verschiedene Worte, mit denen man die Gesinnung eines Täters bezeichnet, der heimlich, in einer das Rechtsbewußtsein verletzenden Weise gegen seine Rechtsgenossen handelt, wobei auch die Handlung als Ausdruck der Gesinnung mit erfaßt wird.“[163]

Er kann hier eine Ähnlichkeit zu oberitalienischen Arglistformeln erkennen, möchte aber eine Abhängigkeit der deutschen von der italienischen Formel (oder umgekehrt) nicht als bewiesen annehmen. Im Folgenden führt Fuhr eine Reihe deutscher Textbelege aus den o.g. Bereichen an, in denen er die Funktion der

159 Ludwig Fuhr: Zur Entstehung und Bedeutung der mittelalterlichen Formel „ane argeliste unde geverde“, Darmstadt 1962, S. 102f. [Fuhr: Ane argeliste].

160 vgl. Fuhr: Ane argeliste, S. 19ff.

161 Fuhr: Ane argeliste, S. 125.

162 vgl. Fuhr: Ane argeliste, S. 105ff.

163 Fuhr: Ane argeliste, S. 131.

‚Arglistformel' wie beschrieben in der Wandlung eines ethischen Gebots in eine Rechtsverpflichtung sieht. Mit der Entwicklung des Rechtsgedankens von Treu und Glauben entwickele sie sich allerdings zu einer „rein moralischen Bestärkung der Verpflichtung"[164]. Als weitere Verwendungsbereiche führt er Parteieide des mittelalterlichen Prozesses und Urteile an, in denen der Arglistbegriff eher in rückgewandter Form erscheint. Hier geht es v.a. darum, nachzuweisen, dass ein Recht oder eine Tat rechtmäßig und nicht aus Arglist erlangt oder unternommen wurde.

Gegen Ende des Hochmittelalters lassen sich weniger Nachweise für *ane argeliste unde geverde* finden. Dies begründet Fuhr mit der nun geringeren Bedeutung von Treuegelübde und Eid, die ihre Bedeutung für die Gültigkeit von Rechtsgeschäften verlieren. Es setzt sich die Vorstellung durch, dass ein Vertrag keinen höheren Grad an Rechtsverbindlichkeit erhalte, wenn man ihn beeide. Dies schlägt sich auch in den Bestimmungen des Preußischen Allgemeinen Landrechts von 1794 bezüglich der Anerkennung (bzw. Nichtanerkennung) eidlicher Vertragsbestärkung nieder.[165]

Einen enormen Beitrag zur Erforschung der Paarformel und ihrer Funktion in Rechtstexten hat Ruth Schmidt-Wiegand geleistet. Sie nähert sich dem Gegenstand von unterschiedlichen Richtungen an, so z.B. definitorisch in ihrem Artikel im HRG[166], unter Beachtung einer einzelnen Textsorte[167] oder auch unter Einbezug phraseologischer Aspekte.[168]

Die Definition, die Schmidt-Wiegand im HRG gibt, enthält zahlreiche bereits genannte Elemente und fügt diese in einer einheitlichen Definition zusammen. Auch wenn die Paarformel, ebenfalls Zwillingsformel, Doppelformel oder polarer Ausdruck genannt[169], entsprechend des Gegenstands und der Herangehensweise der jeweiligen Untersuchung weiter oder enger definiert wird,

---

164 Fuhr: Ane argeliste, S. 177.

165 vgl. Fuhr: Ane argeliste, S. 172ff.

166 vgl. Schmidt-Wiegand: Paarformeln, Sp. 1387–1393.

167 vgl. Ruth Schmidt-Wiegand: Zwei- und Dreigliedrigkeit in den deutschsprachigen Urkunden, in: Urkundensprache im germanisch-romanischen Grenzgebiet, hrsg. v. Kurt Gärtner und Günter Holtus, Mainz 1997, S. 139–149 [Schmidt-Wiegand: Urkunden].

168 Ruth Schmidt-Wiegand: Sprachgebärden aus dem mittelalterlichen Rechtsleben. Versuch einer Begriffsbestimmung, in: Das andere Wahrnehmen. Beiträge zur europäischen Geschichte; August Nitschke zum 65. Geburtstag gewidmet, hrsg. v. Martin Kintzinger, Köln/Weimar/Wien 1991, S. 233–249 [Schmidt-Wiegand: Sprachgebärden]; Ruth Schmidt-Wiegand: Mit Hand und Mund. Sprachgebärden aus dem mittelalterlichen Rechtsleben, in: Frühmittelalterliche Studien 25 (1991), S. 283–299 [Schmidt-Wiegand: Hand und Mund].

169 vgl. Dilcher: Paarformeln, S. 18.

umfasst Schmidt-Wiegands Definition doch alle wesentlichen Elemente. Sie bezeichnet Paarformeln als

> „zweigliedrige Sprachformeln, in denen gleiche Wortarten wie Substantive (mâge und man), Adjektive (huldich und hörig), Verben (geben und gelten) aber auch Sätze (Ich gebiete Lust und verbiete Unlust) paarweise verbunden sind. Rhythmus, Alliteration oder Stabreim (Land und Leute), gelegentlich auch Endreim (Gut und Blut) verstärken den Zusammenhang der Glieder."[170]

Sie unterscheidet verschiedene Typen von Paarformeln, indem sie das Verhältnis, in dem die Glieder der jeweiligen Formel zueinanderstehen, betrachtet und kommt zu dem Schluss, dass diese entweder als tautologisch, kontrastierend oder, sofern sie einen negativen Schluss aufweisen, als polare Formeln zu bezeichnen sind. Auch können Paarformeln um weitere Bestandteile ergänzt werden und so zu synonymen Wortreihen anwachsen.

Den Ursprung der Formelhaftigkeit sieht sie in der mündlichen Tradition[171] begründet und durch wiederholten Gebrauch in gleichen Textsorten oder ähnlichen Kontexten gegeben. Sinn und Zweck der Paarformel seien zum einen ihre Funktion als mnemotechnisches Hilfsmittel, zum anderen die Erfassung abstrakter Begrifflichkeiten, „die der älteren deutschen Rechtssprache von Hause aus fremd war[en]."[172]

Im Rahmen ihrer Untersuchung zur deutschen Urkundensprache, in der sie sich auf Besch, Ludwig, Dittmer und Krause bezieht, stellt sie zusätzlich fest, dass Variation im Sinne von Wortersatz oder Umstellung der Glieder durchaus gängig ist. In Anlehnung an Beschs Ausführungen hält sie es jedoch bei festen Verbindungen in der mittelalterlichen Rechtssprache durchaus für möglich, auf deren Herkunft aus der Volkssprache zu schließen. Als Beispiel verweist sie hier auf *recht und redlich*. Die Variation in aus dem Lateinischen entlehnten Formeln führt sie auf Übersetzungsschwierigkeiten oder eine unterschiedlich geprägte „Auseinandersetzung mit der Vorstellung oder dem Begriff"[173] in der jeweiligen Sprache zurück. Dies verdeutlicht sie exemplarisch an den deutschen Entsprechungen zu *statuere et ordinare*. Eine weitere Beschäftigung mit einzelnen Paarformeln – ausgehend

---

170 Schmidt-Wiegand: Paarformeln, Sp. 1387.

171 Gleichzeitig sieht sie aber auch die Mündlichkeit in der Anwendung des Rechts nach seiner Aufzeichnung durch die Verwendung zahlreicher stab- und endreimender Paarformeln bewiesen, vgl. Ruth Schmidt-Wiegand: Rechtssprache in althochdeutscher Zeit, in: Frühmittelalterliche Studien 30 (1996), S. 1–18 [Schmidt-Wiegand: Rechtssprache].

172 vgl. Schmidt Wiegand: Paarformeln, Sp. 1387.

173 Schmidt-Wiegand: Urkunden, S. 146.

von ihrer Herkunft und Veränderung – hält sie für unerlässlich. Dabei sollte, so Schmidt-Wiegand, die rechtliche Bedeutung, durch die eine Formel rechtliche Verbindlichkeit erhält, das Verhältnis zwischen Volkssprache und Latein sowie deren christlicher Gehalt im Vordergrund stehen, um so „die Historizität der Erscheinung ‚Paarformel' besser in den Griff zu bekommen als bisher."[174]

Unter Berücksichtigung phraseologischer Aspekte beschäftigt sie sich mit dem Thema der Sprachgebärden. Sie definiert Sprachgebärden als

> „stehende Redensarten oder feste Redewendungen, die eine längere Tradition hinter sich haben und von hier aus erklärungsbedürftig sind. Aufgrund ihres formelhaften Charakters oder ihrer besonderen Bildhaftigkeit sind sie wie die Paarformel *über Stock und Stein* oder die Redensart *etwas an die große Glocke hängen* weit verbreitet und auf diese Weise ‚volksläufig' geworden."[175]

Im Zuge dieser als Prozess zu verstehenden ‚Volksläufigkeit' kann sich die Bedeutung von Einzelwörtern oder gesamter Verbindungen so weit von der ursprünglichen Bedeutung entfernt haben, dass diese heute nicht mehr transparent ist.

Neben Fragen nach Herkunft und Alter von Paarformeln untersucht sie die Verbindung zwischen Sprachgebärde und Gebärdensprache im mittelalterlichen Recht und führt dabei aus, dass beide auch oder gerade im Hinblick auf die Kommunikation vor Gericht in einem engen Zusammenhang stehen.[176] Gebärdensprache und Sprachgebärden bewertet sie als

> „formkonstante Strukturen, die mit dazu beigetragen haben, dem Recht, Gewohnheit und Brauch, Invarianz oder Kontinuität über Jahrhunderte hinweg zu sichern."[177]

Mit Blick auf die Phraseologie ordnet sie die Sprachgebärden den Phraseologismen[178] zu, die sie als feste Wortverbindungen, die „unabhängig vom Satzgefüge,

---

174 Schmidt-Wiegand: Urkunden, S. 148. Dies unternimmt sie auch selbst schon zuvor im Hinblick auf Paarformeln in althochdeutschen Eiden und Gelöbnissen, vgl. Ruth Schmidt Wiegand: Eid und Gelöbnis, Formel und Formular im mittelalterlichen Recht, in: Recht und Schrift im Mittelalter, hrsg. v. Peter Classen, Stuttgart 1977, S. 55–90.

175 Schmidt-Wiegand: Sprachgebärden, S. 234. Da sich Schmidt-Wiegand: Hand und Mund, mit dem gleichen Phänomen anhand weitestgehend gleicher Beispiele beschäftigt, beschränke ich mich nachfolgend auf Nachweise aus: Schmidt-Wiegand: Sprachgebärden.

176 Zur Gebärdensprache und ihrer Bedeutung vor Gericht: Ruth Schmidt-Wiegand: Gebärdensprache im mittelalterlichen Recht, in: Frühmittelalterliche Studien 16 (1982), S. 363–379.

177 Schmidt-Wiegand: Sprachgebärden, S. 237.

178 Neben dem Terminus Phraseologismus finden sich ebenfalls die Bezeichnungen Phrasem oder Idiom zur Beschreibung desselben Phänomens, in der Folge findet

in dem sie stehen, um ein Kernwort herum gebildet sind"[179], definiert. Sie legt für den Bereich der Rechtssprache folgende Typen von Phraseologismen fest: Phraseologische Ganzheiten, Phraseologische Verbindungen, Phraseologische Termini, feste Syntagmen, Idiome, Zwillings- und Drillingsformeln, Sprichwörter und Gemeinplätze sowie geflügelte Worte.[180] Als Merkmale von Phraseologismen[181] benennt sie Reproduzierbarkeit, Stabilität, Motiviertheit und Idiomatizität, wobei nicht immer alle Merkmale realisiert sein müssen. Sie unterteilt diese Kriterien in formale (Reproduzierbarkeit, Stabilität) und semantische (Motiviertheit, Idiomatizität) Aspekte.

Den formalen Aspekt der Reproduzierbarkeit, den sie in einen engen Zusammenhang zu dem Aspekt Stabilität setzt, sieht sie durch den Formalismus des mittelalterlichen Rechts als gegeben an, wobei sie gerade für die Paarformeln das Kriterium der Stabilität aufgrund der Möglichkeit von Wortersetzungen und Umstellung der Glieder relativiert. Hier stellt sich allerdings die Frage, inwiefern die Paarformel dann noch, wie Schmidt-Wiegand im HRG sagt, als Hilfsmittel zur Einhaltung des vor Gericht „geforderte[n] strenge[n] Wortlaut[s], von dem Gewinn oder Verlust des klagbaren Anspruchs abhängen konnte"[182], angesehen werden kann.

hier der Terminus Phraseologismus Verwendung. Zur Terminologie vgl. Harald Burger: Phraseologie. Eine Einführung am Beispiel des Deutschen, 4., neu bearb. Aufl., Berlin 2010, S. 14ff. [Burger: Phraseologie].

179 Schmidt-Wiegand: Sprachgebärden, S. 240.

180 Zu den Merkmalen der einzelnen Typen: vgl. Burger: Phraseologie, S. 33ff.; Jesko Friedrich: Historische Phraseologie des Deutschen, in: Phraseologie. Ein internationales Handbuch zeitgenössischer Forschung, 2. Teilbd. (Handbücher zur Sprach- und Kommunikationswissenschaft 28.2), hrsg. v. Harald Burger, Dmitrij Dobrovolskij, Peter Kühn und Neal R. Norrick, Berlin/New York 2007, S. 1093ff. [Friedrich: Historische Phraseologie]; Jesko Friedrich: Phraseologisches Wörterbuch des Mittelhochdeutschen. Redensarten. Sprichwörter und andere feste Wortverbindungen in Texten von 1050–1350, Tübingen 2006, S. 23ff. [Friedrich: Phraseologisches Wörterbuch].

181 Definition und Merkmale von Phraseologismen vgl. Burger: Phraseologie, S. 33ff.; Wolfgang Fleischer: Phraseologie der deutschen Gegenwartssprache, 2., durchgesehene und ergänzte Aufl., Tübingen 1997, S. 29ff [Fleischer: Phraseologie der Gegenwartssprache]; Christine Palm: Phraseologie. Eine Einführung, Tübingen 1995; Klaus Dieter Pilz: Phraseologie. Versuch einer interdisziplinären Abgrenzung, Begriffsbestimmung und Systematisierung – unter besonderer Berücksichtigung der deutschen Gegenwartssprache, Bochum 1977, S. 27ff. [Pilz: Phraseologie].

182 Schmidt-Wiegand: Paarformeln, Sp. 1387.

Auch Motiviertheit und Idiomatizität stehen für sie in einer engen Verbindung zueinander. Motiviertheit, d.h. „die Durchsichtigkeit eines sprachlichen Zeichens im Hinblick auf seine Morphologie und Semantik, seinen formalen Aufbau und Bedeutung"[183] ist dann gegeben, wenn sich die Gesamtbedeutung aus der Bedeutung der einzelnen Elemente schließen lässt. Wohingegen Formeln als unmotiviert zu gelten haben, wenn dies nicht mehr möglich ist. Für zahlreiche Formeln aus der Rechtssprache erkennt sie für den Zeitpunkt ihrer Entstehung Motiviertheit für ihren späteren bzw. heutigen Gebrauch hingegen den Verlust dieser Motiviertheit, da der Sinn dieser Formeln nicht mehr aus dem Sinn der Einzelglieder erkennbar ist.

Durch diesen Prozess entsteht die Idiomatizität einer Wortverbindung im Sinne einer „Nicht-Übereinstimmung von verwendungsinterner und verwendungsexterner Bedeutung"[184]. Idiomatizität ist für Schmidt-Wiegand dann gegeben, wenn mindestens eines der Glieder eines Phraseologismus eine semantische Umdeutung erfahren hat. Als Belege einer solchen Umdeutung führt sie z.B. die Formeln *sich etwas hinter die Ohren schreiben* und *mit Haut und Haar* an. Idiomatisierungsprozesse sieht sie als wesentlichen Faktor für den Erhalt mittelalterlicher Sprachgebärden an und versucht, diese anhand einiger Beispiele zu beleuchten.[185] Sie kommt zu dem Schluss, dass vielfach der Verschriftlichungsprozess im Gerichts- und Prozesswesen den Idiomatisierungsprozess gefördert oder initiiert hat. Die alten Wortverbindungen verlieren in diesem Zuge „ihre Bindung an den Ort des Gerichts und wurde[n] für einen Idiomatisierungsprozeß frei".[186] Durch ihre Bildhaftigkeit konnten sich diese Sprachgebärden jedoch bis in die heutige Zeit bewahren.

Dieser linguistisch-phraseologische Ansatz wird von Schmidt-Wiegands Schülerin Ulrike Schowe weiter vertieft. In ihrer Arbeit zu Idiomatisierungsprozessen bei sprichwörtlichen Redensarten[187] untersucht sie anhand von Sprichwortsammlungen und Wörterbüchern unter Hinzunahme von Rechtsquellen, inwieweit und

---

183 Schmidt-Wiegand: Sprachgebärden, S. 242.

184 Schmidt-Wiegand: Sprachgebärden, S. 242.

185 Schmidt-Wiegand wählt die Beispiele: „Vom Galgen aufs Rad kommen", „sich etwas hinter die Ohren schreiben", „stehenden Fußes" und „etwas auf die lange Bank schieben", vgl. Schmidt-Wiegand: Sprachgebärden, S. 242ff. und Schmidt-Wiegand: Hand und Mund, S. 293ff.

186 Schmidt-Wiegand: Sprachgebärden, S. 246.

187 Ulrike Schowe: Mit Haut und Haar. Idiomatisierungsprozesse bei sprichwörtlichen Redensarten aus dem mittelalterlichen Strafrecht, Frankfurt/Main 1994 [Schowe: Haut und Haar].

durch welche Prozesse aus „losen Wortverbindungen mit lexikalisch-semantischer Bedeutung“[188] aus dem Strafrecht idiomatische Wendungen, sie spricht hier von ‚sprichwörtlichen Redensarten', entstehen. Hierzu definiert sie zunächst den Begriff der sprichwörtlichen Redensart, für den sie fünf fakultative und obligatorische Merkmale bestimmt: Fixiertheit, Idiomatizität, Bildhaftigkeit, Reproduzierbarkeit und den Umlaufcharakter.[189] Diese Merkmale definiert sie genauer und setzt sie in Abhängigkeit zueinander.

Fixiertheit ist für Schowe nicht als Gegensatz von ‚fest‘ und ‚nicht fest‘ zu verstehen, sondern als gradueller Maßstab. In jeder sprichwörtlichen Redensart gibt es Elemente, die nicht ausgetauscht werden können, ohne dass dadurch der Sinn verändert wird, daneben existiert aber auch häufig ein gewisses Maß an ‚lexikalischer Variabilität'. Das Verhältnis zwischen Fixiertheit und Idiomatizität fasst sie zusammen, dass je höher der Grad an Fixiertheit einer Redensart ist, desto höher auch ihre Idiomatizität (und umgekehrt).

Als Umlaufcharakter bezeichnet sie die ‚Volksläufigkeit‘ einer Redensart, die dann gegeben ist, wenn eine Redensart schriftlich und mündlich tradiert wird und währenddessen eine Bedeutungserweiterung erfährt.

Idiomatizität und Motiviertheit behandelt sie aufgrund ihrer engen Verbindung zueinander gemeinsam, wobei sie Idiomatizität in Anlehnung an Fleischer als „die Nichtübereinstimmung wendungsinterner (wörtlicher) und wendungsexterner (übertragener/idiomatischer) Bedeutung“[190] definiert. Auch hier sieht sie keine klaren Gegensätze zwischen idiomatisiert und nicht-idiomatisiert, sondern geht von graduellen Unterschieden in der Idiomatizität aus. Motiviertheit versteht sie ebenso wie Schmidt-Wiegand und folgert mit Burger, dass ein hoher Grad an Motiviertheit einen geringen Grad an Idiomatizität (und umgekehrt) mit sich bringt. Dabei schließt sie sich der Meinung Munskes an, der zwischen der Motiviertheit zum Entstehungszeitpunkt und einer aktuellen Motiviertheit unterscheidet.[191]

188 Schowe: Haut und Haar, S. 15.

189 Schowe: Haut und Haar, S. 23ff.

190 Schowe: Haut und Haar, S. 41; vgl. Fleischer: Phraseologie der Gegenwartssprache, S. 6 und S. 30ff.

191 vgl. Horst Haider Munske: Wie entstehen Phraseologismen, in: Vielfalt des Deutschen. Fs für Werner Besch, hrsg. v. Klaus J. Mattheier, Klaus-Peter Wegera, Walter Hoffmann, Jürgen Macha und Hans-Joachim Solms, Frankfurt/Main 1993, S. 481–516. Munske zeigt hier am Beispiel „Bahnhof verstehen“, dass der situative Motivationsbezug eines Phraseologismus infolge veränderter historischer Umstände verloren

Mit dem Aspekt der Variabilität ist für Schowe auch die Frage nach der Modifikation verbunden. Die Grenze zwischen Variabilität, d.h. Variantenbildung, und Modifikation, also der Spielraum innerhalb der tatsächlichen Sprachverwendung, seien bisweilen nicht eindeutig zu erkennen. Das Verhältnis zwischen Variabilität und Idiomatizität beschreibt sie als umgekehrt proportional, also: je höher der Grad an Variabilität, desto geringer der Grad an Idiomatizität. Dies wiederum setzt sie in Beziehung zur Fixiertheit und stellt folgende Formel auf:

stark fixiert	+	stark idiomatisiert	=	keine Variabilität,
schwach fixiert	+	schwach idiomatisiert	=	Fähigkeit zur Variabilität[192].

Als Folge von Fixiertheit und Idiomatizität begreift sie die Reproduzierbarkeit eines Ausdrucks.

Auch Bildhaftigkeit, die sie für die sprichwörtliche Redensart als obligatorisch erachtet, sieht sie in einem engen Verhältnis zur Idiomatizität, insofern, dass sie die Idiomatizität als durch die Bildhaftigkeit eines Ausdrucks verursacht versteht. Dementsprechend bedeutet einer hoher Grad an Bildhaftigkeit zugleich auch immer ein hohes Maß an Idiomatizität. Abgesehen von Umlaufcharakter und Reproduzierbarkeit sind also die Charakteristika sprichwörtlicher Redensarten in Korrelation zueinander zu betrachten.[193]

Aus der Untersuchung zehn sprichwörtlicher Redensarten, u.a. der Paarformel *mit Haut und Haar*, kann sie drei Arten von Idiomatisierungsprozessen ableiten: Idiomatisierung durch Bedeutungsabschwächung, Idiomatisierung bei gleicher Bedeutung und Idiomatisierung durch Abstrahierung bei gleichzeitiger Bedeutungsveränderung. Für Paarformeln konstatiert sie, dass im Gegensatz zu den übrigen untersuchten Ausdrücken hier eine Metaphorisierung beider Glieder stattfinde, wobei die „wendungsexterne Bedeutung an eben diese Reihenfolge gebunden“[194] sei, da die gesamte Wortfolge und nicht einzelne Teile dieser idiomatisiert werde. Mit der Idiomatisierung gehe eine syntaktische und lexematische Fixierung einher, die den Austausch oder die Umstellung der Glieder unmöglich mache. Insgesamt sieht sie Idiomatisierung als einen langwierigen Prozess an, der immer auch in Zusammenhang mit historischen Ereignissen und Entwicklungen

---

gehen kann bei gleichzeitiger Veränderung der Bedeutung. Munske spricht hier von „diachron bedingte[r] Demotivation“, vgl. S. 484f.

192 Schowe: Haut und Haar, S. 48.

193 vgl. Schowe: Haut und Haar, S. 35ff.

194 Schowe: Haut und Haar, S. 214.

(für Ausdrücke aus der Rechtssprache in Zusammenhang mit der Rezeption des römischen Rechts) betrachtet werden müsse.[195]

Aus den Untersuchungen von Schmidt-Wiegand und Schowe ergeben sich neue, durch die historische Phraseologieforschung definierte Kriterien für die Paarformel. Da diese den nachfolgend vorgestellten Untersuchungen zugrunde liegen, sollen sie anhand von Harald Burgers Ausführungen kurz vorgestellt werden.

Die Phraseologie zählt die Paarformeln zu den Phraseologismen.[196] Phraseologismen sind Wortverbindungen, die sich durch die folgenden Merkmale auszeichnen[197]:

- Polylexikalität (die Verbindung besteht aus mehr als zwei Wörtern),
- Festigkeit (die Verbindung wird von einer Sprechergemeinschaft ähnlich einem Wort verwendet; sie ist gebräuchlich und reproduzierbar),
- Idiomatizität („die Komponenten [bilden] eine durch die syntaktischen und semantischen Regularitäten nicht voll erklärbare Einheit“[198]).

Die Paarformel als besonderer Phraseologismus wird in der Phraseologie weiter gefasst als in rechts- bzw. sprachhistorischen Untersuchungen:

> „Zwei Wörter der gleichen Wortart oder auch zweimal dasselbe Wort werden mit *und*, einer anderen Konjunktion oder einer Präposition zu einer paarigen Formel verbunden. Wenn zwei verschiedene Wörter vorhanden sind, ist die Reihenfolge entweder völlig festgelegt, oder es besteht zumindest eine Bevorzugung einer Reihenfolge.“[199]

Diese Definition lässt sich allerdings nicht ohne Weiteres auf historische Sprachstufen übertragen. Sowohl Filatkina als auch Burger stellen heraus, dass gerade das Kriterium ‚Festigkeit‘ (Irreversibilität) als Merkmal für Phraseologizität bei älteren Sprachstufen nicht anwendbar ist, da sich diese durch einen hohen Variantenreichtum auszeichnen.[200] Dabei hebt Burger hervor, dass es nur dann Sinn

---

195 vgl. Schowe: Haut und Haar, S. 214ff.

196 Zu den teilweise stark voneinander abweichenden Terminologien und Klassifikationen von Phraseologismen vgl. Burger: Phraseologie, S. 14ff.

197 vgl. Burger: Phraseologie, S. 33ff.; Fleischer: Phraseologie der Gegenwartssprache, S. 29ff.; Pilz: Phraseologie, S. 27ff.

198 vgl. Burger: Phraseologie, S. 14.

199 Burger: Phraseologie, S. 45.

200 vgl. Natalia Filatkina: Historische formelhafte Sprache als „harte Nuss“ der Korpus- und Computerlinguistik. Ihre Annotation und Analyse im HiFoS-Projekt, in: Linguistik online 39/3 (2009), S. 80 [Filatkina: Harte Nuss] und Harald Burger: Alte und neue Fragen, alte und neue Methoden der historischen Phraseologie, in: Aspekte

mache, von Varianten zu sprechen, wenn sich „hinter den Varianten eine im gewissen Maße stabile Einheit“[201] erkennen lasse. Diese ist für ihn grundsätzlich semantisch zu bestimmen.

Der häufig vertretenen Meinung, dass es sich aufgrund der mangelnden Festigkeit in älteren Sprachstufen eben noch nicht um ‚echte‘ Paarformeln handele, tritt Burger mit dem Hinweis auf die Formelhaftigkeit der Ausdrücke entgegen. Der Variantenreichtum historischer Sprachstufen gilt ihm als ein Zeichen der ‚Lebendigkeit‘ eines Idioms und nicht als Zeichen der Abnahme seiner Phraseologizität. Dabei scheinen ihm Variation[202] (usuelle Erscheinung, i.d.R. ohne distinktive Funktion) und Modifikation (okkasionelle und intentionale Abweichung von der ‚Normalform‘) für historische Sprachstufen nur schwer differenzierbar.[203] Zudem müsse Verfestigung als ein gradueller Prozess betrachtet werden.

Burger relativiert dementsprechend die Definition dahingehend, dass er neben das strukturelle Muster (Verbindung zweier Wörter gleicher Wortart) und die Frequenz des Auftretens die semantischen Modelle synonymes und nichtsynonymes Wortpaar stellt, die als Kennzeichen für Formelhaftigkeit ausreichen müssten. Während er für synonyme bzw. ‚beinahe-synonyme‘ Paarformeln eine intensivierende Funktion erkennen kann, sieht er bei den nicht-synonymen das metonymische Prinzip insofern verwirklicht, als dass die Formel durch die Verwendung komplementärer oder polar zueinanderstehender Elemente ein Ganzes bezeichnet. Eine Sonderrolle weist er nicht-synonymen Wortpaaren in Rechtskontexten zu, da sie hier nicht als poetischer Schmuck, sondern als eine Form

der historischen Phraseologie und Phraseographie, hrsg. v. Natalia Filatkina, Ane Kleine-Engel, Marcel Dräger und Harald Burger, Heidelberg 2012, S. 9 [Burger: Alte und neue Fragen].

201 Burger: Alte und neue Fragen, S. 15.

202 Variation von Phraseologismen vgl. Harald Burger: Konzepte von „Variation“ in der Phraseologie, in: Vom Umgang mit sprachlicher Variation. Soziolinguistik, Dialektologie, Methoden und Wissenschaftsgeschichte. Fs Heinrich Löffler, hrsg. v. Annelies Häcki Buhofer, Tübingen 2000, S. 35–51 [Burger: Konzepte].

203 vgl. hierzu auch: Natalia Filatkina: Wan wer beschreibt der welte stat/der muoß wol sagen wie es gat. Manifestation, functions and dynamics of formulaic patterns in Thomas Murner's „Schelmenzunfft“ revisited, in: Aspekte der historischen Phraseologie und Phraseographie, hrsg. v. Natalia Filatkina, Ane Kleine-Engel, Marcel Dräger und Harald Burger, Heidelberg 2012, S. 21–44. Filatkina zeigt hier am Beispiel von „etwas auf dem Kerbholz haben“ eine Reihe von Varianten des Ausdrucks. Dazu führt sie aus: “Nowadays, one cannot judge in what sense these expressions served as earlier of the current idiom *etwas auf dem Kerbholz haben* “to have something on the tally” as historical texts provide no evidence for their existence.”, S. 29 [Filatkina: Schelmenzunfft].

der Definition verwendet würden. Sobald sie aus den rechtlichen in poetische oder alltagssprachliche Kontexte transferiert werden, sieht er eine Tendenz zur Idiomatisierung gegeben.[204] Diesen Befund bestätigt Ptashnyk in ihren Ausführungen zum Deutschen Rechtswörterbuch (DRW). Sie zeigt in Anlehnung an Schmidt-Wiegands Feststellung, dass Abstrakta in der mittelalterlichen Rechtssprache durch Paarformeln definiert werden, anhand des Beispiels *echte not*, wie ein ‚abstrakter juristischer Begriff' durch additive Aufzählung oder besondere Wortverbindungen ausgedrückt werden kann.[205]

Neben diese definitorischen Schwierigkeiten treten verschiedene methodische Probleme, die sich in der gegenwartssprachlichen Phraseologie nicht stellen. Diese sind v.a. in der mangelnden Sprachkompetenz, die z.B. das Erkennen von Variationen und Idiomatizität einer Verbindung nahezu unmöglich macht, der lückenhaften Überlieferung[206] wie auch dem Mangel an wissenschaftlichen Hilfsmitteln wie Wörterbüchern zur Phraseologie älterer Sprachstufen zu sehen. Filatkina führt zusätzlich das Problem der Wortgrenzen für historische Sprachstufen an.[207] Burger/Linke sehen es daher als unerlässlich an, Kriterien zu finden, die es ermöglichen, eine Wortverbindung in älteren Sprachstufen als phraseologisch zu bestimmen.[208] Dies sei aber nur möglich, wenn man sich aller verfügbarer Quellen – Quellentexte, phraseologische Sammlungen, Wörterbücher – bediene, wobei gerade die

---

204 vgl. Burger: Alte und neue Fragen, S. 9ff., so auch Harald Burger: Paarformeln und Paarformen des Deutschen „revisited" – unter historischem Aspekt, in: Aktuelle Probleme der modernen Lexikologie und Phraseologie. Fs Prof. Irena I. Černyševa, Moskau 2011, S. 31–56 [Burger: Paarformeln].

205 vgl. Stefaniya Ptashnyk: Formulierungstraditionen im Rechtsleben: Historische Phraseographie und ihre Erfassung im Deutschen Rechtswörterbuch, in: Aspekte der historischen Phraseologie und Phraseographie, hrsg. v. Natalia Filatkina, Ane Kleine-Engel, Marcel Dräger und Harald Burger, Heidelberg 2012, S. 229 [Ptashnyk: Formulierungstraditionen].

206 vgl. Friedrich: Historische Phraseologie, S. 1093f.

207 vgl. Filatkina: Harte Nuss, S. 80. Zur Problematik des Erkennens von Phraseologismen in historischen Texten vgl. auch: Vilmos Ágel: Abgrenzung von Phraseologismen in einem historischen Text. Einige Indizien als Ergebnis einer historischen Valenzuntersuchung, in: Beiträge zur Phraseologie des Ungarischen und des Deutschen, hrsg. v. Regina Hessky, Budapest 1988, S. 26–38.

208 vgl. Harald Burger/Angelika Linke: Historische Phraseologie, in: Sprachgeschichte. Ein Handbuch zur Geschichte der deutschen Sprache und ihrer Erforschung, 1. Teilbd., 2., vollst. neu bearb. u. erw. Aufl. (Handbücher zur Sprach- und Kommunikationswissenschaft 2.1), hrsg. v. Werner Besch, Anne Betten, Oskar Reichmann und Stefan Sonderegger, Berlin/New York 1998, S. 743ff. [Burger/Linke: Historische Phraseologie].

phraseologischen Sammlungen und Wörterbücher je nach Fragestellung nur als unzureichend angesehen werden könnten. Für das DRW hebt Ptashnyk allerdings hervor, dass „[n]eben den Einzellexemen [...] auch rechtssprachliche Phraseologismen eine starke Berücksichtigung [...]“[209] finden. Gerade für den von Burger als Desiderat herausgestellten Bereich der morphosyntaktischen und semantischen Eigenschaften von Phraseologismen zeigt sich, dass ein möglichst breites Spektrum von Quellentexten genutzt werden sollte.[210]

Als wesentliche Problemfelder der historischen Phraseologie identifiziert Burger:

Abbildung 1: Problembereiche der historischen Phraseologie. (nach: Harald Burger: Problembereiche einer historischen Phraseologie, in: Europhras 95. Europäische Phraseologie im Vergleich: Gemeinsames Erbe und kulturelle Vielfalt, hrsg. v. Wolfgang Eismann, Bochum 1998, S. 79)

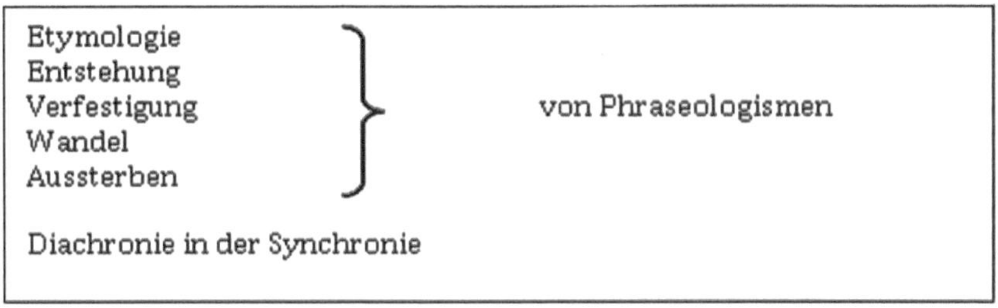

Er differenziert Entstehung und Etymologie, da er die Etymologie als rückgewandt versteht, d.h. auf die Rückführung von Phraseologismen auf das sprachliche Material gerichtet, das dem Phraseologiesierungsprozess zugrunde liegt. Entstehung begreift er hingegen als ‚nach vorne‘ gerichtet, also die Prozesse betrachtend, die hinter der Phraseologiesierung eines bestimmten sprachlichen Materials stehen und den daraus zu ziehenden Erkenntnissen für eine Epoche. Die Etymologie der

209 Ptashnyk: Formulierungstraditionen, S. 231.

210 vgl. Harald Burger: Problembereiche einer historischen Phraseologie, in: Europhras 95. Europäische Phraseologie im Vergleich: Gemeinsames Erbe und kulturelle Vielfalt, hrsg. v. Wolfgang Eismann, Bochum 1998, S. 82ff. [Burger: Problembereiche], vgl. hierzu auch: Natalia Filatkina: Formelhafte Sprache und Traditionen des Formulierens. Vorstellung eines Projekts zur historischen formelhaften Sprache, in: Sprachwissenschaft 32 (2007), S. 226 [Filatkina: Formelhafte Sprache].

‚klassischen' Phraseologismen bewertet er als zum großen Teil aufgearbeitet,[211] für die Entstehung von Phraseologismen postuliert er aus germanistischer Perspektive allerdings noch Bearbeitungsbedarf.[212]

Ausgehend von der Verfestigung werfen Burger/Linke die Frage auf, ob das, was heute unter struktureller Verfestigung verstanden wird, „das Produkt der mehrhundertjährigen schriftsprachlichen [...] Normierung ist."[213] Diese von den Wörterbüchern behauptete Verfestigung müsse anhand von Texten nachgewiesen und der Verlauf „potentielle[r] formale[r] und/oder semantische[r] Veränderung"[214] sichtbar gemacht werden. Da Verfestigung für viele Phraseologismen aber zu bejahen sei, gehen sie davon aus, dass es vor der Ausbildung der überregionalen Schriftsprache einen höheren Grad an Varianz gegeben habe. Burger/Linke unterscheiden sieben Verfestigungstypen, deren Gründe sie abschließend nicht eindeutig bestimmen können:

- Reduktion der lexikalischen Varianten (*Zeter* ***und Mordio*** *schreien* vs. *Zeter schreien*),
- Reduktion der Modifikationsmöglichkeiten (*ein* ***gut*** *Herz fassen* vs. *ein Herz fassen*),
- Lexikalische Reduktion mit morphosyntaktischen Folgen (über Hals und **über** Kopf vs. über Hals und Kopf)
- Verfestigung der morphosyntaktischen Struktur (ein Auge auf jmd. werfen vs. die Augen auf jemanden *werfen*),
- Festlegung auf die Deminutivform (*ins Fäustchen lachen* vs. *in* ***die Faust****/das Fäustchen lachen*),
- Festlegung auf affirmative/negative Variante (*mit Fug und Recht* vs. ***ohne*** *Fug und Recht*),
- Fixierung der Wortfolge bei Zwillingsformeln (*Leib und Seele* vs. *Seele und Leib*).

Für die Fixierung von Paarformeln geben sie dabei drei Muster an, die mit der Silbenzahl, der Vokallänge und der Klangfarbe des Vokals zusammenhängen.[215]

---

211 vgl. hierzu: Lutz Röhrich: Lexikon der sprichwörtlichen Redensarten, 5 Bde., München 1991.

212 vgl. Burger: Problembereiche, S. 79ff.

213 Burger/Linke: Historische Phraseologie, S. 747.

214 Burger: Alte und neue Fragen, S. 11.

215 vgl. Burger/Linke: Historische Phraseologie, S. 746ff. Bereits 1928 benennt Behaghel Vokalfolge, Vermeidung des Hiatus, die Länge eines Wortes, Rang, Bedeutung, zeitliche Folge, Benennung des Positiven vor dem Negativen sowie die Seltenheit eines Wortes als Kriterien für die Anordnung von Gliedern in Wortgruppen, vgl. Otto

Auch bezüglich des Wandels von Phraseologismen suchen sie nach Mustern und differenzieren hier zwischen Lexemaustausch, morphosyntaktischem Wandel, semantischem und stilistischem Wandel. Lexemaustausch stellen sie dabei gehäuft im Bereich der „Körperteilphraseologismen"[216] fest und begründen diesen mit einem möglicherweise veränderten Verständnis der Funktion oder des Symbolgehalts einzelner Körperteile, dies muss allerdings nicht für jeden Fall zutreffend sein. So kann morphosyntaktischer Wandel z.B. mit Blick auf die verwendeten Präpositionen sowohl zur Zunahme als auch zur Abnahme von Varianten führen, semantischer Wandel zu einer Verringerung der Polysemie, stärkerer Idiomatisierung oder auch zur Erweiterung des Bedeutungsumfangs eines Phraseologismus. Eingehender äußert sich Burger in „Genese und Wandel eines idiomatischen Bildes"[217] zu den Prozessen, die zu Entstehung und Veränderung idiomatischer Bilder führen. Er führt hier sechs typische Bedingungen – mit abnehmender Allgemeinheit – an, die die Entstehung eines Phraseologismus begünstigen können:

- universale kognitive Bedingungen (z.B. Somatismen),
- semantische Übertragung oder Verschiebung (z.B. Metonymisierung, Metaphorisierung, Spezialisierung),
- historisch-kulturelle Komplexe und Konzepte (z.B. das Rittertum),
- idiomatische Kollokationen z.B. aus der alltäglichen Praxis (z.B. Versprachlichung von Ritualen),
- Ableitung und Weiterbildung vorhandener Phraseologismen,
- Sprachkontakte (z.B. Biblismen, Zitate aus antiken Texten)[218].

Das Aussterben von Phraseologismen sehen Burger/Linke v.a. durch vier Mechanismen bedingt. So können einzelne Lexeme eines Phraseologismus als freies Lexem aussterben, wodurch der Phraseologismus seine Gebräuchlichkeit verliert; ein Lexem kann die für den Phraseologismus relevante Bedeutungskomponente verlieren und diesen so unverständlich werden lassen; durch die Konkurrenz zwischen zwei bedeutungsgleichen oder -ähnlichen Phraseologismen kann einer

Behaghel: Deutsche Syntax. Eine geschichtliche Darstellung, Bd. 3: Die Satzgebilde, Heidelberg 1928, S. 367f. [Behaghel: Deutsche Syntax].

216 vgl. hierzu auch: Carmen Mellado Blanco: Historische Entwicklung der deutschen Paarformeln mit somatischen Komponenten, in: Neuphilologische Mitteilungen 99 (1998), S. 285–295 [Mellado Blanco: Historische Entwicklung].

217 Harald Burger: Genese und Wandel des idiomatischen Bildes, in: Formelhaftigkeit in Text und Bild, hrsg. v. Natalia Filatkina, Birgit Ulrike Münch und Ane Kleine-Engel, Wiesbaden 2012, S. 17–40 [Burger: Genese und Wandel].

218 vgl. Burger: Genese und Wandel, S. 17ff.

ungebräuchlich werden, der soziokulturelle Bereich, dem der „Bildspender“[219] entstammt, geht verloren.

Mit den bereits von Burger/Linke erwähnten Körperteilphraseologismen beschäftigt sich Carmen Mellado Blanco, genauer mit den Paarformeln mit somatischen Komponenten, wobei sie der Frage nach ihrer – auch heute noch – häufigen Verwendung nachgeht. Sie versteht Paarformeln als

> „zweigliedrige Strukturen derselben Wortart, die allein für sich einen Phraseologismus (PH) ausmachen (**von Kopf bis Fuß**) oder an einem verbalen teilhaben (an **Händen und Füßen** gebunden sein).“[220]

Diese somatischen Paarformeln hält sie für einen „Reflex des menschlichen Verhaltens“[221], in dem sich Traditionen und Aberglauben widerspiegeln. Dabei ordnet sie die meisten Somatismen der Gebärdensprache (Kinegramme) zu, die zumeist dem Rechtsleben entstammen. Ihre Funktion verändere sich allerdings im Laufe ihrer Verwendung: Während sie in der althochdeutschen Rechtssprache noch eine definierende Funktion besitzen, dienen sie heute „hauptsächlich der expressiven Verstärkung des denotativen Satzinhalts“[222]. Diese Verstärkung sieht Mellado Blanco v.a. bei durch *und* verbundenen Paarformeln und solchen, die aus verschiedenen Körperteilen + Präposition gebildet sind. Dabei stellt sie für die Verbindungen mit *und* eine Wechselbeziehung zwischen Syntax und Semantik fest, für die Verbindungen mit Präpositionen eine Übereinstimmung von literaler und idiomatischer Bedeutung.

Darüber hinaus könne Expressivität auch durch Stabreim, Endreim oder Assonanz erreicht werden. Diese zeigt sich auch v.a. bei Verbindungen gleicher Worte durch eine Präposition, wobei sich hier konkrete strukturell-semantische Profile ergeben. So verfügten z.B. Paarungen mit *um* wie *Auge um Auge* über die phraseosemantische Invariante „Vergeltung, Tausch“.[223]

Als weiteres Bildungsmuster kann sie für die Paarformeln mit *und* das Prinzip von ‚oben nach unten‘ erkennen, das auch die strukturelle Festigkeit der Verbindungen bedinge. Wird von diesem Muster abgewichen, führt sie dies auf die

---

219 Zum idiomatischen Bild, seiner Veränderbarkeit bei diachroner Betrachtung und dem Verhältnis zwischen Bildspender und Bildempfänger vgl. Burger: Genese und Wandel, S. 22ff.

220 Mellado Blanco: Historische Entwicklung, S. 285.

221 Mellado Blanco: Historische Entwicklung, S. 287.

222 Mellado Blanco: Historische Entwicklung, S. 285.

223 Beispiele sind Verbindungen mit *zu* (räumlich, zeitlich), *an* (nebeneinander, nah, gemeinsam), *in* (enge Bindung, gemeinsam), vgl. Mellado Blanco: Historische Entwicklung, S. 290f.

bereits von Burger/Linke angeführten Gründe der Fixierung von Paarformeln zurück. Generell hält sie den Verfestigungsvorgang für das Deutsche erst im 18. Jahrhundert für abgeschlossen, ohne dafür konkrete Nachweise zu erbringen. Die von ihr aufgeworfene Frage nach der immer noch vorhandenen Beliebtheit somatischer Formeln beantwortet sie damit, dass sich

> „die Bildhaftigkeit und die emotionale Bedeutungsverstärkung, die Rhythmisierung und der Stab- und Endreim, kurz gesagt, der produktive strukturell-semantische Modellcharakter [...]"[224]

bewährt habe.

Den Versuch, den o.g. Paarformelbegriff mit Blick auf die historischen Besonderheiten zu differenzieren, unternehmen Hüpper/Topalovic/Elspaß, indem sie, wie sie es selbst nennen, „als Vorschlag zur terminologischen Präzisierung"[225] zwischen Paarformel, Wortpaar und Zwillingsformel unterscheiden. Dies begründen sie u.a. mit der unterschiedlichen historischen Entwicklung der einzelnen Sprachformeln.

Als Paarformeln bezeichnen sie die usuelle Verbindung zweier Wörter durch Konjunktion oder Präposition. Es wird dabei als prototypisch für eine idiomatische Paarformel angesehen, wenn durch diese Verbindung ein Gesamtbegriff gekennzeichnet wird. Als (weiteres) morphosyntaktisches Kennzeichen vieler Paarformeln wird der Ausfall von Artikeln benannt, wesentliches Merkmal bleibt für Hüpper/Topalovic/Elspaß die Festigkeit der Reihenfolge.

Als Wortpaare hingegen werden lexikalische Ketten bezeichnet, die im Aufbau den gleichen Strukturen folgen wie Paarformeln. Diese werden wiederum in zwei Stufen unterteilt: okkasionelle Bildung im Sinne von Modellbildungen und Begriffspaare, bei denen historisch betrachtet der benannte Begriff lange Zeit stabil bleibt. Begriffspaare unterscheiden sich von Paarformeln dadurch, dass sie sowohl bezüglich der Reihenfolge der einzelnen Glieder und der lexikalischen Besetzung innerhalb eines semantischen Paradigmas als auch der morphosyntaktischen Veränderbarkeit nicht festgelegt sind. Für Hüpper/Topalovic/Elspaß stehen diese Bildungen zwischen den Paarformeln und den okkasionellen Bildungen und können den Paarformeln erst zugerechnet werden, wenn eine

224 Mellado Blanco: Historische Entwicklung, S. 294.

225 Dagmar Hüpper/Elvira Topalovic/Stephan Elspaß: Zur Entstehung und Entwicklung von Paarformeln im Deutschen, in: Phraseologie in Raum und Zeit, hrsg. v. Elisabeth Piirainen und Ilpo Tapani Piirainen, Baltmannsweiler 2002, S. 78 [Hüpper/Topalovic/Elspaß: Entstehung und Entwicklung].

bestimmte lexikalische Besetzung, präferierte Reihenfolge und mit Einschränkungen eine festgelegte Morphosyntax vorliegen.

Als Zwillingsformeln wiederum werden Verbindungen identischer Begriffe durch Konjunktion oder Präposition (*durch und durch*) definiert. Zuletzt erwähnen sie noch synonyme Wortpaare, die für die Untersuchung allerdings keine weitere Rolle spielen.[226]

Anhand von promissorischen Eiden untersuchen sie die Entstehung und Entwicklung der Formeln *treu und hold* und *arm und reich* und schlussfolgern, dass diese durch ihre Eindeutigkeit und ihren Umlaufcharakter gekennzeichnet sind. Beide Formeln entstammen für Hüpper/Topalovic/Elspaß unterschiedlichen Bereichen, so spiegele *arm und reich* ‚germanisches Gemein- und Gedankengut' wider, *treu und hold* hingegen entstamme dem mittelalterlichen Lehnswesen. Bezüglich der Festigkeit der Formeln konstatieren sie, dass selbst bei stabilem Lexembestand und stabiler Reihenfolge immer noch morphosyntaktische Variation möglich sei. In den früheren Textzeugen sei zudem eine feste Reihenfolge der Glieder noch nicht gegeben. Daraus schließen sie, dass die Verfestigung der Formeln in drei Stufen abläuft:

- Festlegung des Lexembestands,
- Entwicklung der Reihenfolgepräferenz,
- Festigung der Morphosyntax.[227]

Da für Hüpper/Topalovic/Elspaß u.a. die Ausführungen Gereon Müllers Anlass für ihre Untersuchung sind, soll auch sein auf der Optimalitätstheorie fußendes Modell kurz vorgestellt werden. Anhand der Optimalitätstheorie versucht Müller, Regularitäten für die Beschränkung der Reihenfolge in *koordinativen Binomialen* (Paarformeln, Zwillingsformeln) zu finden. Sein Modell folgt der Annahme, dass das wichtigste Kriterium für die Reihenfolge die Salienz, gefolgt von Wortakzent und Silbenprominenz ist. Das bedeutet, dass das, was als salient oder wichtig empfunden wird, zuerst genannt wird, auch wenn dadurch eine unrhythmische Reihenfolge entstehen sollte.[228] Diese These ist aber, wie Hüpper/Topalovic/Elspaß aufzeigen, nur bedingt haltbar.

---

226 Hüpper/Topalovic/Elspaß: Entstehung und Entwicklung, S. 78f.

227 vgl. Hüpper/Topalovic/Elspaß: Entstehung und Entwicklung, S. 85ff.

228 vgl. Gereon Müller: Beschränkungen für Binomialbildung im Deutschen, in: Zeitschrift für Sprachwissenschaft 16 (1997), S. 5–51 [Müller: Binomialbildung]. Zu Reihenfolge-Präferenzen in Zwillingsformeln (in der Gegenwartssprache) vgl. auch: Barbara Lenz: Reihenfolge-Präferenzen in Zwillingsformeln, in: Wer A sägt, muss auch B sägen. Beiträge zur Phraseologie und Sprichwortforschung aus dem

Eine besondere Gruppe von Phraseologismen[229] stellen die Paarformeln für Jesko Friedrich dar. In seinen Ausführungen zur ‚Historischen Phraseologie des Deutschen' skizziert er zunächst die o.g. generelle Problematik der historischen Phraseologie. Trotz der von ihm vorausgesetzten mangelnden Sprachkompetenz entwickelt er einen Kriterienkatalog zur Identifizierung von Phraseologismen, der acht z.T. nur bedingt anwendbare Gesichtspunkte umfasst. Zu diesen zählen u.a. neuhochdeutsche Entsprechungen, die sich jedoch zumeist auf wenige gleich lautende Elemente oder vage Synonymie beschränken, kommunikative Funktionen z.B. im Bereich der Routineformeln, Häufigkeit, die aufgrund der lückenhaften Überlieferung allerdings ein relatives Kriterium bleiben muss und fremdsprachliche Entsprechungen.[230]

Er geht davon aus, dass Phraseologismen in allen Textsorten (außer Vokabularien) zu finden seien, stützt sich aber bei seinen Ausführungen zur Paarformel weitestgehend auf rechtssprachliches Material. Als Merkmale von Paarformeln definiert er ihre Gebräuchlichkeit, Semantik, Alliteration oder Reim; das Vorhandensein vollidiomatischer Paarformeln vor dem Neuhochdeutschen schließt er allerdings aus. Auch die Festigkeit, die Paar- oder Drillingsformeln heute auszeichnet, sieht er als nicht gegeben an. Sowohl bezüglich der Funktion als auch der formalen Differenzierung der Paarformeln folgt Friedrich im Wesentlichen dem bekannten Muster: Er sieht sie allgemein in der Funktion einer Gedächtnisstütze und unter rhetorisch-stilistischen Gesichtspunkten, in Rechtstexten beschreibt er sie als notwendig zur begrifflichen Differenzierung an Stellen, an denen heute Fachtermini gesetzt würden und zur Bezeichnung einer bestimmten Menge durch die Bezeichnung einzelner Glieder. Diese eher allgemein beschriebenen Funktionen führt er im Rahmen seiner Binnendifferenzierung weiter aus.

Generell unterscheidet Friedrich zwischen synonymen Formeln, antonymen Formeln und Aufzählungen bzw. Kollokationen. Dabei sieht er die Funktion der synonymen Formeln in einer semantischen Intensivierung. Die antonymen Paarformeln unterteilt er weiterhin nach dem Verhältnis, in dem ihre Glieder zueinander

---

Westfälischen Arbeitskreis, hrsg. v. Dietrich Hartmann und Jan Wirrer, Baltmannsweiler 2002, S. 191–204.

229 Zur Klassifikation vgl. Friedrich: Historische Phraseologie, S. 1094ff. Vgl. hierzu auch: Friedrich: Phraseologisches Wörterbuch, S. XXX.

230 Des Weiteren nennt er metasprachliche Hinweise, formal-stilistische Indizien, Wortbildung (im Neuhochdeutschen vorhandene Begriffe, die sich aus Phraseologismen entwickelt haben) und Bedeutungsübertragung, die er aber aufgrund der Abgrenzungsproblematik zu Metaphern und Metonymien selbst als problematisch beschreibt, vgl. Friedrich: Historische Phraseologie, S. 1093.

stehen, in solche mit polar strukturierenden Elementen, die eine Gesamtheit durch Benennung ihrer Extreme bezeichnen, und Formeln, die sich aus komplementären Elementen zusammensetzen. Auch diese dienen ihm folgend zur Bezeichnung einer Gesamtmenge, er sieht sie aber v.a. an Stellen, in denen der Kontext eine solche Differenzierung nicht erfordere, als rhetorisch-stilistisch überhöht an und führt – nicht ganz nachvollziehbar – als Beispiel verschiedene Formeln wie *vrouwe unde man, leien unde pfaffen* zur Bezeichnung der Gesamtmenge ‚alle' an. In der letzten Gruppe versammelt er neben einfachen Aufzählungen auch Formulierungen, von denen er behauptet:

> „Einige Formulierungen fallen jedoch durch Häufigkeit, Alliteration oder nhd. Entsprechungen auf und bezeichnen, obschon auch wörtlich verstehbar, doch gewisse Gesamtmengen […]"[231]

Als Beispiele führt er *hús inti hóf* oder *wort und wërc* an, die zumindest in rechtlichen Kontexten etwas anderes als die von ihm beschriebene Gesamtmenge bezeichnen können.

Mit Blick auf den semantischen Wandel von Paarformeln konstatiert er ausgehend davon, dass Paarformeln wie *hûs unde hov* oder *hût unde hâr* im Mittelhochdeutschen wörtlich oder als nur schwach idiomatisiert verstanden werden könnten, für diese zum Neuhochdeutschen hin eine Entwicklung zu vollidiomatischen Phraseologismen. Für einen Fall wie *lant unde liute*, das im Mittelhochdeutschen „Herrschaftsgebiet und Untertanen"[232] bezeichnet, sieht er eine Veränderung im Verwendungszusammenhang gegeben (heute im Bereich Tourismus).[233]

Bezüglich der Entstehung und Entwicklung von Paarformeln geht Friedrich in Anlehnung an Haymes[234] davon aus, dass alliterierende Paarformeln die metrisch genaue Abbildung des Abverses von althochdeutschen Langversen seien, während die endreimenden Paarformeln für die Verwendung in der Dichtung häufig um Artikel oder Präpositionen erweitert werden müssen.[235] Mit Blick auf die frühneuhochdeutschen Prosaerzählungen hält er fest, dass diese zwar weiterhin zur Doppelgliedrigkeit von Ausdrücken neigen, sich hier aber weit weniger

231 Friedrich: Historische Phraseologie, S. 1099.

232 Friedrich: Historische Phraseologie, S. 1102.

233 Friedrich: Historische Phraseologie, S. 1102.

234 Vgl. Edward R. Haymes: Mündliches Epos in mittelhochdeutscher Zeit, Göppingen 1975.

235 Ein Vergleich mit den im Rahmen dieser Untersuchung ermittelten Formeln zeigt, dass sich bereits in den Rechtstexten eine Reihe von Paarformeln finden lassen, die um Artikel oder Präpositionen erweitert sind.

hochfrequent belegte Paarformeln als noch im Mittelhochdeutschen nachweisen lassen.[236]

Der Formelhaftigkeit historischer Texte generell widmet sich die von Natalia Filatkina ins Leben gerufene Nachwuchsforschergruppe ‚Historische Formelhafte Sprache (HiFoS)' an der Universität Trier.[237] In einer knappen Darstellung des Projekts geben Filatkina/Hanauska an, dass

> „[d]as Projekt [...] sich der epochenübergreifenden Dokumentation und Untersuchung der Gebrauchsdynamik und Variation der historischen formelhaften Wendungen in unterschiedlichen Textsorten aus der Zeitspanne zwischen ca. 750 bis ca. 1750 [widmet]. Es wird von der Überzeugung geleitet, dass Formelhaftigkeit ein Grundkonstituens der sprachlichen Repräsentation von Weltwissen ist."[238]

Formelhaftigkeit erscheint den Autorinnen als wesentliches Element verbaler Kommunikation, das sich in festen bzw. fest werdenden Wendungen zeigt. Sie charakterisieren Formelhaftigkeit als „herausragende kulturelle Kommunikationspraktik mit besonderem Status"[239], die Formulierungstraditionen gestaltet und als kulturell geprägt gelten kann, jedoch historische Veränderungsprozesse durchläuft.[240]

Diese Grundüberzeugung spiegelt sich in den Arbeiten Filatkinas [u.a.] zur Rolle formelhafter Wendung bei der Wissensvermittlung am Beispiel Notkers des Deutschen und anderer althochdeutscher Texte wider.[241] Anhand von Sprichwörtern und Routineformeln wird in ausgewählten Texten die Rolle von formelhaften Wendungen bei der Wissensvermittlung aufgezeigt. Dabei

---

236 Friedrich: Historische Phraseologie, S. 1103f.

237 Zu Ausrichtung, Zielsetzung und Methode des Projekts vgl. Filatkina: Harte Nuss; Filatkina: Formelhafte Sprache und Natalia Filatkina/Ane Kleine-Engel/Birgit Ulrike Münch: Verbale und visuelle Formelhaftigkeit: Zwischen Tradition und Innovation, in: Korpora, Web und Datenbanken. Computergestützte Methoden in der modernen Phraseologie und Lexikographie, hrsg. v. Stefaniya Ptashnyk, Erla Hallsteinsdóttir und Noah Bubenhofer, Baltmannsweiler 2010, S. 229–246.

238 Natalia Filatkina/Monika Hanauska: Wissensstrukturierung und Wissensvermittlung durch Routineformeln: Am Beispiel ausgewählter althochdeutscher Texte, in: Yearbook of Phraseology. Vol. 1, hrsg. v. Koenraad Kuiper, Berlin/Boston/Mass. 2010, S. 47 [Filatkina/Hanauska: Wissensstrukturierung].

239 Filatkina/Hanauska: Wissensstrukturierung, S. 47.

240 vgl. Filatkina/Hanauska: Wissensstrukturierung, S. 47.

241 vgl. Natalia Filatkina/Johannes Gottwald/Monika Hanauska/Carolin Rößger: Formelhafte Sprache im schulischen Unterricht im Frühen Mittelalter: Am Beispiel der so genannten „Sprichwörter" in den Schriften Notkers des Deutschen von St. Gallen, in: Sprachwissenschaft 34 (2009), S. 341–397 [Filatkina/Gottwald/Hanauska/Rößger: Formelhafte Sprache].

werden unterschiedliche Funktionen, die Sprichwörter (Veranschaulichung, Erklärung/Auslegung, Kommentierung/Charakterisierung, Schlussfolgerung/ Generalisierung)[242] und Routineformeln (Aufmerksamkeitssteuerung, Belehrung, Hinweisung, Erklärung)[243] innerhalb wissensvermittelnder Texte übernehmen können, veranschaulicht und deren gezielter Gebrauch nachgewiesen. Die Autoren gehen dabei bewusst von dem Begriff der Formelhaftigkeit aus, der im Gegensatz zu Phraseologie ein weiteres Spektrum umfasst und sich so auf Untersuchungen mit historischen Fragestellungen übertragen lässt.

So umfasst der Begriff Formelhaftigkeit nicht nur bereits usuell gewordene Formulierungen, sondern auch solche, die (noch) über einen niedrigeren Grad an Festigkeit verfügen. Formelhaftigkeit kann sowohl Einzellexeme als auch Satzgrenzen überschreitende Einheiten umfassen, die Bedeutung von Semantik und Festigkeit treten zugunsten einer Betonung der starken Funktionalisierung im Kommunikationsprozess in den Hintergrund.[244] Für den Begriff ‚Phraseologismus' hingegen gibt Filatkina Polylexikalität, (graduelle) Festigkeit und „semantische Durchsichtigkeit"[245] als grundlegend an und differenziert typologisch Idiome, Kollokationen und Sprichwörter. Auf morphosyntaktischer Ebene gilt für „Phraseologismen die (mehr oder weniger) eingeschränkte Möglichkeit der Variation, fossilierte grammatische und lexikalische Konstituenten sowie Restriktionen"[246] als charakteristisch. Sie spricht Phraseologismen einen semantisch-pragmatischen Mehrwert zu, da diese als Zeichen der sekundären Nomination komplexe Sachverhalte „mithilfe der primären Zeichen sowie einer kompakten Form auf ökonomische Art und Weise"[247] ausdrücken. Ein weiteres wesentliches Merkmal sei ihre Bildhaftigkeit, die kulturspezifisch veranlagt sein könne und deren Grundlage den Sprechern nicht zwangsläufig bekannt sein müsse.[248]

---

242 vgl. Filatkina/Gottwald/Hanauska/Rößger: Formelhafte Sprache, S. 358ff.

243 vgl. Filatkina/Hanauska: Wissensstrukturierung, S. 57ff.

244 vgl. Filatkina/Gottwald/Hanauska/Rößger: Formelhafte Sprache, S. 343f.

245 Natalia Filatkina: Phraseologie der germanischen Sprachen kontrastiv. Geschichte, Ergebnisse und Perspektiven, in: Kontrastive Germanistische Linguistik, hrsg. v. Antje Dammel, Sebastian Kürschner und Damaris Nübling, Hildesheim 2010, S. 276. [Filatkina: Phraseologie].

246 Filatkina: Phraseologie, S. 277.

247 Filatkina: Phraseologie, S. 277.

248 vgl. Filatkina: Phraseologie, S. 277.

Neben der Funktion von formelhafter Sprache in ihren historischen Kontexten beschäftigt sich Filatkina zudem mit deren Wandel[249] und Variation[250] sowie der Darstellung von Phraseologismen in Wörterbüchern[251]. Die Erforschung des Wandels von Phraseologismen bezeichnet sie als ein Forschungsdesiderat für alle germanischen Sprachen und hält hier gerade eine Erforschung von Verlaufsmodellen der Formelhaftigkeit und den Veränderungsmustern formelhafter Wendungen für notwendig. Anhand von Luxemburger Rechnungsbüchern zeigt sie u.a., dass „ein Nebeneinader von Konstanz und Varianz und zeitweise sogar die Zunahme an Variation“[252] auf mikrostruktureller Ebene zu beobachten ist und möchte daher nicht von regelhaftem Wandel sprechen.[253]

Sie widmet sich zunächst der Frage, inwiefern die Untersuchung von Sprachwandel im Bereich formelhafter Wendung von Interesse sein könne, um dann genauer auf die konkreten Formen des Wandels einzugehen. Dabei hält sie fest, dass gerade das Entstehen von Zweifelsfällen und Normproblemen durch Konservierung von älteren morphologischen, lexikalischen oder syntaktischen Erscheinungen innerhalb formelhafter Wendungen, die synchron als Abweichungen vom normalen Gebrauch betrachtet werden können, für die Erforschung des Sprachwandels aufschlussreich sein könnten. Zweifelsfälle können dabei durch Variation oder Festhalten an alten Flexionsmustern (*reinen Herzens – reines Herzens*), aber auch durch eine vom heutigen Gebrauch abweichende Wortstellung (*in (des) Teufels Küche*) entstehen. Für morphosyntaktische Irregularitäten hält sie fest, dass gerade diese das Erkennen von Phraseologismen ermöglichen und als ein Zeichen

249 Natalia Filatkina: Wandel im Bereich der historischen formelhaften Sprache und seine Reflexe im Neuhochdeutschen: Eine neue Perspektive für moderne Sprachwandeltheorien, in: Jahrbuch für Germanistische Sprachgeschichte 4 (2013), S. 34–51 [Filatkina: Wandel].

250 Natalia Filatkina: Variation im Bereich der formelhaften Wendungen am Beispiel der Luxemburger Rechnungsbücher (1388–1500), in: Sprachvariation und Sprachwandel in der Stadt der Frühen Neuzeit, hrsg. v. Stephan Elspaß, Heidelberg 2011, S. 79–69 [Filatkina: Variation].

251 Natalia Filatkina: Und es duncket einem noch/wann man euch anſiehet/daß ihr Sand in den Augen habt. Phraseologismen in ausgewählten historischen Grammatiken des Deutschen, in: Phraseologie disziplinär und interdisziplinär, hrsg. v. Csaba Földes, Tübingen 2009, S. 15–31.

252 Filatkina: Variation, S. 85. Formelhaftigkeit hält sie für die Textsorte der Rechnungsbücher nicht durch die „sporadische Verwendung einzelner formelhafter Wendungen“ gegeben, sondern „auf tiefer greifenden syntaktischen Mustern basiert.“, Filatkina: Variation, S. 83.

253 Filatkina: Variation, S. 93.

hoher struktureller Festigkeit und Idiomatizität verstanden werden können. Dennoch seien sie bisher nicht hinreichend aufgearbeitet worden, was u.a. zu einer inkonsistenten Darstellung in Wörterbüchern führe.[254]

Ebenso wie in der Morphosyntax zeigen sich auch im Bereich des Lexembestands Irregularitäten, die durch den Erhalt von im alltäglichen Gebrauch (mittlerweile) unüblichen Lexemen hervorgerufen wird. Diese bezeichnet sie als „unikale bzw. phraseologisch gebundene Formative (PGF)“[255]. Diese PGF hält sie in dreierlei Hinsicht für interessant für die Sprachwandelforschung, da erstens diachrone Untersuchungen hinsichtlich ihrer Verfestigungsprozesse und -motive fehlen, zweitens „kaum etwas über das synchrone Vorhandensein der PGF in den älteren Sprachstufen des Deutschen bekannt“[256] sei und sich drittens ein hohes Maß an Dynamik in diesem Bereich zeige. Verfügen PGF über eine heute noch nachzuvollziehende Bildlichkeit, die nicht zwangsläufig der bildlichen Grundlage des Ausdrucks zum Entstehungszeitpunkt entsprechen muss, bestehe grundsätzlich die Möglichkeit einer Remotivierung von synchron opaken PGF.[257]

Anhand des Beispiels *Perlen vor die Säue werfen* betrachtet Filatkina den Wandel auf vier Ebenen: der formalen, der typologischen, der semantischen und der kulturhistorischen. Auf der formalen Ebene untersucht sie den Wandel in der Morphosyntax und der lexikalischen Besetzung und stellt fest, dass vor der Verfestigung eines Ausdrucks gerade die Form – diachron betrachtet – die höchste Flexibilität aufweist. *Perlen vor die Säue werfen* kann in passiver Verwendung sowie mit oder ohne Verb auftreten. Für ältere Sprachstufen – die Beispiele entnimmt sie der HiFoS-Datenbank – zeigt sich ein hoher Grad an Variation im Lexembestand für die substantivischen Komponenten (anstatt *Perlen*: *merrigroze, margariten, rôtez golt* etc.). Sie geht hier auf die von Burger/Linke aufgeworfene These der Verfestigung aufgrund mehrhundertjähriger schriftsprachlicher Normierung ein und widerspricht dieser, da sie Verfestigung als ein Produkt der gegenwartssprachlichen Printlexikographie, also als ein sehr junges Phänomen, versteht. Typologisch sieht sie v.a. für historische Sprachstufen eine andere Typenproduktivität als heute gegeben. Während die gut erforschten Sprichwörter im Althochdeutschen nur einen geringen Anteil an den formelhaften Wendungen haben, seien strukturelle Phraseologismen und Kollokationen zwar stark vertreten, aber nur wenig erforscht.

254 vgl. Filatkina: Wandel, S. 35ff.
255 Filatkina: Wandel, S. 38.
256 Filatkina: Wandel, S. 38f.
257 vgl. Filatkina: Wandel, S. 34ff.

Semantischen Wandel hält sie in den meisten Fällen für weitaus schwieriger zu fassen als formalen Wandel. Sie stellt fest, dass man

> „[a]m deutlichsten […] den Wandel von nicht idiomatischer zur stark idiomatischen Verwendung mit opaker Motivation bzw. eine tiefgreifende Veränderung von (figurativer) Bedeutung 1 zu (figurativer) Bedeutung 2 […]“[258]

sehe, wobei sich hierfür aber nur wenige Beispiele finden ließen. Bezogen auf das Beispiel *Perlen vor die Säue werfen* sieht sie eine Veränderung gegeben für die figurative Bedeutung des Wortes *Perlen*. Während es bei Tatian zunächst als ‚Lehre Gottes‘ verstanden werden müsse, entwickele sich über die Verwendung in nicht religiösen Kontexten die Bedeutung einer allgemeineren Lehre[259] und der menschlichen Tugenden[260] bis hin zu unserem heutigen Verständnis von etwas allgemein als wertvoll Betrachteten. Gemeinsam bleibe allen diesen Verwendungen das Bild von Perlen als etwas besonders Wertvollem, wobei die Lösung von der speziellen Bedeutung ‚Lehre Gottes‘ mit einem Wandel der Textsortenpräferenz einhergehe. Für kulturhistorischen Wandel stellt Filatkina grundlegend heraus: Bedeutungserweiterung – wie bei *Perlen vor die Säue werfen* – kann durch das Verblassen der ursprünglichen Motivationsgrundlage (biblischer Ursprung) hervorgerufen werden, dies kann dann wiederum Auswirkungen auf die Form der Wendung haben wie z.B. im Bereich der lexikalischen Besetzung.[261]

Abschließend sei noch auf die 2013 erschienene Dissertation Nadine Wallmeiers zu sprachlichen Mustern in der mittelniederdeutschen Rechtssprache verwiesen. Wallmeier untersucht hier v.a. makro- und mesostrukturelle Muster[262] anhand des Sachsenspiegels und verschiedener Stadtrechtsaufzeichnungen, mikrostrukturelle Muster interessieren sie allerdings nur am Rande. Als Ziele formuliert sie die Herausarbeitung sprachlicher Strukturen von Rechtstexten, der Traditionen, auf

---

258 Filatkina: Wandel, S. 43.

259 Wirnt von Grafenberg: Wigalois, hrsg. v. Christoph Fasbender, Berlin/New York 2010, V. 76.

260 Hugo von Trimberg: Renner, Bd. 1–4, hrsg. v. Gustav Ehrismann. Mit einem Nachwort und Ergänzungen von Günther Schweikle (Nachdr. d. Ausg. Tübingen 1908–1911), Berlin 1970, V. 6305.

261 vgl. Filatkina: Wandel, S. 39ff.

262 Zum Begriff „sprachliches Muster“ und der Unterscheidung von makro-, meso- und mikrostruktureller Muster vgl. Nadine Wallmeier: Sprachliche Muster in der mittelniederdeutschen Rechtssprache. Zum Sachsenspiegel und zu Stadtrechtsaufzeichnungen des 13. bis 16. Jahrhunderts, Köln 2013, S. 10ff. [Wallmeier: Sprachliche Muster].

die sich die Verfasser der Texte stützen können sowie des Nutzens und der Funktion der Niederschrift rechtlicher Bestimmung für die Bürger.[263]

Die Ergebnisse der Untersuchung Wallmeiers werden im Folgenden, insofern sie als relevant für die hier vorliegende Arbeit erachtet werden, kurz skizziert. Während sie für den Bereich der Makrostruktur von Rechtsbüchern und Stadtrechtstexten ‚nur schwerlich prototypische Merkmale nachweisen' kann, sieht sie hier häufig ähnliche mesostrukturelle Muster realisiert, die sie auf eine gegenseitige Beeinflussung der beiden Texttypen zurückführt. Für vom Rat legitimierte Aufzeichnungen macht sie auf allen strukturellen Ebenen feste Muster aus. Aus diachroner Perspektive gelangt sie zu folgender Aussage:

> „Letztendlich kann also festgehalten werden, dass sich bei allen inhaltlichen Veränderungen des Rechtssystems die grundlegenden strukturellen Muster, mit denen Normen formuliert werden, vom Mittelalter bis zur heutigen Rechtssprache gehalten haben."[264]

Der Niederschrift von Rechtstexten ordnet sie eine repräsentative und einheitsstiftende Funktion zu, ihre Bedeutung im Rahmen der Rechtsprechung hält sie für geringer als dies bei heutigen Rechtstexten der Fall ist. Auch wenn regelmäßig der Schutz der Bürger vor Willkür thematisiert wird, bleibe es fraglich, in welchem Maße dieser realisiert wurde. Eine direktive Funktion sei zumindest teilweise durch öffentliches Verlesen gegeben.[265]

Zusammenfassung

Aus dem bisher Gesagten ergibt sich, dass v.a. von der Phraseologieforschung in Bezug auf Paarformeln zwei Aspekte als Forschungsdesiderat angesehen werden:

- die Untersuchung semantischer Eigenschaften von Paarformeln,
- die Erforschung des Wandels und seiner Ursachen.

Zudem zeigt sich in allen bisherigen Untersuchungen, dass städtische Rechtsquellen als Untersuchungsgegenstand weitestgehend vernachlässigt wurden, obwohl sie einen wesentlichen Anteil der mittelalterlichen Rechtsüberlieferung stellen. Bereits Grimm hatte den Wert der Stadtrechte im Vergleich zu den Weistümern als gering eingeschätzt[266] und auch Salomon hatte das „Nüchterne

263 vgl. Wallmeier: Sprachliche Muster, S. 10.

264 Wallmeier: Sprachliche Muster, S. 193.

265 vgl. Wallmeier: Sprachliche Muster, S. 185ff.

266 „Zu den Stadtrechten verhalten sie sich wie kräftige frische volkslieder zu dem zünftigen meistergesang.", Grimm: Rechtsaltertümer, S. X.

und Verstandesmäßige“[267] der Stadtrechte, das die Verwendung von Paarformeln reduziert habe, in den Vordergrund gestellt. Ein Versuch, diese These zu stützen oder zu widerlegen, wurde allerdings bisher nicht unternommen.

Aus den 20 zur Untersuchung herangezogenen Stadtrechtstexten sind insgesamt 5.169 Belege erfasst und kategorisiert worden, von denen allein 518 Belege auf das Freiberger Stadtrecht und 634 auf das Bamberger Stadtrecht entfallen. Diese hohe Anzahl an Belegen spricht eher für eine ‚Vorliebe‘, Paarformeln zu verwenden als für einen nüchternen und verstandesmäßigen Stil, der der Verwendung von Paarformeln entgegensteht. Ebenso zeigt sich, dass verschiedene Oberbegriffe wie z.B. ‚Alle‘ (*arm – rîche*, etc.) oder Zeit- (*tac – naht*, etc.) und Mengenangaben (*lützel – vil*, etc.) verstärkt durch Paarformeln gebildet werden.

Die ersten deutschsprachigen Stadtrechtsaufzeichnungen entstehen im 13. Jahrhundert und nehmen im Verlauf des 14., vermehrt des 15. Jahrhundert zu. In ihnen wird neben überkommenem Recht neues Recht schriftlich fixiert. Dieses neue Recht umfasst dabei v.a. Bereiche, für die zuvor keine oder völlig anders geartete Rechtsregeln zur Verfügung standen. Die Städte waren somit gezwungen, neues Recht zu formulieren und griffen dabei auch auf überkommene Formulierungstraditionen wie Paarformeln zurück. Daraus erklärt sich, dass sich ganz entgegen der Annahme Salomons auch in städtischen Rechtstexten zahlreiche Paarformeln belegen lassen. Dabei ist davon auszugehen, dass gerade aufgrund der neuen Rechtslage bzw. der neu zu schaffenden Rechtslage in genuin bürgerlichen Betätigungsfeldern wie z.B. dem Handel womöglich auf das Bildungsmuster ‚Paarformel‘ zurückgegriffen wurde, da sich dieses als funktional bewiesen hatte.

267 Salomon: Zwillingsformeln, S. 34.

III. Die deutsche Stadt im Mittelalter

1. Einführung

Die hier gebotene Darstellung der deutschen Stadt im Mittelalter orientiert sich im Wesentlichen an der gleichnamigen Darstellung Eberhard Isenmanns[268] sowie den Ausführungen Karl Siegfried Baders/Gerhard Dilchers zur deutschen Rechtsgeschichte[269]. Dabei liegt der Schwerpunkt in der Darstellung Baders/Dilchers stärker auf den rechtshistorischen Aspekten der Stadtentwicklung, wohingegen Isenmann eine Gesamtdarstellung der historischen Stadt, ihrer Rechtsinstitute und Bevölkerungsgruppen unternimmt. Es soll und kann hier keine alle Bereiche und Besonderheiten abdeckende Darstellung gegeben werden, dafür sei auf die o.g. Werke verwiesen. Ziel dieses Kapitels ist, die Stellung der mittelalterlichen Stadt und ihrer Gesetzgebung in ihren wesentlichen Zügen darzustellen und so die historische und rechtshistorische Basis für die nachfolgende Auswertung der zumeist spätmittelalterlichen/frühneuzeitlichen Textzeugen zu schaffen. Dazu sollen v.a., die städtische Bevölkerung und ihre Zusammensetzung, der Rat und die Ratsverfassung, die wirtschaftlichen Strukturen mit Handwerk, Markt und Handel sowie das städtische Recht näher beleuchtet werden.

Wie bereits Max Weber feststellte, lässt sich die (deutsche) Stadt im Mittelalter mit ihren Besonderheiten nur mithilfe eines Kriterienkatalogs als Idealtypus beschreiben. Dieser Idealtypus entsteht durch einseitige Hervorhebung einzelner Gesichtspunkte wie z.B. Markt, Handwerk, Stadtwirtschaft oder Stadtgesellschaft.[270] Dabei ist eine Deckungsgleichheit zwischen Idealtypus und historischer Realität niemals gegeben, die historische Wirklichkeit kann immer nur auf den Idealtypus als Vergleichsgröße bezogen werden. Die Zusammensetzung

---

268 Eberhard Isenmann: Die deutsche Stadt im Mittelalter 1150–1550. Stadtgestalt, Recht, Verfassung, Stadtregiment, Kirche, Gesellschaft, Wirtschaft, Wien/Köln/Weimar 2012 [Isenmann: Deutsche Stadt]. Isenmann bietet hier auch eine umfangreiche Bibliographie zu den verschiedenen Aspekten der Stadtgeschichte, S. 1004ff.

269 Karl Siegfried Bader/Gerhard Dilcher: Deutsche Rechtsgeschichte. Land und Stadt. Bürger und Bauer im alten Europa, Berlin/Heidelberg 1999 [Bader/Dilcher: Rechtsgeschichte]. Bader/Dilcher verzeichnen vor jedem Kapitel eine Auswahl an Forschungsliteratur zu den einzelnen Aspekten.

270 Max Weber: Die »Objektivität« sozialwissenschaftlicher Erkenntnis, in: Max Weber: Gesammelte Aufsätze zur Wissenschaftslehre, hrsg. v. J. Winckelmann, 6 Aufl., Tübingen 1968, S. 146ff.

des Kriterienkatalogs und somit auch der daraus gebildete Idealtypus sind dabei abhängig von dem gewählten Stadtbegriff. [vgl. Kap. III.2]

Als problematisch bei der Konstruktion eines Idealtypus und seiner allgemeinen Anwendbarkeit auf die Stadt im Mittelalter ist auch deren Vielfalt der Erscheinungsformen, die sich durch ihren Grad an Freiheit oder Unfreiheit von stadtherrlicher Bevormundung sowie durch Größe und Bedeutung der Stadt für das Umland stark voneinander unterscheiden (vgl. Kap. III.3). Die Komplexität der Strukturen und Funktionen mittelalterlicher Städte und ihrer Verwaltung erreicht im Spätmittelalter ihren Höhepunkt, so dass infolge dieser Entwicklung das Spätmittelalter als Zeit der größten politischen und wirtschaftlichen Selbständigkeit des Stadtbürgertums gelten kann. Dies zeigt sich v.a. in den Hansestädten, Freien und Reichsstädten.[271]

Das Leben der in Städten wohnenden Bevölkerung unterscheidet sich (zumeist) wesentlich von dem der sie umgebenden ländlichen Bevölkerung. Für das sie umgebende Umland besitzt die Stadt im wirtschaftlichen und sozialen Bereich einen sog. Bedeutungsüberschuss. Dies liegt in mehreren Faktoren begründet, die u.a. im sozialen, wirtschaftlichen, politisch-herrschaftlichen und verfassungsrechtlichen Bereich zu Tage treten.

Innerhalb der Stadt als übergeordneter Korporation finden sich zahlreiche weitere Korporationen und soziale Gemeinschaften wie Zünfte[272], Gilden oder Bruderschaften. Dabei bildet sich als grundlegende soziale Institution innerhalb der Städte die auf Konsensehe begründete Kleinfamilie[273] (im Gegensatz zur patrilinearen Großfamilie) heraus. Sie ist die Grundlage der gewerblichen und kaufmännischen Hauswirtschaften, in der die Frau am Erwerbsvermögen beteiligt ist und lässt als Verwaltungs- und Erwerbsgemeinschaft alte Sippenbindungen in den Hintergrund treten. Diese Zurückdrängung des Blutsverbandes zeigt sich auch in rechtlichen Bereichen (z.B. im Prozessrecht). Neben den wirtschaftlich unabhängigen Bevölkerungsschichten finden sich innerhalb der Stadtmauern

---

271 vgl. Isenmann: Deutsche Stadt, S. 21ff.

272 Aus der umfangreichen Forschungsliteratur zu den Zünften seien hier lediglich exemplarisch genannt: Sabine von Heusinger: Die Zunft im Mittelalter. Zur Verflechtung von Politik, Wirtschaft und Gesellschaft in Straßburg, Stuttgart 2009; Knut Schulz: Handwerk, Zünfte und Gewerbe. Mittelalter und Renaissance, Darmstadt 2010; Arnd Kluge: Die Zünfte, Stuttgart 2007.

273 Zum Verhältnis von Ehepartnern, Kindern und Geschwistern am Beispiel der Stadt Köln vgl. Kerstin Seidel: Freunde und Verwandte. Soziale Beziehungen in einer spätmittelalterlichen Stadt, Frankfurt/Main/New York 2009.

aber auch zahlreiche, in starker Abhängigkeit stehende Bevölkerungskreise, die zumeist in großer Armut leben (vgl. Kap. III.4).

Wirtschaftlich lässt sich v.a. die Ausdifferenzierung der gewerblichen Tätigkeit und somit die Art und Weise der Erwerbsmöglichkeit benennen sowie die Tatsache, dass Arbeit und Gewinn in der Stadt keiner herrschaftlichen Abschöpfung unterliegen. Durch die Konzentration von Handwerk und Handel sowie die Ausschöpfung von Bodenschätzen (z.B. Goslar – Metall, Freiberg – Silber, Schwäbisch-Hall – Salz) können die Städte mitunter zu erheblichem Reichtum gelangen. Es entwickeln sich neue Formen und Möglichkeiten im Geld- und Kreditwesen.[274] Innerhalb der Stadt verschiebt sich die Bewertung von Grundbesitz und Fahrhabe bzw. Geldbesitz, wobei der Geldbesitz die ökonomisch führende Rolle übernimmt.[275] Ein weiteres hervorzuhebendes Moment ist die Freiheit des Bodens von herrschaftlichen Bindungen, die auch eine weitgehend freie Verfügung über diesen sichert. Die stärkere Betonung des Individuums und das höhere Maß an individueller Freiheit[276] fördern in Verbindung mit einer freien Form des Erbzinsrechts als rechtlicher Voraussetzung den wirtschaftlichen Aufschwung[277] (vgl. Kap. III.5).

Unter herrschaftlichem oder politischem Blickwinkel ist hervorzuheben, dass die Städte zwar einem geistlichen oder weltlichen Stadtherrn unterstehen, aber in ihrem Streben nach Selbstverwaltung und Unabhängigkeit die stadtherrlichen Eingriffsrechte immer weiter zurückdrängen und sich „[a]ls Verband [...]ihre eigenen politisch-administrativen Leistungsgremien [einsetzt] und [...] weitgehend autonom Recht“[278] setzen. Dabei sind nur die Bürger im vollen Besitz der politischen Berechtigung. Der Status Bürger hingegen wird durch den Erwerb des Bürgerrechts erreicht und ist an verschiedene Rechte und Pflichten gekoppelt. Nicht jeder Bewohner der Stadt ist auch gleichzeitig Stadtbürger.

Aus rechtshistorischer Perspektive kann die Stadt als

---

274 vgl. Isenmann: Deutsche Stadt, S. 26ff.

275 vgl. Wilhelm Ebel: Grundlegung zu einer Darstellung eines deutschen Schuldrechts des Mittelalters, in: ZRG (GA) 105 (1988), S. 14ff.

276 Zur städtischen Freiheit vgl. Bernhard Diestelkamp: »Freiheit der Bürger – Freiheit der Stadt.«, in: Die abendländische Freiheit vom 10–14. Jahrhundert. Der Wirkungszusammenhang von Idee und Wirklichkeit im europäischen Vergleich, hrsg. v. Johannes Fried, Sigmaringen 1961, S. 485–510 [Diestelkamp: Freiheit].

277 vgl. Isenmann: Deutsche Stadt, S. 26ff.

278 Isenmann: Deutsche Stadt, S. 32.

„ein früher Bereich von Staatlichkeit mit intensiver Gesetzgebung und administrativer Reglementierung, interner Gefahrenabwehr, Kontrolle von Verhalten und Bevormundung hinsichtlich der Lebensführung des Einzelnen, Mobilisierung von finanziellen Ressourcen durch Steuererhebung, Selbstbehauptung und militärischer Verteidigung nach außen“[279]

verstanden werden. Grundlage und Ziel städtischer Gesetzgebung liegen in der Normierung eines gewaltfreien Gemeinschaftsfriedens, der die Selbsthilfe beschränkt und neue, gewaltfreie Instanzen der Konfliktregelungen entwickelt. Der Rat, in dem sich die herrschenden Eliten der Stadt versammeln, entwickelt eine an den Bedürfnissen des Handels und der Handwerkerzünfte orientierte Wirtschaftsordnung und Wirtschaftspolitik. Verfassungsrechtlich ist v.a. die Institution des Rats hervorzuheben. Er „sichert [u.a.] den städtischen Frieden, organisiert das Militärwesen, ordnet das Wirtschaftsleben und das Bildungswesen, und er verwaltet die kirchlichen und weltlichen Sozialstiftungen.“[280] Es handelt sich um ein Herrschafts- und Regierungsgremium, das eidlichen Bindungen und disziplinierenden Ratsordnungen unterworfen ist.

„[D]ie europäische Kommunebewegung im 12. und 13. Jahrhundert [hat] mit der städtischen Ratsverfassung das – funktionale – politische Modell einer kollektiven Regierung geschaffen […].“[281]

Anhand der zahlreichen zweckgebundenen Bauten wie Rathaus, Zollhaus, Getreidespeicher usw. lassen sich die kommunalen Funktionen ablesen.[282]

Dem modernen Betrachter erscheint als einer der wesentlichsten Aspekte der mittelalterlichen Stadt ein äußerliches, sichtbares Moment: die Stadtmauer. Die Stadtmauer kann zum einen als optische Manifestation der Wehrfähigkeit und des Selbstbehauptungswillens der Städte verstanden werden, zum anderen trennt sie „einen eigenen, räumlich definierten Rechtsbereich von dem umgebenden Land und seinem Recht als einen Sonderbereich ab.“[283] Sie dient somit nicht nur als Bollwerk gegen Feinde, sondern grenzt einen im Gegensatz zum herrschaftlich geordneten und weitestgehend unbefriedet bleibenden Umland einen befriedeten Raum ab, in dem gemessen am Umland ein relatives Maß an bürgerlicher Freiheit[284] und

279 Isenmann: Deutsche Stadt, S. 31.
280 Isenmann: Deutsche Stadt, S. 32.
281 Isenmann: Deutsche Stadt, S. 39.
282 vgl. Isenmann: Deutsche Stadt, S. 26ff.
283 Isenmann: Deutsche Stadt, S. 27.
284 Diestelkamp führt aus, dass Freiheit im Sinne eines modernen Freiheits- und Rechtsdenken erst seit der Neuzeit existiere. „Vorher war rechtliche Freiheit immer charakterisiert durch die Zugehörigkeit zu einer schützenden Gemeinschaft, zum Recht oder Rechtsfrieden sowie durch direkte Herrschaftsunterworfenheit derjenigen, die

Gleichheit[285] vorherrscht. Allerdings kann Freiheit – so Strahm – von Ort zu Ort unterschiedlich ausgeprägt sein. Ganz generell ist für das Mittelalter unter Freiheit kein ethisches Persönlichkeitsrecht zu verstehen, sondern zunächst einmal nur die Befreiung von einer Last oder Bindung.[286]

> „Wer vom Lande herkommend das Innere der Stadt betritt, gelangt in einen Bereich erhöhten Friedens und erhöhter Sicherheit, stadtbürgerlicher Freiheit, Freizügigkeit und Gleichheit im Sinne von Rechtsgleichheit vor Gericht."[287]

2. Der Stadtbegriff

Die Bezeichnung Stadt wird im Mittelalter auf alle Orte angewendet, die diesen Titel durch ein stadtherrliches Privileg erworben haben, so dass zunächst einmal im Mittelalter jeder Ort als Stadt betitelt werden kann, der im zeitgenössischen rechtlichen Sprachgebrauch (z.B. in Urkunden) als solche bezeichnet wird.

Das spätmittelalterliche Reich verfügt nach neueren Schätzungen über ca. 4.000 als Städte bezeichnete Ansiedlungen, deren Erscheinungsformen jedoch stark variieren:[288] Von Klein- und Zwergstädten bis hin zur Großstadt mit ausgeprägtem Fernhandel und Exportgewerbe sind alle Formen vertreten. Aufgrund dieser enormen Differenzen, die sich nicht nur anhand der Bevölkerungszahlen, sondern auch in der Sozialstruktur und der rechtlichen und wirtschaftlichen Entwicklung ausdrücken, ist es schwierig, einen einheitlichen, alle Typen umfassenden

---

nicht unfrei waren.", Diestelkamp: Freiheit, S. 486. Für die Stadtbürger bedeutet dies weiterhin eine „Herrschaftsunterworfenheit unter die Stadtherrschaft", Diestelkamp: Freiheit, S. 507.

285 Wie Barbara Frenz zeigt, lässt sich der Begriff „Gleichheit" nur selten in städtischen Quellen nachweisen. Sie weist allerdings darauf hin, dass Paarformeln wie „arm und reich" oder „fremd und einheimisch" als Zeichen für Gleichstellung und Gleichbehandlung anzusehen sind. vgl. Barbara Frenz: Gleichheitsdenken in deutschen Städten des 12. bis 15. Jahrhunderts. Geistesgeschichte, Quellensprache, Gesellschaftsfunktion, Köln u.a. 2000, S. 27ff. und 72ff.

286 vgl. Hans Strahm: Mittelalterliche Stadtfreiheit, in: Schweizer Beiträge zur allgemeinen Geschichte 5 (1947), S. 80f.

287 Isenmann: Deutsche Stadt, S. 27f.

288 vgl. hierzu und zu den Stadtentstehungstheorien: Bader/Dilcher: Rechtsgeschichte, S. 405ff.; Edith Ennen: Die europäische Stadt des Mittelalters, 3., überarb. und erw. Aufl., Göttingen 1979, S. 77ff. [Ennen: Europäische Stadt]; Evamaria Engel: Die deutsche Stadt des Mittelalters, München 1993, S. 17ff. [Engel: Stadt des Mittelalters]; Hans Planitz: Die Deutsche Stadt im Mittelalter. Von der Römerzeit bis zu den Zunftkämpfen, 5., unveränderte Aufl., Wiesbaden 1996 [Planitz: Stadt im Mittelalter].

Stadtbegriff zu entwickeln. „Bauliche Erscheinungen und Rechtsordnung sind jedoch zweifellos wesentliche Kriterien für die mittelalterliche Stadt.“[289]

Die bereits erwähnte Mauer sollte allerdings nicht zwangsläufig zu den ‚baulichen Erscheinungen‘ gezählt werden, da es einerseits Städte gibt, die erst lang nach der Stadterhebung befestigt werden, andererseits sich aber auch ländliche Siedlungen mit Ummauerung finden lassen. Auch ein auf Bevölkerungszahlen basierender Ansatz lässt sich nicht ohne Weiteres halten. Grundlegend lässt sich sagen, dass die Stadt im Gegensatz zum Land eine aus Freien bestehende Bürgergemeinde ist, die über Marktbetrieb verfügte, einen eigenen Gerichtsbezirk hatte und hinsichtlich der öffentlichen Lasten bevorzugt war.[290]

Wesentlich für das Verständnis des Stadtbegriffs ist, dass mit ihm grundsätzlich die vollentwickelte (spät-)mittelalterliche Stadt definiert werden soll. Die Anzahl der stadtspezifischen Merkmale ist im Hoch- und Spätmittelalter umfangreicher als in späterer Zeit, was mitunter auch an dem tiefgreifenden Wandel innerhalb der ländlichen Strukturen liegt. Die Zusammensetzung des Kriterienkatalogs für den Stadtbegriff variiert je nach Ansatzpunkt der gewählten Definition. So rückt Karl Bücher in seinem Stadtbegriffsmodell den wirtschaftlichen Aspekt in den Vordergrund, Paul Sander soziale Aspekte, Max Weber hingegen arbeitet mit einem Bündel von unterschiedlichen Merkmalen.[291]

Die Auseinandersatzung mit dem Stadtbegriff beginnt jedoch nicht in der Neuzeit. Bereits im Spätmittelalter gibt es Ansätze zu einer Definition und Wesensbestimmung von Stadt und städtischen Leben. So sind für Johannes Rothe (1350–1434) Mauerring, Stadtgemeinde und Rat sowie der Gehorsam und die Eintracht innerhalb der Stadt deren charakteristische Merkmale.[292] Johann von Soest (1448–1506) spricht rein äußerlich von einer Ansammlung von Gassen und Häusern. Für ihn wird der Bürger durch Erwerbsarbeit gekennzeichnet, die Stadt u.a. durch ein Streben nach Gerechtigkeit und dem Verlangen nach

289 Isenmann: Deutsche Stadt, S. 40.

290 Ernst Pitz: Art. Stadt (Staufische und nachstaufische Zeit), in: LMA, Bd. VII, Sp. 2176f.

291 vgl. Isenmann: Deutsche Stadt, S. 39ff.

292 Zur Eintracht führt Purgoldt aus: „Pur und reyne und mit vestigkeyt thu sye alſsdenne behalden, Nicht laſs gabe, forder liebe, nach neydt, Eigennuczs ader magshafft walden, Wan selten es guten auſsganck fyndt, Do man thut szo gebaren, Wohe sthedte seyn an gerechtigkeyt blyndt, Thu dich davor bewaren.“; Das Rechtsbuch des Johannes Purgoldt und statuarische Rechte von Gotha und Eisenach enthaltend. Sammlung Deutscher Rechtsquellen, Bd. 2, hrsg. v. Friedrich Ortloff, Jena 1860.

einer umfassenden Gesetzgebung.[293] Die ausführlichste Definition bietet Nikolaus Wurm um 1399. Ausgehend vom Vorgang der Stadtgründung mit den dazu notwendigen Privilegienverleihungen und baulichen Maßnahmen versteht er die Stadt als eine Ansammlung von ‚vielerlei Leuten' und Wohnstätten. Die städtische Bevölkerung – hier verstanden als *einung* – bildet eine Rechts- und Friedensgemeinschaft, die dem jeweiligen Stadtherrn Treue und Dienst schuldet und über materiellen Reichtum verfügt. In ihr sollten (möglichst) alle Arten von Handwerk vertreten sein. Er führt zusammenfassend aus:

> „Noch eynem gemeynen synne zo heist und ist eyne stad, die gemawert ist und beczynnet und graben, toren, tormen, weickhawsern befestent, mit eynir eynunge dorynne woner, markrecht und gerichte czu uben noch Gotis frede und des reiches [...].“[294]

Als weiteres zentrales Merkmal bezeichnet er die Stadt als das gemeine Gut (res publica), das ihm besonders wichtig erscheint, da „sich am gemeinsamen Vermögen der korporative Charakter der Stadt bewährt, [...] an dem der Stadtherr nicht teilhat [...].“[295]

Karl Bücher: Wirtschaftlicher Stadtbegriff

Basierend auf der Lehre Adam Smiths, nach der die Überschussproduktion des Landes die Selbständigkeit der Städte garantiert und die Größe von Städten in Abhängigkeit von der Produktionsleistung der sie umgebenden ländlichen Gebiete zu sehen ist, entwickelt Karl Bücher ein wirtschaftgeschichtliches Stufenmodell, nach dem auf die geschlossene Hauswirtschaft die Stadtwirtschaft folgt.

Unter geschlossener Hauswirtschaft versteht Bücher eine Phase, in der ausschließlich für den eigenen Bedarf produziert und das Produzierte in derselben

---

293 vgl. Johann von Soest: Wie men wol eyn statt regyrn sol, cap. 1, S. 23f.

294 Hans Jörg Leuchte: Das Liegnitzer Stadtrechtsbuch des Nikolaus Wurm. Hintergrund, Überlieferung und Edition eines schlesischen Rechtsdenkmals, Sigmaringen 1990, S. 24. Wurm führt im Folgenden weiter aus, wer eine Stadt regieren sollte, wie sie regiert werden sollte und was unter „gemeyne gut und gemeinen nutcz“ zu verstehen ist, vgl. S. 24–33 [Leuchte: Liegnitzer Stadtrechtsbuch].

295 Isenmann: Deutsche Stadt, S. 52. Wurm führt aus: „Das ist eyn gemeyne gut, das czu geistlichen dingen gehort und czu Gotis dinste czu geeygint ist [...], und andir dinge, die in des keisers frede begreiffen seyn [...]. Deze sint alle begriffen mit dem gemeinen frede, und der frede gehort zu dem gemeynen gute. Hirczu gehort der markt, rathaws und andir ding, eyn galgen eyne prange und andir ding, dis gehort allis czu dem gemeinen gute, und dis mak sich nymant sunderlich zuczihin, das her sichs eigenen welde, dorumme das dis mit dem gemeinen keiserlichen frede begriffin ist [...].“; Leuchte: Liegnitzer Stadtrechtsbuch, S. 25.

Wirtschaft aufgebraucht wird. Tauschhandel findet in dieser Phase nicht statt. Die Stadtwirtschaft hingegen ist in der sog. Kundenproduktion oder dem direkten Austausch begründet. Hier wird das Produzierte einem direkten Markt zur Verfügung gestellt. Bücher geht davon aus, dass die produzierten Güter aus der sie produzierenden Wirtschaft ohne weiteren Zwischenhandel in die konsumierende Wirtschaft übergehen. Dies führt zu einer Trennung der Standorte ‚Produktion' und ‚Konsum' bzw. agrarischer Standort (Land) und gewerblicher Standort (Stadt). Der Grund für diese Entwicklung liegt nach Bücher

> „darin, dass der notwendigerweise wachsende städtische Schutzverband die eigene Ernährung nicht mehr sichern kann, andererseits die ländliche Wirtschaft Produktionsvorteile ausnutzt und durch die Entwicklung einseitiger Sonderwirtschaften Überschüsse erzielt."[296]

Da nach dieser Theorie kein Zwischenhandel stattfindet, treffen auf dem städtischen Markt Produzent und Konsument in einem direkten Kundenverhältnis aufeinander, was – so Bücher – stehenden Handel ausschließt. Der Berufsstand des Kaufmanns ist dementsprechend an Orten überflüssig, an denen Märkte vorhanden sind, da Zufuhr und Absatzgebiet zusammenfallen, es sich also um eine durch die Stadt über Niederlags-, Stapel- und Bannmeilenrecht beherrschte geschlossene Wirtschaft handelt.

Dieser Ansatz wurde allerdings von der nachfolgenden Forschungsdiskussion abgelehnt, da damit die Existenz von in Städten ansässigen Kaufleuten, die ausschließlich Groß- und/oder Fernhandel betreiben, für das Mittelalter ausgeschlossen sei. Auch wenn man Büchers Theorie um den Aspekt erweitert, dass die Stadt vornehmlich als Sitz von Gewerbe und Handel zu gelten hat, stehen ihr die zahlenmäßig häufigen Ackerbürger- oder Feldstädte mit ihrer vorwiegend agrarischen Produktion und ihrer relativ geringen Bedeutung für Handel und Gewerbe gegenüber. Es lässt sich auch anhand der zahlreichen städtischen Satzungen, die z.B. Wein- oder Ackerbau betreffen, ersehen, dass selbst in großen Städten wie Nürnberg oder Augsburg Bürger Wein- und Ackerbau betrieben haben. Des Weiteren zeigt sich, dass die Städte bemüht waren, ihre eigenen land- und forstwirtschaftlichen Nutzungsflächen wie auch die Allmende zu vergrößern.

Häufig lässt sich allein auf wirtschaftlicher Grundlage gerade bezüglich der Kleinst- und Zwergstädte keine klare Trennung von Stadt und Dorf vornehmen.[297]

296 Isenmann: Deutsche Stadt, S. 42.
297 vgl. Isenmann: Deutsche Stadt, S. 42ff.

Paul Sander: Sozialer Stadtbegriff

Der soziale Stadtbegriff Paul Sanders basiert auf der Annahme, dass die Größe des (in einer Stadt zusammenlebenden) sozialen Kreises Einfluss auf das Verhältnis von privaten und persönlichen Beziehungen zu räumlichen und öffentlich-allgemeinen Beziehungen habe.

Nach Sander treten die privaten Beziehungen hinter den öffentlichen desto weiter zurück, je größer der soziale Kreis ist. Er stellt den Unterschied zwischen Stadt und Land als einen Unterschied zwischen öffentlichem und privatem Verbandsmoment dar, dabei wird die ländlich-feudale Umwelt als von privaten und persönlich-individuellen Strukturen bestimmt beschrieben (privates Verbandsmoment) und die Stadt – mit ihrer als Mittel zur politischen Organisation der in ihr Lebenden bezeichneten Stadtverfassung (öffentliches Verbandssystem) – als Vorläufer des modernen Staats verstanden. Neben diese an einem Öffentlichkeits- und Verfassungsbegriff orientierte Definition stellt Sander einen ‚gesellschaftlichen' bzw. ‚sozial begründeten' Stadtbegriff, basierend auf der Frage nach dem ‚gesellschaftlichen Wesen' der Stadt. Dieses Wesen der Stadt macht für ihn das spezifisch städtische Leben aus, hinter dessen Bedeutung andere Faktoren wie z.B. Stadtrecht, Befestigung oder Handel und Gewerbe, die auch in nichtstädtischen Siedlungen beobachtet werden können, zurücktreten. Für Sander manifestiert sich der Unterschied zwischen ländlicher und städtischer Siedlung nicht in der Ansiedlung von Gewerbe oder Handel, sondern in der Möglichkeit der Teilhabe am Wirtschaftsverkehr vor Ort.[298] Während der Dorfbewohner einen anderen Ort aufsuchen muss, um am Wirtschaftsverkehr teilzuhaben, findet für den Stadtbewohner der notwendige Verkehr direkt vor Ort statt. Er konstatiert zusammenfassend:

> „Die Stadt ist also nicht der Sitz von Gewerbe, Handel und Verkehr schlechthin, wohl aber ist sie eine Ansiedlung, die sich wirtschaftlich auf die am Orte selbst gegebene Verkehrsmöglichkeit gründet."[299]

Die Stadt wird so zum Ort eines gesteigerten Gesellschaftslebens, es findet eine Vergesellschaftung der Stadtbewohner statt, sie wird zu einem Ort mannigfaltiger Kulturentwicklung. Im Endeffekt führt das Wachstum der Stadt zu einer

---

298 vgl. Paul Sander: Feudalstaat und bürgerliche Verfassung. Ein Versuch über das Grundproblem der deutschen Verfassungsgeschichte, Berlin 1906, S. 128ff. [Sander: Feudalstaat].

299 Paul Sander: Geschichte des deutschen Städtewesens, Bonn/Leipzig 1922, S. 15 [Sander: Städtewesen].

Ausprägung des städtischen Verkehrs und so auch zu einer Ausweitung des spezifisch städtischen Lebens.[300]

Max Weber: Idealtypus der Stadt und Städtetypologie

Max Weber entwickelt ausgehend von dem Modell Sombarts und dem politisch-administrativen Stadtbegriff Georg von Belows – basierend auf den Elementen Gerichtsbezirk, öffentliche Lasten und Gemeindeverfassung – den bisher anerkanntesten und zum Idealtypus gesteigerten Stadtbegriff. Er erweitert die bisherigen Ansätze um den Gemeindebegriff, der für ihn definitorisches Kennzeichen der vollständigen Stadt ist.

Weber stellt eine Reihe von unentbehrlichen, singulär betrachtet aber nicht ausreichenden Merkmalen „zu einer idealtypischen Begriffsbestimmung der okzidentalen Stadt"[301] zusammen. Er stellt heraus, dass auch nichtstädtische Ortschaften im ökonomischen Sinne dem Stadtbegriff entsprechen können, ebenso wie Dörfer im politisch-administrativen Sinne städtischen Charakter aufweisen können. Im ökonomischen Sinne bestimmt er die Stadt als Marktort, an dem die Bevölkerung die zur Deckung ihres täglichen Bedarfs nötigen Produkte vorfindet. Diese findet sie auf den regelmäßigen Märkten, die darüber hinaus durch Fernmärkte ergänzt werden. An dieser Stelle unterscheidet er ausgehend von der wirtschaftlichen Grundlage der Bevölkerung zwischen den Typen Fürsten-, Konsumenten- und Produzentenstadt.[302] Als Wirtschaftsverband ist die Stadt durch wirtschaftspolitische Maßnahmen bestrebt, im Sinne der Massenernährung und wirtschaftlichen Stabilität die wirtschaftlichen Bedingungen zu regulieren. Politisch-administrativ wird die Stadt durch ihr vom Umland abgegrenzten Stadtgebiet, das über Mauer und Burg verfügt und anderen Besteuerungssätzen als das Umland unterliegt, definiert. Sie ist als bürgerlicher Wehrverband organisiert, der Bürger von der bäuerlichen Bevölkerung durch seinen Stand als Bürger gesondert.

Da weder der ökonomische noch der politisch-administrative Stadtbegriff eine eindeutige Definition schaffen, erweitert Weber den Begriff der Stadtgemeinde,

300 vgl. Sander: Feudalstaat, S. 157ff.

301 Isenmann: Deutsche Stadt, S. 46.

302 vgl. hierzu: Max Weber: Wirtschaft und Gesellschaft. Grundriß der verstehenden Soziologie. Aufl. besorgt v. Johannes Winckelmann, Tübingen 1972; Ders.: Wirtschaft und Gesellschaft. Die Wirtschaft und die gesellschaftlichen Ordnungen und Mächte. Nachlaß: Teilbd. 5: Die Stadt, hrsg. v. Wilfried Nippel, Tübingen 1999 und Ders.: Die Stadt, in: Archiv für Sozialwissenschaften und Sozialpolitik 47 (1920), S. 621–772.

deren Grundlage (relativ stark) ausgebildeter Handel und Gewerbe innerhalb der Siedlung ist. Hinzu treten folgende Charakteristika:

- Befestigung,
- Markt,
- eigenes Gericht und (zumindest teilweise) eigenes Recht,
- Verbandscharakter,
- Autonomie bzw. Autokephalie[303].

Anhand dieser Kennzeichen entwickelt Weber seine Definition des Idealtyps der okzidentalen Stadt, die sich in der Forschung als gängig etabliert hat. Von Weber nicht isoliert betrachtet wurde der Aspekt der Raumfunktion einer Stadt als Zentralort für das umgebende Umland.

Zusammenfassung

Allen Definitionen des Stadtbegriffs[304] gemein bleibt die Problematik, dass sich auch in dörflichen Siedlungen ähnliche oder gleiche Strukturen nachweisen lassen, so dass als rechtliches Kriterium lediglich der über das Stadtrechtsprivileg erlangte Status ‚Stadt', erweitert durch die Aspekte der Steigerung und Differenzierung als Definition herangezogen werden kann. Webers Idealtypus überschreitet, da er v.a. „auf gedankliche Kohärenz zur Ordnung komplexer Erscheinungen"[305] zielt, eine einfache Begriffsdefinition. Von nicht zu unterschätzendem Erkenntnispotential, aber dennoch von einer Definition zu unterscheiden, sind weiterhin phänomenologisch-beschreibende Ansätze.

Letztendlich weisen zwar viele Städte eine Menge an Gemeinsamkeiten auf, dem individuellen Charakter und den zahlreichen unterschiedlichen Formen

303 Autonomie umfasst i.d.R. die eigene Rechtssetzung, Autokephalie die Selbstverwaltung und Selbstregierung. Beide Begriffe werden dem handlungsfähigen Rat zugeordnet. Grundlage der Autonomie sind die rechtlich-politische Bürgerschaft und der Korporationscharakter, als Kennzeichen gelten Rechtsetzungsgewalt, ein eigener Friedens-, Rechts- und Gerichtsbezirk mit Geleitshoheit, Gerichtsinstanzen und Verwaltungsbehörden, Herrschaft über den Stadtraum und dessen Bewohner, Finanz- und Steuerhoheit, Münz- und Zollrecht, Wehrhoheit, Vertrags- und Bündnisfähigkeit, politische Standschaft und ein Widerstandsrecht gegen rechtswidrige Handlungen des Stadtherrn, vgl. Isenmann: Deutsche Stadt, S. 285ff.

304 Zu weiteren Ansätzen einer Definition des Stadtbegriffs und deren historischen Entwicklung vgl. Ernst Pitz: Art. Stadt (Allgemein. Forschungsbegriff und Geschichte), in: LMA, Bd. VII, Sp. 2169–2174.

305 Isenmann: Deutsche Stadt, S. 49.

von Städten im Mittelalter wird man so aber nicht gerecht. Lassen sich gerade die großen und weitestgehend autonomen Städte wie Köln oder Nürnberg auf diese Weise auch gut beschreiben, zeigen sich doch nicht zu übersehende Defizite bei der Anwendung des durch die o.g. Definitionen gewonnenen Stadtbegriffs auf Kleinstädte, spätmittelalterliche Gründungsstädte und die sog. Kümmerformen.

Mit Blick auf das Thema der vorliegenden Arbeit ist hervorzuheben, dass unabhängig von welchem Stadtbegriff man ausgeht, sich die wesentlichen Aspekte in der Gesetzgebung der Städte widerspiegeln. Sowohl der konzentrierten wirtschaftlichen Tätigkeit, dem gesteigerten Gesellschaftsleben als auch der vermehrten Übernahme politisch-administrativer Funktionen durch die Stadtbürger bzw. dem Rat als deren politischen Vertretung wird in der Gesetzgebung Rechnung getragen. So lässt sich die Bedeutung von Handel und Geldwirtschaft z.B. in zahlreichen Regelungen zu Rentenverkäufen und Darlehen, aber auch in der Rationalisierung des Prozessrechts ablesen. Die umfangreichen, bis weit in das Privatleben der Stadtbewohner hineinreichenden Regelungen, z.B. der Luxusordnungen und v.a. die Bedeutung des städtischen Friedens können ebenso als Reaktion auf die Besonderheiten des spezifisch städtischen Lebens verstanden werden, wie die teilweise sehr ausführlichen Ratsverfassungen auf die Selbstverwaltung zurückgeführt werden können.

3. Stadttypen

Zur Entstehung der mittelalterlichen Stadt sind unterschiedliche Theorien aufgestellt worden.[306] Als Grundlage für die Ausprägung der städtischen Freiheit gelten die unter Königsschutz stehenden Marktorte der (Fern-)Kaufleute und die Standesgleichheit schaffende Befreiung des Bodens vom herrschaftlichen Obereigentum. Diese Bodenbefreiung ermöglicht in der Folge die in den Städten das Grundbesitzrecht bestimmende freie Erbleihe.[307] Auch wenn die Entwicklungen und Kämpfe, die zur kommunalen Stadt des Mittelalters, die auch als ‚Rechtsstadt' bezeichnet wird, für die Entstehung und Ausformung

306 vgl. Ernst Pitz: Art. Stadt (Allgemein. Forschungsbegriff und Geschichte), in: LMA, Bd. VII, Sp. 2169–2174.

307 Bader/Dilcher: Rechtsgeschichte, S. 347ff. Die Erbleihe ist ein mittelalterliches Rechtsinstitut, das die erbliche, entgeltliche Überlassung von Grundstücken bezeichnet. Sie kann als eine vertraglich geregelte Dauerleihe verstanden werden, bei der das Obereigentum beim Verleihenden verbleibt, während dem Beliehenen das durch dingliche Klage geschützte Untereigentum zukommt, vgl. Gerhard Köbler: Juristisches Wörterbuch. Für Studium und Ausbildung, 15., neubearb. Aufl., München 2012 [Köbler: Juristisches Wörterbuch], Sp. 123 und Pierre Toubert: Art. Emphyteusis, Erbleihe, in: LMA, Bd. III, Sp. 1892–95.

der städtischen Freiheit sicherlich sehr aufschlussreich sind, soll hier lediglich der Ist-Zustand im Hoch- und Spätmittelalter dargestellt werden, da alle Texte des Untersuchungskorpus diesem Zeitraum entstammen. Sie können als Zeugen dieser Entwicklung gesehen werden und spiegeln den Grad der erlangten rechtlichen Autonomie wider. Für einen Einblick in die Entstehung und die Entwicklungslinien der deutschen Städte sowie in die regionalen Unterschiede sei hier auf grundlegende Überblicks- und spezielle Einzeldarstellungen verwiesen.[308]

Die Bezeichnungen für die unterschiedlichen Stadttypen des deutschen Mittelalters sind abhängig von der Zugehörigkeit zu übergeordneten Herrschafts- oder Ordnungssystemen.[309] Städte, selbst die Freien Städte, sind niemals gänzlich frei von fremder Herrschaft.[310] Die Beziehung zu ihrem jeweiligen Stadtherrn stellt die verfassungsrechtliche Grundlage einer Stadt und bestimmt neben dem Status des Stadtherrn die Terminologie zur Unterscheidung der verschiedenen Stadttypen. Grundlegend unterscheidet man unter Bezugnahme auf das jeweils übergeordnete Herrschaftssystem Reichsstädte mit königlichem Stadtherrn, Land- und Territorialstädte mit weltlichem oder geistlichem Stadtherrn und Freie Städte, die ehemals unter bischöflicher Stadtherrschaft standen, sich aber weitestgehend von dieser befreit haben und sich nachfolgend unter königlichem Rechts- und Friedensschutz befinden. Bezüglich der Typenbezeichnungen ist anzumerken, dass Reichsstadt und Freie Stadt zeitgenössische, den Quellen entnommene Begrifflichkeiten sind, es sich bei der Bezeichnung Territorialstadt (auch Landstadt, landesherrliche Stadt oder landsässige Stadt) hingegen um einen nachträglich konstruierten wissenschaftlichen Ordnungsbegriff handelt.[311] Historische und rechtshistorische

308 vgl. Bader/Dilcher: Rechtsgeschichte, S. 327ff.; Engel: Stadt des Mittelalters, S. 17ff.; Ennen: Europäische Stadt, S. 27ff.; Isenmann: Deutsche Stadt, S. 53ff.; Planitz: Stadt im Mittelalter, S. 85ff. Zu Einzelaspekten vgl. auch: Ferdinand Oppl: Wien – nach Köln eine der bedeutendsten Städte des Regnum Theutonicum. Ein Städtevergleich, in: Mitteleuropäisches Städtewesen in Mittelalter und Frühneuzeit. Fs für Edith Ennen, hrsg. v. Wilhelm Janssen und Margret Wensky, Köln/Weimar/Wien 1999, S. 63–89; Wolfgang Herborn: Reichs-, Abtei- und Territiorialstädte während des späten Mittelalters, in: ebd., S. 167–200; Annette von Boetticher: Niedersächsische Städte im Mittelalter und früher Neuzeit. Besonderheiten mit Ausblick, in: Die Macht der Städte, hrsg. v. Michael Gehler, Hildesheim/Zürich/New York 2011, S. 145–164; Helmut Flachenecker: Zwei verschiedene Welten in Franken: Nürnberg und Würzburg zwischen Reichs- und Regionalbindung, in: ebd., S. 493–514.

309 vgl. Isenmann: Deutsche Stadt, S. 281.

310 Bader/Dilcher: Rechtsgeschichte, S. 408.

311 vgl. Isenmann: Deutsche Stadt, S. 281f.

Darstellungen erweitern aufgrund unterschiedlicher Funktionen der Städte oder unterschiedlich starker Ausprägung der Unabhängigkeit vom Stadtherrn oder auch schlicht aufgrund der Größe und wirtschaftlicher oder politischer Bedeutung einer Stadt den Typenkatalog[312], ausgehend von dem jeweiligen Herrschaftsverband, dem eine Stadt untergeordnet ist, lassen sich jedoch alle Städte den o.g. Grundtypen zuordnen.

Die strukturellen Unterschiede zwischen Reichsstadt und Territorialstadt sind als eher gering einzustufen. Beide verfügen über einen Vogt als Schutz- und Gerichtsherren, haben dem Stadtherrn gegenüber die Verpflichtung zur Huldigung, zur Zahlung einer jährlichen Steuer und zur Leistung von Rat und Hilfe. Des Weiteren ist der Stadtherr dazu berechtigt, Ämter und Rechte der Stadt zu verpfänden. Diesen, den Stadtherrn priviligierenden Aspekten, steht das den Städten zugestandene *Privilegium de non evocando*[313] gegenüber, das die Appellation vor (stadt-)fremde Gerichte untersagt und in vielen Fällen (vgl. *Goldene Bulle* von 1356) die Ausbildung eines städtischen Territoriums und die Schließung von Bündnissen gestattet. Ebenso ist beiden Stadttypen gemein, dass sie über einen Rat verfügen und innerstädtische Zunftbewegungen durchleben. Unterschiede lassen sich in der Ausprägung einzelner städtischer Einrichtungen, ihrer Größe und wirtschaftlichen und/oder politischen Bedeutung sowie der Entwicklung von Autonomie und Autokephalie erkennen.[314]

Freie Städte

Die Freien Städte entwickeln sich in teils langwierigen Emanzipationsprozessen im 12. und 13. Jahrhundert aus den alten Bischofsstädten. Die Könige hatten den Bischöfen, damit diese die ihnen zugedachten Aufgaben im Reich erfüllen konnten, verschiedene Regalien wie Markt, Münze oder Zoll sowie die Grafenrechte

---

312 So fügen z.B. Bader/Dilcher noch die Typen Residenzstadt, grundherrliche Stadt, Klein- und Minderformen hinzu, vgl. Bader/Dilcher: Rechtsgeschichte, S. 421ff.

313 So z.B. das durch König Ludwig IV. der Stadt Freiburg im Breisgau gewährte Privilegium de non evocando vom 02. Januar 1315, vgl. [RI VII] H. 2 n. 8, in: Regesta Imperii Online, URI: http://www.regesta-imperii.de/id/1315-01-02_2_0_7_2_0_8_8 (Abgerufen am 14.09.2014) und vom 26. Juli 1330: „Wir Lud(wig) cet. verjehen, daz wir der stat ze Friburg in Brisgow die besundern [gnad] getan han, also daz si nieman umb cheinerley sach ze reht sullen stan dann vor dem schulth(eizze) und in der stat oder vor uns und unserm hofrihter. Und würden si dar uber geladen und geæhtet, daz sol in chein schad sein. Wem awer si rehtes liezzen, der mag anderswo schlagen. […], in: MGH Const. 6.1. Nr. 804.

314 vgl. Isenmann: Deutsche Stadt, S. 282f.

überlassen. Die Aneignung der Wehr- und Befestigungshoheit durch die Bischöfe vollendete den Prozess der wirtschaftlichen, politischen und rechtlichen Aussonderung der Städte aus dem sie umgebenden Umland.[315]

Im Zuge von Auseinandersetzungen mit dem bischöflichen Stadtherrn gelingt es den politisch und wirtschaftlich geeinten Bürgerschaften, die Rechte des Bischofs zu verringern und – teilweise auch mithilfe des Königs – eine Anerkennung ihrer erkämpften Freiheiten und Privilegien zu erlangen (Köln, Worms, Mainz u.a.).[316] Sie entwickelten sich zu Freien Städten, wobei ‚frei' hier als frei von bischöflicher Herrschaft zu verstehen ist. Sie sind nun, da eine vollständige Loslösung aus dem Herrschaftsverband undenkbar ist, direkt dem Reich zugehörig. Mit dem Begriff der Freiheit ist auch eine Freiheit von regelmäßigen Reichssteuern und der Verpflichtung zum Heeresaufgebot verbunden. Die Städte genießen zwar den Schutz des Reiches, unterstehen aber keiner königlichen Vogtei.[317]

Reichsstädte

> „Als Reichsstädte im engeren Sinne gelten die nichtbischöflichen, dem Reiche direkt verbundenen Städte."[318]

Die Reichsstädte werden in drei Typen unterteilt:

- **Königsstädte auf Reichsgut:** Der König ist Grund- und Stadtherr,
- **Königsstädte auf Kirchengut:** Der kirchliche Herr erhält den Grundzins, dem König untersteht die Vogtei und die Gerichtsbarkeit. Die Stadt ist ihm zur Leistung der Huldigung und der Steuern verpflichtet. Nach und nach verdrängt der König den kirchlichen Herrn, so dass er zum alleinigen Stadtherrn wird,
- **Reichsvogteistädte:** Die Stadt untersteht einem kirchlichen Grundherrn, der Inhaber der hoheitlichen Rechte ist. Der König ist hier lediglich Vogt, er ist für den Schutz zuständig und Gerichtsherr in weltlichen Belangen.

Prinzipiell können die Freien Städte ebenso zu den Reichsstädten gezählt werden, da sie nach Erlangung ihrer Freiheit vom bischöflichen Stadtherrn ebenfalls

---

315 vgl. Isenmann: Deutsche Stadt, S. 287.

316 Zu den Freiheitskämpfen der Städte Köln und Worms s. Knut Schulz: „Denn sie lieben die Freiheit so sehr...": kommunale Aufstände und Entstehung des europäischen Bürgertums im Mittelalter, Darmstadt 1992, S. 75–100.

317 vgl. Bader/Dilcher: Rechtsgeschichte, S. 411ff. und Isenmann: Deutsche Stadt, S. 287ff.

318 Bader/Dilcher: Rechtsgeschichte, S. 414.

dem Reich unterstehen. Sie werden daher auch häufig im gleichen Atemzug mit den Reichsstädten genannt (Freie und Reichsstädte).

Die Herrschaft des Königs über die Reichsstädte

> „beruht primär auf der königlichen Gerichts- und Schutzherrschaft, der Vogtei über die Stadt und ihre Bürger, und zwar unabhängig davon, ob ein grundherrliches oder leiherechtliches Obereigentum des Königs am Areal bestand […].“[319]

Auch wenn die direkte Zugehörigkeit zum König ein großes Maß an Freiheit[320] mit sich bringt, ist die Stellung der Reichsstädte aufgrund der fehlenden festen Strukturen im Reich und des ständigen Geldbedarfs der Krone immer wieder durch Verpfändung[321] gefährdet. Durch Verpfändung können einzelne Ämter, Steuern oder Regalien, aber auch ganze Städte in die Hände der Reichsfürsten geraten, so dass diese von Rechtsverlust und Mediatisierung[322] bedroht sind. Um der Mediatisierung zu entgehen, beteiligen sich die Städte häufig an der Lösung des Pfands, da dem König zumeist die Mittel fehlen, die Pfandsummen aufzubringen. Dadurch gelangen manche Städte – wie z.B. die Stadt Frankfurt, die das Reichsschultheißenamt auf diesem Wege erwirbt – auf eine höhere Ebene der Reichsfreiheit.

Betrachtet man die Reichsstädte im Hinblick auf ihren Grad an Autonomie und Autokephalie, so lässt sich feststellen, dass sich diese gerade durch die Zurückdrängung des Königs als Gerichtsherr immer weiter entfalten. Isenmann stellt für diese Entwicklung drei grundlegende Entwicklungsmerkmale zusammen:[323]

---

319 Isenmann: Deutsche Stadt, S. 296f.

320 Wie sich diese Freiheit entwickelte und welche Ausgestaltung sie annehmen konnte, zeigt Elsbet Orth am Beispiel der Stadt Frankfurt am Main, vgl. Elsbet Orth: Freiheit der Stadt: Der Fall Frankfurt, in: Die abendländische Freiheit vom 10. bis zum 14. Jahrhundert, hrsg. v. Johannes Fried, Sigmaringen 1991, S. 435–460.

321 Bei den Verpfändungen handelt es sich um Nutzpfandschaften. Nutzpfandschaft bedeutet, dass der Pfandgläubiger den Nutzen aus dem Pfand zu ziehen berechtigt ist. Die Nutzungserträge werden (entgegen der Totsatzung) nicht auf die Pfandsumme angerechnet, vgl. Isenmann: Deutsche Stadt, S. 300 und Köbler: Juristisches Wörterbuch, S. 299.

322 Mediatisierung bezeichnet hier verfassungsrechtlich den Abstieg zur Territorialstadt, also die Beseitigung der Reichsunmittelbarkeit durch die Reichsfürsten, vgl. Köbler: Juristisches Wörterbuch, S. 275.

323 vgl. Isenmann: Deutsche Stadt, S. 302f.

1. Zurückdrängung der Befugnisse des Vogts und des Reichslandvogts,[324]
2. Verstärkung des Einflusses der Stadt auf das Schultheißenamt,[325]
3. Erweiterung der Zuständigkeiten von Rat und Bürgermeister auf Kosten des Schultheißen.[326]

Durch das o.g. *Privilegium de non evocando* wurden die Städte von den Landgerichten und dem Hofgericht ausgenommen. Zusätzlich verleiht Rudolf von Habsburg (1218–1291) den Bürgern die Lehensfähigkeit, erkennt Ratsverfassungen (oder ihre Einführungen) an und gewährt den Räten das Recht, Satzungen zu erlassen. Auch wenn die Reichsstädte ein hohes Maß an Autonomie und Selbstverwaltung erlangen können, sind sie dennoch nicht souverän, sondern erkennen den König als übergeordnete Gewalt an. Es bleibt die Verpflichtung zur Heerfolge und zur Zahlung der Reichssteuern. Des Weiteren verbleibt das Recht, in innerstädtische Konflikte einzugreifen, beim König.[327]

Territorialstädte

> „Angesichts der langsamen historischen Ausbildung der Landesherrschaft, der unterschiedlichen tatsächlichen und verfassungsrechtlichen Struktur der Territorien und der Städte kann es sich bei dem Wort Territorialstadt oder Landstadt nur um einen weiten wissenschaftlichen Ordnungsbegriff handeln, der die rechtliche Abhängigkeit vom Landesherren, damit die Zugehörigkeit zum Land und gegebenenfalls eine daraus folgende Stellung in der landständischen Vertretung bezeichnet."[328]

Auch die Territorialstädte sind – ebenso wie die Reichsstädte – als höchst heterogene Gebilde zu verstehen. Obwohl sie gerade aus herrschaftlich-politischer Perspektive große Unterschiede aufweisen, lassen sie sich dennoch unter einem gemeinsamen Ordnungsbegriff subsumieren. Als Stadtherrn kommen sowohl weltliche als auch geistliche Landesherren infrage.

---

324 Im Zuge einer Kompetenzverschiebung wird die hohe Gerichtsbarkeit, später häufig auch die Blutsgerichtsbarkeit, dem Schultheißenamt übertragen. Die Bürger werden von fremdem Gerichtszwang befreit und erhalten das Recht, vom Stadtgericht direkt an das Gericht des Königs zu appellieren.

325 Städte erhalten das Recht zur Besetzung des Schultheißenamts oder erlangen den Besitz daran durch Kauf oder Pfandschaft.

326 Der Schultheiß wird aus der Leitung der städtischen Verwaltung verdrängt und die Ratsgerichtsbarkeit neben dem städtischen Schultheißengericht ausgebaut.

327 vgl. Bader/Dilcher: Rechtsgeschichte, S. 414ff. und Isenmann: Deutsche Stadt, S. 295ff.

328 Bader/Dilcher: Rechtsgeschichte, S. 419.

Bei Territorialstädten handelt es sich zumeist um Gründungsstädte oder Stadterhebungen älterer Ortschaften. Beide Stadttypen erfüllen dabei mit Blick auf das Territorium politisch-administrative, militärische und finanzielle Funktionen. Sie sind im Prozess der von den Landesherren angestrebten Ausbildung der Territorien ein unabdingbares Instrument zur Beschaffung dringend benötigter Finanzmittel, der Handels- und Gewerbepolitik, der Administration des Umlandes sowie der militärischen Sicherung.

Aufgrund der vielfältigen, den Städten zugedachten Funktionen müssen die Stadtherren den Autonomiebestrebungen der Städte Schranken setzen. Als unproblematisch erweisen sich die Gewährung korporativer Rechte der Gemeinde, der Selbstverwaltung und „inneren Autonomie"[329], die zudem für den Stadtherrn den Vorteil der Herrschaftsentlastung mit sich bringen. Wehrhoheit, Gerichtshoheit und das Recht auf die Einsetzung eines herrschaftlichen Amtsträgers versucht der Stadtherr jedoch in seinen Händen zu behalten. Einige Territorialstädte werden zu sog. Residenzstädten ausgebildet und in diesem Zuge mit einer höheren Verwaltungs- und Regierungsfunktion ausgestattet.

Da nicht nur Landesherren Territorialstädte gründen, sondern auch Adlige mit kleineren Herrschaften, entstehen auch zahlreiche kleinere Städte, in denen das bürgerschaftliche Wesen geringer ausgeprägt ist. Vielfach üben die Stadtherren hier eine grundherrliche Obrigkeit aus und kontrollieren das innerstädtische Leben. Ebenso verfügen die Städte nur selten über eine Ratsverfassung oder Einfluss auf die Gerichtsbarkeit. Grundherrliche Städte dieses Typus entwickeln sich selten über dörfliche Verhältnisse hinaus.[330]

Nicht zwangsläufig abhängig vom jeweiligen Stadtherrn sind die sog. Zwischenformen, Kümmerformen oder Minderformen von Städten, die entweder nicht über die nötigen Ressourcen verfügen, sich zur Vollstadt zu entwickeln oder erst gar nicht in dieser Absicht gegründet wurden. Rechtlich gesehen sind sie, wie Bader/Dilcher ausführen, den Städten mit Blick auf den befreiten Bodenbesitz, der befreiten personalen Stellung und der Beteiligung am Markthandel zuzuordnen. Allerdings fehlen ihnen Wehrhoheit und Stadtmauer, eine differenzierte soziale Binnenstruktur wie auch die korporativen Gemeinderechte der Bürgerschaft. Sie sind weder autonom noch verwalten sie sich selbst.[331]

Der Grad an Freiheit, den eine Stadt für sich erlangen kann, beeinflusst häufig das Ausmaß an selbständiger Rechtsetzung. Dies zeigt sich v.a. im Bereich der

---

329 vgl. Bader/Dilcher: Rechtsgeschichte, S. 420.

330 vgl. Bader/Dilcher: Rechtsgeschichte, S. 419ff.; Isenmann: Deutsche Stadt, S. 311ff.

331 Bader/Dilcher: Rechtsgeschichte, S. 425f.

Gerichtsbefugnisse: Während Städte, die die Hoch- und Blutsgerichtsbarkeit für sich erlangen können, die Bestrafung von Kapitalverbrechen regeln dürfen, bleiben die Städte, die lediglich über die Niedergerichtsbarkeit verfügen, auf die Gerichtsbarkeit des Stadtherrn angewiesen. So erklärt sich, dass in einigen Stadtrechten des Untersuchungskorpus der strafrechtliche Teil nur geringen Raum einnimmt (z.B. Würzburg), in anderen (z.B. Augsburg) dagegen sehr ausführlich behandelt wird.

4. Die Städtische Gesellschaft und ihre Verwaltung

Sozialstruktur der Stadt

Im Spätmittelalter wird für den westlichen und den oberdeutschen Raum von einer prozentualen Verteilung von Stadt- und Landbevölkerung von 20–30% zu 70–80% ausgegangen, für den nördlichen und östlichen Raum ist ein Anteil von 10–20% städtischer Bevölkerung anzusetzen.[332] Dabei sind bei Weitem nicht alle Bewohner von Städten auch Stadtbürger. Bürger bezeichnet einen Rechtsstatus, der sich von dem des einfachen Einwohners, Gasts oder Fremden unterscheidet. Der prozentuale Anteil von Bürgern variiert von Stadt zu Stadt.

Im Unterschied zur ländlichen Bevölkerung ist die städtische Gesellschaftsstruktur im Spätmittelalter nicht mehr ausschließlich von verwandtschaftlichen und herrschaftlichen Strukturen geprägt. Bei der städtischen Gesellschaft handelt es sich im Wesentlichen um eine „Wirtschaftsgesellschaft"[333]. Die Bedeutung der *familia* als hofrechtlicher Großverband tritt in den Hintergrund, die Bedeutung der Kernfamilie hingegen nimmt zu. Innerhalb der städtischen Gemeinschaft bilden sich genossenschaftliche Verbände (Gilden, Zünfte, Bruderschaften, Trinkstuben, usw.) heraus, die nach Norbert Elias als

> „sehr wichtige Instanz der Einübung sozialer Regeln, nämlich Verzicht auf Gewaltsamkeit, friedlichem Auskommen, Entwicklung sozialer Disziplin, Weitergabe von Tugendbildern und Arbeitsfertigkeiten"[334]

zu sehen sind.[335]

---

332 vgl. Isenmann: Deutsche Stadt, S. 40.

333 An deren Beginn sehen Bader/Dilcher „die dynamische Verbindung von gewerblicher Produktion und Handel, von Handwerkern und Kaufleuten (einschließlich der sich in die städtischen Wirtschaftsgesellschaft einfügenden Ministerialen)", vgl. Dies.: Rechtsgeschichte, S. 484.

334 Bader/Dilcher: Rechtsgeschichte, S. 487.

335 vgl. Bader/Dilcher: Rechtsgeschichte, S. 475ff.

Bürger und Einwohner

Als Bürger werden ausschließlich Stadtbewohner bezeichnet, die das Bürgerrecht erworben haben[336], an dessen Erlangung verschiedene rechtliche und wirtschaftliche Bedingungen geknüpft sind. Werden diese erfüllt, wird man im Zuge eines Aufnahmeaktes (Schwur des Bürgereids) in die Bürgerschaft aufgenommen. Mit dem Status Bürger sind erhebliche Rechte und Pflichten verbunden, dieser „umfaßte Leben, Gut und Ehre den ganzen Menschen, gab ihm eine eigene, ständische Rechtsstellung."[337] Nur der Bürger verfügt über politische Teilhabe, nur er besitzt das aktive und passive Wahlrecht. Allerdings kann das Bürgerrecht auch bei Missachtung von Ratsgeboten, Verletzung der Bürgerpflichten oder Bruch des Stadtfriedens durch den Rat wieder aberkannt werden.[338]

Grundlegende Voraussetzung für die Aufnahme als Bürger ist das Führen eines selbständigen Hausstands; unselbständige Kinder wie auch die Ehefrau stehen unter dem Schutz des bürgerlichen Friedens des Vaters.[339] Die Stadt verlangt von ihren Neubürgern den Nachweis einer festen Verbindung zur Stadt und ein ausreichendes Vermögen, das als Unterpfand für die Bürgerpflichten und persönlichen Rechtsverpflichtungen angesehen wird.[340] Die Städte erheben eine Aufnahmegebühr, das Bürgergeld, dessen Höhe von Stadt zu Stadt variieren kann (die Zahlung kann auch gestundet werden). Als weitere Voraussetzungen werden im Laufe der Entwicklung der Nachweis einer freien und ehelichen Geburt und ein gewisses Mindestvermögen (z.B. Haus- und Grundbesitz, städtische Renten, Waffenbesitz) verlangt. Nach Erfüllung dieser Anforderungen hat der Neubürger den Bürgereid zu schwören.[341] Dieser verpflichtet den Bürger „generell zu Treue und Gehorsam

336 Zum Bürgerrecht der Stadt Nürnberg vgl. Werner Schultheiß: Das Bürgerrecht der Königs- und Reichsstadt Nürnberg. Beiträge zur Verfassungsgeschichte der deutschen Städte, in: Fs Hermann Heimpel, Bd. 2, hrsg. v. den Mitarbeitern des Max-Planck-Instituts für Geschichte, Göttingen 1972, S. 159–194.

337 Bader/Dilcher: Rechtsgeschichte, S. 449.

338 vgl. Bader/Dilcher: Rechtsgeschichte, S. 445ff.

339 vgl. Isenmann: Deutsche Stadt, S. 135f.

340 vgl. Bader/Dilcher: Rechtsgeschichte, S. 449f.

341 vgl. Isenmann: Deutsche Stadt, S. 136ff. vgl. dazu §73 aus dem roten Buch der Stadt Ulm: „Es hant ouch die burger gesetzet, daz man dehainen usman noch usfrowan ze burger nit entphahen sol durch dehain sach, denne der sich in die stat mit wesen setzen wil und der stiuren und alle andere dienst tůn wil alz ein ander gesezzener burger, und sol verbiurgen nach der stat recht fiunf jar hie sin alz die rechner zitlich dunkt […].", Carl Mollwo: Das rote Buch der Stadt Ulm. Württembergische Geschichtsquellen, Bd. 8, Stuttgart 1904, S. 55f. [Mollwo: Rote Buch].

gegenüber dem Rat sowie zum Einsatz für den Nutzen und die Ehre der Stadt."[342] Er wird so verpflichtet, Steuern zu entrichten sowie Wachdienst und gemeinnützige Arbeitsdienste zu leisten und untersteht der allgemeinen Wehr- und Bewaffnungspflicht. Des Weiteren ist für ihn verbindlich, Recht vor dem Stadtgericht zu nehmen und zu geben, Vergehen anzuzeigen und bei der Ergreifung von Tätern zu helfen. Zudem ist der Bürger berechtigt, einer qualifizierten wirtschaftlichen Betätigung nachzugehen, ein Handwerk zu betreiben und die für Gewerbe und Handel errichteten Anlagen zu nutzen. Bürger dürfen städtische Sozialeinrichtungen und die Allmende nutzen, sie haben Anteil an der Zollfreiheit und verfügen über das Zugrecht[343]. Seitens der Stadt wird dem Bürger ein umfassender Rechtsschutz gewährt, der u.a. den Umgang mit auswärtigen Schuldnern, die Beachtung von Zollprivilegien oder teilweise den Freikauf aus Gefangenschaft umfasst.[344]

Vom Bürger zu trennen sind die Einwohner oder Beisassen. Bei ihnen handelt es sich um vermögendere Personen, die kein Interesse am Bürgerrecht und den damit verbundenen Pflichten haben, v.a. Handwerksgesellen, Knechte, Mägde oder Tagelöhner. Um sie dennoch an den öffentliche Lasten zu beteiligen, schaffen zahlreiche Städte einen Einwohner- oder Beisasseneid, der sich inhaltlich kaum

---

342 Isenmann: Deutsche Stadt, S. 146. vgl. dazu das Stadtrecht Frankfurt, Art. 60: „(1) Eyn iglicher, der burger werden wil zu Franckenfurd, sal globen in guten truwen und zun heilgen sweren, unserm gnedigen herren, dem romischen keiser oder konige, N., getruwe und holt zu sin als eim romischen konige sime rechten herren von des richs wegen, und burgermeistern, scheffen und rade zu Franckenfurt getruwe, gehorsam und biibestendig zu sin und iren und der stede Franckenfurt schaden zu warnen, ir bestis zu werben und nit wider sie zu tun in dheiner wise. […]", Armin Wolf: Die Gesetze der Stadt Frankfurt am Main im Mittelalter, hrsg. und eingel. v. Armin Wolf, Frankfurt/Main 1969, S. 170 [Wolf: Gesetze Frankfurt].

343 Zugrecht, auch Näher- oder Retraktrecht genannt, „ist im mittelalterlichen deutschen Recht das Anrecht bestimmter nahestehender Personen […] auf ein Gut für den Fall der Vererbung oder Veräußerung. Köbler. Juristisches Wörterbuch. S. 288.

344 vgl. Isenmann: Deutsche Stadt, S. 145ff. und Bader/Dilcher: Rechtsgeschichte, S. 445ff., vgl. hierzu auch: Gerhard Dilcher: Zum Bürgerbegriff im späteren Mittelalter. Versuch einer Typologie am Beispiel von Frankfurt am Main, in: Bürgerrecht und Stadtverfassung, Köln 1996, S. 115–182.

vom Bürgereid unterscheidet.[345] Wird dessen Leistung verweigert, verbleibt man im Gästestatus und wird durch die Stadt nicht geschützt.[346]

Ausbürger und Pfahlbürger

Die Begriffe Pfahlbürger und Ausbürger[347] werden in den Quellen nicht eindeutig verwendet. Da allerdings der Begriff Ausbürger weiter gefasst ist, können unter ihm auch die Pfahlbürger eingegliedert werden. Unter Pfahlbürgern versteht man diejenigen Bewohner des Umlandes, die in ein bürgerrechtsähnliches Verhältnis eintreten, ihren Lebensmittelpunkt aber weiterhin außerhalb der Stadt haben. Pfahlbürger unterstehen der Gerichtsbarkeit der Stadt und haben jährliche Steuern zu entrichten, in einigen Städten sind sie dazu verpflichtet, zu bestimmten Zeiten in der Stadt zu wohnen. Die Anbindung an die Stadt ist in beiderseitigem Interesse begründet. Der Pfahlbürger erhält ähnliche Rechte wie die Stadtbürger, u.a. den Zugang zum Markt und die Stadt erweitert ihren Einflussbereich durch die Bindung auswärtiger Personen an sie. Das Institut des Pfahlbürgers schafft immer wieder Konflikte mit den Territorialherren.

Während die Pfahlbürgerschaft zumeist von reicheren Dorfbewohnern, die auch Eigenleute eines Feudalherren sein können, in Anspruch genommen wird, finden sich unter den Ausbürgern hauptsächlich Landadlige, Grafen, Ritter oder Freie, zuweilen auch Kleriker oder geistliche Korporationen. Sie erwerben durch die Ausbürgerschaft eine Art Bürgerrecht ohne Residenzpflicht. Auch hier zeigt sich seitens der Ausbürger das Interesse der Teilhabe am städtischen Wirtschaftsleben und der städtischen Gerichtsbarkeit, wohingegen für die Städte v.a. eine Erweiterung ihres Schutzes durch die ländlichen Burgen im Vordergrund steht. Bei

---

345 vgl. dazu Stadtrecht Frankfurt, Art. 61: „Der rad ist ubirkommen, daz ein iglicher, der zu Franckenfurd wonet, der umb siner notdorfft und sache wegen nit burger werden kan oder mag, in truwen globen und uff den heilgen sweren sal, des rades und der stede Franckenfurd schaden zu warnen, ir bestis zu werben und in keine wiis wider sie zu tun und auch von allen den guden, die er ynnewendig oder uzwendig der stat Frankkenfurd hette oder gewonne, zu geben, zu dienen und zu tun und auch in allen sachen gehorsam zu sin glichirwise, als obe er burger were [...].", vgl. Wolf: Gesetze Frankfurt, S. 171.

346 vgl. Isenmann: Deutsche Stadt, S. 148 und Bader/Dilcher: Rechtsgeschichte, S. 456ff.

347 Neben Ausbürger und Pfahlbürger treten in den Quellen noch die Begrifflichkeiten wie „medewoner", „inwoner", in Süddeutschland „seldener" oder Formulierungen wie „der in unser stat sesshaft ist", „ingesessen ist" oder der „by uns wonet" auf, vgl. Planitz: Stadt im Mittelalter, S. 275.

größeren Städten zeigt sich auch das Interesse, durch gezielte Ausbürgeraufnahme einen besseren Schutz der Handelswege und des Umlands zu verwirklichen.[348]

Ebenso wie Bürger und Einwohner sind die Pfahl- und Ausbürger durch Eid an die Stadt gebunden.

Gäste und Fremde

Gäste und Fremde stellen eine Gruppe von Bewohnern dar, denen der Schutz durch die Stadt (weitestgehend) verwehrt bleibt. Dabei gilt zunächst jeder als Fremder, der nicht in der Stadt wohnt und in keinerlei Rechtsverhältnis mit dieser getreten ist.[349] Die Städte – v.a. die großen Handelsstädte – unterscheiden aber zwischen Fremden und Gästen. Während z.B. in Frankfurt ein eigenes Gastrecht geschaffen wird, um dem Fernkaufmann eine rechtlich gesicherte Basis für seine Geschäfte zu verschaffen, werden fremde Bettler und Prostituierte nach einiger Zeit wieder vertrieben. V.a. Fremde, die Verstümmelungen aufweisen, die zumeist als Zeichen für erlittene Strafen gelten, und fremdartig aussehende Menschen haben es schwer.[350] ‚Gute und ehrliche Fremde' hingegen sind, wie Pätzhold am Beispiel der Stadt Dortmund zeigt, in den Städten durchaus erwünscht und können den Status von Neubürgern erlangen.[351]

Als Gast kann nur derjenige angesehen werden, der in der Stadt nicht sesshaft ist bzw. sich nicht dauerhaft in der Stadt aufhält. Er benötigt einen Bürger (Wirt), der ihn aufnimmt und – falls nötig – gerichtlich für ihn eintritt oder bürgt. I.d.R. wird in den Stadtrechten zunächst eine negative Abgrenzung zum Bürger vorgenommen, indem auf die Steuer- und Wachpflicht des Bürgers verwiesen wird,

---

348 vgl. Isenmann: Deutsche Stadt, S. 148ff. und Bader/Dilcher: Rechtsgeschichte, S. 459ff.

349 Zur Stellung der Fremden in einzelnen Regionen vgl. Anne E. Dünzelmann: Vom Gaste, den Joden und den Fremden. Zur Ethnographie von Immigration, Rezeption und Exkludierung Fremder am Beispiel der Stadt Bremen vom Mittelalter bis 1848, Hamburg 2001, S. 54ff.; Ulman Weiss: Fremde in thüringischen Städten der Frühneuzeit, in: Mitteleuropäisches Städtewesen in Mittelalter und Frühneuzeit. Fs Edith Ennen, Köln 1999, S. 141–165; Ernst Schubert: Der Fremde in den niedersächsischen Städten des Mittelalters, in: Niedersächsisches Jahrbuch für Landesgeschichte 69 (1997), S. 1–44.

350 vgl. Stefan Pätzhold: Willkommene Gäste oder gefährliche Gauner? ‚Fremde' in Essen, Bochum und Dortmund während des späten Mittelalters, in: Concilium medii aevi *online*. Zeitschrift für Geschichte, Kunst und Kultur des Mittelalters und der Frühen Neuzeit 13 (2010), S. 307–329, Online abrufbar unter: https://cma.gbv.de/dr,cma,013,2010,a,12.pdf, (abgerufen am: am 13.03.2014), [Pätzhold: Fremde].

351 vgl. Pätzhold: Fremde, S. 323ff.

der der Gast nicht unterliegt.[352] Zumeist werden im Gastrecht die Aufenthaltsdauer und Tätigkeitsfelder sowie die Rechtsfähigkeit von Gästen festgelegt. Ein Gast verfügt zwar nicht über die gleichen Rechte und Privilegien wie ein Bürger, ist aber dem einfachen Fremden gegenüber bessergestellt.[353] Einige Städte, wie z.B. Frankfurt am Main, regeln sehr genau, wie der Begriff *gast* zu verstehen ist. Es wird unterschieden:

> „zwischen dem *Ausmärker*, der aus der Umgebung kommt und hier seinen Handelsgeschäften nachgeht, und dem *Gast*, dem angesehenen Fernkaufmann [...]. Der Gast übernachtet in der Stadt und hat dort einen Wirt. Das Gastrecht ist in Frankfurt mehr als nur ein privatrechtlicher Herbergsvertrag, es ist ein Freundschafts-, Schutz-, aber auch ein Haftungsverhältnis, das durch den Wirt zur Bürgschaft vermittelt wird."[354]

Im Gastrecht inbegriffen ist das Stapel- und Niederlagsrecht, allerdings nicht die bürgerliche Zollfreiheit. Der Gast darf keinen Detailhandel betreiben und häufig ist der Handel unter Gästen untersagt oder mit Abgaben belegt. In rechtlicher Hinsicht ist der Gast dem Bürger gegenüber benachteiligt, da Gäste zwar gegen Gäste, nicht aber gegen Bürger zeugen können. Es werden allerdings Gastgerichte eingerichtet, die insofern auf die Bedürfnisse der Fernkaufleute eingehen, als dass hier ein beschleunigtes Verfahren durchgeführt wird.[355]

Kleriker und Juden

Einen Sonderstatus innerhalb der städtischen Gesellschaft besitzen Kleriker und Juden. Während die Kleriker dem kanonischen Recht unterstehen und daher aus rechtlicher Sicht nicht vollwertiges Mitglied der bürgerlichen Gesellschaft werden können[356], werden die Juden aufgrund ihrer Religionszugehörigkeit als

---

352 vgl. Bader/Dilcher: Rechtsgeschichte, S. 443. Im Stadtrecht Freiberg wird „schozzen unde wachen" immer wieder in Verbindung mit den Pflichten der Bürger genannt, der wie im folgenden Beispiel der Landrichter unter bestimmten Umständen auch unterliegt: Cap. XXXIX §3: „Ist he ein herkumen man, he si ritter oder knecht, unde setzet sich in die stat wonehaft, he muz schozzen unde wachen mit den burgeren, si wollen iz in denne irlazen.", Hubert Ermisch: Das Freiberger Stadtrecht, hrsg. v. Hubert Ermisch, Leipzig 1889, S. 233 [Ermisch: Freiberger Stadtrecht].

353 vgl. Bader/Dilcher: Rechtsgeschichte, S. 456ff.; Isenmann: Deutsche Stadt, S. 158f.

354 Isenmann: Deutsche Stadt, S. 158.

355 vgl. Bader/Dilcher: Rechtsgeschichte, S. 456ff.; Isenmann: Deutsche Stadt, S. 158f.

356 vgl. hierzu auch: Bernd Moeller: Kleriker als Bürger, in: Fs Hermann Heimpel, Bd. 2, hrsg. v. den Mitarbeitern des Max-Planck-Instituts für Geschichte, Göttingen 1972, S. 195–224 [Moeller: Kleriker].

‚fremd' empfunden. Sie besitzen zwar ein eigenes Bürgerrecht, dieses ist aber dem der christlichen Bürger nicht gleichwertig.

Kleriker sind wegen ihrer Unterstellung unter das kanonische Recht der weltlichen – hier städtischen – Gerichtsbarkeit entzogen. Dieses – aus Sicht der Städte – Problem wurde nie grundsätzlich, sondern nur kompromisshaft gelöst, wobei von Seiten der Städte versucht wird, den Klerus in

> „das bürgerliche Treu- und Schutzverhältnis einzubeziehen, aber auch die Besteuerung ihres städtischen Besitzes – gegen die alte Steuerexemtion der Kirche und des Klerus – zu erreichen."[357]

Von Seiten des Klerus hingegen besteht ein Interesse an der Aufnahme in die Bürgerschaft, da er sich so das Recht auf Ausübung eines Gewerbes und die Teilhabe an städtischen Handelsprivilegien sichern kann. V.a. diese gewerbliche Betätigung führt immer wieder zu erheblichen Konflikten in den Städten, wobei die Lösungen für dieses Problem von Stadt zu Stadt unterschiedlich ausfallen.[358]

Die Juden unterstehen seit dem Judenprivileg Friedrichs II. dem Schutz des Königs.[359] Für diesen Schutz leisten sie Abgaben an den König. Diese als Kammerknechtschaft bezeichnete Einrichtung wird zu einem Regal ausgebildet und kann als solches verliehen, verpfändet oder übertragen werden. Dies führt auch dazu, dass Ansiedlung oder Vertreibung von Juden im Ermessen des Privilegieninhabers liegen. Das Bürgerrecht gewährt ihnen das Recht zur Ansässigkeit, eine gegenüber dem Gast privilegierte Stellung sowie Schutz und Hilfe durch die Stadt. Sie erhalten das Recht, verzinsliche Darlehen zu vergeben, bleiben allerdings bezüglich ihrer Wirtschafts- und Erwerbstätigkeit eingeschränkt, es ist ihnen nicht möglich, politisch zu partizipieren (weder aktives noch passives Wahlrecht) oder – v.a. wegen religiöser Bedenken – Ämter zu übernehmen. Dennoch gehören sie in zahlreichen Städten zur wohlhabenderen Kaufmannschaft, haben Hausbesitz und sind topographisch nicht von der Bürgerschaft geschieden, obwohl sie schon religiös begründet eigene Gemeinden ausbilden.[360]

---

357 Bader/Dilcher: Rechtsgeschichte, S. 473.

358 vgl. Bader/Dilcher: Rechtsgeschichte, S. 473f. und Isenmann: Deutsche Stadt, S. 152f. Zur Lösung der Konflikte vgl. Moeller: Kleriker, S. 198ff.

359 vgl. Planitz: Stadt im Mittelalter, S. 277f. Privilegium et sententia in favorum iudaeorum vom Juli 1236, in: MGH Const. II Nr. 204, S. 274–276. Übersetzung in: Quellen zur deutschen Verfassungs- Wirtschafts- und Sozialgeschichte bis 1250, ausgew. u. übersetzt von Ludwig Weinrich, Darmstadt 1977, Nr. 123, S. 497–503.

360 vgl. Bader/Dilcher: Rechtsgeschichte, S. 464ff.; Isenmann: Deutsche Stadt, S. 152ff.

Die unterschiedlich stark ausgeprägte Zugehörigkeit zur Stadt führt zur Aufgliederung verschiedener stadtrechtlicher Bestimmungen. So wird u.a. bei dem Erwerb von Grundstücken, dem Handel allgemein oder auch der Rechtsfähigkeit vor Gericht zwischen Bürger, Gast, Kleriker etc. unterschieden.

Rat und Ratsverfassung

Ebenso wie der Kampf gegen die jeweiligen Stadtherrn auf dem Weg zu mehr bürgerlicher Freiheit war auch die Ausbildung von Rat und Ratsverfassung ein langwieriger und von Stadt zu Stadt unterschiedlich verlaufender Prozess. Als Vorformen des Rats lassen sich im 12. Jahrhundert die vom Stadtherrn aus der Gruppe der *meliores* (*primores, optimates, etc.*) ernannten Schöffenkollegien oder die sich um Richter und Geschworene gruppierenden Gremien finden. Mit der Erweiterung seiner Kompetenzen in den ursprünglichen Herrschaftsbereich des Stadtherrn hinein, kann der Rat zwar den Stadtherrn mehr und mehr aus der Verwaltung der Städte verdrängen, er kann ihn allerdings nie vollständig davon ausschließen. Eine umfassende Darstellung zur Herausbildung des Rats und der Ratsverfassung geben sowohl Bader/Dilcher als auch Isenmann.[361]

Zunächst bildet sich der Rat aus den Reichsten und Vornehmsten der Bürgergemeinde, in deren Auftrag er handelt. Grundsätzlich verfügt der Rat über eine aus dem genossenschaftlichen Eid begründeten Gebots-, Zwangs- und Strafgewalt, der sich die Bürger unterworfen haben. Als Beschützer der Stadt und des Stadtfriedens[362] ist er mit den entsprechenden Vollmachten ausgestattet. Zur Wahrung des Stadtfriedens besitzt der Rat eine Satzungsgewalt mit einfacher Rügegerichtsbarkeit, durch die er seine friedensrechtlichen und ordnungspolitischen Aufgaben erfüllen kann. Im Laufe des 14. Jahrhunderts entwickeln sich die Ratssatzungen dann zu Rechtsgeboten (vgl. Kap. IV.1), der Rat

361 vgl. Bader/Dilcher: Rechtsgeschichte und Isenmann: Deutsche Stadt.

362 Frieden ist im Spätmittelalter zunächst einmal Rechtsfrieden, d.h. ungestörtes und unangefochtenes Recht. Frieden wird als „Zustand garantierter Gewaltlosigkeit", Sicherheit im Recht und vor unrechter Gewalt sowie Fehlen von Selbstjustiz verstanden. Die Stadt kann als Sonderfriedensbereich angesehen werden, er gilt generell und absolut. Die Bürger sind zum Friedensgebot verpflichtet, wenn sie Zeuge einer Feindseligkeit oder Gewalttätigkeit werden. Da der Bruch des Stadtfriedens als Bruch des Bürgereides gesehen wird, wird dieser mit Verbannung und Hauszerstörung bestraft. Stadtfriede gilt als Garant für Einheit und Eintracht der Bürgerschaft und ermöglicht erst den kommunalen Wohlstand, in dem er die Rahmenbedingungen für ein geregeltes Wirtschaftsleben schafft, vgl. Isenmann: Deutsche Stadt, S. 159ff. Zur Bedeutung des Stadtfriedens vgl. auch Bader/Dilcher: Rechtsgeschichte, S. 380ff.

formiert sich zu einem obrigkeitlichen Organ. Die Stellung des Rats wird zum einen auf autogen-genossenschaftlicher Basis legitimiert, dies zeigt sich in der Wahl und dem Eid, der den Rat an die Gemeinde band, zum anderen in einer vom Stadtherrn ausgehenden Gewalt, die den Rat in die Lage versetzt, Distanz zur Bürgerschaft aufzubauen.

Die Entstehung der Ratsverfassung wird um die Mitte des 12. Jahrhunderts verortet, wobei ihre Ausbildung und Verbreitung stark vom Stadttypus bzw. dem Stadtherrn abhängig ist.[363] Als Vorbild für die Ratsherren werden die Konsuln der italienischen Städte angenommen, wobei nicht geklärt ist, ob die Anregung dazu aus Italien oder Frankreich bzw. Burgund stammt.[364] Der Rat wird zumeist jährlich von der Bürgerschaft gewählt und/oder ergänzt sich durch Kooptation. Die Einflussnahme des Stadtherrn auf die Zusammensetzung des Rats wird immer weiter zurückgedrängt. Die Wahlbestimmungen sehen kurze Amtszeiten, Karenzzeiten für die Wiederwahl oder auch Doppelbesetzung von Ämtern vor[365], um so eine – wie Weber es nennt – ‚Verwaltung kraft amtlicher Pflicht' zu gewährleisten. Herrschaft soll im Dienst der Gemeinschaft und aus ihr heraus legitimiert ausgeübt werden.[366]

Wählbar sind prinzipiell alle Bürger, jedoch muss die Abkömmlichkeit von alltäglichen Pflichten gewährleistet sein, um den Ratsaufgaben entsprechend nachkommen zu können. Dies und der Fakt, dass die Ratstätigkeit ehrenamtlich ist, begrenzt den Kreis der Wählbaren auf die vermögenderen Bürger.[367] Dem Rat stehen ein oder mehrere Bürgermeister vor. Diese werden vom Rat gewählt oder vom Stadtherrn eingesetzt. Der Bürgermeister ist „oberster bürgerlicher Beamter"[368], seine Aufgaben liegen neben der Stadtverwaltung v.a. im diplomatischen Bereich. Bürgermeister und Ratsmänner verpflichten sich per Eid, die ihnen übertragenen

---

363 vgl. Bader/Dilcher: Rechtsgeschichte, S. 396ff. Ennen setzt hierfür die Wende vom 12. zum 13. Jahrhundert an, Ennen: Europäische Stadt, S. 141.

364 vgl. Ennen: Europäische Stadt, S. 140f.

365 Die Bestimmungen diesbezüglich variieren von Stadt zu Stadt. Die Stadtrechte führen in ihren Wahlordnungen sehr genau das Vorgehen bei Ratswahlen aus, häufig wird auch das (jährliche) Wahldatum genannt. Vgl. Wolf: Gesetze Frankfurt, S. 82 A1.6: „Auch sal man alle jar je uff den dunrestag in den heilegin tagen zu Phingisten burgermeystere kysen. […]."

366 vgl. Isenmann: Deutsche Stadt, S. 327ff.

367 vgl. Isenmann: Deutsche Stadt, S. 394ff. Hierzu auch: Engel: Stadt des Mittelalters, S. 61f.

368 Ennen: Europäische Stadt, S. 63.

Pflichten zu *der stette ere und ir nutze*[369] auszuüben[370], politischer Misserfolg kann gerade für den Bürgermeister schwere Konsequenzen nach sich ziehen.[371]

Neben dem Rat existieren eine Reihe von speziellen Gremien oder Ratskommissionen und verschiedene Dienstämter.[372] Der Ausbau der Stadtverwaltung schafft behördliche Sonderämter, die jedoch keine Selbständigkeit vom Rat erreichen. Der Ratsalltag wie auch das Verhalten im Rat oder zwischen den Ratsmitgliedern wird in den vom Rat selbst gesetzten Ratsordnungen streng geregelt.[373] Sie finden sich in nahezu jedem Stadtrecht wieder.[374] Die Ratsordnungen schreiben u.a. eine Anwesenheitspflicht im Rat vor, bestimmen das äußerliche Auftreten der Ratsherren, den Verhaltenscodex im Rat, die Folgen eines Fernbleibens vom Rat, das Vorgehen bei persönlicher Beteiligung eines Ratsherren in einer zu verhandelnden Angelegenheit, die Zusammensetzung des Rats (z.B. Verbot von

---

369 Ravensburger Stadtrecht A., Einleitung, in: Karl-Otto Müller: Die älteren Stadtrechte der Reichsstadt Ravensburg nebst der Waldseer Stadtrechtshandschrift und den Satzungen des Ravensburger Denkbuchs, Stuttgart 1924 (Oberschwäbische Stadtrechte 2), S. 57 [Müller: Stadtrecht Ravensburg].

370 Ratseid der Stadt Frankfurt am Main: „Der eyd der radlude: Daz ich en guden truwen an eydistad globit und zun heilegin gesworn han und globin und swern, den rad zu verswigen und zu helin und, wanne man umbfragit, daz beste zu raden nach mynen besten synnen und vernumffte und dez richs und des aldin radis bestes zu werbin und iren schaden zu warne, zu nacht und zu dage, wo ich dez gewar werdin unverzogenlich und wez ich gedenckin und entsynnen, daz der stad bestis und erlichs ist, daz sal ich sagin und daz nicht laszin durch lybe, myde, fuchte ader umb keynerlei sache willen, es treffe wen is andreffe, und den scheffin und aldem rade biibestendig zu sine, nach der stede gnade, friheide ader gude in dieheynewiis zu stende, he ader nymand von sinen wegin.“, Wolf: Gesetze Frankfurt, S. 123, A79.

371 Engel führt hier das Beispiel des Lübecker Bürgermeisters Johann Wittenborg an, der aufgrund von Versäumnissen im Krieg mit Dänemark (1361/62), die zur Niederlage Lübecks führten, öffentlich hingerichtet wurde. Vgl. Engel: Stadt des Mittelalters, S. 63f.

372 Das Stadtrecht von Kalkar führt abschließend Amtseide für Wahlmänner [133], Baeden [134], Richter [135], Bürgermeister [136], Schöffen [137], Schöffenrat [138], Rentmeister [139], die Zwölfräte [140], Stadtschreiber [141], Mühlenmeister [142], Cysenaer [143], Ledercysenaer [144], Wegerre [145], Koermeister [146] und Torwächter [147] auf. Vgl. Edition: Klaus Fink: Das Stadtrecht von Kalkar, Kleve 1993, S. 146ff. [Fink: Stadtrecht Kalkar].

373 vgl. Isenmann: Deutsche Stadt, S. 402ff.

374 Ratsordnungen finden sich in den untersuchten Stadtrechten z.B. in Augsburg, Frankfurt, Freiburg, Hamburg, Lübeck, Ravensburg oder Ulm.

gleichzeitiger Ratsmitgliedschaft enger Verwandter) sowie die Häufigkeit der regelmäßigen Sitzungen.[375]

Unter die Verantwortlichkeit des Rats fallen nahezu alle Bereiche des öffentlichen Lebens:

> „Die Funktionen des Rats [...] erstreckten sich auf Wehr- und Steuerhoheit, die Stadtverwaltung, die äußere Vertretung der Stadt und die städtische Nieder-, vereinzelt auch Hochgerichtsbarkeit, die zentrale Finanzverwaltung, ggf. auf das Münzwesen, die Handels- und Gewerbeaufsicht sowie das Militärwesen und die öffentliche Ordnung."[376]

Neben der öffentlichen Ordnung greift der Rat mit seinen Satzungen auch im erheblichen Maße in das private Leben der Stadtgemeinde ein. Immer der Maxime folgend, dass der Rat *„der stette ere und ir nutze nach ir beschaidenhait ze besorgende und ze wersehende"*[377] habe, sieht er sich dazu verpflichtet, nahezu alle Lebensbereiche der Bürger zu reglementieren. Dabei geht es grundsätzlich immer um den Erhalt von Recht und Frieden, die als grundlegend für den Erhalt der Einheit einer Gesellschaft verstanden werden. Der Rat übt eine Art obrigkeitlicher Fürsorge[378] aus, die zeitgenössisch als gute Regierung und Ordnung, später durch die Humanisten mit dem Begriff *policey* bezeichnet wird.[379] Unter diesem Begriff wird die Wirtschaftsverwaltung, die Regelung des kommunalen Baurechts und die Aufrechterhaltung der öffentlichen Ordnung (Straßenreinigung, Lebensmittelpolizei, Aufwands- und Luxusgesetzgebung, Verhaltensnormen z.B. bezüglich Glücksspiels, Überwachung der Frauenhäuser) gefasst.[380] Bei Durchsicht der Stadtrechte und Satzungsbücher fällt auf, dass der Rat diesen Aufgaben in hohem Maße nachgekommen ist.

Je nachdem, welche Form von Gerichtsbarkeit (Hoch- oder Niedergerichtsbarkeit) die Städte erlangen können, entwickelt sich das Tätigkeitsfeld des Rats

---

375 vgl. Isenmann: Deutsche Stadt, S. 402ff. Als beispielhaft kann hier die Ratsordnung der Stadt Frankfurt am Main gelten, die in A I. 1–7 grundlegende Regeln für den Rat aufstellt. Weitere Einzelregelungen sind scheinbar nachträglich nach Bedarf hinzugefügt worden, vgl. Wolf: Gesetze Frankfurt, S. 81ff.

376 Paul-Joachim Heinig: Art. Rat (Städtischer Rat), in: LMA, Bd. VII, Sp. 452.

377 Müller: Stadtrecht Ravensburg, S. 57.

378 Wilhelm Ebel: Lübisches Recht, Bd. 1, Lübeck 1971.

379 vgl. Isenmann: Deutsche Stadt, S. 448f.

380 vgl. Isenmann: Deutsche Stadt, S. 460ff. Dazu auch: Engel: Stadt des Mittelalters, S. 87ff.; Pirmin Spieß: Willkür, Statuten und Landesherrschaft in der spätmittelalterlichen Stadt Südwestdeutschlands, in: Statuten, Städte und Territorien zwischen Mittelalter und früher Neuzeit in Italien und Deutschland, hrsg. v. Giorgio Chittolini und Dietmar Willoweit, Berlin 1992, S. 325–342 [Spieß: Willkür].

im Bereich der städtischen Rechtspflege.[381] Generell sind Ratsgerichtsbarkeit und Stadtgericht zu trennen. I.d.R. werden vor dem Rat satzungsrechtlich definierte, kleinere Vergehen wie z.B. Beleidigungen[382] oder Körperverletzung verhandelt. Bisweilen eignet sich das Ratsgericht auch die Verhandlung schwererer Straftaten an, wenn diese die Interessen der Stadt berühren. Ansonsten werden vor dem Rat in großem Umfang Fälle freiwilliger Gerichtsbarkeit, wie Erb- und Vormundschaftssachen verhandelt, er beurkundet Verkäufe oder Testamente und versorgte z.B. Findelkinder.

Das Stadtgericht hingegen ist ursprünglich Träger der Nieder- und Hochgerichtsbarkeit. Als Niedergericht untersteht es dem stadtherrlichen Amtsträger (Schultheiß, Amman oder Burggraf) und verhandelt – bis zur entsprechenden Ausbildung der Ratsgerichtsbarkeit – Streitfälle bezüglich des Vermögens, Eigen und Erbe, Schuld- und Pfandklagen. Nach dem Übergang der Niedergerichtsbarkeit auf die Städte fungiert das Stadtgericht als richterliches Organ des Rats. Es nimmt die Funktion einer ersten Instanz an, die eine Berufung an den Rat als zweiter Instanz ermöglicht. Die Hochgerichtsbarkeit mitsamt Vollstreckungsgewalt wird zunächst von dem durch den König mit dem Blutbann belehnten Vogt ausgeübt. Im Laufe der städtischen Emanzipation geht sie später vielfach käuflich oder pfandweise erst auf den stadtherrlichen Amtsträger und dann auf den Rat über.

Ein wesentlicher Unterschied zwischen Stadt- und Ratsgericht liegt in der Form der Prozessführung. Während das Stadtgericht ebenso wie das Gericht unter Vorsitz des Vogts ein Gericht im landrechtlich bestimmten Sinne mit seinen formalen Beweismitteln ist, entwickelt die Ratsgerichtsbarkeit neue Formen, in denen das Verfahren „auf die Ermittlung der materiellen Wahrheit“[383]

381 Zu den Entwicklungslinien im Bereich der Blutsgerichtsbarkeit vgl. Dietmar Willoweit: Die Territorialisierung der Blutsgerichtsbarkeit im Spätmittelalter, in: Wirtschaft – Gesellschaft – Mentalitäten. Fs Rolf Sprandel, hrsg. v. Hans-Peter Baum, Reiner Leng und Joachim Schneider, Stuttgart 2006, S. 247–270.

382 Zum Tatbestand der Beleidigung vgl. Steffen Wernicke: Von Schlagen, Schmähen und Unendlichkeit. Die Regensburger Urfehdebriefe im 15. Jahrhundert, in: Kriminalitätsgeschichte. Beiträge zur Sozial- und Kulturgeschichte der Vormoderne, Konstanz 2000, S. 379–404; Gustav Binz: Basler Schimpfwörter aus dem fünfzehnten Jahrhundert, in: Zeitschrift für deutsche Wortforschung 8 (1906), S. 161–163; Rudolf His: Das Strafrecht des deutschen Mittelalters, Teil 2: Die einzelnen Verbrechen, Aalen 1964, S. 104–140; Frauke Thielert: „huorensun ald […] boesewiht“. Zum Straftatbestand der Beleidigung in spätmittelalterlichen Stadtrechten, in: Die dunklen Seiten der Mediävistik. Fs Rüdiger Brandt, hrsg. v. Björn Bulizek, Gaby Herchert und Simone Loleit, Duisburg 2014, S. 165–174.

383 Isenmann: Deutsche Stadt, S. 484.

ausgerichtet ist. Prozessformalismus (*vare*), Gottesurteil, Duell sowie das Institut der Eideshelfer werden zugunsten von Tatzeugen und persönlichem Eid zurück gedrängt.[384]

Zusammenfassung

Abschließend lässt sich sagen, dass der Rat die zentrale Einrichtung der Stadt ist, in dem sich Legislative, Exekutive und Judikative bündelt. Mit seinen Satzungen regelt er das öffentliche Leben, greift dabei aber auch häufig (wie mit den verschiedenen Luxusordnungen) tief in das Privatleben der Bürger ein, immer mit dem Vorsatz, das Beste für die Stadt erreichen und den Stadtfrieden wahren zu wollen. Ratswahlen und Ratsordnungen regeln die Zusammensetzung des Rats ebenso wie seine Aufgaben und den Arbeitsalltag. Durch die Ehrenamtlichkeit der Ratsämter und den Arbeitsaufwand, den ein Ratsamt mit sich brachte, ist die Möglichkeit, einen Ratsposten zu übernehmen allerdings auf die vermögenderen Bürger begrenzt. Durch ihren Amtseid verpflichten sich die Ratsmitglieder der Bürgerschaft ebenso wie sich diese durch ihren Bürgereid an die Stadt binden.

5. Wirtschaftliche Strukturen: Handwerk – Handel – Markt

Für die mittelalterliche Stadt werden als charakterisierende Momente häufig die Ausdifferenzierung im handwerklichen Bereich, das Vorhandensein von Märkten und damit auch die Niederlassung von Kaufleuten [vgl. Kap. III.2] genannt. Da die Ausprägung dieser wirtschaftlichen Strukturen allerdings von unterschiedlichen Faktoren wie Größe, Lage, Bedeutung für das Umland oder auch zugestandenen Privilegien abhängig ist, besteht die Zielsetzung des anschließenden Kapitels darin, grundlegende Strukturen darzustellen. Eine große Handelsstadt wie Frankfurt am Main entwickelt sich im wirtschaftlichen Bereich naturgemäß anders als eine Bergstadt wie Freiberg in Sachsen oder eine wirtschaftlich weniger bedeutsame Stadt wie Kalkar.

Handwerk

Die Ausdifferenzierung des Handwerks in den mittelalterlichen Städten hängt stark mit der Größe der jeweiligen Stadt zusammen. Die gewerbliche Produktion, die von den Absatzverhältnissen abhängig ist, lässt sich für die kleineren und mittleren Städten als eher begrenzt beschreiben. Das Umland bietet nicht

384 vgl. Engel: Stadt des Mittelalters, S. 82. Hierzu auch: Wilhelm Ebel: Recht und Form. Vom Stilwandel im deutschen Recht, Tübingen 1975, S. 26ff.

ausreichend Konsumkraft und die häufig sehr hohen Transportkosten sorgen dafür, dass Fernhandel nur im Bereich von gehobenen Gütern und Luxusgütern rentabel war.[385] Einzelne Gewerke, v.a. in der Nahrungsmittelproduktion wie Fleischer oder Bäcker, lassen sich auch in Kleinstädten nachweisen. Weitere Handwerksgruppen wie Schneider, Schuhmacher oder Weber, deren Produkte der Gewährleistung von Grundbedürfnissen der Stadtbewohner dienten, sind zumindest auch in Kleinstädten häufig zu finden. Unabhängig davon entwickeln sich in vielen Städten Produktionsschwerpunkte, hier werden Waren für den Fernhandel produziert (z.B. Tuch, Bier, Metallwaren).[386]

Die häufigste Form eines Handwerkbetriebs ist der Kleinbetrieb eines selbständigen Meisters. Dieser kann durch die Aufnahme von Gesellen (zumeist nicht mehr als zwei) oder Lehrlingen zum Gehilfenbetrieb erweitert werden. Die Großbetriebe bleiben zunächst auf das Textilhandwerk beschränkt, später treten noch die jüngeren Industrien (Papierherstellung, Buchdruck, Geschützgießerei, etc.) hinzu. Die Produktionsstätte ist zumeist das Haus des Meisters. Dies führt zu einer räumlichen Begrenzung der Produktionskapazität, da das Haus gleichzeitig die Wohnstätte für den Handwerksmeister, seine Familie und die Gesellen[387]und bisweilen auch als Lager- oder Verkaufsort dient.[388]

Isenmann unterscheidet „[n]ach der Beziehung des Produzenten zum Kunden, seinem Zutritt zum Markt sowie seiner Verfügung über Produktionsmittel und Betriebskapital [...]"[389] drei unterschiedliche Betriebsformen:

- **Das Hauswerk** ist eine geschlossene Hauswirtschaft. Das Produkt verbleibt zum Eigenkonsum im Haushalt,
- **Das Lohnwerk**: Hier tritt der Produzent in den unmittelbaren Dienst des Konsumenten. Der Bedarf an Betriebskapital ist gering, da der Handwerker die benötigten Rohstoffe häufig gestellt bekommt,

---

385 vgl. Isenmann: Deutsche Stadt, S. 853f.

386 vgl. Engel: Stadt des Mittelalters, S. 142f.

387 vgl. Michael Mitterauer: Zur familienbetrieblichen Struktur im zünftischen Handwerk, in: Grundtypen alteuropäischer Sozialform. Haus und Gemeinde in vorindustriellen Gesellschaften, hrsg. v. Michael Mitterauer, Stuttgart 1979, S. 100ff.; Ders.: Familie und Arbeitsorganisation in städtischen Gesellschaften des späten Mittelalters und der frühen Neuzeit, in: Haus und Familie in der spätmittelalterlichen Stadt, hrsg. v. Alfred Haverkamp, Köln/Wien 1984, S. 1–36.

388 vgl. Gunter Dimt: Haus und Wohnung zwischen Mittelalter und Neuzeit am Beispiel Oberösterreichs, in: Haus und Familie in der spätmittelalterlichen Stadt, hrsg. v. Alfred Haverkamp, Köln u.a. 1984, S. 77ff.

389 Isenmann: Deutsche Stadt, S. 854.

- **Das Preiswerk**: Der Produzent arbeitet ohne direkten Auftrag, er produziert für einen noch nicht genauer bestimmten Kunden oder für den Markt. Er besitzt die Produktionsmittel und Rohstoffe und ist zugleich Kaufmann.[390]

Die Handwerke sind in Zünften[391] organisiert. Zu ihrer Anerkennung ist die Zustimmung des Stadtherrn oder des Rats notwendig, die beide über ein sog. Eingriffs- und Aufsichtsrecht verfügen.[392] Zünfte sind sehr komplexe Gemeinschaften. In seinem Aufsatz zu den ‚Handwerksgeschichtlichen Perspektiven' gibt Karl Friedrich Wernet folgende Definition:

> „Die Zunft war eine Lebensgemeinschaft, die als Interessen- und Kampfverband gewerblich Tätiger wirkte, als Regulierungsverband die Freiheiten, Rechte und Vorteile ihrer Mitglieder normierte und sicherte, als Korporation im Dienste des Stadtregiments die Erfüllung der bürgerlichen Pflichten ihrer Mitglieder verbürgte, in begrenzter Selbstverwaltung wirtschaftspolizeiliche Funktionen ausübte und als Bruderschaft freiwillig übernommene religiöse, gesellige und karitative Aufgaben durchführte."[393]

Zünfte lassen sich in verschiedene Typen unterteilen. Diese Unterteilung richtet sich danach, ob lediglich ein Gewerk in der Zunft organisiert ist (gewerbliche Zunft) oder ob mehrere Gewerke in einer Zunft vereinigt sind. Weisen diese eine nahe Verwandtschaft auf, spricht man von einer Großzunft, fehlt diese Bedingung, handelt es sich um eine Sammelzunft. Ein weiteres Kriterium der Unterscheidung ergibt sich aus der Funktion der jeweiligen Zunft (z.B. politische Zunft).[394]

---

390 vgl. Isenmann: Deutsche Stadt, S. 854, vgl. hierzu auch Sander: Städtewesen, S. 111f.

391 Die Forschung spricht normalerweise von Kaufmanns*gilde* und Handwerks*zunft*, wobei diese Unterscheidung eher auf praktischen Überlegungen fußt. Für die Zünfte sind in den Quellen eine Vielzahl von anderen Begrifflichkeiten überliefert, die teilweise auch regional differieren. Niederdeutschland: „Gilde" und „Amt", Mitteldeutschland: „Innung", Oberdeutschland: „Einung", Österreich (u.a.): „Zeche", vgl. Isenmann: Deutsche Stadt, S. 803.

392 vgl. Isenmann: Deutsche Stadt, S. 807.

393 Karl Friedrich Wernet: Handwerksgeschichtliche Perspektiven, in: Forschungsberichte aus dem Handwerk, Bd. 10, Münster 1963, S. 49.

394 vgl. Isenmann: Deutsche Stadt, S. 807ff.

Markt und Handel

Grundsätzlich ist zwischen Nahhandels- und Fernhandelsmarkt[395] bzw. Messen zu unterscheiden. Während auf dem Nahhandelsmarkt die Güter des täglichen Bedarfs gehandelt werden, sind die Fernhandelsmärkte oder Messen Umschlagsplatz für importierte Waren und Luxusgüter. Zudem fungieren sie als Abrechnungs- und Zahlungsplatz, auf dem Wechsel eingelöst werden. Seit dem Ende des 13. Jahrhunderts verändert sich, auch durch die Einführung der Wechsel, die Art des Handels: Der Kaufmann reist nun nicht mehr selbst zu den Messen, sondern belässt den Transport seiner Ware den Spediteuren. Er selbst blieb zu Hause und regelte seine Geschäfte in schriftlicher Form.[396]

Rechtlich unterstehen Märkte dem Marktfrieden und Marktrecht sowie der Marktgerichtsbarkeit. Es finden regelmäßig Qualitätsprüfungen wie auch Überprüfungen von Maßen und Gewichten statt. Die zunächst vom Wert der gehandelten Ware unabhängigen Marktabgaben wandeln sich mit der Zeit in ausdifferenzierte Marktzölle.[397] Die Aufsicht über den Markt obliegt dem Rat, er bestellt auch die Organe, die die Qualitätsprüfung[398] übernehmen, Maße und Gewichte prüfen und für die Aufrechterhaltung des Marktfriedens sorgen.

Auf dem Nahhandelsmarkt werden hauptsächlich agrarische Produkte aus dem Umland sowie gewerbliche Waren aus städtischer Produktion angeboten. Diese Produktpalette wird erweitert um wichtige Güter des Groß- und Fernhandels wie z.B. Wein oder Salz. Die landwirtschaftlichen Erzeugnisse stammen im Wesentlichen von den Bauern der Region, können aber auch vom außerstädtischen Grundbesitz von Bürgern oder Klöstern kommen. Generell versuchen die ortsansässigen Produzenten, den städtischen Nahmarkt für ihre Erzeugnisse zu monopolisieren, dies gelingt allerdings nur bedingt. Auf Freimärkten oder zu bestimmten Tagen ist auch fremden Händlern und Handwerkern gestattet, ihre Waren abzusetzen. Von den Markttagen unabhängig ist der Verkauf einiger Waren an Bänken oder

395 Andere Begrifflichkeiten sind Jahres- und Wochenmarkt, wobei der Wochenmarkt auch als ständiger Markt bezeichnet bezeichnet wird, vgl. Rolf Sprandel: Art. Markt (Hoch- und Spätmittelalter), in: LMA, Bd. VI, Sp. 309.

396 vgl. Ennen: Europäische Stadt, S. 145ff.

397 vgl. Isenmann: Deutsche Stadt, S. 674f.

398 Werner Schultheiß: Satzungsbücher und Satzungen der Reichsstadt Nürnberg aus dem 14. Jahrhundert, Nürnberg 1965, S. 35 1bff.: „Des ersten habent die purger gesetzet von dem rat maister uber daz brot: […] Dieselben alle sulen bewaren, daz man von louterre semelle ein brôt bache umb ein phenninc und von bolle ein brôt umb ein phennic […] Und sulen ouch bewaren, daz bolle und semele zu einander iht gemischet werden." [Schultheiß: Satzungsbücher].

Lauben: So dienen Fleischbänke und Brotlauben der täglichen Versorgung mit Nahrungsmitteln; Schuhbänke, Tuchlauben und Krambuden der Versorgung mit Konsumgütern des täglichen Bedarfs. Diese öffentlichen Stände werden nach und nach durch offene Läden in den Häusern der Produzenten oder Händler verdrängt. Es lässt sich heute nicht mehr eindeutig feststellen, wie groß das Einzugsgebiet eines Nahmarkts war. Grundsätzlich lässt sich aber festhalten, dass

> „der Nahmarktbereich [...] von der Wirtschaftskraft der Stadt und der nahe gelegenen Wettbewerber, von natürlichen und von wechselnden politischen Gegebenheiten [abhing]."[399]

Zur Versorgung mit Fremdwaren oder Luxusgütern wie auch zum Absatz eigener Exportwaren wird der Fernhandelsmarkt[400] genutzt. Zusätzlich werden hier auch, wie bereits erwähnt, Geldgeschäfte abgewickelt. Einige dieser Fernhandelsmärkte entwickeln sich zu bedeutenden Warenumschlagsplätzen. Den Bedürfnissen des Fernhandels nach einem strikt geregelten Marktleben kommen die Messeorte mit einem durch Sicherheitskräfte gewährleisteten Messefrieden nach. Darüber hinaus finden sich auf den Messen Wirte und Makler, aber auch Geldwechsler, die sowohl den Hartgeldwechsel als auch die Kreditvergaben vornehmen. Das speziell eingerichtete Messegericht bietet Rechtssicherheit und die Durchführung schneller Verfahren. Neben ihrer Bedeutung als Zahlungs- und Abrechnungstermin von Wechseln werden die Messen ebenso als Frist für private und öffentliche Anleihen (Renten) genutzt. Den Händlern wird Geleit gewährt, so ist z.B. für die Frankfurter Messe überliefert, dass diese mit einer Geleitswoche beginnt. In dieser treffen die Geleitzüge ein, werden Stände errichtet und die Waren für den Verkauf vorbereitet.[401] Zwar finden sich auf einigen Fernhandelsmärkten noch gelegentlich Kaufleute aus kleineren Städten, Handelsreisen an weit entfernte Handelsplätze können i.d.R. aber nur von den Kaufleuten wirtschaftlich stark entwickelter Städte unternommen werden.[402]

---

399 Isenmann: Deutsche Stadt, S. 673.

400 Isenmann unterscheidet sechs verschiedene Jahrmarkttypen, denen er jeweils eine andere Funktion zuweist: 1. lokal grundherrschaftliche Jahrmarkt, 2. der örtliche, im lokalen Umland vernetzte Versorgungsjahrmarkt, 3. Stationsjahrmarkt, 4. lokale Gewerbejahrmärkte, 5. lokaler und regionaler Ergänzungsjahrmarkt und 6. Messe, vgl. Isenmann: Deutsche Stadt, S. 895f.

401 vgl. Isenmann: Deutsche Stadt, S. 895ff.

402 vgl. Isenmann: Deutsche Stadt, S. 673f.

Um für sich und die Waren eine größere Sicherheit gewährleisten zu können, schließen sich die Fernhandelskaufleute zu Fahrtgenossenschaften (*Hansen* oder *Gilden*) zusammen.

> „Die älteste Spezialisierung des mittelalterlichen Kaufmanns ist nicht die nach dem Gegenstand seines Handels, sondern nach dem Zielort. Die Kaufleute mit gleichem Ziel schlossen sich zu Hansen zusammen."[403]

Es kann unterschieden werden zwischen älteren und jüngeren Kaufleutegilden.[404] Die älteren Kaufleutegilden sind strukturell mit den frühmittelalterlichen Schutzgilden vergleichbar und stark von dem Gedanken der Schutz- und Beistandsgewährung geprägt. Dieser Typ ist nur an bedeutenden Handelsorten anzutreffen. Die jüngeren Gilden können in Fahrtgenossenschaften und Monopolgenossenschaften unterteilt werden. Ähnlich wie bei den Zünften liegen die Aufgaben der Gilden nicht ausschließlich im wirtschaftlichen Bereich. Sie engagieren sich für ihre Mitglieder (mitunter auch für die Stadtgemeinde) im sozialen, religiösen und kulturellen Bereich.[405]

Neben den Kaufleuten existieren noch die zur Krämerzunft zählenden Krämer. Krämer sind für den Detailhandel zuständig, sie besitzen das Privileg der ‚Vereinzelung' von Waren. Dem Sortiment nach lässt sich der Krämer als Gemischtwarenhändler bezeichnen, allerdings in klarer Abgrenzung zum Kleinhändler von Lebensmitteln. Seine Waren werden zumeist aufgrund ihres geringen Preises *Pfennwerte* genannt. Beschränkt wird der Handel der Krämer durch die Bestimmung, dass sie nicht mit heimischen Produkten, sondern ausschließlich mit importierten Waren handeln dürfen. Die Krämer können ihre Stellung dadurch absichern, dass Gästen bzw. fremden Kaufleuten der Klein- oder Detailhandel grundsätzlich untersagt ist.

Die Höker und Hausierer sind sozial und wirtschaftlich unterhalb der Krämer anzusiedeln: Höker handeln mit Lebensmitteln und anderen heimischen Waren, Hausierer ziehen von Tür zu Tür und bieten dort ihre Waren an.[406]

---

403 Ennen: Europäische Stadt, S. 147.

404 Zur Entwicklung und Bedeutung der Gilden – auch der nicht ausschließlich kaufmännisch ausgerichteten – seit dem 6. Jahrhundert, vgl. Otto Gerhard Oexle: Die mittelalterlichen Gilden: Ihre Selbstdeutung und ihr Beitrag zur Formung sozialer Strukturen, in: Soziale Ordnungen im Selbstverständnis des Mittelalters, hrsg. v. Albert Zimmermann, Berlin/New York 1979, S. 203–226 (Miscellanea Mediaevalia 12.1); Karl Kroeschell: Art. Innung, in: HRG, Bd. I, Sp. 910–912.

405 vgl. Isenmann: Deutsche Stadt, S. 795ff.

406 vgl. Isenmann: Deutsche Stadt, S. 881f.

Diese von den wirtschaftlichen Verhältnissen des Umlands bisweilen stark abweichenden Strukturen finden ihren Ausdruck in der städtischen Gesetzgebung. Häufig nimmt die Regelung des Handels bzw. des Marktes und der Umgang mit bestimmten Waren (z.B. Nürnberger Brotordnung) beachtlichen Raum innerhalb der Satzungen ein.

IV. Stadtrecht – Städtisches Recht

Die Entwicklung eines – als Gegensatz zum Landrecht begriffenen – eigenen städtischen Rechts wird seit jeher als eine der herausragenden Leistungen der mittelalterlichen Stadt verstanden, was ihr auch die Bezeichnung ‚Rechtsstadt' eingebracht hat. Basierend auf verschiedenen Quellen, zu denen u.a. auch das Landrecht gehört, entwickeln sich im Laufe des Mittelalters im Stadtrecht verschiedene Bereiche, so dass im spätmittelalterlichen Stadtrecht eine klare Unterscheidung

> „von Privatrecht, Strafrecht (beide teilweise mit dem Prozessrecht verbunden), polizeilichem Ordnungsrecht, Verwaltungsrecht, getrennt von der inneren und äußeren Verfassung der Stadt"[407]

möglich ist.[408] Als Quellen des städtischen Rechts werden zumeist Landrecht, Kaufmannsrecht sowie die Kaufmannsgewohnheiten und die Rechte der Handwerkervereinigungen genannt.[409] Diese werden dann mit Ausbildung der kommunalen Stadt um erweiterbare, aber auch entziehbare stadtherrliche Privilegien und von Rat und Bürgergemeinde selbst gesetzte Statuten oder Willküren erweitert.[410] Nach und nach werden die häufig nur mündlich tradierten landrechtlichen Bestandteile

---

407 Bader/Dilcher: Rechtsgeschichte, S. 601.

408 vgl. Bader/Dilcher: Rechtsgeschichte, S. 600f., vgl. hierzu auch: Gerhard Dilcher: „Hell, verständig, für die Gegenwart sorgend, die Zukunft bedenkend". Zur Stellung und Rolle der mittelalterlichen deutschen Stadtrechte in einer europäischen Rechtsgeschichte, in: Bürgerrecht und Stadtverfassung im europäischen Mittelalter, Köln 1996, S. 243–279.

409 vgl. Gerhard Dilcher: Personale und lokale Strukturen kaufmännischen Rechts als Vorformen genossenschaftlichen Stadtrechts, in: Gilde und Korporation in den nordeuropäischen Städten des späten Mittelalters, hrsg. v. Klaus Friedland, Köln/Wien 1984, S. 70ff. Dilcher hebt allerdings für die Gilden als Vorbilder des Bürgerverbands hervor, dass „[d]ie Schwierigkeiten der Quellenlage, die darunter sich vollziehende Dynamik der Umformung und Vergrößerung der städtischen Gesellschaft […] schwer erkennen [lassen], welche Rolle der Verband der Kaufleute als Vorbild und/oder Führungsgremium in diesem Prozess gespielt hat.", ebd., S. 76.

410 Zu den Formen mittelalterlicher städtischer Rechtssetzung vgl. Wilhelm Ebel: Gesetzgebung und Verwaltungshoheit in mittel- und ostdeutschen Städten, in: Statuten, Städte und Territorien zwischen Mittelalter und früher Neuzeit in Italien und Deutschland, hrsg. v. Giorgio Chittolini und Dietmar Willoweit, Berlin 1992, S. 99–112 [Ebel: Gesetzgebung].

durch abweichende privilegienrechtliche und willkürrechtliche Bestimmungen ersetzt. Das sich so herausbildende Stadtrecht ist stärker an den aus der wirtschaftlichen Entwicklung der Städte resultierenden Interessen von Handwerk und Handel orientiert. Als wesentliches Merkmal lässt sich neben der Schriftlichkeit eine Individualisierung und Rationalisierung des Rechts erkennen.[411]

Nachfolgend sollen zunächst die Grundlagen des städtischen Rechts sowie seiner besonderen Ausgestaltung (in Abgrenzung zum Landrecht) dargestellt werden. Da zum einen die städtischen Rechtsaufzeichnungen die Basis dieser Untersuchung bilden und zum anderen der Verschriftlichung des Rechts im städtischen Raum gerade von Bader/Dilcher ein hoher Stellenwert beigemessen wird, soll abschließend ebenso auf die Verschriftlichung selbst wie auch auf die verschiedenen Formen städtischer Rechtstexte eingegangen werden.

1. Quellen städtischen Rechts

Privileg und Gewohnheit

Grundlegend für die Ausbildung einer mittelalterlichen Stadt ist die stadtherrliche Privilegierung. Erst durch sie erhält ein Ort das Recht, sich als Stadt bezeichnen zu dürfen (oder wird als solche begründet) und kommt in den Genuss eines sie aus dem Umland und dessen Rechtsgewohnheiten exponierenden rechtlichen Status. Dass damit nicht zwangsläufig eine vom Dorf unterschiedene wirtschaftliche Entwicklung vorgezeichnet ist, wurde bereits im Kapitel zu den Stadttypen (Kap. III.3) erläutert.

Stadtherrliche Privilegien können eine Vielzahl von Bereichen umfassen, wobei der Aspekt der ‚Freiheit' wohl besonders herauszuheben ist. Isenmann äußert sich dazu folgendermaßen:

> „Unter »Freiheit« (libertas) ist nicht nur die vom Stadtherrn in Form eines Privilegs eingeräumte Befreiung von sonst geltendem objektiven Recht oder von entgegenstehenden Befugnissen anderer zu verstehen, sondern oft zugleich in positiver Wendung die aus Freiheit hergeleitete Berechtigung (›Gerechtigkeit‹, ›Gerechtsame‹, iustitia) des Befreiten, »ein vom allgemeinen abweichendes Recht zu setzen oder Rechte auszuüben, vor denen die Berechtigungen anderer weichen müssen.«„[412]

Dadurch erhalten privilegierte Städte nicht nur die Berechtigung, eigenes Recht zu setzen, sondern eben auch dieses gesetzte, objektive Recht zu besitzen. Mit Blick auf den Begriff ‚Befreiung' darf auch der Aspekt der persönlichen Befreiung

411 vgl. Isenmann: Deutsche Stadt, S. 172 und Engel: Stadt des Mittelalters, S. 82.
412 Isenmann: Deutsche Stadt, S. 173.

der Stadtbewohner und der Befreiung des Bodens hin zu einem erblichen Grundbesitzrecht nicht außer Acht gelassen werden. Stadtherrliche Privilegien, mit dem Ziel, das Wachstum der Städte und ihre wirtschaftliche Entwicklung zu fördern, können unterschiedliche Inhalte umfassen. Sie können pauschal Rechte, Rechtsgewohnheiten und gute Gebräuche bestätigen, können aber auch, in Einzelprivilegierungen oder umfassenden Privilegierungen, die die für das Zusammenleben der Bewohner grundlegenden Rechte beinhalten. Bisweilen treten Regalien hinzu wie z.B. Markt, Münze, Zoll und Zollfreiheit, Straßen- und Geleitrecht sowie Befestigungsrecht. Zudem können verschiedene Rechte im Bereich des Gerichtswesens und der Rechtsetzung und/oder in der Steuer- und Finanzverwaltung gewährt werden.

Diese Privilegierungen werden grundsätzlich vom Stadtherrn vorgenommen, d.h. bei königlichen Städten durch den König, bei Territorialstädten durch den geistlichen oder weltlichen Stadtherrn.[413] Sie gehen zumeist auf das 12. Jahrhundert zurück und fixieren v.a. das unübliche, als städtisches Vorrecht angesehene Recht. Im Grunde genommen funktionieren diese Privilegien auf der Basis des überkommenen Schemas der herrschaftlichen Rechtszuweisung, ihre Besonderheit liegt, insofern es sich nicht um Regalien handelt, in den durch sie zugestandenen Rechten.

Die privilegienrechtlichen Bestätigungen von Rechtsgewohnheiten umfassen im städtischen Bereich die durch Kaufleute und Markt herausgebildeten Rechtsregeln, die den besonderen Bedürfnissen des mittelalterlichen Handels entsprechen. Dies bedingt aber zugleich auch die Gewährung neuer Prozess- und Beweisverfahren, also den Ausschluss von gerichtlichem Zweikampf und Prozessformalismus. Sie greifen zudem in einzelne Herrenrechte, v.a. bezüglich des Nachlasses von Fremden oder die Stellung des Eigenmannes, ein.

> „Rechtsverbriefungen dieser Art waren von besonderer Wichtigkeit solange und überall dort, wo der Stadtherr noch die Gerichtsbarkeit in Händen hielt, um ihn bzw. seinen Richter (Grafen, Schultheißen, Amann) an die städtischen Rechtsbesonderheiten zu binden.“[414]

Man könnte dieses, auf Privilegien und Gewohnheiten beruhende Recht als Stadtrecht der ersten Entwicklungsphase verstehen: Es fixiert mit dem überkommenen, herrschaftlichen Mittel des Privilegs rechtliche Besonderheiten der Stadt und den Bürgern zugestandene Freiheiten, zu denen auch die Legitimierung, eigenes Recht

---

413 Isenmann: Deutsche Stadt, S. 172ff. und Engel: Stadt des Mittelalters, S. 82f. Zu den Inhalten der einzelnen Privilegien sowie zu den verschiedenen Privilegiengebern vgl. Isenmann: Deutsche Stadt, S. 176ff.

414 Bader/Dilcher: Rechtsgeschichte, S. 610.

zu setzen, zählt. Das Bevölkerungswachstum der Städte und die damit einhergehende Notwendigkeit, das gesellschaftliche Leben zu regeln sowie die Weiterentwicklung wirtschaftlicher Austauschverhältnisse verkomplizieren das Rechtsleben der Stadt, das so der bekannten Rechtstradition entwächst. Es entsteht die Notwendigkeit, das Recht zu rationalisieren[415], auf das Ökonomische auszurichten[416] und insofern zu mobilisieren, als dass es ständig an die sich ändernden Bedingungen angepasst werden kann[417]. Dieser Aufgabe sind die hergebrachten Formen der Rechtsfindung nicht gewachsen, so dass Willkür- und Satzungsrecht an Bedeutung gewinnen und im Endeffekt Privilegierung und Gewohnheit „als Geltungsgrund des Stadtrechts“[418] verdrängen.[419]

Willkür und Satzung

Das Willkür- und Satzungsrecht[420] der Städte hat seinen Ursprung im Kaufmanns- und Marktrecht. Es zählt zu den Rechtsgewohnheiten der Kaufleute, die in der Form des stadtherrlichen Privilegs den Städten zugestanden wird.[421] Im Marktgericht werden schon frühzeitig die Kaufleute zur Rechtsfindung herangezogen, um eine Regelung von Konflikten gemäß Kaufmannsgewohnheit und gewillkürtem Gilderecht zu gewährleisten. Nach und nach wird die Ordnung des Marktes den Marktbürgern und Kaufleuten überlassen, es entsteht ein „Ensemble städtischer Rechtsregeln“[422], das sich aus Gewohnheiten, Privilegien und gewillkürtem Recht

---

415 „Die Rationalität zeigt sich im Anknüpfen der Rechtsfolgen an den tatsächlichen Hergang, der darum durch Beweismittel wie Urkunden und Tatzeugen zu rekonstruieren ist.“, Bader/Dilcher: Rechtsgeschichte, S. 621.

416 „[…]Ökonomisierung des Rechts: In den Vordergrund […] stellen sich Zwecke und Werte, die sich aus den erwerbswirtschaftlichen Interessen des handel- und gewerbetreibenden Bürgers ergeben“, Bader/Dilcher: Rechtsgeschichte, S. 622.

417 „[…]Mobilität […] des Rechts ergibt sich aus der dynamischen Expansion der städtischen Wirtschaft, die nach Abschaffung des alten Rechts, Ausdifferenzierung der Rechtsbereiche und neuen Rechtsinstituten verlangt[…]“, Bader/Dilcher: Rechtsgeschichte, S. 622.

418 Bader/Dilcher: Rechtsgeschichte, S. 612.

419 vgl. Bader/Dilcher: Rechtsgeschichte, S. 600ff.

420 Willkür und Satzung sind nur zwei den Quellen entnommene Begriffe für das autonome städtische Recht. Daneben treten volkssprachlich die Begriffe wie z.B. „kore“; „einung“; „gesetz“; „ordenung“; „artikel“; „gebot“; „gemecht“; „gewonheit“; „rëht“; „satz“. (vgl. Kap. VII.2). Bader/Dilcher wählen in ihrer Darstellung die Begriffe Willkür und Einung, vgl. Bader/Dilcher: Rechtsgeschichte, S. 613.

421 vgl. Isenmann: Deutsche Stadt, S. 182.

422 Bader/Dilcher: Rechtsgeschichte, S. 613.

zusammensetzt.[423] Diese Rechtsregeln können dann in Form von Rechtsverleihungen an andere Orte weitergegeben werden. Eine endgültige Legitimation erhält die Willkür als Form der Rechtsfindung allerdings erst durch Anerkennung (Privilegierung) oder Duldung durch den Stadtherrn.[424]

Grundsätzlich bezeichnet Willkür entgegen dem heutigen Sprachgebrauch die Normsetzung durch Übereinkunft der Gemeinschaft, also durch einen Willensakt bewusst herausgebildetes, gewillkürtes Recht.[425] Ihre Geltungsgrundlage bezieht die Willkür aus der kollektiven Selbstbindung der Bürgergemeinde durch den Bürgereid[426] und nicht, wie das ‚alte' Recht[427] aus langjähriger Gewohnheit, auch wenn es vielfach doch eben auf diese zurückgreift. Letzten Endes bricht Willkürrecht mit der ‚germanischen' Auffassung, dass Recht nicht gesetzt oder gemacht werden könne, sondern als Bestandteil einer ewig gültigen Ordnung seit jeher bestehe und im Einzelfall durch gerichtsförmiges Weistum gefunden werden müsse. Dieses gefundene Recht kann zwar durchaus einer Veränderung in Form von Rechtsbesserung unterliegen, es kann aber prinzipiell nicht selbst vom Menschen geschaffen werden. Die durch das ‚alte' Recht geregelten Bereiche umfassen v.a. „Eigen und Erbe, Familie, Gericht und Prozessrecht."[428]

Seinem Grundgedanken nach zählt das städtische Willkürrecht zum Friedens- und Ordnungsrecht, es soll ein möglichst konfliktfreies Zusammenleben ermöglichen und die öffentliche Ordnung garantieren. Es ist, wie alle Handlungen des Rats, auf den gemeinen Nutzen, die ‚Ehre'[429] und die ‚Notdurft' der Stadt

423 „Dieses Stadtrecht im eigentlichen Sinne, das später überdies alles außerstädtische Recht in sich aufnahm oder verdrängte, war, wenn wir von den privilegialen Gerechtigkeiten (iustitiae) absehen, Satzung, Willkür, Einung, Statut.", Wilhelm Ebel: Geschichte der Gesetzgebung in Deutschland, 2., erw. Aufl., Göttingen 1958, S. 53.

424 vgl. Bader/Dilcher: Rechtsgeschichte, S. 613.

425 vgl. Isenmann: Deutsche Stadt, S. 182.

426 vgl. Bader/Dilcher: Rechtsgeschichte, S. 613, vgl. hierzu auch: Gerhard Dilcher: Kommune und Bürgerschaft als politische Idee der mittelalterlichen Stadt, in: Pipers Handbuch der politischen Ideen, hrsg. v. Iring Fetscher und Herfried Münkler, Bd. 2, München 1993, S. 318ff. [Dilcher: Kommune].

427 Dieser Begriff entstammt der älteren Forschungstradition. Vgl. Johannes Liebrecht: Das gute alte Recht in der mittelalterlichen rechtshistorischen Kritik. Funktion und Form. Quellen- und Methodenprobleme der mittelalterlichen Rechtsgeschichte, hrsg. v. Karl Kroeschell und Albrecht Cordes, Berlin 1996, S. 185–204.

428 Isenmann: Deutsche Stadt, S. 182.

429 Die Stadtrechte formulieren den ‚gemeinen Nutzen' des Stadtrechts und seine Ausrichtung auf die ‚Ehre' der Stadt zumeist. Vgl. Müller: Stadtrecht Ravensburg, Einleitung zum Stadtrecht: „[…] stette ere und ir nutze […]".

ausgerichtet, soll dieser Frieden und Ruhe gewährleisten und Gleichheit und Gerechtigkeit schaffen, indem es Geltungsanspruch für ,Arm und Reich'[430] beansprucht. Es soll in einem recht dicht besiedelten Raum mit relativ stark differenzierter, ständischer Sozialstruktur, die ein hohes Konfliktpotential aufweist, Verhaltensregeln setzen und Missachtung dieser Verhaltensregeln sanktionieren.[431] Die dabei ausgesprochenen Sanktionen, von denen die Stadtverweisung, Hauszerstörung[432] und die Aberkennung des Bürgerrechts die härtesten Strafen sind, da sie den Betroffenen zeitweise oder sogar dauerhaft aus der städtischen Friedensgemeinschaft ausstoßen, beruhen dabei auf der Selbstunterwerfung des Bürgers durch den Bürgereid.[433]

Diese Verwillkürung ist zum einen Geltungsgrundlage städtischer Gesetzgebung, zum anderen grenzt sie aber auch deren Geltungsbereich ein. Es ist nur derjenige an die Willküren oder Satzungen gebunden, der sich ihr durch Eid unterworfen (verwillkürt) hat.[434] Dem dadurch entstehenden Problem, dass nämlich alle der Stadt nicht durch Eid verbundenen Personen durch das Willkürrecht nicht erfasst werden, kann durch die städtischen Privilegien, dem Immunitäts- und Marktfrieden entgegengewirkt werden. Hier muss sich die Stadt als Gebietskörperschaft bewähren, dies wird teilweise mit dem räumlich begrenzten Stadtfrieden begründet.[435] Durch die zumeist zum Zeitpunkt von Ratsneuwahlen stattfindende Wiederholung des Bürgereids (z.B. der noch heute jährlich gefeierte Ulmer Schwörtag), bei der häufig auch das Stadtrecht verlesen wird, wird der Rat zur Setzung neuer Willküren berechtigt und die Bürger so bereits im

430 Ebenso wird die Ausrichtung auf die ,Notdurft' und die Allgemeingültigkeit des Stadtrechts vielfach festgehalten. Vgl. Joseph Gény: Schlettstadter Stadtrechte, hrsg. v. der Kommission zur Herausgabe elsässischer Geschichtsquellen, bearb. v. Joseph Gény, Heidelberg 1901 (Oberrheinische Stadtrechte, 3. Abt. Elsässische Stadtrechte 1), Statutenbuch A: Art. VI: „[...] durch nutz und notdurft aller lúte, die in die stat zů Sletzstat gehoͤrent, armer und richer [...]". [Gény: Schlettstadt A].

431 vgl. Isenmann: Deutsche Stadt, S. 181ff. und Engel: Stadt des Mittelalters, S. 82f. Vgl. hierzu auch: Ebel: Gesetzgebung und ders.: Über die rechtschöpferische Leistung des mittelalterlichen deutschen Bürgertums, in: Untersuchungen zur gesellschaftlichen Struktur mittelalterlicher Städte in Europa, Stuttgart 1966, S. 241–258 [Ebel: Rechtsschöpferische Leistung].

432 vgl. Spieß: Willkür, S. 335.

433 vgl. Bader/Dilcher: Rechtsgeschichte, S. 613f.; Eberhard Isenmann: Gesetzgebung und Gesetzgebungsrecht spätmittelalterlicher deutscher Städte, in: Zeitschrift für historische Forschung 28 (2001), S. 1–90 [Isenmann: Gesetzgebung]

434 vgl. Isenmann: Deutsche Stadt, S. 182.

435 vgl. Bader/Dilcher: Rechtsgeschichte, S. 613ff.

Vorhinein neuen Satzungen unterworfen. In der Folge werden die Befugnisse des stadtherrlichen Richters zurückgedrängt, da dieser in durch Willkürrecht geregelten Bereichen keinerlei Zuständigkeiten besitzt. Es muss kein Urteil gefunden, sondern lediglich ein Gesetz angewendet werden.[436]

Das Satzungsrecht soll die Sicherheit der Stadtbevölkerung gewährleisten. Dazu zielt es auf die Herstellung eines „waffenlosen Gemeinschaftsfriedens"[437], bemüht sich um Gefahrenabwehr im städtischen Leben und im Verkehr, versucht, die Grundversorgung abzusichern und die wirtschaftlichen Interessen der Stadtgemeinde zu fördern. Um diesen Anforderungen gerecht werden zu können, ist es unerlässlich, dass das Satzungsrecht veränderbar und an neue Entwicklungen anpassbar gestaltet wurde.[438] Viele Stadtrechte sehen daher vor, dass Rechte geändert, gebessert, vermehrt oder vermindert werden können.[439] Isenmann beschreibt städtische Satzungen als:

> „Normen, die häufig in eng gefasster Kasuistik einzelne sehr lebensnahe, neu auftretende oder nunmehr präventiv regelungsbedürftige Sachverhalte als gesetzliche Tatbestände erfasst […]."[440]

Inhaltlich umfasst es nahezu alle Bereiche, die die städtische Wirtschaft, das kommunale Bauen und Leben betreffen.[441] Die privatrechtlichen und zunächst durch das Landrecht abgedeckten und vor dem Stadtgericht zu verhandelnden

---

436 vgl. Isenmann: Deutsche Stadt, S. 181ff. und Engel: Stadt des Mittelalters, S. 82f. Vgl. hierzu auch: Ebel: Gesetzgebung, S. 53 und Ebel: Rechtschöpferische Leistung, S. 241–258.

437 Isenmann: Deutsche Stadt, S. 182.

438 vgl. Isenmann: Deutsche Stadt, S. 182ff.

439 Wolf: Gesetze Frankfurt, S. 107, A 44.18: „Auch hat ime der rat die mogede und macht behalden, das he dyser vorgeschrebin stucke mag wandelin eynis adir me und mynnern adir meren adir zumale abetun, wanne es im fuget."

440 Isenmann: Deutsche Stadt, S. 183.

441 vgl. Engel: Stadt des Mittelalters, S. 83. Am Beispiel der Bursprake der Stadt Wismar führt sie hier die satzungsrechtlich behandelten Bereiche auf: Sauberhaltung der Straßen und des Hafens; Vorbeugung der Verschlammung des Hafens; Verbot von Gästehandel, Vorkauf und Verwendung falscher Maße und Gewichte; Einschränkung des Aufwands bei Hochzeiten, Kindsgeburt und Taufe sowie bei Kleidung und Schmuck; Verbannung von Frauen mit schlechtem Ruf in bestimmte Bereiche der Stadt; Regelung der nächtlichen Ruhe und des Schutzes vor Feuer sowie der bürgerlichen Wachdienste; Zulassung zu Zünften und Gilden; Dienstpflicht von Knechten und Mägden; Zuzugsregeln für Bauern; Zuständigkeit des Stadthirten; Regelung des Braugewerbes; Verbot von Pilgerreisen, vgl. Engel: Stadt des Mittelalters, S. 83f., vgl. hierzu auch: Isenmann: Gesetzgebung, S. 7ff.

Bereiche von Eigen, Erbe, Familie und Lehen zieht der Rat mit der Begründung des *gemeinen Nutzens* und der Anpassung an städtische Verhältnisse zunehmend ebenfalls an sich.

Im Laufe der Entwicklung gewinnen die Willküren Gebots- bzw. Verordnungscharakter. Die Verwillkürung als Geltungsgrundlage verkommt zur Formalität, die zwar ebenso wie die Verlesung der Satzungen noch jährlich vorgenommen wird, jedoch lediglich noch den Zweck einer Bekräftigung oder Einschärfung erfüllt. Der Rat entwickelt sich von einem Organ der Bürgergemeinschaft zu einer gesetzten Obrigkeit.[442]

2. Besonderheiten des städtischen Rechts

Städtisches Recht zeichnet sich im Gegensatz zum Landrecht v.a. durch seinen präskriptiven Charakter aus. Während das Landrecht nur auf einen geschehenen Rechtsbruch reagiert und daraufhin versucht, im Ding einen Konsens zwischen den streitenden Parteien zu schaffen, ist das Stadtrecht bemüht, Rechtsbrüche durch präskriptive Normen zu verhindern. Dieser präskriptive Charakter ist – nach Bader/Dilcher – erst durch die Schriftlichkeit der Rechtsnormen möglich.

Inhaltlich zeigen sich deutliche Unterschiede zum Landrecht in der Zurückdrängung der Fehde, im Bereich der polizeilichen Ordnung und im Strafrecht, in Verfahren und Beweis sowie der Ausdifferenzierung eines bürgerlichen Privatrechts bezüglich Freiheit und Privatsubjektivität, dem städtischen Grundbesitz und dinglichen Belastungen, der Schuld, der Güterordnung und dem Handelsrecht. Da gerade die Zurückdrängung der Fehde, die polizeiliche Ordnung und das Strafrecht ihren Ausgang im Stadtfrieden nehmen und so ein hohes Maß an Überschneidung aufweisen, werden sie im Folgenden gemeinsam unter dem Unterpunkt ‚Städtischer Friede' behandelt.

Im privatrechtlichen Bereich sollen v.a. die besonderen Entwicklungen hinsichtlich des städtischen Grundbesitzes und der dinglichen Belastung sowie der Güterordnung innerhalb der Familie näher betrachtet werden, da sich hier spezifisch städtische Entwicklungen aufzeigen lassen, die regelmäßig Niederschlag in den Stadtrechten finden.

---

442 vgl. Bader/Dilcher: Rechtsgeschichte, S. 613ff., vgl. hierzu auch: Karl Härter: Statut und Polizeiordnung: Entwicklung und Verhältnis des Statuarrechts zur Polizeigesetzgebung zwischen spätem Mittelalter und Früher Neuzeit in mitteleuropäischen Reichs- und Landstädten, in: Von der Ordnung zur Norm, hrsg. v. Gisela Drossbach, Paderborn 2009, S. 127–152.

Städtischer Friede

Der städtische Friede[443] nimmt – wie bereits mehrfach erwähnt – einen großen Raum im Handeln und der gesetzgeberischen Tätigkeit des Rats ein.[444] Zur Erhaltung des Friedens ist es notwendig, die Selbstjustiz in Form der Fehde zurückzudrängen, das städtische Leben über polizeiliche Ordnung zu regeln und Verstöße gegen beides strafrechtlich zu verfolgen.[445]

Fehden nehmen ihren Ausgang zumeist in der Verletzung von Status und Ehre einer Sippe. Da der Bürgereid die Bürger in einem Freundschaftsverhältnis bzw. einem verwandtschaftsartigen Verhältnis bindet, entfällt (theoretisch) die Fehde zur Lösung von Konflikten. Die Bürger haben auf Basis des Bürgereids prinzipiell alle ein gleiches Maß an Status und Ehre. Die Stadt beansprucht das Gewaltmonopol für sich und erlässt ein striktes Friedensgebot und Gewaltverbot. Zahlreiche Erlasse bezüglich der Verwendung von Schimpfworten oder des Zückens von Messern zeigen, dass die Städte um eine frühe Eindämmung gewalttätiger oder ehrverletzender Handlungen bemüht sind. Als Folge dieser Zurückdrängung von Fehden[446] muss der Ausgleich einer Rechtsverletzung nun durch die Gemeinschaft der Bürger oder den Rat vorgenommen werden. Jeder Bürger wird daher verpflichtet, sich auf ein Sühneverfahren einzulassen, in denen eine Buße an den Verletzten und eine Wette (Strafe) an die Stadt ausgesprochen werden kann. Bei schwereren Vergehen wird die Verbannung des Friedbrechers ausgesprochen, um den Stadtfrieden wiederherzustellen. Eine Ausnahme bilden hier die handhaften Taten, die wie im Landrecht eine ‚peinliche Strafe' nach sich ziehen.[447]

---

443 Zur Bedeutung des Friedens und des städtischen Friedens im Mittelalter vgl. Ekkehard Kaufmann: Art. Friede, in: HRG, Bd. I, Sp. 1286–1291.; Wilhelm Janssen: Friede, in: Geschichtliche Grundbegriffe, S. 543–591; Dietmar Willoweit: Stadt und Territorium im Heiligen Römischen Reich, in: Statuten, Städte und Territorien zwischen Mittelalter und früher Neuzeit in Italien und Deutschland, hrsg. v. Giorgio Chittolini und Dietmar Willoweit, Berlin 1992, S. 39–48. Willoweit betont, dass „[i]m Stadtfrieden […] auf begrenztem Raum am erfolgreichsten die Idee eines allgemeinen Friedens realisiert [wurde]", ebd., S. 41.

444 vgl. hierzu auch: Dilcher: Kommune, S. 319ff.

445 vgl. Isenmann: Gesetzgebung, S. 6f.

446 In diesem Zusammenhang ist auch die Entstehung des Tatbestands des Vorsatzes zu sehen, der als Weiterführung des Fehdegangs angesehen wird. Vorsatz bezeichnet dabei einen geplanten, nächtlichen Überfall, der mit Freunden gemeinsam auf einen Gegner verübt wird, vgl. Bader/Dilcher: Rechtsgeschichte, S. 647.

447 vgl. Bader/Dilcher: Rechtsgeschichte, S. 643ff. Hier findet sich auch mehr zu den Grundlagen des städtischen Friedensrechts.

In den Bereich der polizeilichen Ordnungen fällt neben den o.g. Verordnungen zur Vermeidung von Streitigkeiten oder Fehdehandlungen auch die genauere Regelung der bereits in den Landrechten geregelten Unrechtstaten wie z.B. frevelhaftes Schwören oder Gotteslästerung und ihre Bestrafung. Sie umfasst des Weiteren die Ordnung von Markt und Gewerbe, in die der Rat normierend eingreift.

> „Ein breites Feld von polizeilichen Normierungen dieser Art gewöhnt die Bürger daran, daß die gute Ordnung des bürgerlichen Lebens von Strafsanktionen bewacht wird.“[448]

Zahlreiche Bestimmungen der polizeilichen Ordnungen befassen sich zudem mit sogenannten Luxusordnungen, die z.B. eine Zurschaustellung des eigenen Besitzes, übertriebenen Aufwand im Bereich von Feierlichkeiten oder der Bekleidung betrafen. Dies wurde zum einen mit der Vermeidung von *hoffart* und unnützen Kosten begründet zum anderen aber auch damit, dass so soziale Konkurrenz, die Neid und Hass und somit Unfrieden hervorrufen können, unterbunden wird.[449]

Zur Gewährleistung dieses strafrechtlichen Umgangs mit Rechtsbrüchen sind die Städte zu einer ‚wirklichen Strafverfolgung' gezwungen. Dies führt zur Einsetzung von Amtspersonen, die verpflichtet sind, Rechtsbrüche zu melden, diese Praxis kann dabei auch in Bespitzelung ausarten.

Für die Durchsetzung ihres Gewaltmonopols müssen die Städte Verfahrensweisen entwickeln, die ein höheres Maß an Gerechtigkeit gewährleisten als dies der formale Prozess mit Eideshelfern, Zweikampf oder Gottesurteil bietet.[450]

Verfahren und Beweis

Die Rationalisierung des Rechts zeigt sich v.a. im Bereich von Verfahren und Beweis, dabei muss bedacht werden, dass „man das Recht ja von der gerichtlichen Geltendmachung, nicht als abstrakte Formalordnung sah.“[451] Die Neuordnung des Gerichtsverfahrens dient in erster Linie der Abwehr landrechtlicher Bestimmungen.

Hauptsächliches Anliegen ist, den Prozessformalismus (*vare*) und den gerichtlichen Zweikampf zu beseitigen, da dieser – als Fortsetzung der Fehde mit rechtlichen Mitteln verstanden – weder mit dem Stadtfrieden in Einklang zu bringen ist noch den Bedürfnissen der Kaufleute entspricht. Die so entstandene Lücke

---

448 vgl. Bader/Dilcher: Rechtsgeschichte, S. 649.

449 vgl. Isenmann: Deutsche Stadt, S. 468ff. Zu weiteren durch die polizeiliche Ordnung geregelten Bereichen vgl. Kap. IV.1.

450 vgl. Bader/Dilcher: Rechtsgeschichte, S. 643ff. Hier findet sich auch mehr zu den Grundlagen des städtischen Friedensrechts.

451 Bader/Dilcher: Rechtsgeschichte, S. 651.

wird durch neuartige Verfahrens- und Beweisregeln gefüllt, die – da in Privilegien verbrieft – als spezifisch städtische Entwicklung bzw. spezifisch städtisches Recht angesehen werden können. Bestehen bleibt jedoch die Institution des Eideshelfers, wenn auch in einer vereinfachten Form.[452] Diese wird jedoch immer weiter verdrängt und durch die Anhörung tatsächlicher Tatzeugen ersetzt, die bestenfalls schon während des ‚rechtserheblichen Ereignisses' zu identifizieren sind. In verschiedenen Bereichen, v.a. bei Geschäftsabschlüssen, stehen hierfür besondere Amtspersonen zur Verfügung. Die Entwicklung eines auf Zeugen begründeten Prozesses wird durch die Enge der Stadt (im Gegensatz zum Land) und die Stellung von Amtspersonen zur Bezeugung gefördert.

Die Vorteile, die sich aus diesem rationalisierten Verfahren ergeben, stehen jedoch nicht allen städtischen Bevölkerungsgruppen zu, sie zählen zu den Privilegierungen der Bürger, denn nur der Bürger steht für sein rechtliches Verhalten mit seiner gesamten Existenz (u.a. Besitz, Leumund) ein. Gästen, besonders fremden Kaufleuten, werden über das Gast- oder Marktgericht verschiedene Vergünstigungen zuteil, jedoch nur, wenn der Gast einen Bürger bzw. Wirt vorweisen kann, der für ihn bürgt.

Das veränderte Verfahrensrecht, das nicht mehr ausschließlich auf den Rechtsbruch, der durch Klage ein Rechtsverfahren nach sich zieht, ausgerichtet ist, ermöglicht die verfahrensrechtliche Trennung von Straf- und Zivilsachen. Im Strafrecht bildet sich „das Verfahren von Amtswegen [heraus], das aufgrund der Wahrheitsermittlungspflicht, v.a. des Rats, zum Inquisitionsverfahren wird."[453] Im zivilrechtlichen Verfahren, z.B. bei Schuldklagen, bleibt naturgemäß das Parteienverfahren, nun aber mit Zeugen, erhalten.[454]

3. Privatrecht

Neben der Sicherung des Stadtfriedens ist der Schutz der privilegienrechtlich zugesicherten persönlichen Freiheit ihrer Bürger ein weiteres Grundanliegen der Städte. Diese persönliche Freiheit versetzt den Bürger in die Lage, über seine eigene Person, Arbeitskraft und sein Eigentum eigenständig zu verfügen. Er kann

452 Unter einem Eideshelfer versteht man eine Person, die „schwört, dass ein Eid rein – und nicht mein – sei, der also zur Glaubhaftigkeit eines Menschen, nicht zu der von diesem erklärten Aussage Stellung nimmt und deswegen nicht Zeuge ist.", Köbler: Juristisches Wörterbuch, S. 110.

453 Bader/Dilcher: Rechtsgeschichte, S. 653.

454 vgl. Bader/Dilcher: Rechtsgeschichte, S. 650ff.; Isenmann: Deutsche Stadt, S. 507ff.

nun – ohne persönliche herrschaftliche Bindung und formal gleichgestellt – als Rechtssubjekt am Rechtsverkehr partizipieren.

Grundbesitz und dingliche Belastung

Während auf dem Land, zum Teil bis ins 19. Jahrhundert, das Grundstücksrecht dem ständischen Recht mit Dienst- und Abgabenpflichten verhaftet bleibt, entwickelt sich in der Stadt auf der Basis der Befreiung des Bodenbesitzes vom herrschaftlichen Obereigentum ein stadtbürgerliches Eigentumsrecht, das von einer weitgehenden Verfügungsfreiheit geprägt ist. Es muss zwar noch ein Zins an den Stadtherrn abgeführt werden, doch ist dieser eher mit der heutigen Grundsteuer vergleichbar. Das Grundstücksrecht entwickelt sich im heutigen Sinne zu einem privatrechtlichen Eigentum, wobei die Verfügungsgewalt darüber schließlich nur noch familienrechtlich eingeschränkt sein kann (Unterscheidung von *eigen* und *erbe*[455]).

Diese Verfügungsfreiheit ebnet den Weg für ein ‚besitzloses, auf Kapitalhingabe bezogenes Grundpfandrecht' und den sogenannten Rentenkauf.[456] Das Grundpfandrecht ermöglicht, den Kapitalbedarf der Kaufleute zu decken, da entgegen dem älteren Recht (vgl. Verpfändung von Regalien, Nutzpfandrecht) eine Verpfändung gegen Empfang von Kapital möglich wird. Die Verpfändung muss lediglich durch gerichtliche Bestellung, Eintragung in Schreins- oder Grundbücher offenkundig gemacht werden. So werden auch Mehrfachbelastungen, die die Höhe des Grundstückswerts allerdings nicht überschreiten dürfen, praktikabel.

Der Rentenkauf hingegen entwickelt sich „im Spätmittelalter zu einem Institut, das Darlehenshingabe mit laufenden Einkünften und dinglicher Sicherung verband."[457]

Güterordnung

In den mittelalterlichen Städten findet sich ein buntes Gemisch an Bevölkerungsgruppen verschiedener sozialer und regionaler Herkunft. Durch ihre individuellen Gewohnheiten und „normativen Überzeugungen"[458] wird der traditionelle Umgang z.B. im Bereich der familiären Güterordnung, wie er noch im Sachsenspiegel

---

455 Zur Unterscheidung von *eigen* und *erbe* vgl. Kap. VII.5.

456 Zum Rentenkauf vgl. Winfried Trusen: Zum Rentenkauf im Spätmittelalter, in: Fs für Hermann Heimpel zum 70. Geburtstag am 19. September 1971, hrsg. v. den Mitarbeitern des Max-Planck-Instituts für Geschichte, Göttingen 1972, S. 140–158.

457 Bader/Dilcher: Rechtsgeschichte, S. 661.

458 Bader/Dilcher: Rechtsgeschichte, S. 664.

fixiert ist, aufgebrochen. Zudem ist gerade in Bezug auf Besitz und Erbe zu beachten, dass die Zuwanderer sich aus ihren traditionellen familiären Bindungen lösen und in der Folge keine Verbindung mehr zu ererbtem Land besitzen. Städtischer Grund- und Hausbesitz löst in Verbindung mit den erwirtschafteten Gewinnen aus der gewerblichen Tätigkeit den ererbten Grundbesitz als Existenzgrundlage der Stadtbevölkerung ab. Dieser Entwicklung muss in der Güterzuordnung und dem Erbrecht innerhalb der Familie Rechnung getragen werden.

Die aus den Stammesgesetzen in die Landrechte übergegangenen Ordnungen nehmen eine klare Hierarchisierung bezüglich des landwirtschaftlichen Bodenbesitzes, des Viehs sowie der Ausstattung von Mann und Frau und erst zuletzt hinsichtlich des Geldbesitzes vor. Zumeist wird nach Landrecht das Hauptgut patrilinear weitervererbt, wohingegen die Töchter bei der Hochzeit mit Aussteuer und Witwengut versorgt werden. Das Hauptgut untersteht dabei immer der Gesamthand[459] und ist aufgrund von Wort- und Beispruchsrechten der Sippe nicht der individuellen Verfügung freigestellt. Werden Güter mit in die Ehe eingebracht, so fallen diese beim Tod eines der Ehegatten wieder an dessen Familie zurück, „[e]ventuelles Erwerbsvermögen bleibt regelmäßig beim Manne.“[460]

Diese Ordnung kann im städtischen Umfeld mit seinen andersartigen wirtschaftlichen und sozialen Formen nicht aufrechterhalten werden. Es bildet sich ein Recht heraus, dass sich an der Freiheit des Bodens orientiert „und auf den römischen und heutigen Eigentumsbegriff hin tendiert.“[461] Isenmann spricht hier von der Entstehung des Begriffs ‚Privateigentum‘ sowie einer Mobilisierung und Kommerzialisierung des Grundstücksrechts.[462]

Wesentliche Veränderungen zeigen sich bereits im Kaufmannsrecht, das die Verwahrung des Nachlasses eines auf Reisen verstorbenen Kaufmanns für seine Erben festlegt und diesen so vor herrschaftlichem Zugriff schützt. Auf diese Weise soll das Kapitalvermögen in der Hand der Familie und gleichzeitig innerhalb

459 „Gesamthand ist eine Mehrheit von Personen, denen ein Sondervermögen in besonderer Art und Weise (gesamthänderisch) zusteht. Die Beteiligten haben weder einen realen (wirklichen) noch einen ideellen (gedachten) Anteil am einzelnen Vermögensgegenstand des Sondervermögens, sondern nur eine Beteiligung und einen Auseinandersetzungsanspruch hinsichtlich des gesamten Sondervermögens. Die Gesamthand [...] ist nur möglich als Gesellschaft [...], als Gütergemeinschaft [...] und als Erbengemeinschaft[...].“, Köbler: Juristisches Wörterbuch, S. 174.

460 Bader/Dilcher: Rechtsgeschichte, S. 664.

461 Isenmann: Deutsche Stadt, S. 204.

462 vgl. Isenmann: Deutsche Stadt, S. 204f.

der städtischen Wirtschaft verbleiben. Vergleichbare Entwicklungen lassen sich im Güter- und Erbrecht beobachten: Nach der Zurückdrängung des landrechtlichen Güter- und Erbrechts wird die „[p]rimäre Güter- und Erbengemeinschaft [...] die Kleinfamilie der Ehegatten und Kinder“[463], mit der Folge, dass die Beerbung der Ehegatten untereinander auf vertraglicher, testamentarischer oder ähnlicher Basis zur Regel wird. Die Rolle der Verwandtschaft tritt gegenüber der der Familie in den Hintergrund, die Stellung der Frau wird aufgewertet und die individuelle Verfügungsgewalt über Güter gestärkt.

Diese im Hinblick auf die Besonderheiten der städtischen Wirtschaft notwendige Entwicklung gewährleistet zum einen die Fortführung der Geschäfte des Mannes durch seine Frau (bei Abwesenheit des Mannes oder im Falle seines Todes), zum anderen ermöglichte sie den Gläubigerzugriff auf das Eigentum eines (verstorbenen) Schuldners. In den Stadtrechten zeigt sich immer wieder das Bemühen, einen Ausgleich zwischen Gläubigerzugriff und Schutz des Familienvermögens zu schaffen.[464]

4. Stadtrechtskodifikation

Die Rationalisierung des Rechts und die Ausbildung eines Rechts präventiven Charakters basiert auf seiner Schriftlichkeit.[465] Wie bereits dargestellt, wird zunächst nur besonderes – von dem Recht des Umlandes – verschiedenes Recht in Form von Privilegien zur Absicherung gegenüber den Ansprüchen des Stadtherrn aufgezeichnet. Im 12. Jahrhundert (Soest ca. 1150) beginnen die Städte, ihr eigenes Recht und ihre rechtlichen Handlungen in Stadtbüchern niederzuschreiben. Diese Entwicklung verstärkt sich im 13. Jahrhundert, um dann im 14. und 15. Jahrhundert ihren Höhepunkt zu erreichen. Zunächst findet die Niederschrift in lateinischer Sprache statt, seit dem 13. Jahrhundert gewinnt die Volkssprache zunehmend an Einfluss, so dass mehr und mehr deutschsprachige Stadtbücher

463 Bader/Dilcher: Rechtsgeschichte, S. 665.

464 vgl. Bader/Dilcher: Rechtsgeschichte, S. 663ff.; Isenmann: Deutsche Stadt, S. 203ff. Eine Eigentümlichkeit des deutschen Rechts ist die Möglichkeit, Erbgut in Kaufgut zu wandeln: Erbgut, also das durch Erbe an jemanden gelangte Grundstück, kann durch den sog. *Erbenlaub*, also durch Zustimmung der Erben, zu veräußerbarem oder verpfändbarem Kaufgut (durch Rechtsgeschäft erworbenes Eigentum) umgewidmet werden, vgl. Isenmann: Deutsche Stadt, S. 204.

465 vgl. Bader/Dilcher: Rechtsgeschichte, S. 620f.

entstehen.[466] Die Schriftlichkeit des Rechts ist auch Grundvoraussetzung für seine Verbreitung und somit auch für die Ausbildung von Stadtrechtsfamilien.

Stadtbücher

Stadtbücher zählen zu den Amtsbüchern. Als Amtsbücher bezeichnet man „in der Verwaltung gebräuchliche Niederschriften"[467], die als Buch oder in buchähnlicher Form vorliegen, Akte der staatlichen oder städtischen Verwaltung enthalten und somit einen amtlichen Charakter besitzen.[468] Generell werden die Amtsbücher nach der Funktion, die sie in der Verwaltung innehaben, unterteilt. Die Stadtbücher nehmen hier eine Sonderrolle ein, da sie eben nicht nach ihrer Funktion, sondern nach ihrer Herkunft bezeichnet werden. Konrad Beyerle charakterisiert diese als „schriftliche Aufzeichnungen städtischer Behörden seit dem Mittelalter"[469] in Buchform, die durch rechtliche Momente zusammengehalten werden.[470] Paul Rehme bezeichnet sie als „bei den städtischen Behörden geführte Bücher"[471] mit offiziellem Charakter, die fortlaufend geführt werden und so den Behörden bei der Führung ihrer Geschäfte dienen.[472]

Als Vorläufer bzw. Vorbilder der Amtsbücher und somit auch der Stadtbücher werden einerseits Traditions- und Kopialbücher der Klöster genannt[473], andererseits wird aber auch die Ähnlichkeit zu den *gesta municipalia*, den römischen Gemeinderollen zur Verzeichnung von Urkunden, hervorgehoben.[474] Beyerle hält – nachdem er keine zufriedenstellende Erklärung für die Ursprünge des Stadtbuchwesens benennen kann – für die Anfänge des Stadtbuchwesens fest,

466 vgl. Engel: Stadt des Mittelalters, S. 85; Isenmann: Deutsche Stadt, S. 195 und Richard Schröder/Eberhard Frh. von Künßberg: Lehrbuch der deutschen Rechtsgeschichte, 7. Aufl., Berlin/Leipzig 1932, S. 739ff. [Schröder/Künßberg: Rechtsgeschichte].

467 Josef Hartmann: Amtsbücher, in: Die archivalischen Quellen. Mit einer Einführung in die historischen Hilfswissenschaften, hrsg. v. Friedrich Beck und Eckart Henning, 5., erw. und aktualisierte Aufl., Köln u.a. 2012, S. 55 [Hartmann: Amtsbücher].

468 vgl. Hartmann: Amtsbücher, S. 55f.

469 Konrad Beyerle: Die deutschen Stadtbücher, in: Deutsche Geschichtsblätter, Bd. XI (6./7. Heft), Gotha 1910, S. 146 [Beyerle: Stadtbücher].

470 vgl. Beyerle: Stadtbücher, S. 146.

471 Paul Rehme: Über Stadtbücher als Geschichtsquelle, Halle/Saale 1913, S. 8 [Rehme: Über Stadtbücher].

472 vgl. Rehme: Über Stadtbücher, S. 7.

473 vgl. Hartmann: Amtsbücher, S. 57.

474 vgl. Harold Steinacker: Die Lehre von den nichtköniglichen (Privat-)Urkunden vornehmlich des deutschen Mittelalters, Leipzig 1906, S. 265f.

„daß nur triftige Gründe praktischer Art die Stadtbücher zur Entstehung bringen und sie verbreiten helfen konnten."[475]

Stadtbücher werden im Zuge der Autonomiebestrebungen zum Ausdruck einer organisierten Verwaltung und beinhalten anfangs zumeist Eintragungen gemischten Inhalts. Sie werden von den Stadtschreibern, die einen wesentlichen Einfluss auf die Führung und Gestaltung nehmen, zumeist auf Bestreben der städtischen Obrigkeit geführt. Entgegen der Annahme von Rehme geht Josef Hartmann davon aus, dass sich aus diesen Stadtbüchern gemischten Inhalts nach und nach verschiedene selbständige Stadtbucharten entwickeln.[476] Diese Ausdifferenzierung zeigt sich auch in den vielfältigen zeitgenössischen Bezeichnungen für die einzelnen Stadtbücher. So führt Beyerle u.a. *achtbuch, bannbuch, burger buch, denkelbuch, dingbuch, erbebuch, fredebok, gemächtbuch, gerichtsbuch, grundbuch, ratsbuch, rentenbuch, satzbuch, statutenbuch* oder an der äußeren Erscheinungsform orientiert *gelbes Buch, rotes Buch* (häufig) oder *schwarzes Buch* an.[477]

Stadtbücher sind ebenso wie Amtsbücher in vielfältigen Formen überliefert. Analog zu den Amtsbüchern werden sie nach den Bereichen ihrer Verwendung kategorisiert. Hartmann führt insgesamt 37 verschiedene ‚Amtsbuch-Materien' an, die teilweise wie z.B. die Rechnungsbücher noch in Unterkategorien unterteilt werden.[478] In Anlage und Zusammenstellung unterschiedlich, verzeichnen sie zumeist Inhalte aus den Bereichen Recht und Gericht, Verwaltung und Handel und geben so einen Einblick in nahezu alle Aspekte städtischen Lebens.[479] Es erweist sich als problematisch, eine zufriedenstellende Klassifizierung dieser heterogenen Erscheinungsformen vorzunehmen, so dass es, wie Hartmann hervorhebt, „angesichts des Fehlens ausreichender Einzeluntersuchungen und einer zusammenfassenden Amtsbuchlehre"[480] lediglich möglich ist, „einen Überblick über die Merkmale und die Einteilung der Amtsbücher nach ihren wichtigsten Anwendungsarten"[481] zu geben. Da er bei den Stadtbüchern keine eigene Unterteilung vornimmt, wird davon ausgegangen, dass er hier die gleichen Kategorien ansetzt, wie für die Amtsbücher im Allgemeinen. Diese unterteilt er in Amtsbücher

---

475 Beyerle: Stadtbücher, S. 183.

476 vgl. Rehme: Über Stadtbücher, S. 7ff. und Hartmann: Amtsbücher, S. 58f.

477 weitere Bezeichnungen vgl. Beyerle: Stadtbücher, S. 188ff.

478 vgl. Hartmann: Amtsbücher, S. 82ff.

479 vgl. Martin Kintzinger: Art. Stadtbuch, in: LMA, Bd. VIII, Sp. 12f. Hier findet sich auch eine Übersicht, über die in den Stadtbüchern behandelten Inhalte.

480 Hartmann: Amtsbücher, S. 55.

481 Hartmann: Amtsbücher, S. 55.

1. über Rechnungshandlungen (z.B. Kopiare, Urkundenregister),
2. über Abgaben und Dienste (z.B. Urbare, Zinsregister, Steuerbücher),
3. als Hilfsmittel der Schriftorganisation und -verwaltung (Missivenregister, Journale, Aktenverzeichnisse),
4. mit öffentlichem Glauben über private Rechtshandlungen (Gerichtsbücher, Hypotheken- und Grundbücher).[482]

Eine Einordnung der Statutenbücher, die er zu den Rechtsbüchern zählt,[483] in dieses System nimmt er nicht vor. Um die Vielfalt und Problematik der Systematisierung der Stadtbücher aufzuzeigen, sollen hier die Ansätze Paul Rehmes und seiner Vorläufer kurz dargestellt werden.

Eine erste Unterteilung nimmt Carl Gustav Homeyer vor. Er greift dabei zu einer Dreiteilung: Statutenbücher, Aufzeichnungen mannigfaltiger Art und Stadtbücher im Dienste der freiwilligen Gerichtsbarkeit.[484] Hierbei ergibt sich das Problem, dass die zweite Gruppe überaus diffus gefasst ist und letztendlich nur als Sammelbecken für alles gelten kann, das sich weder der ersten noch der dritten Gruppe zuordnen lässt. Der Versuch Karl Koppmanns hingegen, der sich um Eindeutigkeit in seiner Unterteilung bemüht, führt zu einer Unterteilung in 17 verschiedene Untergruppen, lässt es dabei aber an Systematik fehlen.[485]

Beyerle wiederum schlägt eine Unterteilung nach sachlichen Gesichtspunkten vor und gelangt so zu fünf verschiedenen Gruppen.

482 Hartmann: Amtsbücher, S. 55ff.

483 vgl. Hartmann: Amtsbücher, S. 87.

484 vgl. Carl Gustav Homeyer: Die Stadtbücher des Mittelalters insbesondere das Stadtbuch von Quedlinburg, in: Abhandlungen der Königlichen Akademie der Wissenschaften in Berlin, Berlin 1861, S. 15ff.

485 vgl. Karl Koppmann: Rundschau über die Literatur der hansischen Geschichte, in: Hansische Geschichtsblätter, hrsg. v. Verein für Hansische Geschichte, Leipzig 1873, S. 155ff. In einer Zusammenfassung gibt Beyerle die 17 Typen Koppmanns wieder: 1. Zunft- und Gildebücher, 2. Missiven- und Briefbücher, 3. Rent- und Wechselbücher, 4. Statutenbücher, 5. Gerichtsprotokolle, 6. Wettebücher, 7. Verfestungsbücher, 8. Schadensverzeichnisse, 9. Ratslisten, 10. Bürgerbücher, 11. Eidbücher, 12. Kopialbücher, 13. Denkelbücher des Rats, 14. Rechnungs-, Steuer- und Baubücher, 15. Stadtbücher im engeren Sinne, 16. Wittschopsbücher (v.a. Schuldbücher), 17. Testamentsbücher, vgl. Beyerle: Stadtbücher, S. 154ff.

Abbildung 2: Stadtbuchtypologie nach Beyerle

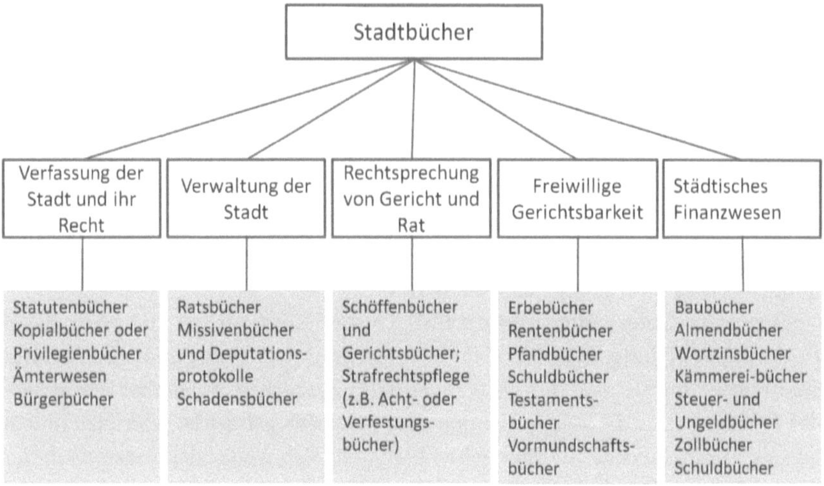

Er sieht allerdings in dieser Einteilung das Material als nicht erschöpfend behandelt an.[486]

Paul Rehme andererseits möchte gemäß der „Tätigkeit[en] des Staates“[487] bzw. der mittelalterlichen Stadt (Rechtssetzung, Rechtspflege oder Justiz und Verwaltung im engeren Sinne) eine Dreiteilung in Statutenbücher, Justizbücher und Verwaltungsbücher vornehmen, kann allerdings in diesem System die Privilegienbücher nicht verorten. Er fasst daher Statuten- und Privilegienbücher in einer Gruppe zusammen[488], da beide ‚Recht im objektiven Sinne‘ beinhalten.[489]

Zu den hier aufgeführten Stadtbüchern treten als Rechtssammlungen aus privater Hand die sog. Urteils- und Stadtrechtsbücher hinzu. Hierbei handelt es sich um größtenteils in Privatarbeit entstandene Sammelwerke von Rechtssprüchen, Erläuterungen und Glossierungen (Urteilsbücher) bzw. um systematische Sammlungen geltenden Rechts unter Rückgriff auf städtische Rechtsquellen und die Rechtsspiegel (Stadtrechtsbücher).

486 Beyerle: Stadtbücher, S. 192ff.

487 Rehme: Über Stadtbücher, S. 14.

488 Diese Gruppe möchte Rehme eigentlich als Rechtsbücher bezeichnen, nimmt aber, da dieser Terminus bereits für die „juristischen Privatarbeiten des Mittelalters“ verwendet wird, davon Abstand. vgl. Rehme: Über Stadtbücher, S. 14f.

489 vgl. Rehme: Über Stadtbücher, S. 13ff.

V. Untersuchungsgegenstand und -methode

Ziel der vorliegenden Arbeit ist, Paarformeln in mittelalterlichen Stadtrechtstexten zu erfassen, juristischen Begriffen und Verwendungszusammenhängen zuzuordnen und auf dieser Basis, ihre semantischen Eigenschaften und ihre Funktion innerhalb der mittelalterlichen Rechtssprache zu bestimmen. Des Weiteren soll die Entwicklung der Paarformel mit Blick auf ihre weitere Verwendung innerhalb und außerhalb von Rechtstexten anhand einzelner Beispiele dargestellt werden. Dazu werden aus den einzelnen Themenbereichen Formeln (und die dazugehörigen Varianten) ausgewählt und die Gründe für ihre Weiterverwendung oder ihr Aussterben untersucht. Werden die Formeln weiterverwendet, stellt sich die Frage nach den Prozessen der Verfestigung, dem semantischen Wandel und der Idiomatisierung.

Sowohl der Terminus der Paarformel und des juristischen Begriffs als auch der der Rechtssprache sollen bezogen auf die Zielsetzung der vorliegenden Arbeit eingehender erläutert werden. Da der Begriff der Paarformel in der Forschungsdiskussion unterschiedlich und häufig textsortenübergreifend definiert wird, wird in der Folge eine stark auf die ‚Paarformeln in der mittelalterlichen Rechtssprache' zugespitzte Definition entwickelt. ‚Juristischer Begriff' entstammt der heutigen Rechtsterminologie und ist somit nur bedingt auf das Mittelalter übertragbar, so dass die für den Untersuchungsgegenstand der vorliegenden Arbeit notwendige inhaltliche Modifikation kurz dargestellt werden soll.

Auch der Terminus Rechtssprache erlaubt ambivalente Deutungsmöglichkeiten: Definiert man Rechtssprache als „Sprache des Rechtslebens“[490], die „von allen Sprachteilnehmern verwendet [wird], sobald sie mit dem Recht in Berührung kommen […]“[491], lässt er sich ohne Schwierigkeiten auf mittelalterliche Rechtstexte übertragen. Versteht man die Sprache des mittelalterlichen Rechts jedoch als Fachsprache im heutigen Sinn, resultieren daraus weiterführende Probleme. Fachsprachen werden von der Fachsprachenforschung als Varietät[492] einer Einzelsprache definiert.

---

490 Schmidt-Wiegand: Fremdeinflüsse, S. 226, vgl. hierzu auch: Schmidt-Wiegand: Rechtssprache, Sp. 345; Eberhard Frh. von Künßberg: Die deutsche Rechtssprache, in: Zeitschrift für Deutschkunde 44 (1936), S. 379–389.

491 Schmidt-Wiegand: Fremdeinflüsse, S. 226.

492 vgl. Thorsten Roellecke: Fachsprachen, 3., neu bearb. Aufl., Berlin 2010, S. 16 [Roellecke: Fachsprachen].

„Fachsprache – das ist die Gesamtheit aller sprachlichen Mittel, die in einem fachlich begrenzbaren Kommunikationsbereich verwendet werden, um die Verständigung zwischen den in diesem Bereich tätigen Menschen zu gewährleisten."[493]

Diese Varietät zeichnet sich durch besondere Eigenschaften im Wortschatz[494], der Grammatik[495] und auf der Mikro- und Makroebene des Textes[496] aus. Da sich diese Definition der Rechtssprache nicht ohne Weiteres auf die Sprache der mittelalterlichen Rechtstexte übertragen lässt, wird der Terminus ‚Rechtssprache' im Folgenden im Sinne einer allgemein verstandenen Sprache des Rechtslebens verwendet, eine Zugehörigkeit zum Bereich der Fachsprachen soll hiermit nicht evoziert werden.

1. Paarformel – Begriffsbildendes Wortpaar – Paarige Wortverbindung

Aus dem Forschungsüberblick geht hervor, dass die historisch-phraseologische Betrachtungsweise andere Akzente setzt als die sprach- und rechtshistorische. Während der sprach- und rechtshistorische Ansatz/Diskurs darum bemüht ist, die Herkunft der Paarformeln aus dem Deutschen oder Lateinischen nachzuweisen, ihre Funktion im Text zu bestimmen oder Rückschlüsse auf das mittelalterliche Recht und Rechtsleben zu ziehen, stehen bei der historisch-phraseologischen Betrachtungsweise Fragen nach Entstehung und Entwicklung (Wandel/Idiomatisierung) auch vor dem Hintergrund struktureller oder semantischer Bildungsmuster im Mittelpunkt. Ein weiterer Schwerpunkt der

493 Lother Hoffmann: Kommunikationsmittel Fachsprache. Eine Einführung, 2., völlig neu bearb. Aufl., Tübingen 1985, S. 53; vgl. Hans-Rüdiger Fluck: Fachsprache – Fachkommunikation, Heidelberg 1998.

494 „Fachwörter sind die kleinsten bedeutungstragenden und frei verwendbaren sprachlichen Einheiten, die innerhalb der Kommunikation eines bestimmten menschlichen Tätigkeitsbereichs verwendet werden.", Roellecke: Fachsprachen, S. 76.

495 Roellecke hebt hier typologische und funktionale Aspekte heraus. Typologisch: synthetische Bauweise (komplexe Wörter), analytischer Bauweise (z.B. Passivkonstruktionen), Dominanz von Aussagesätzen und bestimmten Nebensatztypen, erhöhte Komplexität von Satzgliedern. Funktional: Deckung eines erhöhten Benennungsbedarfs, Erhöhung der Deutlichkeit, Ökonomie des Ausdrucks, verstärkte Anonymisierung, erhöhte Explizitheit, Kennzeichnung von Modalität, vgl. Roellecke: Fachsprachen, S. 89f.

496 Als wesentliche Kennzeichen bestimmt Roellecke hier Kohärenz und Kohäsion auf makro- und mikrostruktureller Ebene sowie Intentionalität, Akzeptabilität, Informativität, Situationalität, Intertextualität und Objektivität, vgl. Roellecke: Fachsprachen, S. 111f.

historischen Phraseologie liegt auf der Untersuchung der Verwendungszusammenhänge und der Funktion, die Phraseologismen innerhalb dieser Verwendungszusammenhänge übernehmen. Ebenso wie sie zugrunde liegenden Fragestellungen weichen auch die Definitionen beider Forschungsperspektiven voneinander ab. Eine gängige Definition aus der sprach- und rechtshistorischen Perspektive formuliert Schmidt-Wiegand:

> „P[aarformeln] oder Zwillingsformeln sind zweigliedrige Sprachformeln, in denen gleiche Wortarten wie Substantive (mâge und man), Adjektive (huldich und hörig), Verben (geben und gelten) aber auch Sätze (Ich gebiete Lust und verbiete Unlust) paarweise verbunden sind. Rhythmus, Alliteration oder Stabreim (Land und Leute), gelegentlich auch Endreim (Gut und Blut) verstärken den Zusammenhang der Glieder. Die verbundenen Ausdrücke können sich inhaltlich decken. Dann spricht man von tautologischen oder synonymen Formeln (hülfe und steuer). Sie können sich aber auch in der Form einer Antithese ausschließen (Liebe und Leid, Minne und Recht, Lust und Unlust). Dann bezeichnet man sie als Kontrast- oder polare Formeln.“[497]

Paarformeln, so Schmidt-Wiegand weiter, können um zusätzliche Bestandteile erweitert werden und so zu synonymen Wortreihen anwachsen. Die Formelhaftigkeit sieht sie in der mündlichen Tradition begründet und durch wiederholten Gebrauch in gleichen Textsorten oder ähnlichen Kontexten gegeben. Funktional handele es sich einerseits um ein mnemotechnisches Hilfsmittel, andererseits um ein Mittel zur Erfassung abstrakter Begrifflichkeiten.[498]

Modifikationen dieser Begriffsbestimmung finden sich z.B. bei Dilcher oder Dittmer. Dilcher definiert Formelhaftigkeit über mehrfaches Auftreten eines Wortpaares, relativiert diese Aussage aber dahingehend, dass er auch vereinzelt auftretende Formeln als Paarformeln begreift, wenn diese „als technisches Mittel der Rechtssprache verwandt wurde[n]“[499]. Dittmer, der sich an der Definition Meyers orientiert, unterscheidet Paarformeln und Paarungen, wobei er unter Paarformeln eine besondere Form der Paarungen versteht. Dabei stellt die Paarformel für ihn eine stehende, stereotype und formelhafte Paarung dar, die somit über den Charakter einer lexikalischen Erscheinung wie ein Wort verfügt.[500]

Aus (historisch-)phraseologischer Perspektive zählen die Paarformeln zu den Phraseologismen, so dass die generellen Kriterien für Phraseologismen ‚Polylexikalität‘, ‚Festigkeit‘ und ‚Idiomatizität‘ erfüllt sein müssen. Für Paarformeln im Besonderen gilt:

---

497 Schmidt-Wiegand: Paarformeln, Sp. 1387.
498 vgl. Schmidt Wiegand: Paarformeln, Sp. 1387.
499 Dilcher: Paarformeln, S. 19.
500 Dittmer: Urkundensprache, S. 442.

> „Zwei Wörter der gleichen Wortart oder auch zweimal dasselbe Wort werden mit *und*, einer anderen Konjunktion oder einer Präposition zu einer paarigen Formel verbunden. Wenn zwei verschiedene Wörter vorhanden sind, ist die Reihenfolge entweder völlig festgelegt, oder es besteht zumindest eine Bevorzugung einer Reihenfolge."[501]

Diese Definition muss mit Blick auf historische Sprachstufen modifiziert werden: Der Variantenreichtum älterer Sprachstufen relativiert das Kriterium der Festigkeit, die mangelnde Sprachkompetenz das Kriterium der Idiomatizität.[502] Burger relativiert dementsprechend die Definition insofern, als dass er als Paarformeln die Verbindung zweier Wörter gleicher Wortart bezeichnet, die eine relative Verwendungshäufigkeit aufweisen und die semantischen Modelle synonymes und nicht-synonymes Wortpaar erfüllen. Weiter unterscheidet er Paarformen, bei denen keine oder nur eine unsichere Formelhaftigkeit gegeben ist.[503]

Hüpper/Topalovic/Elspaß differenzieren hier mit Blick auf die historische Entwicklung der einzelnen Formeln zwischen Paarformel, Wortpaar und Zwillingsformel: Als Zwillingsformel wird die Verbindung von identischen Begriffen durch Konjunktion oder Präposition (z.B. *durch und durch*) definiert. Paarformel bezeichnet für sie die usuelle Verbindung zweier Wörter durch Konjunktion oder Präposition, bei der die Reihenfolge der Glieder und deren lexikalische Besetzung fest sind. Der Terminus Wortpaar bezeichnet lexikalische Ketten, deren Aufbau den gleichen Strukturen folgt wie Paarformeln. Sie unterscheiden dabei einerseits okkasionelle Bildungen im Sinne von Modellbildungen und andererseits Begriffspaare, bei denen diachron betrachtet der benannte Begriff lange Zeit stabil bleibt. Bei Begriffspaaren ist sowohl die Reihenfolge der einzelnen Glieder, deren lexikalische Besetzung innerhalb eines semantischen Paradigmas als auch die Morphosyntax (noch) nicht festgelegt. Sie stehen zwischen den Paarformeln und den okkasionellen Bildungen und können den Paarformeln erst zugerechnet werden, wenn eine bestimmte lexikalische Besetzung, präferierte Reihenfolge und mit Einschränkungen eine festgelegte Morphosyntax vorliegen.[504] Burger lehnt diese auf formaler Verfestigung der Reihenfolge beruhende Einteilung ab, da für ihn die semantischen Modelle bereits als Indiz für die Formelhaftigkeit der Wortpaare ausreichen müssen. „Irreversibilität oder auch nur die Tendenz

501 Burger: Phraseologie, S. 45.

502 vgl. Filatkina: Harte Nuss, S. 80; Burger: Alte und neue Fragen, S. 9; Burger: Paarformeln, S. 33ff.; Burger/Linke: Historische Phraseologie, S. 743ff.; Friedrich: Historische Phraseologie, S. 1093.

503 vgl. Burger: Paarformeln, S. 34.

504 Hüpper/Topalovic/Elspaß: Entstehung und Entwicklung, S. 78f.

zur Irreversibilität kann für das mittelalterliche Deutsch nicht als Kriterium der Phraseologizität gelten."[505]

Auffällig ist sowohl bei dem sprachhistorischen als auch bei dem historisch-phraseologischen Definitionsansatz die Differenzierung zwischen verfestigten Formeln, die als Paarformeln bezeichnet werden, und weniger festen oder formelhaften Verbindungen, die als Paarung, Paarformen oder Begriffspaare bezeichnet werden. Die hier festgestellte Differenzierung soll auch im Folgenden Berücksichtigung erfahren. Grundsätzlich soll auch in der vorliegenden Arbeit zwischen einer formalen Ebene, einer semantischen und einer funktionalen Ebene unterschieden werden. Dieses Vorgehen ist insofern dem Untersuchungsgegenstand geschuldet, als dass gerade auf semantischer und struktureller Ebene maßgebliche Unterschiede zu erwarten sind, wohingegen das Kriterium der Textsorte für die Definition nur eine sekundäre Rolle einnimmt.

Ähnlich wie Hüpper/Topalovic/Elspaß wird im Folgenden von einer Dreiteilung bei paarigen Wortverbindungen ausgegangen, diese aber als ‚paarige Wortverbindung', ‚begriffsbildendes Wortpaar' und ‚Paarformel' bezeichnet. Der Terminus Begriffspaar ist insoweit problematisch bzw. missverständlich, da er anders als der ebenfalls von Hüpper/Topalovic/Elspaß verwendete Begriff ‚Wortpaar' im Grunde genommen nicht die vorliegende sprachliche Erscheinung im engeren Sinne beschreibt, sondern das durch diese Erscheinung Bezeichnete, d.h. den durch sie gebildeten Begriff. Auch wenn gerade der gebildete Begriff für sie das bestimmende Moment dieser Art der Wortverbindung ist und somit der Terminus über eine gewisse Berechtigung verfügt, ist hier eine Vermischung von formaler und semantischer Ebene gegeben, die im Folgenden vermieden werden soll.

Als ‚paarige Wortverbindung' wird jede Kombination bezeichnet, die nach dem Strukturmuster *x + Konjunktion + y* gebildet wird. Wortverbindungen, die durch eine Präposition verbunden werden oder aus identischen Wörtern bestehen, werden hier nicht weiter berücksichtigt. ‚Paarige Wortverbindungen' können jederzeit nach Bedarf auf der Basis dieses Strukturmusters neu gebildet werden. Diese Kombinationen verfügen dann über den Status einer okkasionellen Bildung, sie weisen strukturell ein gewisses Maß an Festigkeit und Reproduzierbarkeit auf, sie sind inhaltlich aber weder verfestigt/fest noch idiomatisch und können daher nicht als Phraseologismen angesehen werden. ‚Paarige Wortverbindungen'

505 Burger: Paarformeln, S. 34.

können in Rechtstexten in Form von Aufzählungen o.ä. vorkommen (*bolle und semel*[506]), sind aber nicht Gegenstand dieser Untersuchung.

Das Strukturmuster *x + Konjunktion + y* liegt auch den ‚begriffsbildenden Wortpaaren' und ‚Paarformeln' zugrunde. Darüber hinaus verfügen beide zusätzlich aufgrund ihrer semantischen und funktionalen Besonderheiten über Merkmale, die Reproduzierbarkeit, Idiomatizität und inhaltlich ein gewisses Maß an Festigkeit bedingen. ‚Begriffsbildende Wortpaare' und ‚Paarformeln' gehören strukturell zu den ‚paarigen Wortverbindungen', sind aber aufgrund ihrer besonderen Eigenschaften als spezielle Typen dieser anzusehen. Während einfache ‚paarige Wortverbindungen' als Gelegenheitsbildungen nicht dazu tendieren, sich zu verfestigen oder idiomatisiert zu werden, lassen sich sowohl bei ‚begriffsbildenden Wortpaaren' als auch bei ‚Paarformeln' Tendenzen zu Verfestigung und Idiomatisierung erkennen.

Als ‚begriffsbildende Wortpaare' werden in Anlehnung an Hüpper/Topalovic/Elspaß Wortpaare verstanden, bei denen der bezeichnete Begriff über einen langen Zeitraum stabil ist, die Reihenfolge der Glieder, ihre lexikalische Besetzung und die morphosyntaktische Struktur aber noch nicht festgelegt ist.[507] Im Gegensatz zu Hüpper/Topalovic/Elspaß wird diese Verbindung dennoch als formelhaft verstanden[508], da sie auf der semantischen und funktionalen Ebene die im Folgenden aufgestellten Kriterien erfüllen.[509] Im Laufe ihrer Entwicklung kann sich eine bevorzugte lexikalische Besetzung herausbilden und sich somit das ‚begriffsbildende Wortpaar' zu einer ‚Paarformel' verfestigen.

‚Paarformeln' zeichnen sich durch eine Festigkeit in der lexikalischen Besetzung aus, wobei die Reihenfolge der Glieder, die verwendete Konjunktion und die Morphosyntax nicht zwangsläufig verfestigt sein müssen. In den untersuchten Texten ließen sich einige (wenige) Paarformeln finden, die bereits als in der Reihenfolge der Glieder gefestigt auftreten, morphosyntaktisch aber immer noch variabel sind (*phaffe unde leie*). Auch hier zeigt sich wieder der große

506 Satzungsbuch I/A: Brot und Bäckerordnung der Stadt Nürnberg, in: Schultheiß: Satzungsbücher, S. 33, 1d.

507 vgl. Hüpper/Topalovic/Elspaß: Entstehung und Entwicklung, S. 78.

508 vgl. Burger: Paarformeln, S. 33f.

509 Festigkeit kann aufgrund des bereits angeführten Variantenreichtums älterer Sprachstufen nicht als Kriterium gelten, vgl. Filatkina: Harte Nuss, S. 80; Filatkina: Wandel, S. 80; Filatkina: Schelmenzunfft, S. 21ff.; Burger: Alte und neue Fragen, S. 9; Burger: Paarformeln, S. 33ff.; Burger: Konzepte, S. 31ff.; Burger/Linke: Historische Phraseologie, S. 743ff.; Burger: Problembereiche, S. 82ff. Mit Einschränkungen auch Friedrich: Historische Phraseologie, S. 1098.

Variantenreichtum historischer Sprachstufen. Hinzu kommt, dass es aufgrund der mangelnden Sprachkompetenz und der lückenhaften Überlieferung kaum möglich ist, zwischen Modifikation und Variation zu differenzieren, sich also keine Aussagen darüber formulieren lassen, ob die Variante eines Ausdrucks bewusst gewählt wurde oder auf einen Mangel an Festigkeit verweist. Inwieweit die Festigkeit eines Ausdrucks auf ihr Alter schließen lässt, sei dahingestellt.

Rein formal gesehen verfügen ‚paarige Wortverbindungen', ‚begriffsbildende Wortpaare' und ‚Paarformeln' also über eine identische Struktur, so dass sich sagen lässt, dass alle ‚Paarformeln' und ‚begriffsbildende Wortpaare' ‚paarige Wortverbindungen' sind, aber nicht alle ‚paarigen Wortverbindungen' die Kriterien von ‚begriffsbildenden Wortpaaren' oder ‚Paarformeln' erfüllen. Auf der formalen Ebene lässt sich festhalten, dass es sich in allen Fällen um die Verbindung zweier verschiedener Worte gleicher Wortart durch eine Konjunktion handelt.[510] Die von Schmidt-Wiegand als Verstärkung des Zusammenhalts der Glieder herausgestellten Merkmale Rhythmus, Alliteration oder Stabreim und Endreim zeigen sich entsprechend der von Otto Behaghel aufgestellten Kriterien für die Anordnung von Gliedern in Wortgruppen[511] ebenfalls in allen drei Kategorien. Während jedoch die ‚paarige Wortverbindung' und bisweilen das ‚begriffsbildende Wortpaar' nur singulär belegt sein können, zeichnet sich die ‚Paarformel' durch mehrfaches Auftreten aus, dabei sollte die lexikalische Besetzung konstant sein, die Reihenfolge und die verwendete Konjunktion hingegen können variieren. Sowohl das ‚begriffsbildende Wortpaar' als auch die ‚Paarformel' zeichnen sich durch ihre Reproduzierbarkeit aus, wohingegen die ‚paarige Wortverbindung' eine okkasionelle Bildung darstellt, bei der lediglich das strukturelle Muster *x + Konjunktion + y* als Schablone genutzt wird.

Die im Rahmen dieser Arbeit verwendete Definition auf der formalen Ebene lässt sich somit wie folgt zusammenfassen:

> ‚Paarige Wortverbindungen' sind Verbindungen zweier unterschiedlicher Wörter gleicher Wortart durch eine Konjunktion [*x + Konjunktion + y*], bei denen durch Rhythmus, Alliteration, Stabreim oder Endreim ein verstärkter Zusammenhalt der Glieder erreicht werden kann. Es kann sich dabei um okkasionelle Bildungen handeln (paarige Wortverbindung) oder um formelhafte Verbindungen (begriffsbildendes Wortpaar, Paarformel), die sich durch ihre Reproduzierbarkeit auszeichnen.

510 Zwillingsformeln (Formeln, die aus zweimal demselben Wort bestehen), paarig verbundene Sätze und Formeln, die durch Präpositionen verbunden werden, finden in dieser Untersuchung keine weitere Beachtung. Daher wird auf sie auch im Rahmen der Definition nicht weiter eingegangen.

511 vgl. Behaghel: Deutsche Syntax, S. 367ff.

Abbildung 3: Differenzierung des Strukturmusters x + Konjunktion *+ y auf formaler Ebene.*

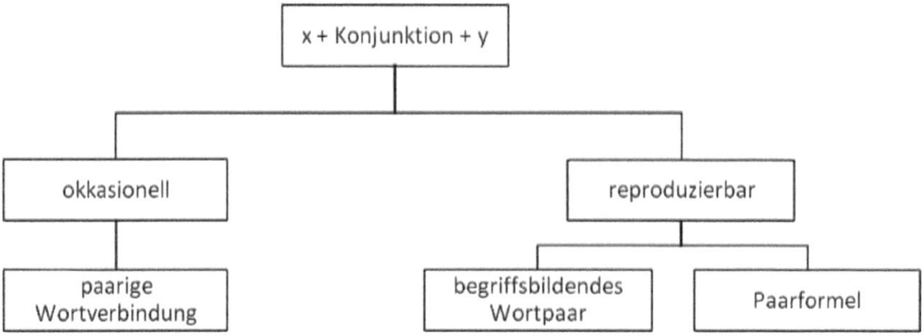

Weitere Differenzierungen zeigen sich auf der semantischen Ebene. ‚Paarige Wortverbindungen' können aus beliebigen Lexemen gleicher grammatischer Kategorie zusammengestellt und somit einfache Aufzählungen darstellen. ‚Begriffsbildendes Wortpaar' und ‚Paarformel' hingegen bestehen – nach Burger, der hier von einem semantischen Modell spricht – entweder aus synonymen oder nicht-synonymen Gliedern[512], die einen Gesamtbegriff bezeichnen.[513] Inwieweit sich tatsächlich Verbindungen von synonymen Wörtern zu ‚begriffsbildenden Wortpaaren' oder ‚Paarformeln' innerhalb der mittelalterlichen Rechtssprache finden lassen, wird sich im Rahmen der Auswertung zeigen, bisher wird allerdings davon ausgegangen, dass sich vollständige Synonymie innerhalb der untersuchten Texte nicht nachweisen lässt. Die von Burger für synonyme[514] bzw. beinahe-synonyme Verbindungen postulierte emphatische bzw. intensivierende Funktion ist voraussichtlich eher in literarischen Texten zu erwarten, in rechtlichen Kontexten ist eher mit einer notwendigen Differenzierung – so gering diese auch ausfallen mag – des bezeichneten Gesamtbegriffs zu rechnen. Ausgehend von der Unterscheidung der Kategorien

512 vgl. Burger: Paarformeln, S. 33ff.

513 vgl. hierzu Salomon: Zwillingsformeln, S. 21; Dilcher: Paarformeln, S. 18ff.; Dittmer: Urkundensprache, S. 442ff.; Schmidt-Wiegand: Paarformeln, Sp. 1387 (sie spricht hier von „abstrakten Begrifflichkeiten").

514 Diese Formeln werden häufig auch als tautologische Formeln bezeichnet, vgl. Meyer: Altgermanische Poesie, S. 240f.; Salomon: Zwillingsformeln, S. 20; Fehr: Dichtung im Recht, S. 10f.; Dittmer: Urkundensprache, S. 446; Schmidt-Wiegand: Paarformeln, Sp. 1387. Tautologie als Typenbezeichnung findet sich bereits in Grimms Rechtsaltertümern, vgl. Grimm: Rechtsaltertümer, S. 19. Zur Binnendifferenzierung der synonymen Formeln vgl. Ludwig: Synonymabildung, S. 215ff.

synonym und nicht-synonym bietet sich eine Zuordnung der nicht-synonymen Formeln in additive[515] und komplexive Formeln[516] an.

Das Adjektiv ‚komplexiv' lehnt sich dabei an das lateinische Verb *complecti* ‚umfassen, umschließen' an. So soll ausgedrückt werden, dass diese Formeln den durch sie bezeichneten Oberbegriff durch die Benennung von Anfangs- und Endpunkt umschließen. Sie bilden den Rahmen dessen, was durch den gesamten Begriff erfasst werden soll. Formeln dieses Typs wurden in der bisherigen Forschung als antithetisch, divergierend, differenzierend oder als Polar- bzw. Kontrastformeln bezeichnet. Diese Begrifflichkeiten erfassen den Charakter dieses Typs allerdings nicht präzise, da mit antithetisch Gegensätze vorausgesetzt werden und somit das Umfassende dieser Formeln verkannt wird. Divergierend und differenzierend hingegen drücken lediglich aus, dass sich die Begriffe voneinander unterscheiden, was für additive Formeln ebenso zutrifft. Auch die Termini Polar- oder Kontrastformeln erweisen sich als unpassend. Es wird durch beide Begrifflichkeiten der Anschein erweckt, dass hier Gegensätzliches formuliert werden soll, der Bezug zum Oberbegriff, auf den die Formeln verweisen, geht so verloren.

Für additive Formeln sind in der Forschung die Begriffe konvergierend oder summierend verwendet worden. Jedoch zeigt sich auch hier, dass weder konvergierend noch summierend diesem Formeltyp gerecht werden. Konvergierend setzt voraus, dass sich beide Glieder der Formel einander annähern bzw. übereinstimmend wären, summierend, dass die durch diese bereits alle Aspekte des gebildeten Gesamtbegriffs erfasst würden. Während also mit konvergierend das Verhältnis beider Glieder zueinander erfasst und eher einen Formeltyp bezeichnet wird, der als synonym bzw. beinahe-synonym zu bezeichnen wäre, zielt summierend auf den gebildeten Oberbegriff, vermittelt aber den Eindruck, dass durch die beiden benannten Glieder bereits der gesamte Begriff erfasst ist. Additive Formeln aber bezeichnen einen Begriff durch die Benennung von zwei Teilen des Ganzen (*partes pro toto*)[517], sie greifen zwei als prototypisch für den Oberbegriff verstandene Aspekte heraus und verweisen so auf den Gesamtbegriff. So wird

---

515 Salomon bezeichnet diese Gruppe als konvergierende Formeln, vgl. Salomon: Zwillingsformeln, S. 21f., Dittmer als summierende Formeln, vgl. Dittmer: Urkundensprache, S. 446.

516 Andere Bezeichnungen sind antithetische Formeln, vgl. Meyer: Altgermanische Poesie, S. 240f., divergierende Formeln, vgl. Salomon: Zwillingsformeln, S. 21, antithetische und differenzierende Formeln, vgl. Dittmer: Urkundensprache, S. 446, Kontrastformeln oder polare Formeln, vgl. Schmidt-Wiegand: Paarformeln, Sp. 1387.

517 vgl. Salomon: Zwillingsformeln, S. 21f.

durch additiv zum einen das Verhältnis beider Glieder zueinander erfasst – sie ergänzen sich gegenseitig zu einem Ganzen – zum anderen bietet additiv mehr Raum für Variation und Erweiterung z.B. zur Dreigliedrigkeit einer Formel. Additiv verweist anders als summierend nicht auf den gebildeten Oberbegriff, sondern auf die Methode, die zur Bildung dieses Begriffes verwendet wurde. Die hier entwickelten Kategorien sollten nicht als Gegensätze verstanden werden, da auch komplexive Formeln additiv vorgehen können, sich aber dadurch auszeichnen, dass in ihnen zwei Extreme kombiniert werden.

Wesentlich ist, dass sowohl additive als auch komplexive ‚begriffsbildende Wortpaare' und ‚Paarformeln' als Ganzes auf einen Gesamtbegriff deuten:

> „Für die prototypischen idiomatischen Paarformeln ist kennzeichnend, dass sie nicht zwei Denotate bezeichnen, sondern auf einen Gesamtbegriff deuten, wie in Himmel und Erde (in Bewegung setzen) ‚alles'."[518]

Hüpper/Topalovic/Elspaß beziehen diese Aussage zwar nur auf idiomatische Paarformeln, sprechen bei ‚Begriffspaaren' aber davon, dass „zunächst allein der Begriff über lange Zeit stabil ist"[519]. Ob dieser im Sinne eines Gesamtbegriffs zu verstehen ist, erläutern sie nicht weiter, es ist aber, da sie die Abgrenzung von ‚Begriffspaar' und ‚Paarformel' lediglich auf formaler Ebene (Reihenfolge der Glieder, Morphosyntax, lexikalische Besetzung) vornehmen, davon auszugehen, dass es sich auch hier um einen Gesamtbegriff handelt. Beide Typen bezeichnen somit einen Gesamtbegriff, jedoch mit dem Unterschied, dass die aus nicht-synonymen Gliedern gebildeten ‚begriffsbildenden Wortpaare' und ‚Paarformeln' als Ganzes auf einen Gesamtbegriff deuten, während beinahe-synonyme Verbindungen eine notwendige Differenzierung des Bezeichneten vornehmen. Somit bietet sich auf semantischer Ebene folgende Definition an:

> In begriffsbildenden Wortpaaren und Paarformeln werden synonyme oder nicht-synonyme (additive oder antonyme) Lexeme verbunden, die als formelhafte Verbindung mehr bezeichnen als ihre einzelnen Glieder und so auf einen Gesamtbegriff deuten.

518 Hüpper/Topalovic/Elspaß: Entstehung und Entwicklung, S. 78.
519 Hüpper/Topalovic/Elspaß: Entstehung und Entwicklung, S. 78.

Abbildung 4: Semantische Ebene von ‚begriffsbildenden Wortpaaren' und ‚Paarformeln'

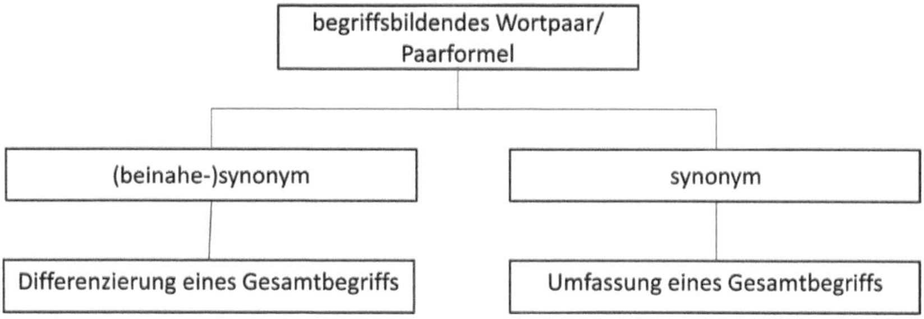

In vielen der im Forschungsüberblick vorgestellten Arbeiten wird der Paarformel in Rechtstexten eine besondere Funktion zugewiesen. Diese kann von der rein mnemotechnischen Funktion[520] über eine definitorische Funktion[521] bis zu der eines ‚technischen Mittels der Rechtssprache' reichen[522], wobei die letzten beiden inhaltliche Überschneidungen aufweisen. Bereits eine Erfassung der Belege und ihrer Verwendung in juristischen Kontexten zeigt, dass ‚paarige Wortverbindungen' häufig dann auftreten, wenn Begriffe möglichst präzise gefasst werden müssen, so dass ihre Funktion in der vorliegenden Arbeit als eine definitorische verstanden wird. Da es sich bei den untersuchten Texten ausschließlich um Rechtstexte handelt, wird mit Dilcher davon ausgegangen, dass sie in ihrer Funktion als definierendes Element als ein technisches Mittel der Rechtssprache verstanden werden können.

Es stellt sich hier die Frage, inwiefern eine Einschränkung der Formulierung ‚technisches Mittel der Rechtssprache' im Rückgriff auf die Ausführungen Rudolf Gmürs notwendig ist. Gmür stellt in seiner Arbeit „Rechtswirkungsdenken in der Privatrechtsgeschichte" fest, dass bei der Beschäftigung mit Rechtstexten eine grundsätzliche Schwierigkeit darin besteht, das Verhältnis von tatsächlich verwendeter Rechtssprache und deren gedanklichem Gehalt präzise zu formulieren. Im Folgenden teilt er seinen Untersuchungsgegenstand in drei Kategorien: Rechtsbegriffe, Rechtssätze und Rechtssysteme. Rechtsbegriffe sind Gmür zufolge in Gesetzen und Rechtsliteratur gewählte Rechtswörter und Wortkombinationen,

520 vgl. Schmidt-Wiegand: Paarformeln, Sp. 1387.
521 vgl. Ludwig: Synonymabildung, S. 216ff.
522 Dilcher: Paarformeln, S. 19.

aber zugleich auch deren Gehalt.[523] Mit dem Begriff Rechtssätze[524] bezeichnet er die konkret formulierte Vorschrift und den aus dem Gesamtzusammenhang ermittelten Sinn. Rechtssysteme schließlich stellen die geordnete Reihenfolge von Rechtssätzen und die von Prinzipien beherrschte innere Ordnung eines rechtlichen Gegenstands dar.[525]

Relevant ist hier die Kategorie der Rechtsbegriffe, bei denen er zeigt, dass v.a. zusammengesetzte Rechtsbegriffe wie *juristische Person* einen von der bloßen Kombination der Bedeutung der Einzelwörter differenten Gehalt haben können, der über die Bedeutung der Einzelwörter hinausreichen kann. Sie können mit Dilcher somit als ‚technisches Mittel der Rechtssprache' verstanden werden. Zusammengesetzte Rechtsbegriffe können aus phraseologischer Perspektive als phraseologische Termini definiert werden, die nach Friedrich innerhalb von Fachsprachen wie monolexikalische Termini funktionieren, deren Bedeutung „[…] auf einer strikten Definition im jeweiligen fachlichen Diskurs [beruht]."[526] Als Beispiele für bereits in mittelalterlichen Rechtstexten auftretende phraseologische Termini führt er *„varndez guot"* (beweglicher Besitz) oder *„ze sînen tagen komen"* (volljährig werden) an.[527]

Es bleibt nun zu fragen, ob begriffsbildende Wortpaare und Paarformeln innerhalb der Rechtssprache als phraseologische Termini gesehen werden können. Da über Bildungsmuster phraseologischer Termini im Rahmen einer historischen Perspektive keinerlei Angaben gemacht werden, können begriffsbildende Wortpaare und Paarformeln durchaus als eine Sonderbildung innerhalb der phraseologischen Termini und daher mit Blick auf die Rechtssprache als eine besondere

---

523 Köbler: Juristisches Wörterbuch, S. 339: „Rechtsbegriff ist der im Recht zur Äußerung bzw. Darstellungen verwandte Begriff." Köbler unterscheidet weiterhin zwischen *unbestimmten*, *deskriptiven* und *normativen* Rechtsbegriffen.

524 vgl. Köbler: Juristisches Wörterbuch, S. 346: „Rechtssatz ist der Recht in Sprache ausdrückende, meist aus Tatbestand und Rechtsfolge bestehende Satz."

525 Rudolf Gmür: Rechtswirkungsdenken in der Privatrechtsgeschichte. Theorie und Geschichte der Denkformen des Entstehens und Erlöschens von subjektiven Rechten und anderen Rechtsgebilden, Bern 1981, S. 26f., vgl. hierzu auch: Wallmeier: Sprachliche Muster, S. 10ff. Wallmeiers Strukturierung ihres Untersuchungsgegenstands in Makro-, Meso- und Mikrostruktur von Rechtstexten lässt sich problemlos auf Gmürs Einteilung übertragen. Als Makrostruktur wären dementsprechend Rechtssysteme zu verstehen, die Mesostrukturen ließen sich in den Rechtssätzen wiederfinden und die Mikrostruktur entspräche weitestgehend den Rechtsbegriffen.

526 Friedrich: Historische Phraseologie, S. 1100. Vgl. hierzu auch: Burger: Phraseologie, S. 49f.

527 vgl. Friedrich: Historische Phraseologie, S. 1100f.

Form der Rechtsbegriffe verstanden werden: Es handelt sich in allen Fällen um polylexikalische Verbindungen, die die Funktion eines monolexikalischen Terminus übernehmen und innerhalb eines fachsprachlichen Diskurses – hier der Rechtssprache – eine über die Bedeutung der Einzelglieder hinausweisende Bedeutung verfügen, die von der Bedeutung außerhalb rechtlicher Kontexte abweichen kann.

Abbildung 5: Funktionale Differenzierung

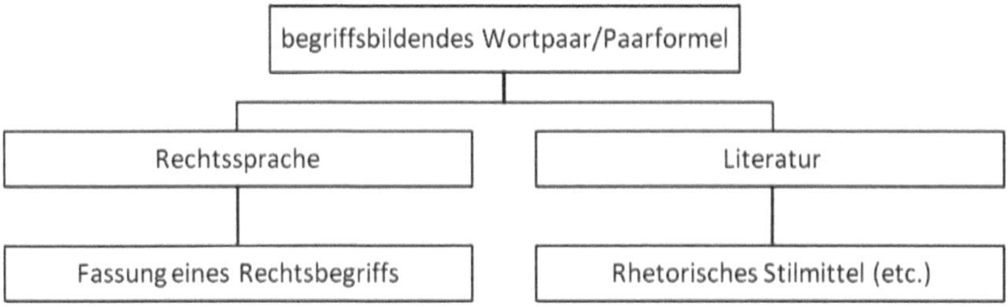

2. Methodik und Vorgehen

Textbasis der vorliegenden Untersuchung sind 20 Stadtrechtstexte des 13. bis 15. Jahrhunderts aus dem mittelhochdeutschen und mittelniederdeutschen Sprachraum (vgl. Kap. V. 3.). Aus diesen wurden zunächst alle Belege, die dem Strukturmuster *x + Konjunktion + y* entsprechen, tabellarisch erfasst und nach dem Mittelhochdeutschen Handwörterbuch von Matthias Lexer [LEXER] (online-Version)[528] lemmatisiert. Dabei wurde die Konjunktion, die beide Glieder der Paarformel bzw. die Glieder der erweiterten Formel verbindet, gesondert aufgenommen.

Als nächster Schritt wurden die Belege verschiedenen Rechtszusammenhängen zugeordnet. Dabei konnte teilweise eine klare (rechtliche) Zuordnung vorgenommen werden wie z.B. erbrechtliche Bestimmungen oder aber – wie in den in Tabelle 1 aufgeführten Beispielen – diese Einordnung lediglich in Form einer Umschreibung des Verwendungszusammenhangs geschehen. Eine wesentliche Hilfe stellten hier die bereits in den Editionen vorgenommenen Zuordnungen zu einzelnen Themenbereichen oder wie im Falle des Freiberger Stadtrechts die durch den Text und das Register bereits in der Handschrift angelegte Ordnung des Stadtrechts nach verschiedenen Sachgebieten. Häufig lässt sich eine solche bereits bei der Abfassung angelegte Ordnung allerdings nicht nachweisen, da es

528 http://woerterbuchnetz.de/Lexer/.

sich vielfach um Bedarfsaufzeichnungen handelt, die, wenn überhaupt, erst in späteren Redaktionen eine nach Sachgebieten strukturierte Ordnung erhalten.

Tabelle 1: Beispiel für die Datenerfassung (Carl Mollwo. Das rote Buch der Stadt Ulm. Württembergische Geschichtsquellen Bd. 8. Stuttgart 1904.)

Textstelle	Rechtszusammenhang	Paarformel	Schlagwort 1	Konj.	Schlagwort 2
S. 24, Art. 9	Vereinbarung zwischen Bürgern und Handwerkern	unfrid und unzuht	un-vride	und	un-zuht
S. 24, Art. 9	Vereinbarung zwischen Bürgern und Handwerkern	gebott und gesetzt	gebieten	und	gesetzen
S. 24, Art. 9	Vereinbarung zwischen Bürgern und Handwerkern	gestillen noch geschlichten	gestillen	noch	geslihten
S. 24, Art. 9	Vereinbarung zwischen Bürgern und Handwerkern	ze halten und ze haben	halten	und	haben

Ausgehend von der Annahme, dass mit begriffsbildenden Wortpaaren und Paarformeln Rechtsbegriffe gebildet werden, lässt sich der Untersuchungsgegenstand nach den durch die Wortverbindungen gebildeten heutigen Rechtsbegriffen gliedern. Diese juristischen Begriffe wurden unter Verwendung des Juristischen Wörterbuchs Gerhard Köblers[529], dem Deutschen Rechtswörterbuch [DRW][530] und dem Wörterbuch der deutschen Urkundensprache [WMU][531] sowie dem Handwörterbuch zur deutschen Rechtsgeschichte [HRG][532] ermittelt. Damit soll in keiner Weise angedeutet werden, dass sich die jeweiligen heutigen Begriffe in irgendeiner Form aus den mittelalterlichen Begriffen gebildet haben oder gar eine Übereinstimmung in den Rechtsauffassungen unterschiedlicher Epochen postuliert werden, sondern lediglich ein System zur Kategorisierung der Formeln auf semantischer Basis geschaffen werden, um davon ausgehend, Rückschlüsse ziehen

529 Köbler: Juristisches Wörterbuch.

530 http://drw-www.adw.uni-heidelberg.de/drw/.

531 Wörterbuch der mittelhochdeutschen Urkundensprache auf der Grundlage des „Corpus der altdeutschen Originalurkunden bis zum Jahr 1300“, hrsg. v. Bettina Kirschstein und Ursula Schulze, Berlin 1994–2010, WMU.

532 HRG.

zu können, über welche semantischen Eigenschaften die einzelnen Paarformeln verfügen und welche Funktion sie in mittelalterlichen Rechtstexten übernehmen.

Als semantische Eigenschaften werden hier die Möglichkeiten verstanden, die den Schreibern zur Verfügung standen, um einen rechtlichen Sachverhalt inhaltlich zu erfassen. Diese können je nach bezeichnetem Rechtsbegriff sehr unterschiedlicher Natur sein. So kann z.B. der Rechtsbegriff *natürliche Person* durch geschlechtsspezifische Begriffe (*man unde wîp*) oder durch rechtliche Differenzierung (*phaffe unde leie*) erfasst werden, der Rechtsbegriff *Eigentum* durch die Unterscheidung zwischen beweglichem und unbeweglichem Eigentum (*hab unde guot*) oder durch die Differenzierung im Hin-blick auf die Verfügungsgewalt, die der Eigentümer über sein Eigentum hat (*eigen und erbe*). Diese Kategorisierung bietet zudem die Möglichkeit, die Vielfalt und Variabilität bei der Bildung und Verwendung rechtsrelevanter Begrifflichkeiten innerhalb der (sich entwickelnden) Rechtssprache darzustellen.

Die Untersuchung wird nicht alle in den Texten belegten Nachweise umfassen. Dies ist zum einen in der Menge der erfassten Belege (5.169) begründet, zum anderen erscheint es wenig aufschlussreich, Formeln bzw. formelhafte Verbindungen zu untersuchen, die im Textkorpus lediglich einmal nachweisbar sind. Analysiert werden Belege aus den Bereichen ‚Gesetzgebung', ‚Gewere', ‚Veräußerung', ‚Verfahrensrecht' und ‚Strafrecht' sowie die Möglichkeiten zur Bezeichnung von ‚natürlichen Personen'. Daneben wird besonders auf Formeln eingegangen, die in der Forschung große Aufmerksamkeit gefunden haben (*minne unde rëht, âne arclist unde geverde, hûs unde hof*) sowie verschiedene hoch frequent belegte Formeln. Die Belege, die im Rahmen dieser Untersuchung keine Beachtung gefunden haben, sind allerdings in Anlage 1 mit aufgeführt.

Bereits bei der Zuordnung der Belege zu einem Rechtsbegriff wird deutlich, dass sich zum einen eine Reihe von Paarformeln bzw. begriffsbildenden Wortpaaren unter einen juristischen Begriff fassen lassen, zum anderen, dass einige Paarformeln bzw. begriffsbildende Wortpaare je nach Verwendungszusammenhang unterschiedlichen Begriffen zugeordnet werden können. Die im Folgenden vorgenommene tiefergehende semantische Untersuchung der belegten Paarformeln und begriffsbildenden Wortpaare kann unter Berücksichtigung der rechtshistorischen Realität eventuell über die Mittel Aufschluss geben, die dem Schreiber zur Verfügung stehen, um sich unmissverständlich auszudrücken. Darüber hinaus soll aufgedeckt werden, in welchem Zusammenhang/in welchen Kontexten und aus welchem Grund bestimmte Formulierungen genutzt werden. Der Schwerpunkt der nachfolgenden Analyse liegt speziell und somit ausschließlich auf der Bedeutung der Verwendung in Rechtstexten. Eine Analyse in anderen Zusammenhängen und anderen Textsorten erfordert einen modifizierten Zugang und würde voraussichtlich andere Ergebnisse zeitigen.[533] Eine vergleichende Analyse zur Semantik von Paarformeln in rechtlichen und literarischen Kontexten wäre sicherlich sehr aufschlussreich, stellt bis heute jedoch ein Forschungsdesiderat dar.

Grundlage für die Bestimmung der Semantik der einzelnen Glieder wie auch der Paarformeln bzw. begriffsbildenden Wortpaare als Einheit sind die bereits o.g. einschlägigen Wörterbücher LEXER, DRW, WMU sowie das HRG. Gerade bei den nahezu synonymen Wortpaaren erweist sich diese eingehende Betrachtungsweise zur Differenzierung der verwendeten Lexeme als notwendig, um die bisweilen nur geringen, aber dennoch vorhandenen Unterschiede in Semantik und rechtlicher Bedeutung der Einzelglieder herauszuarbeiten und so den Gesamtbegriff zu erfassen.

Eine weitere Frage, die anhand der zusammengetragenen Belege berührt werden soll, ist diejenige nach regionalen Besonderheiten bzw. überregionaler Einheitlichkeit in der Formulierung von Rechtssätzen. Auch wenn hier nur ein kleiner Ausschnitt der mittelalterlichen Rechtssprache betrachtet wird, lassen sich so möglicherweise Anhaltspunkte für eine (beginnende) Überregionalität[534] der Rechtssprache im Bereich der Lexik aufzeigen. Inwieweit dies als Zeichen für eine ‚gesamtdeutsche Fachsprache des Rechts im Mittelalter' gewertet werden kann, wird jedoch vorerst offen bleiben.

Abschließend sollen anhand verschiedener ausgewählter formelhafter Verbindungen phraseologische Entwicklungslinien dargestellt werden. Hier sollen v.a. Wandelprozesse, denen Paarformeln und begriffsbildende Wortpaare unterliegen, näher betrachtet werden. Es soll exemplarisch aufgezeigt werden, aus welchem Grund einige formelhafte Verbindungen erhalten bleiben, andere hingegen aussterben. In diesem Zusammenhang wird zu fragen sein, ob in den konkreten Fällen eine „Konkurrenz der Ausdrucksmittel und damit ein Ausgangspunkt für einen Selektionsprozess"[535] vorliegt oder ob außersprachliche

533 Verwendungsweise verstehe ich mit Gerd Fritz als „ein ganz bestimmtes Verwendungspotential eines Ausdrucks.", Gerd Fritz: Historische Semantik, 2., aktualisierte Aufl., Stuttgart 2006, S. 13.

534 Für Fachsprachen gilt nach Kalverkämper, dass sie neben weiteren Merkmalen "grundsätzlich überregional" sind, vgl. Hartwig Kalverkämper: Fachsprachen und Fachsprachenforschung, in: Fachsprachen. Ein internationales Handbuch zur Fachsprachenforschung und Terminologiewissenschaft, Teilbd. 1, hrsg. v. Lothar Hoffmann u.a., Berlin u.a. 1998, S. 48 (Handbücher zur Sprach- und Kommunikationswissenschaft 14).

535 Kern: Historische Semantik, S. 72.

Faktoren wie z.B. eine veränderte rechtliche Situation für das Aussterben des einzelnen Phraseologismus verantwortlich sind.

Da als eine Voraussetzung für das Fortbestehen formelhafter Ausdrücke ihre Bildlichkeit und ihre Remotivierbarkeit angesehen wird, werden hier v.a. Idiomatisierungsprozesse und ihre möglichen Gründe näher betrachtet. Wenn für die weitere Verwendung eines Ausdrucks ihre Bildlichkeit vorausgesetzt wird, ist umgekehrt davon auszugehen, dass gerade diejenigen Ausdrücke, die über eine geringe Bildlichkeit verfügen, aussterben. Inwieweit sich diese These in Bezug auf die in rechtlichen Kontexten auftretenden Paarformeln und begriffsbildenden Wortpaare aufrechterhalten lässt und welche Faktoren darüber hinaus noch Einfluss auf Weiterleben oder Aussterben dieser formelhaften Wendungen haben können, soll hier exemplarisch untersucht werden.

Um zu vermeiden, dass die untersuchten Wortpaare unterschiedlich stark verwendeten Sachgebieten zuzuordnen sind, sollen jeweils ein noch heute verwendetes und ein ausgestorbenes Wortpaar untersucht werden:

hûs unde hov vs. *hûsen unde hoven* (Hausfriedensbereich)
habe und guot vs. *eigen unde erbe* (Besitz/Gewere)

3. Korpuszusammenstellung

Die dieser Arbeit zugrunde liegende Textsammlung bemüht sich, als Korpus dem Anspruch auf Exemplarität gerecht zu werden;[536] Basis bilden die bisher

536 Zur allgemeinen Problematik sprachhistorischer Korpora vgl. Walter Hoffmann: Probleme der Korpusbildung in der Sprachgeschichtsschreibung und Dokumentation vorhandener Korpora, in: Sprachgeschichte. Ein Handbuch zur Geschichte der deutschen Sprache und ihrer Erforschung, 1. Teilbd., hrsg. v. Werner Besch u.a., 2., vollst. neu bearb. und erw. Aufl., Berlin/New York 1998 (Handbücher zur Kommunikations- und Sprachwissenschaft 2.1), S. 875–889 [Hoffmann: Korpusbildung]; Klaus-Peter Wegera: Grundlagenprobleme einer mittelhochdeutschen Grammatik, in: Sprachgeschichte. Ein Handbuch zur Geschichte der deutschen Sprache und ihrer Erforschung, 2. Teilbd., hrsg. v. Werner Besch u.a., 2., vollst. neu bearb. und erw. Aufl., Berlin/New York 2000 (Handbücher zur Kommunikations- und Sprachwissenschaft 2.2), S. 1304–1320 [Wegera: Grundlagenprobleme]; ders.: Language data exploitation: design and analysis of historical language corpora, in: New Methods in Historical Corpora, hrsg. v. Paul Bennett u.a., Tübingen 2013, S. 55–73; Franz Simmler: Zur Bedeutung textsortengebundener Materialkorpora für die Erforschung der deutschen Sprachgeschichte, in: Korpuslinguistik deutsch: synchron - diachron - kontrastiv, hrsg. v. Johannes Schwitalla und Werner Wegstein, Tübingen 2005, S. 189–199; Lenka Vaňková: Überlegungen zum Erstellen von

verfügbaren Editionen der einzelnen Stadtrechte. Dieses Vorgehen erscheint insofern gerechtfertigt, als dass Varianzen im Bereich der Orthographie oder in den Editionen eingefügte moderne Interpunktion keinen Einfluss auf die vorliegende Arbeit und ihre Ergebnisse haben. Ein Abgleich der Editionen mit den einzelnen Handschriften ist sicherlich wünschenswert, kann hier jedoch nicht geleistet werden.

Hoffmanns Katalog zur Erstellung sprachhistorischer Korpora berücksichtigt die folgenden Kategorien:

- „Zeit/Datierung,
- Raum/Lokalisierung,
- Produzent(en)/Biographie,
- Textsorte (Gattung),
- Überlieferungsform (Handschrift oder Druck; Sonderfall der Edition),
- ‚stemmatologischer' Ort des konkreten Textzeugen (Autograph bis hin zu Abschrift, Nachdruck),
- Sprachform (Vers – Prosa),
- Publikum/Adressaten."[537]

Dabei merkt er an, dass „im Normalfall nur einzelne Kategorieausprägungen berücksichtigt werden müssen bzw. können."[538] Für das Korpus der vorliegenden Arbeit werden insbesondere die Kategorien ‚Zeit/Datierung' und ‚Raum/Lokalisierung' berücksichtigt und hinsichtlich des Untersuchungsgegenstandes modifiziert. So muss z.B. für das Kriterium ‚Raum/Lokalisierung' nicht nur die geographische Lokalisierung eines Textes n, sondern ebenfalls seine ‚rechtliche Lokalisierung' bzw. die Zugehörigkeit zu einer Stadtrechtsfamilie und somit die Abhängigkeit von verwandten Rechtstexten betrachtet werden. Die Kategorie ‚Textsorte', die bei der Erstellung historischer Korpora grundsätzlich beachtet werden sollte,[539] konnte in Anbetracht der bereits zu Beginn beschlossenen Beschränkung auf Rechtstexte ‚statuarischer Gesetzgebung' im Weiteren außer Acht gelassen werden.

Korpora spätmittelalterlicher und frühneuzeitlicher Fachsprachen, in: Grundlagen einer sprachwissenschaftlichen Quellenkunde, hrsg. v. Arnulf Deppermenn u.a., Tübingen 2013, S. 159–172.

537 Hoffmann: Korpusbildung, S. 879.

538 Hoffmann: Korpusbildung, S. 879.

539 „Zeit/Datierung", „Raum/Lokalisierung" und „Textsorte" werden auch von Wegera als grundlegend für ein strukturiertes Korpus genannt, vgl. Wegera: Grundlagenprobleme, S. 1306.

Die für die Erstellung des Korpus relevanten Kriterien sind somit:

- Zeit,
- Schreibsprachraum,
- Rechtsraum (Stadtrechtsfamilien).

Die gewählte Textsorte ‚statuarische Gesetzgebung' soll im Folgenden kurz definiert und die Beschränkung auf diese begründet werden. Ebenso soll die Relevanz von ‚Rechtsraum' bzw. ‚Stadtrechtsfamilie' für die Auswahl der Texte dargestellt werden.

Statuarische Gesetzgebung

Als Texte statuarischer Gesetzgebung lassen sich Überlieferungszeugen bezeichnen, die in einem Statuten- oder Stadtbuch gesammelt Rechtsnormen in Form von Statuten, Willküren o.ä. enthalten. Dabei ist es unerheblich, ob diese von einem Rat als bürgerlichem Organ in Form von Willküren gesetzt oder vom Stadtherrn als obrigkeitliche Satzung erlassen werden.

Eine Eingrenzung auf Texte, die ausschließlich vom Rat erlassen wurden, erweist sich im Hinblick auf eine möglichst breite geographische Streuung der Texte als kaum praktikabel, da in einigen Herrschaftsgebieten die Landes- bzw. Stadtherrn ihre Herrschaft und damit ihren Einfluss auf die Gesetzgebung der Städte das gesamte Mittelalter über aufrechterhalten können (vgl. Kap. VI. 1.). Eine Ausweitung auf andere Quellen städtischen Rechts wie Urkunden, Gerichtsbücher oder Privilegienbücher kommt nicht in Betracht, da davon auszugehen ist (gerade in Bezug auf die hochformalisierten Urkunden), dass diese Texte aufgrund abweichender Sprachtradition oder eines anderen Verwendungszwecks einen anderen Sprachgestus aufweisen als Rechtsnormen (präventiven Charakters).

Eine Ausnahme bildet hier das Magdeburger Schöffenrecht, das wegen seiner Strahlkraft auf die Städte des Magdeburger Rechtskreis aufgenommen wurde.

Rechtsraum/Stadtrechtsfamilie

Bei der Auswahl der Texte ist notwendig, auf die Zugehörigkeit eines Textes zu einer Stadtrechtsfamilie zu achten. Stadtrechtsfamilien entstehen durch die Weiterverleihung von Rechten auf stadtherrliche Initiative oder auf Anfrage von Rat zu Rat. Dabei bitten jüngere Städte häufig um das Recht einer älteren Stadt (erprobtes Recht).[540] Die mit einem Recht bewidmete Stadt (Tochterstadt) bleibt der Stadt, deren Recht sie erhält (Mutterstadt), meist durch den Rechtszug zum Oberhof

540 Engel: Stadt des Mittelalters, S. 84f.

verbunden.[541] Als Oberhof werden Gerichte bezeichnet, die als Auskunftsstelle für andere Gerichte oder Personen fungieren.[542] Grundlage dieser Rechtsauskünfte ist das vorherrschende oder angenommene Gefälle in der Rechtserfahrung sowie die Tatsache, dass die Rechte der Mutterstädte zumeist durch Privilegien abgesichert sind.[543]

Die Übernahme eines Stadtrechts kann verschieden stark ausgeprägt sein. Bei der Neugründung von Städten wird diesen häufig von den Stadtherren das Recht einer älteren Stadt verliehen. Diese Verleihung kann dabei als ‚pauschale Verweisung' auf das jeweilige Recht geschehen, aber auch durch die Übergabe eines am Recht der Mutterstadt ausgebildeten Stadtrechts vorgenommen werden. Die Übernahme auf Anfrage einer Tochterstadt an eine Mutterstadt findet per schriftlicher Rechtsmitteilung statt. Dabei konnten entweder lediglich einzelne Rechtsauskünfte, aber auch das gesamte Stadtrecht erfragt werden. Häufig sind diese Anfragen erst der Anlass zur Verschriftlichung des eigenen Rechts.[544]

Die Ausbildung von Stadtrechtsfamilien verläuft im Altsiedelland in kleinerem Rahmen als in den Neusiedelgebieten des Ostens und Nordostens. Dort können sowohl Magdeburg als auch Lübeck große Rechtsfamilien ausbilden, wohingegen die Verbreitung eines Stadtrechts im Westen und Südwesten bis auf wenige Ausnahmen aufgrund der gewachsenen städtischen Strukturen eher räumlich geprägt ist.

Da die Spannweite bei der Übertragung eines Stadtrechts von einer Mutterstadt auf eine Tochterstadt von pauschaler Verweisung bis hin zur wörtlichen Übernahme von Rechtssätzen reichen kann, müssen die Texte daraufhin überprüft werden, ob sie einer Rechtsfamilie angehören. Ist dies der Fall, muss der Grad der Abhängigkeit bestimmt und bei der Auswertung der Textbelege berücksichtigt werden. Beispiele für die stadtrechtlichen Verflechtungen einiger Städte des Untersuchungskorpus bietet Karte II im Anhang.

Zeitraum

Die Texte umfassen den Zeitraum von der Mitte des 13. Jahrhunderts bis zur Mitte des 15. Jahrhunderts. Der terminus post quem ist durch das vermehrte Auftreten volkssprachlicher Stadtrechtstexte vorgegeben, das im 13. Jahrhundert einsetzt. Als terminus ante quem wird der Beginn der sog. Stadtrechtsreformationen gewählt.

541 vgl. Bader/Dilcher: Rechtsgeschichte, S. 626.
542 vgl. Köbler: Juristisches Wörterbuch, S. 300.
543 vgl. Bader/Dilcher: Rechtsgeschichte, S. 626ff.
544 vgl. Karl Kroeschell: Art. Stadtrecht, -sfamilien, in: LMA, Bd. VIII, Sp. 24–26.

Der gesetzte Abschnitt umfasst somit sowohl mittelhochdeutsche als auch frühneuhochdeutsche Textzeugen und deckt folglich den gesamten für die vorliegende Untersuchung relevanten Zeitraum ‚mittelalterlicher Rechtssprache' ab. Folgt man der Einteilung Eberhard Freiherr von Künßbergs[545] und Otto Gönnenweins[546], so lassen sich bezogen auf den Einfluss des Lateinischen auf die deutsche Rechtssprache vier Perioden der deutschen Rechtssprache skizzieren:

1. von den Anfängen bis zum 13. Jahrhundert: die Rechtsquellen sind lateinisch, die Volkssprache wird nur im mündlichen Rechtsverkehr angewendet,
2. vom 13. Jahrhundert bis zur Rezeption des römischen Rechts: „Blütezeit der deutschen Rechtssprache". Schriftsprache der Gesetze vorwiegend deutsch,
3. Rezeption des römischen Rechts (ab ca. 1500) bis zur Zeit der großen Rechtskodifikationen (Ende 18./Anfang 19. Jahrhundert): Wiedereindringen des Lateinischen in die deutsche Rechtssprache,
4. Zeit der großen Rechtskodifikationen wie dem Preußischen Allgemeinen Landrecht.[547]

Die Stadtrechtsreformationen des späten 15. und beginnenden 16. Jahrhunderts werden dementsprechend zu einer Zeit vorgenommen, die als Höhepunkt der Rezeption des römischen Rechts gilt. Mit Rezeption wird dabei ein komplexer, kulturhistorischer und sozialhistorisch-soziologischer Prozess bezeichnet, der sich im Wesentlichen in der Auf- und Übernahme des römisch-kanonischen Rechts in Europa widerspiegelt.[548] Er ist gekennzeichnet durch Verwissenschaftlichung des Rechtsdenkens und der Rechtspraxis (orientiert an Systematik, Dogmatik und Methode der Quellen des ius commune). Diese Entwicklung findet auch Niederschlag in der Sprache der Texte, so lassen sich vermehrt Fremd- und Übersetzungslehnwörter in den Texten nach 1500 nachweisen.[549] Wie bereits Besch und Matzinger-Pfister gezeigt haben, fungieren Paarformeln hier häufig als

545 Schröder/Künßberg: Rechtsgeschichte, S. 707ff.

546 vgl. Gönnenwein: Juristisches Vokabular, S. 42.

547 vgl. Schmidt-Wiegand: Rechtssprache, Sp. 348f.

548 Eine frühe Phase der Rezeption findet zwar bereits im 12. Jahrhundert statt, da aber alle Texte nach dieser ersten Rezeptionsphase entstanden sind, kann sie für die Untersuchung als unerheblich betrachtet werden, vgl. Hans Schlosser: Grundzüge der Neueren Privatrechtsgeschichte. Rechtsentwicklungen im europäischen Kontext, 10., neu bearb. und erw. Aufl., Heidelberg 2005, S. 4f.

549 vgl. Schmidt-Wiegand: Rechtssprache, Sp. 349.

Übersetzungsvehikel[550], sie übernehmen somit eine vollkommen andere Funktion als ihnen in der Rechtssprache vor der Rezeption des römischen Rechts zugewiesen wird. Von daher ist eine Begrenzung der Textauswahl auf Texte, die vor dieser Rezeption entstanden sind, begründbar.

Schreibsprachaum

Die Texte umfassen den gesamten deutschen Sprachraum mit seinen Schreibsprachenräumen, wobei eine möglichst gleichmäßige Verteilung über die Sprachräume angestrebt wird. Jeder Sprachraum wird durch zumindest einen Text vertreten, um so einer Verfälschung der Untersuchungsergebnisse entgegenzuwirken.

Die Bestimmung der Sprachräume folgt der Einteilung der Mittelhochdeutschen Grammatik von Hermann Paul[551] und den Angaben des Marburger Repertoriums.[552]

Tabelle 2: Sprachräumliche Verteilung der Textzeugen.

Sprachraum		Stadtrechte	
Alemannisch	niederalemannisch	Schlettstatt [SStbA]	oberdeutsch
		Freiburg [STrFB]	
Schwäbisch	schwäbisch	Ravensburg [STrR]; Ulm [RBU]	
	ostschwäbisch	Augsburg [StbA]	
Nordbairisch (Nürnbergisch)		Nürnberg [SbAN]	
Ostfränkisch		Bamberg [StrB]; Würzburg [WüPo]	
Rheinfränkisch-Hessisch		Frankfurt [StrF]	mitteldeutsch
Mittelfränkisch/Moselfränkisch		Koblenz [StrsK]	
Ostmitteldeutsch/Obersächsisch		Freiberg/Sachsen [StrFS]	
Westfälisch		Kalkar [StrK]; Osnabrück [StrO]; Soest [ASS]	niederdeutsch
Ostfälisch		Braunschweig [StrBr]; Goslar [StrG]	
Elbostfälisch		Magdeburg [MBSchr]	
Nordniederdeutsch		Bremen [StrHB]; Hamburg [HOb]	
Ostniederdeutsch/Ostelbisch		Lübeck [StrL]	

Eine Karte zur geographischen Verteilung der verwendeten Textzeugen findet sich im Anhang: Karte I.

550 vgl. Besch: Zweigliedriger Ausdruck, S. 200ff.; Matzinger-Pfister: Urkundensprache, S. 85ff.; Bauer: Zweigliedrigkeit, S. 175ff.; Schmidt: plus ultra, S. 36ff.

551 vgl. Paul: Grammatik, S. 3ff.

552 Online verfügbar unter: www.mr1314.de.

VI. Textauswahl

Im Folgenden werden die einzelnen Städte, deren Stadtrechte in die Untersuchung einfließen in alphabetischer Reihenfolge vorgestellt. Dabei werden die Städte zunächst einem der vorgestellten Städtetypen zugeordnet und dann kurz auf ihre Entstehung und Entwicklung eingegangen, da diese Faktoren Einfluss auf die von den Städten eigenständig gesetzten rechtlichen Bestimmungen haben. Daran anschließend wird kurz auf die gewählten Editionen eingegangen. Hier konzentriert sich die Darstellung auf die den Editionen zugrunde liegenden Editionsprinzipien.

1. Städte

Augsburg

Augsburg zählt zu den sich aus alten Bischofsstädten entwickelnden Freien Reichsstädten. Die Stadt geht auf die römische Gründung Augusta Vindelicum zurück und überstand als spätantike Siedlung die Völkerwanderungszeit.[553] Ob allerdings das für die Spätantike vermutete Bistum Augsburg die Völkerwanderungszeit überstanden hat, lässt sich nicht nachweisen. Unter den Ottonen entwickelte sich die Stadt zum Ausgangspunkt für Italienfahrten der Kaiser und zum Ort von Hoftagen.[554]

Im 12. Jahrhundert gerät die Stadt in den Auseinandersetzungen zwischen Staufern und Welfen zwischen die Fronten. 1132 wird Augsburg als vermutetes Machtzentrum der Staufer vollständig zerstört, aber bereits einige Jahre später von der Bürgerschaft neu errichtet. In dieser Zeit wird auch der Dom erweitert und zahlreiche Klöster und Stifte gegründet. Unter Friedrich Barbarossa, der

553 vgl. Joachim Gruber: Art. Augsburg (Augsburg in der Spätantike), in: LMA, Bd. I, Sp. 1211–1212, vgl. hierzu auch: Lothar Bakker: Die Anfänge der Zivilsiedlung Augusta Vindelicum, in: Geschichte der Stadt Augsburg. 2000 Jahre von der Römerzeit bis zur Gegenwart, 2. Aufl., Stuttgart 1985, S. 34–41; Lothar Bakker: Augsburg in spätrömischer Zeit, in: ebd., S. 78–87 und Volker Bierbrauer: Alamannische Besiedlung Augsburgs und seines näheren Umlandes, in: ebd., S. 87–100.

554 vgl. Georg Kreuzer: Art. Augsburg (Bistum und Stadt im Früh- und Hochmittelalter), in: LMA, Bd. I, Sp. 1212, vgl. hierzu auch: Walter Sage: Frühes Christentum und Kirchen aus der Zeit des Übergangs, in: Geschichte der Stadt Augsburg. 2000 Jahre von der Römerzeit bis zur Gegenwart, 2. Aufl., Stuttgart 1985, S. 100–112 und Georg Kreuzer: Augsburg in fränkischer und ottonischer Zeit (ca. 550–1024). Bischof Ulrich von Augsburg, in: ebd., S. 115f. [Kreuzer: Bischofsstadt].

vermutlich, um die Stadt noch enger an sich zu binden, auch die Vogteigewalt über diese erwirbt, erlangt Augsburg eine zentrale Rolle im Reich. Diese kann die Stadt, wie auch den 1235 verbrieften Status als Reichsstadt, während der gesamten Stauferherrschaft behaupten. Der politische Aufstieg der Stadt geht einher mit einer topographischen Ausdehnung und dem Anwachsen der Bevölkerung.[555] Eine erste schriftliche Niederlegung Augsburger Rechtsgewohnheiten wird 1156 auf Verlangen Friedrich Barbarossas veranlasst.[556]

Wie einer Urkunde Konrads II. zu entnehmen ist, verfügt Augsburg um 1030 über das Marktrecht.[557] Die sich im 11. Jahrhundert ausprägende Kaufmannssiedlung untersteht, wie sich auch im Stadtrecht von 1156 zeigt, zunächst der bischöflichen Herrschaft, verkörpert durch Präfekten bzw. Burggrafen. Für die Mitte des 13. Jahrhundert lassen sich erste Belege für einen Rat als Repräsentanten der Bürgergemeinde finden, in diese Zeit fallen auch „die entscheidenden Jahre der Emanzipation der Bürgerschaft von ihrem alten Herren, dem Bischof."[558] Nach und nach gelingt es der Bürgerschaft, Befugnisse im Rahmen der städtischen Verwaltung an sich zu bringen: Gewalt und Obhut über die Stadttore, Steuererhebung, Ungelderhebung. Auch wenn es dem Bischof gelingt, zeitweilig noch einmal seinen Anspruch auf die Stadtvogtei durchzusetzen, geht diese schließlich doch auf die Könige über und wird von König Rudolf I. mit der Straßvogtei und Hochstiftsvogtei zur Reichslandvogtei Augsburg vereinigt. Dies zeigt sich auch im Stadtbuch von 1276, in dem ausschließlich vom *chuneges vogt* die Rede ist.

Im Verlauf des 13. Jahrhunderts gewinnt die Bürgerschaft das Recht der Ungelderhebung und der Münze, die Stadtvogtei gelangt aber über Verpfändung an den Bischof, wird jedoch Ende des 13. Jahrhunderts von König Rudolf I. mit der

555 vgl. Pankraz Fried: Augsburg unter den Staufern (1132–1268), in: Geschichte der Stadt Augsburg. 2000 Jahre von der Römerzeit bis zur Gegenwart, 2. Aufl., Stuttgart 1985, S. 127ff.

556 RI IV,2,1 n. 406, in: Regesta Imperii Online, URI: http://www.regesta-imperii.de/id/1156-06- 21_1_0_4_2_1_408_406 (abgerufen am 09.09.2014), Druck: MGH DD FI Nr. 147, vgl hierzu: Wolfram Baer: Das Stadtrecht vom Jahre 1156, in: Geschichte der Stadt Augsburg. 2000 Jahre von der Römerzeit bis zur Gegenwart. Hrsg. v. Gunther Gottlieb, Wolfram Baer und Joseph Becker. 2. Aufl. Stuttgart 1985, S. 132f.

557 RI III,1 n. 150, in: Regesta Imperii Online, URI: http://www.regesta-imperii.de/id/1030-01-17_1_0_3_1_0_268_150 (abgerufen am 09.09.2014), vgl. Kreuzer: Bischofsstadt, S. 125.

558 Wolfram Baer: Der Weg zur königlichen Bürgerstadt (1156–1276), in: Geschichte der Stadt Augsburg. 2000 Jahre von der Römerzeit bis zur Gegenwart. Hrsg. v. Gunther Gottlieb, Wolfram Baer und Joseph Becker. 2. Aufl. Stuttgart 1985, S. 136. [Baer: Bürgerstadt].

Straßvogtei und Hochstiftsvogtei zur Reichslandvogtei Augsburg vereinigt.[559] Zu Beginn des 14. Jahrhunderts erlangt Augsburg von Ludwig dem Bayern die Bestätigung der Stadtrechte, das *privilegium de non evocando*[560] und den Status einer unveräußerlichen Reichsstadt.[561] Wie in vielen anderen Städten des Reichs wird auch Augsburg seit der Mitte des 14. Jahrhundert von Zunftaufständen erschüttert. Das wirtschaftlich erstarkte Handwerkertum wie auch die Kaufleute verlangen größere Teilhabe an den politischen und wirtschaftlichen Geschicken der Stadt und erheben sich gegen die Ratsgeschlechter. Diese unterliegen letzen Endes, so dass es zur Ausbildung einer Zunftverfassung (1368) kommt.[562]

Wirtschaftlich nimmt Augsburg im deutschen Reich bis zum Ende des 13. Jahrhundert keine führende Rolle ein. Der Handel ist weitestgehend auf die Nahräume Bayern und Tirol beschränkt. Die städtischen Gewerke wie Tuchmacher und Lederer oder metallverarbeitende Gewerbe produzieren weitestgehend für den städtischen Bedarf. Allerdings lässt sich auch in geringem Maße Fernhandel nachweisen, der sich allerdings in der Hand weniger Familien befindet.[563]

Zum Zeitpunkt der Abfassung des Augsburger Stadtbuchs im Jahre 1276 ist Augsburg bereits von der bischöflichen Herrschaft befreit. Das Stadtbuch selbst gibt an, dass König Rudolf I. auf dem in Augsburg abgehaltenen Reichstag die Erlaubnis zur Niederschreibung der Rechte in einem Statutenbuch gibt.[564]

---

559 vgl. Wolfgang Zorn: Art. Augsburg (Bistum und Stadt im Spätmittelalter), in: LMA, Bd. I, Sp. 1213–1215; Baer: Bürgerstadt, S. 16ff.

560 [RI VII] H. 5 n. 3, in: Regesta Imperii Online, URI: http://www.regesta-imperii.de/id/1315-01-20_1_0_7_5_0_3_3 (abgerufen am 09.09.2014).

561 [RI VII] H. 5 n. 20, in: Regesta Imperii Online, URI: http://www.regesta-imperii.de/id/1316-01-09_2_0_7_5_0_20_20 (abgerufen am 09.09.2014).

562 vgl. Zorn: Augsburg, Sp. 1213–1215, vgl. hierzu: Friedrich Blendinger: Die Zunfterhebung von 1368, in: Geschichte der Stadt Augsburg. 2000 Jahre von der Römerzeit bis zur Gegenwart, 2. Aufl., Stuttgart 1985, S. 150–153.

563 vgl. Peter Lengle: Handel und Gewerbe bis zum Ende des 13. Jahrhunderts, in: Geschichte der Stadt Augsburg. 2000 Jahre von der Römerzeit bis zur Gegenwart, 2. Aufl., Stuttgart 1985, S. 166ff.

564 „[…] do von gotes gebverte waren tusent iar zwai hundert iar sehs unde sibenzic iar […], daz die biderben burger […] von Auspurch durh ir triwe unde durh ganze raehticheit ze unserm herren kunch Rudolfe chomen unde im furleiten umbe sogetanen gebraesten unde umbe elliu diu aeht diu disiu stat ze Auspurch von alten ziten […] herbraht hete […]. Da begnate uns unser herre kunch Růdolf mit unde bechante uns unserr raehte […].“, Christian Meyer: Das Stadtbuch von Augsburg, insbesondere das Stadtrecht vom Jahre 1276. Nach der Originalhandschrift zum ersten Male hrsg. u. erläutert v. Christian Meyer, Augsburg 1872, S. 1 [Meyer: Stadtbuch Augsburg].

Bamberg

Die Bischofsstadt Bamberg[565] kann sich nie gänzlich von der Herrschaft der Bischöfe befreien und muss dementsprechend den Territorialstädten zugeordnet werden.

Der Name Bamberg ist erst für das 10. Jahrhundert belegt, aufgrund archäologischer Funde kann jedoch davon ausgegangen werden, dass der Ort bereits im 8. Jahrhundert besiedelt war.[566] Hildegard Weiß setzt den Stammsitz der Babenberger, das *castrum babenberg*, mit der Siedlung Bamberg gleich.[567] Die Stadt ist das gesamte Mittelalter über geistlich geprägt und in verschiedene Immunitäten unterteilt, die seit dem 13. Jahrhundert vom Domstift dominiert werden.[568] Diese stark ausgeprägten Immunitäten hemmen das wirtschaftliche Wachstum der Stadt ebenso wie deren politische und soziale Entwicklung.[569] „Die Verwaltung der Stadt lag im 12. und 13. Jahrhundert [...] in Händen von bischöflichen Ministerialen."[570] Erst für den Beginn des 14. Jahrhundert ist ein Stadtrat, der sich aus der *universitas civium* gebildet hat, belegt, dieser bleibt aber in seiner Zusammensetzung und seinen Handlungen von der Zustimmung des Bischofs abhängig. Seine Existenz kann auch nicht für das gesamte 14. Jahrhundert als gesichert angesehen werden.[571]

Für die Entwicklung der Gerichtsbarkeit hält Bernhard Schimmelpfennig fest, dass der Bischof seit Bistumsgründung[572] oberster Gerichtsherr Bambergs ist. Sowohl die Niedergerichtsbarkeit (Schultheiß) als auch die Hoch- oder Blutsgerichtsbarkeit (Zentvogt) wird seit dem Ende des 12. Jahrhundert durch einen bischöflichen Beamten ausgeübt. Dem Schultheiß steht ein Gremium von Bürgern

565 Bamberg wurde 1007 von Kaiser Heinrich II. zum Bistum erhoben, vgl. Hildegard Weiß: Stadt und Landkreis Bamberg, München 1974, S. 9 [Weiß: Stadt Bamberg].

566 vgl. Bernhard Schimmelpfennig: Art. Bamberg (Stadt, Geschichte und Archäologie), in: LMA, Bd. I, Sp. 1394–1397 [Schimmelpfennig: Bamberg].

567 vgl. Weiß: Stadt Bamberg, S. 6.

568 vgl. Bernhard Schimmelpfennig: Bamberg im Mittelalter. Siedelgebiete und Bevölkerung bis 1370, Lübeck/Hamburg 1964, S. 58ff. [Schimmelpfennig: Bamberg im Mittelalter]; Weiss: Stadt Bamberg, S. 35ff.

569 vgl. Harald Parigger: Das Bamberger Stadtrecht, hrsg. u. mit Erläuterungen zur Text- u. Überlieferungsgeschichte vers. v. Harald Parigger, Neustadt/Aisch 1983, S. 6 [Parigger: Bamberg].

570 Schimmelpfennig: Bamberg im Mittelalter, S. 76.

571 Schimmelpfennig: Bamberg im Mittelalter, S. 78.

572 zur Bistumsgründung und -entwicklung vgl. Weiß: Stadt Bamberg, S. 8ff.

(*iurisperiti*) zur Seite, für die aber erst seit dem 14. Jahrhundert die Bezeichnung ‚Schöffe' belegt ist.[573]

Auch wenn seit dem 12. Jahrhundert eine Beteiligung des Meliorats, bestehend aus Ministerialen, Kaufleuten und Handwerkern am Stadtgericht belegt ist, wird dieses weiterhin ausschließlich vom bischöflichen Schultheißen geleitet und in das Stadtrecht nur vom Bischof genehmigte Artikel aufgenommen.

Die Kämpfe um größere Selbständigkeit zwischen den Immunitäten und den Bürgern können die Immunitäten für sich entscheiden, so dass die Stadt immer mehr an Attraktivität für ihre Bürger und Neubürger verliert.[574] Während für Bamberg im Früh- und Hochmittelalter wohl auch aufgrund des erhöhten Warenbedarfs der geistlichen Fürsten auf eine rege Handelstätigkeit und ausgeprägten Fernhandel geschlossen werden kann[575], wird die Stadt bereits im 13. Jahrhundert in ihrer Bedeutung als Fernhandelsmarkt von Nürnberg übertroffen und verliert im Spätmittelalter kontinuierlich an Bedeutung und Bevölkerung.[576] Eine handwerkliche Spezialisierung auf besondere (Export-) Güter kann für Bamberg im Mittelalter nicht nachgewiesen werden, die Produktion von Konsumgütern scheint im Wesentlichen auf die am Ort benötigten täglichen Konsumgüter beschränkt gewesen zu sein.[577] Für das 14. Jahrhundert kann man auf eine zünftische Organisation des Handwerks schließen, dies spiegelt sich im Stadtrecht in der Erwähnung von Zunftzwang und geschworenen Meistern[578] wider.

Die Entstehung des Stadtrechts Ende des 14. Jahrhundert fällt in eine Zeit, in der die Bürgerschaft zwar selbstbewusst genug geworden ist, um die Fixierung einer Rechtsordnung durchzusetzen, allerdings nicht selbständig genug, um die Einflussnahme des Schultheißen, Bischofs oder Domkapitels zu unterbinden.[579]

---

573 vgl. Schimmelpfennig: Bamberg im Mittelalter, S. 58ff.

574 vgl. Schimmelpfennig: Bamberg, Sp. 1394–1397.

575 Schimmelpfennig führt hier an, dass das Recht Bamberger Kaufleute, zusammen mit dem der Regensburger und Würzburger Kaufleute, bereits 1062 den Fürthern als Vorbild gedient habe, vgl. Schimmelpfennig: Bamberg im Mittelalter, S. 69.

576 vgl. Schimmelpfennig: Bamberg, Sp. 1394–1397.

577 vgl. Zollverzeichnis von 1333, abgedruckt bei Karl Adolph Constantin Ritter von Höfler, Friedrich's von Hohenlohe, Bischofs von Bamberg, Rechtsbuch 1348, Bamberg 1852, S. 28ff.

578 vgl. Parigger: Bamberg, XXXVII. §§ 343ff.

579 vgl. Parigger: Bamberg, S. 6f.

Braunschweig

Braunschweig zählt zu den Hansestädten und übt bis zum zeitweiligen Ausschluss aus der Hanse eine regionale Führungsrolle aus. Die Stadt selbst entsteht am Fuß der um 1000 erbauten Festung Dankwarderode und besteht aus fünf zunächst rechtlich eigenständigen Weichbilden (Altstadt, Hagen, Neustadt, Altwiek, Sack), im Rahmen des Zusammenwachsens behält die Altstadt das ganze Mittelalter hindurch eine zentrale Position[580], während die einzelnen Stadtteile dennoch eigenständige Rechte wahren können.[581] Eine erste urkundliche Erwähnung Braunschweigs findet sich 1031 in einer Halberstädter Bischofsurkunde anlässlich der Weihung einer Pfarrkirche. [Urkunde Stadtarchiv BS AIII 7 Nr. 1]

Das Geschlecht der Brunonen fördert die Ausbildung der Siedlung durch die Gründung von Stiften und Kirchen nachhaltig,[582] darüber hinaus zeigt auch Heinrich der Löwe ein großes Interesse an der Stadt Braunschweig und macht sie zu einer Residenzstadt und damit zum Mittelpunkt welfischer Machtausübung.[583] Bereits für die Zeit um 1100 lässt sich anhand archäologischer Funde eine Ansiedlung von Kaufleuten und Handwerkern nachweisen, Reste einer Ummauerung aller fünf Stadtteile lassen sich auf das frühe 13. Jahrhundert datieren.[584]

Die günstige topographische Lage Braunschweigs im Schnittpunkt bedeutender Handelsstraßen und die Schiffbarkeit der Oker begünstigt die städtische und wirtschaftliche Entwicklung der Stadt. Manfred Garzman spricht für das 12. Jahrhundert von einem „Dualismus von befestigtem Fürstensitz als herrschaftlich bestimmten, rechtlichen Sonderbezirk einerseits und der an diese Burg angelehnten Siedlung mit mehreren, sozial unterschiedlich strukturierten Bevölkerungsgruppen andererseits“[585], die er als Händler, Handwerker, hofsässigen Adel und

---

580 vgl. Martin Last: Art. Braunschweig, in: LMA, Bd. II, Sp. 584 [Last: Braunschweig].

581 vgl. Bernd Schneidmüller: Stadtherr, Stadtgemeinde und Kirchenverfassung in Braunschweig und Goslar im Mittelalter, in: ZRG (KA) 79 (1993), S. 138f. [Schneidmüller: Stadtherr].

582 vgl. Claudia Märtl: Ostsachsen zur Zeit der Salier (1024–1125), in: Die braunschweigische Landesgeschichte. Jahrtausendrückblick einer Region, hrsg. v. Horst-Rüdiger Jarck und Gerhard Schildt, Braunschweig 2000, S. 171f. [Märtl: Ostsachsen].

583 vgl. Schneidmüller: Stadtherr, S. 138f.

584 vgl. Hartmut Rötting: Die Anfänge der Stadt Braunschweig, in: Die braunschweigische Landesgeschichte. Jahrtausendrückblick einer Region, hrsg. v. Horst-Rüdiger Jarck und Gerhard Schildt, Braunschweig 2000, S. 301–316.

585 Manfred Garzmann: Die Stadt Braunschweig im späten Mittelalter, in: Die braunschweigische Landesgeschichte. Jahrtausendrückblick einer Region, hrsg v. Horst-

Fernkaufleute identifiziert. Diese erhalten in einem Privileg von 1199 durch Otto IV. Zollfreiheit im gesamten Reich und königlichen Schutz.[586]

Im Rahmen der staufisch-welfischen Wirren befreit sich die Stadt von der königlichen Stadtherrschaft[587], bereits 1227, wohl infolge der Auseinandersetzung, bestätigt Herzog Otto das Kind verschiedene von der Altstädter Bürgerschaft schriftlich niedergelegte Rechtssammlungen - vermutlich althergebrachte Rechte - für Altstadt und Hagen. Diese Rechtssammlungen bilden die Grundlage der Stadtrechtsaufzeichnungen des 14. und 15. Jahrhundert[588]

Trotz dieser frühen schriftlichen Fixierung der Rechtsverhältnisse bleibt die Geschichte der Stadt auch wegen der herausragenden Bedeutung der Gilden innerhalb der Stadtverwaltung von inneren Unruhen geprägt. Zu unterscheiden sind die Kaufmannsgilden, die eine dominierende Stellung im kommunalen Leben einnehmen und die Handwerkergilden, die sich zur genossenschaftlichen Sicherung ihrer wirtschaftlichen Existenz zusammenschließen und seit dem Ende des 13. Jahrhundert nach einer Beteiligung am Stadtregiment streben. Von 1374–1380 wird die Stadt als Konsequenz großer finanzieller Bedrängnis von schweren Unruhen, der sog. ‚Großen Schicht' erschüttert.[589] Nach dem Ausschluss aus der Hanse 1375 folgt eine Zeit politischer und wirtschaftlicher Instabilität. 1380 erfolgt die Wiederaufnahme Braunschweigs in die Hanse, so dass wieder ein höherer Grad an Stabilität erreicht werden konnte, die Bedingungen dafür werden jedoch als demütigend empfunden, sie beinhalten z.B. die Wiederherstellung der alten Verhältnisse im Rat und die Wiederaufnahme zuvor vertriebener Patrizier. 1386 wird dann eine neue Verfassung erlassen, die für eine ausgewogenere Kräfteverteilung der wirtschaftlichen und politischen Führungsschichten sorgen soll, der Frieden währt aufgrund der Vetternwirtschaft zwischen Ratsmitgliedern und Gilden jedoch lediglich 60 Jahre. Obwohl die Bürgerschaft innerstädtisch bereits

---

Rüdiger Jarck und Gerhard Schildt, Braunschweig 2000, S. 319 [Garzmann: Braunschweig].

586 Abdruck: UB Braunschweig II Nr. 30, S. 12f.

587 Seit Mitte des 14. Jahrhundert bezeichnet sich Braunschweig selbst als freie Stadt: „Wante van der gode goddes is Bruneswich eil vriy stad […]." UB Braunschweig I. Nr. 30 (Huldigungsverordnung).

588 Zu den Besonderheiten dieser Rechtsquelle vgl. Grazmann: Braunschweig, S. 323ff.

589 Zu den von großer Brutalität gekennzeichneten Auseinandersetzungen vgl. Wilfried Ehbrecht: Die Braunschweiger „Schichten". Zu Stadtkonflikten im Hanseraum, in: Ausstellungskatalog Brunswiek 1031, Braunschweig 1981, S. 37–50.

früh durch die Erlangung von stadtherrlichen Rechten ein hohes Maß an Autonomie erlangt,[590] erhält sie erst 1415 das *Privilegium de non evocando.*[591]

Braunschweig wird durch ständige Verpfändungen von Regalien seitens der Stadtherrn belastet, die durch Heinrich dem Löwen erlangte Residenzfunktion geht nach der Gründung des Herzogtums Braunschweig-Lüneburg (1235) auf Wolfenbüttel über. Wirtschaftlich und kulturell erlebt Braunschweig allerdings seit dem 14. Jahrhundert eine Blütezeit, die insbesondere durch den Handel mit und den Umschlag von Kupfer sowie durch das Handwerk der Metallverarbeitung und der Tuchproduktion geprägt ist.[592] In dem sog. ‚Großen Brief' von 1445[593] werden 13 Gilden namentlich aufgeführt. Diese Auflistung gewährt einen Einblick in die wirtschaftliche Vielfalt der Stadt, sie verzeichnet Gewandschneider, Lakenmacher, Schuster, Gerber, Knochenhauer, Schmiede, Wechsler, Goldschmiede, Beckenwerker, Bäcker, Kramer, Schneider und Kürschner.[594]

Die hier untersuchten Quellen entstammen der Zeit nach der ‚Großen Schicht'. Die Bürgerschaft verfügt bereits über zahlreiche stadtherrliche Privilegien, aber noch nicht über das *privilegium de non evocando.*

Bremen

Die Ursprünge der Freien Hansestadt Bremen werden in die karolingische Zeit datiert[595], die erste urkundliche Erwähnung stammt aus dem Jahr 782.[596] Die Entstehung von Dom und Bischofssitz lässt sich bereits für die Jahre 787/789 nachweisen.[597] Für den Zeitpunkt der Verleihung des Marktrechts sowie den Übergang der Regalien Gericht, Münze und Zoll vom König auf den Erzbischof nennen

---

590 vgl. Garzmann: Braunschweig, S. 323ff.

591 vgl. RI XI,1 n. 1417, in: Regesta Imperii Online, URI: http://www.regesta-imperii.de/id/1415-02-01_2_0_11_1_0_1560_1417 (abgerufen am 09.09.2014), Druck: UB Braunschweig. I. Nr. 77.

592 vgl. Last: Braunschweig, Sp. 584–586.

593 Druck: UB Braunschweig I. Nr. 88.

594 vgl. Garzmann: Braunschweig, S. 332. Druck der Urkunde: UB BS I Nr 88 S. 226ff.

595 Zur Siedlungsgeschichte der Frühzeit vgl. Herbert Schwarzwälder: Geschichte der Freien Hansestadt Bremen, Bd. 1: Von den Anfängen bis zur Franzosenzeit (1810), Bremen 1975, S. 15ff. [Schwarzwälder: Hansestadt Bremen].

596 vgl. Werner Künzel/Werner Rellecke: Geschichte der Freien Hansestadt Bremen, in: Geschichte der deutschen Länder. Entwicklungen und Traditionen vom Mittelalter bis zur Gegenwart, hrsg. v. Werner Künzel und Werner Rellecke, Münster 2005, S. 153 [Künzel/Rellecke: Bremen].

597 vgl. Herbert Schwarzwälder: Art. Bremen, in: LMA, Bd. II, Sp. 603–606 [Schwarzwälder: Bremen]; Schwarzwälder: Hansestadt Bremen, S. 22ff.

Künzel/Rellecke das Jahr 965, Schwarzwälder das Ende des 9. Jahrhunderts. In die gleiche Zeit fällt auch der Übergang der Grundherrschaft auf den Erzbischof.[598] In der Folgezeit entwickelt sich Bremen zu einer Kaufmannsstadt, von deren Hafen aus neben Fernhandelsreisen bereits im 12. Jahrhundert Pilgerreisen in das Heilige Land unternommen werden.[599]

1186 verleiht Friedrich I. den Bürgern der Stadt Bremen im Gelnhauser Privileg (auch Barbarossa-Urkunde) das Weichbildrecht. Zusätzlich bestätigt der Kaiser den Bürgern das Verfahren bei Gerichtsfällen und erbrechtliche Bestimmungen unter dem Vorbehalt, dass die kirchlichen Rechte gewahrt bleiben. Er „behält sich jedoch in allem die kaiserlichen Gerechtsame vor".[600] Im Laufe der folgenden Jahrhunderte entwickelt sich Bremen basierend auf dem Handel (Nah- und Fernmarkt, Fernhandel) zu einer wohlhabenden Stadt mit ausgeprägter Oberschicht und handwerklicher Mittelschicht.

Bereits zu Beginn des 13. Jahrhunderts lässt sich eine organisierte Bürgerschaft nachweisen, aus der sich allmählich der Rat herausbildet. In der Folgezeit werden die Rechte dieses Rats, v.a. das Willkürrecht, zwar kurzfristig wieder eingeschränkt, in letzter Konsequenz setzt der Rat sich aber gegen den erzbischöflichen Stadtherrn durch, dies spiegelt sich auch in den auswärtigen Beziehungen der Stadt wider.[601] Das 14. Jahrhundert ist für die Bremer Bürgerschaft von Konflikten verschiedenster Art geprägt: zwischen verschiedenen Ratsparteien, dem Erzbischof und dem Rat, der Stadt und den Landadligen des Umlands und der Hanse.[602] Die Unruhen Mitte des 13. Jahrhunderts, in die auch der Erzbischof involviert ist, führt mit dem Sieg der Ratspartei dazu, dass erstens der Erzbischof gezwungen wird, seine Residenz außerhalb der Stadt zu nehmen und zweitens zu einer Unterstellung der Ämter unter die Kontrolle der Ratspartei.

1358 wird Bremen in die Hanse aufgenommen, das Verhältnis zur Hanse bleibt jedoch nicht frei von Spannungen. So wird Bremen, weil es die Beteiligung an der Blockade Norwegens verweigert, 1385 zwischenzeitlich wieder aus der Hanse ausgeschlossen. Trotz der Mitgliedschaft im Hansebund ist der Anteil Bremens am nordwesteuropäischen Handelsverkehr als eher gering einzuschätzen.

---

598 vgl. Künzel/Rellecke: Bremen, S. 153; Schwarzwälder: Bremen, Sp. 603.

599 vgl. Künzel/Rellecke: Bremen, S. 154.

600 vgl. RI IV,2,4 n. 3035, in: Regesta Imperii Online, URI: http://www.regesta-imperii.de/id/1186-11-28_4_0_4_2_4_459_3035 (abgerufen am: 19.08.2014).

601 vgl. Thomas Hill: Die Stadt und ihr Markt. Bremens Umlands- und Außenbeziehungen im Mittelalter (12.-15. Jahrhundert), Stuttgart 2004, S. 235f.

602 vgl. Künzel/Rellecke: Bremen, S. 155f.

Als regionales Zentrum ist die Rolle Bremens als Umschlagplatz vom Binnenschiffsverkehr zum Seehandel zu sehen.[603] Künzel/Rellecke führen aus, dass „[d]ie Wirtschaftskraft der Bremer Kaufleute [...] nur selten ihrem Einfluss auf die Politik des Städtebundes [entsprach].“[604]

Als Hansestadt (mit Bestrebungen, die Stellung einer freien Stadt zu erreichen) verfügt Bremen über ein hohes Maß an politischer und wirtschaftlicher Selbständigkeit, die sich aber erst im Verlauf des 14. Jahrhunderts voll entwickelt. Zur Zeit der Abfassung des Stadtrechts 1303/04 untersteht Bremen noch der bischöflichen Herrschaft, auch wenn diese bereits stark eingeschränkt ist. Das Stadtrecht kann als direkte Folge der Konfrontation der Ratsparteien bzw. als Ausgleich dieser Konfrontation verstanden werden.[605]

Frankfurt am Main

Frankfurt am Main zählt zu den Freien Reichsstädten. Die Siedlung an Mainufer und ‚Domhügel‘ lässt sich bis in die Frühzeit zurückverfolgen, auch eine römische Ansiedlung, die allerdings bereits im 3. Jahrhundert von den Alemannen zerstört wurde, kann nachgewiesen werden. Die Grundlage der mittelalterlichen Stadt wird allerdings von den Franken gelegt, die den an diesem Ort vorhandenen Mainübergang nutzen. Eine erste schriftliche Erwähnung des Ortes lässt sich auf das Jahr 794 datieren, als Karl der Große sich dort für einen längeren Zeitraum aufhielt. Spätestens seit staufischer Zeit kann Frankfurt als ein Zentralort des Reiches bezeichnet werden.[606] Die Nähe zu den deutschen Kaisern erreicht ihren Höhepunkt mit der Ernennung Frankfurts zum Wahlort der deutschen Könige in der *Goldenen Bulle* von 1356.[607]

Bereits aus dem 11. Jahrhundert sind Zollprivilegien für auswärtige Kaufleute erhalten, dies legt den Schluss nahe, dass der Markt Frankfurts schon früh über eine überregionale Bedeutung verfügt. Privilegierungen Frankfurter Kaufleute lassen sich ebenso wie die Errichtung einer Münzstätte bis in 12. Jahrhundert zurückverfolgen. Eine erste urkundliche Bezeugung der wohl schon vorher etablierten

---

603 vgl. Hill: Stadt und Markt, S. 233.

604 Künzel/Rellecke: Bremen, S. 156.

605 vgl. Künzel/Rellecke: Bremen, S. 155. Ausführlich bei: Schwarzwälder: Hansestadt Bremen, S. 39ff.

606 vgl. Elsbet Orth: Frankfurt am Main im Früh- und Hochmittelalter, in: Frankfurt am Main. Die Geschichte der Stadt in neun Beiträgen, hrsg. v. der Frankfurter Historischen Kommission, Sigmaringen 1994, S. 9ff. [Orth: Frankfurt].

607 vgl. Fred Schwind: Art. Frankfurt am Main, in: LMA, Bd. IV, Sp. 735–740 [Schwind: Frankfurt].

Frankfurter Messe findet sich in einer Königsurkunde von Heinrich VII.[608] aus dem Jahre 1227. Die Stadt ist allerdings nicht nur wirtschaftliches, sondern auch regionales Verwaltungszentrum der Staufer. Von hier aus „nahmen im Auftrag der Herrscher Reichsministeriale die Rechte des Königs im Umland wahr und erfüllten dort Gerichts- Steuererhebungs-, Verwaltungs- und Schutzaufgaben."[609] Da die Könige die Gerichtsherrschaft behalten, werden diese Aufgaben auch im Spätmittelalter noch vom königlichen Schultheißen wahrgenommen,[610] der nach der Abschaffung der Reichsvogtei durch Friedrich II. (1220) als oberster königlicher Vertreter in der Stadt gilt. Er steht dem Stadtgericht vor und leitet die Verwaltung der Stadt. Als Urteilsfinder fungieren im Stadtgericht bürgerliche Schöffen. Das aus den Schöffen gebildete Kolleg kann als Basis für den 1266 zum ersten Mal erwähnten städtischen Rat gesehen werden.[611]

Die Grundlage zur politischen Selbständigkeit der Bürgerschaft wird im frühen 13. Jahrhundert gelegt. Seitdem treten die Bürger in ihrer Gesamtheit als Zeugen bei Beurkundungen u.ä. auf. Verschiedene Privilegierungen der Frankfurter Bürger aus dem 13. Jahrhundert zeugen von der Lockerung der königlichen Herrschaft über Stadt und Bürger.[612] In der zweiten Hälfte des 13. Jahrhundert treten dann die Befreiung von der Ladung vor fremde Gerichte und die von Schultheiß, Schöffen und Rat erlassenen Regelungen bezüglich der Rechte von Fremden und Einheimischen, der Regelung des Marktes und des inneren Friedens hinzu. Als Reaktion auf die Verpfändung des Schultheißenamts richtet die Frankfurter Bürgerschaft das Bürgermeisteramt ein, dessen Inhaber von Beginn an die Funktionen des Schultheißen übernimmt, so dass ab 1311 von einer bürgerlichen Selbstverwaltung der Stadt gesprochen werden kann. Der Schultheiß wird auf seine Funktion im Stadtgericht beschränkt, das Schultheißenamt 1372 als Pfandbesitz durch die Stadt erworben.[613] Die Stadt kann sich trotz dieser Entwicklungen nie ganz von der

---

608 Heinrich informiert hier die Stadt Regensburg darüber, dass er der Stadt Würzburg die Erlaubnis, eine jährliche Messe abzuhalten, gegeben habe, vgl. RI V,1,2 n. 4078, in: Regesta Imperii Online, URI: http://www.regesta-imperii.de/id/1227-09-21_1_0_5_1_2_321_4078 (abgerufen am 03.09.2014).

609 Orth: Frankfurt, S. 36.

610 vgl. Orth: Frankfurt, S. 32ff.

611 vgl. Schwind: Frankfurt, Sp. 736; Orth: Frankfurt, S. 47f.

612 Orth führt hier z.B. die Lösung des Heiratszwangs und die erneute Privilegierung von Kaufleuten im Umfeld der Messe an, vgl. Orth: Frankfurt, S. 44, Druck: UB Frankfurt I., S. 304ff.

613 vgl. Schwind: Frankfurt, Sp. 736f.; Orth: Frankfurt, S. 38ff.

königlichen Herrschaft befreien.[614] Im Rat dominiert die patrizische Oberschicht, die sich zumeist aus Fernhändlern rekrutiert, als Resultat dieser Dominanz sind die Unruhen in Frankfurt im 14. Jahrhundert zu bewerten, in deren Verlauf die Zünfte – zumeist vergeblich – versuchen, eine größere politische Partizipation zu erlangen.[615]

Auch wenn die Einwohnerzahl Frankfurts im Spätmittelalter wohl nie über 10.000 steigt, zählt Frankfurt zu den wichtigsten deutschen Städten im Mittelalter.[616] Im 14. Jahrhundert nimmt der Handel enorm zu und das Handwerk spezialisiert sich zunehmend.[617] Während sich die Kaufleute in Trinkstuben zusammenschließen, ist das Handwerk in 14 Zünften[618] organisiert und wird von den Wollwebern und der Tuchproduktion bestimmt. Diese verliert allerdings bereits im 14. Jahrhundert an Bedeutung. Die Kaufleute betreiben Fernhandel in beträchtlichem Umfang (Wolle aus England und Flandern, Luxusgüter aus dem Orient und dem Mittelmeerraum), zudem verfügt Frankfurt seit 1330 über das Recht, eine Frühjahrs- und eine Herbstmesse abzuhalten.[619]

Das hier zu untersuchende Stadtrecht (1352–70) entstammt einem Zeitraum, in dem Frankfurt bereits die städtische Selbstverwaltung übernommen hat, jedoch im Bereich der Gerichtsbarkeit noch dem Schultheißen untersteht.

Freiberg/Sachsen

Freiberg ist ein typisches Beispiel einer mittelalterlichen Bergstadt, als wettinische Gründung zählt Freiberg zu den Territorialstädten. Nachdem 1168 Silbererz in der Ortschaft Christiansdorf gefunden wurde, gründet Markgraf Otto von Meißen mit Hilfe der Ansiedlung goslarscher Bergleute die ‚Sächsstadt'. Bis 1215 bilden sich drei Ortskerne (Christiansdorf, Burglehen, Kaufmannssiedlung), die

614 vgl. Konrad Bund: Frankfurt am Main im Spätmittelalter. 1311–1519, in: Frankfurt am Main. Die Geschichte der Stadt in neun Beiträgen, hrsg. v. der Frankfurter Historischen Kommission, Sigmaringen 1994, S. 82 [Bund: Frankfurt im Spätmittelalter].

615 vgl. Schwind: Frankfurt, Sp. 737f.; Bund: Frankfurt im Spätmittelalter, S. 78ff.

616 vgl. Bund: Frankfurt im Spätmittelalter, S. 53ff.

617 Bund führt als Beispiel 45 Berufsarten im Bereich des Schmiedehandwerks an. Insgesamt spricht er von 338 Berufen, die in der Stadt Frankfurt vertreten sind, vgl. Bund: Frankfurt im Spätmittelalter, S. 67.

618 Gewandmacher oder Wollweber, Metzger, Kürschner, Bäcker, Schuhmacher, Lohgerber, Fischer, Schneider, Schiffsleute, Steindecker, Zimmerleute, Steinmetzen, Bender, Gärtner, vgl. Bund: Frankfurt im Spätmittelalter, S. 77f.

619 vgl. Schwind: Frankfurt, Sp. 735–740.

1218 mit einer Mauer, deren Bau nach Manfred Unger eine organisierte Bürgerschaft voraussetzt, umschlossen und zur Stadt Freiberg vereint wird.[620]

Bereits für 1227 lässt sich die Existenz eines Rats nachweisen, der die Niedergerichtsbarkeit innehat. Er wird in einer Urkunde desselben Jahres als ‚die 24 der Stadt' bezeichnet. Ziel der bürgerlichen Selbstverwaltung ist, den Einfluss des Vogts zurückzudrängen und

> „den Bergmeister des Landesfürsten und seine Berggerichtsbarkeit möglichst dem Rat unterzuordnen und Einfluß auf den anderen großen markgräflichen Amtsträger, den Münzmeister, zu gewinnen."[621]

Im Rahmen dieser Bestrebungen gelingt es, die Ansprüche auf das Bergwesen durchzusetzen (1241), die Rechte der Stadt und der Bergleute anerkennen zu lassen und die städtische Gerichtsbarkeit an sich zu bringen und somit die Anerkennung des Freiberger Stadtrechts zu erlangen (1255). Ebenso erweitert der Rat seine Befugnisse auf die Regelung von Markt, Handel und Gewerbe.[622]

Bis 1294 hat die Bürgergemeinde den gänzlich stadtherrlichen Vogt verdrängt, dessen Position nun von einem Bürgermeister wahrgenommen wird. Als Bergstadt muss Freiberg nicht nur die städtischen Belange regeln, sondern auch ein Bergrecht ausbilden.[623] Dabei stellen Stadtgemeinde und Berggemeinde ebenso eine rechtliche Einheit dar wie die Stadtverfassung und die Bergbauordnung: Das Stadtgericht verfügt auch über die Berggerichtsbarkeit, die Bergmeister müssen aus der Bürgerschaft stammen. Die Ratswahlordnung verbindet Neuzuwahl und Kooptation und bedingt dann, dass im Rat neben den führenden Geschlechtern grundsätzlich auch Innungsmeister und Bergbauunternehmer vertreten sind.[624] Wirtschaftlich ist Freiberg zu dieser Zeit insbesondere durch den Silberbergbau,

---

620 vgl. Manfred Unger: Von den Anfängen der bäuerlichen Besiedlung bis zum Ende der Machtkämpfe um den Besitz der Bergstadt 1162 bis 1307, in: Geschichte der Bergstadt Freiberg, hrsg. v. Hanns-Heinz Kasper und Eberhard Wächtler, Weimar 1986, S. 15ff. [Unger: Anfänge]; Karlheinz Blaschke: Art. Freiberg, in: LMA, Bd. IV, Sp. 887 [Blaschke: Freiberg].

621 vgl. Unger: Anfänge, S. 40.

622 vgl. Unger: Anfänge, S. 40f.

623 zur Entstehungsgeschichte des Freiberger Rechts vgl. Ermisch: Freiberger Stadtrecht, S. XVIIf.

624 vgl. Blaschke: Freiberg, Sp. 887f.

der Ende des 13./Anfang des 14. Jahrhundert seinen Höhepunkt erreichte, und das Metallgewerbe bestimmt.[625]

Das letzte Jahrzehnt des 13. Jahrhundert ist in Freiberg von kriegerischen Auseinandersetzungen geprägt. Nachdem der nassauische Graf Adolf zum deutschen König gewählt wurde, versucht er zur Vergrößerung seiner Hausmacht, die Mark Meißen an sich zu bringen. Im Zuge der anschließenden kriegerischen Auseinandersetzungen wird Freiberg erst erobert und dann an verschiedene Feudalherren verpfändet. Unter den ständig wechselnden Stadtherrn gelingt es der Stadt, ihre Eigenständigkeit nicht nur zu behaupten, sondern sogar auszubauen.[626] Mit der Niederlage des Königs 1307 kommt Freiberg wieder unter wettinische Herrschaft. Allerdings scheint die Stadt sich zunächst alle erworbenen Rechte bestätigt haben zu lassen, bevor sie dem Markgrafen die Stadttore öffnete.[627]

Für das 14./15. Jahrhundert wird eine Bevölkerungszahl von ca. 5.000 angenommen. Neben den Bergleuten werden die größeren Innungen Tuchmacher, Schmiede, Schuhmacher, Fleischer, Bäcker, Schneider, Böttcher, Leinweber, Zimmerleute, Maurer, Riemer, Tischler und Tuchscherer und die kleineren Innungen der Barbiere, Töpfer, Beutler, Seiler und Sattler, Stellmacher und Kürschner genannt.[628] Das bei Weitem wichtigste Handelsgut bleibt aber das im Bergbau gewonnene Silber, das auch außerhalb des wettinischen Raums sehr begehrt ist.[629]

Ermisch datiert aus textimmanenten Gründen die Entstehung des Stadtrechts in die Jahre 1296–1305, in denen Freiberg vom König erobert worden ist. Er begründet dies mit der Tatsache, dass in den jüngeren Handschriften (B, C) stets vom König als Stadtherrn gesprochen wird; der in der ältesten Form (A) auftretende Markgraf steht hingegen jedes Mal über einer Rasur. 1305 setzt er als terminus ante quem fest, da sich für den 24. Juni 1305 eine Ratswillkür findet, die Ausnahmebestimmungen für ein im Stadtrecht gesetztes Verfahren festlegt.[630]

---

625 vgl. Peter Langhof: Die mittelalterliche Berghauptstadt der Wettiner bis zum beginnenden Übergang vom Feudalismus zum Kapitalismus 1307 bis 1470, in: Geschichte der Bergstadt Freiberg, hrsg. v. Hanns-Heinz Kasper und Eberhard Wächtler, Weimar 1986, S. 67f. [Langhof: Berghauptstadt].

626 vgl. Unger: Anfänge, S. 56f.

627 vgl. Langhof: Berghauptstadt, S. 58f.

628 Die genannten Innungen hatten bestimmte Abschnitte der Stadtmauer zu besetzen, vgl. Langhof: Berghauptstadt, S. 79f.

629 vgl. Unger: Anfänge, S. 54.

630 vgl. Ermisch: Freiberger Stadtrecht, S. XVIIf.

Freiburg im Breisgau

Freiburg, der Gründung nach eine Territorialstadt, entwickelt sich im Mittelalter zur Reichsstadt. Auch wenn Freiburg häufig als das Paradebeispiel einer Gründungsstadt herangezogen wird, lassen sich bereits vorstädtische Siedlungskerne nachweisen. Vermutlich lehnt sich die Gründung der Zähringer an die bereits vorhandene Siedlung Wiehre und an die Martinskirche mit Herrenhof an.[631]

Die 1120[632] verkündete Marktgründung führt zu einer Ansiedlung von Kaufleuten, denen Grund als freies Erblehen zugewiesen, Befreiung von Zöllen und Steuern zugesichert und Schutz durch den Landesherrn gewährt wird. Zudem erhalten die Bürger das Recht, Streitigkeiten untereinander „nach dem gewohnheits- und gesetzmäßigen Recht aller Kaufleute, insbesondere der Kölner"[633], selbst zu schlichten. Bei diesem Vorgang handelt es sich entgegen der häufig vertretenen Meinung nicht um eine Verleihung Kölner Rechts, sondern um eine durchaus übliche Gewährung anerkannter Marktprivilegien, für die Köln lediglich als Beispiel dienen soll.[634]

Nach dem Aussterben der Zähringer (1218) geht die Stadtherrschaft auf die Grafen von Freiburg (ehemals Grafen von Urach) über, die allerdings in schwere Auseinandersetzungen mit der Bürgerschaft geraten. Diese Konflikte enden mit dem Loskauf der Stadt aus der gräflichen Herrschaft und der Unterstellung unter österreichische Gewalt.[635]

Wirtschaftlich ist Freiburg vom schwarzwäldischen Silberbergbau, Fernhandel und einem vielseitig ausgeprägten Gewerbewesen bestimmt.[636] Neben den zur Deckung des alltäglichen Bedarfs notwendigen Gewerben ist eine Vielzahl von Holz und Metall verarbeitender Handwerksbetriebe sowie für den Handel produzierendes Tuchgewerbe belegt, das allerdings zur Mitte des 14. Jahrhundert an

---

631 Zur Frage nach vorstädtischen Siedlungen Freiburgs vgl. Berent Schwineköper: Zu den topographischen Grundlagen der Freiburger Stadtgründung, in: Freiburg im Mittelalter. Vorträge zum Stadtjubiläum 1970, hrsg. v. Wolfgang Müller, Bühl 1970, S. 7–23.

632 Die Frage nach dem genauen Gründungsdatum Freiburgs behandelt Walter Schlesinger eingehender, kommt aber zu dem Schluss, dass 1120 tatsächlich als Gründungsjahr angenommen werden kann, vgl. Walter Schlesinger: Zur Gründungsgeschichte von Freiburg, in: Freiburg im Mittelalter. Vorträge zum Stadtjubiläum 1970, hrsg. v. Wolfgang Müller, Bühl 1970, S. 24ff. [Schlesinger: Gründungsgeschichte].

633 vgl. Schlesinger: Gründungsgeschichte, S. 32.

634 vgl. Schlesinger: Gründungsgeschichte, S. 27ff.

635 vgl. Karl Schmidt: Art. Freiburg, in LMA, Bd. IV, Sp. 888f. [Schmidt: Freiburg].

636 vgl. Schmidt: Freiburg, Sp. 889.

Bedeutung verliert. Ebenso ist seit 1245 die Existenz von Goldschmieden in der Stadt nachgewiesen. Allerdings darf auch der Anteil der Landwirtschaft – hier v.a. des Weinbaus – an der städtischen Wirtschaft nicht unterschätzt werden. Der Handel scheint nicht über den regionalen Raum hinausgereicht zu haben.[637]

Das Handwerk ist in insgesamt 18 Zünften organisiert, zu denen auch die Zunft der *mercatores* zählt. Diese werden in der ersten Hälfte des 14. Jahrhundert mit politischen Zunftverfassungen ausgestattet und sind „Träger von Wehrverfassung und militärischer Organisation der Stadt"[638]. Die Zünfte umfassen die gesamte Bürgerschaft, da für jeden Bürger Zunftzwang gilt. Im 14. Jahrhundert führt der Weg in den Rat ausschließlich über die Zünfte.[639] Zuvor wird die Stadt von einem durch Patrizierfamilien bestimmten Rat regiert. Dieser besteht zunächst aus 24 *consules* inklusive Schultheißen, wird 1388 aber auf 18 Mitglieder reduziert. Großen Einfluss üben auch die zahlreichen geistlichen Institutionen innerhalb der Stadt aus.[640]

Das auf 1275 datierte Stadtrecht stammt aus der Zeit der Herrschaft der Grafen von Freiburg und somit aus einer Phase der Auseinandersetzung der Bürgergemeinde mit ihrem Stadtherrn.

Goslar

Die Anfänge der Stadt Goslar, die als Königsstadt auf Reichsgut gegründet wurde, liegen in karolingischer Zeit.[641] Allerdings kann ebenso von einer Entstehung unter Heinrich II. ausgegangen werden.[642] Eine genaue Datierung lässt sich also nicht vornehmen, da die Anfänge der Stadt Goslar im Dunkeln liegen. Der Annalist Saxo berichtet zwar im 12. Jahrhundert von der Gründung der Stadt im Jahre 922, weitere Zeugnisse dazu sind allerdings nicht erhalten. Widukind von Corvey dokumentiert lediglich für das Jahr 968 den Fund von Silbererz in Sachsen[643],

637 vgl. Clemens Bauer: Freiburgs Wirtschaft im Mittelalter, in: Freiburg im Mittelalter. Vorträge zum Stadtjubiläum 1970, hrsg. v. Wolfgang Müller, Bühl 1970, S. 52ff. [Bauer: Wirtschaft].

638 Bauer: Wirtschaft, S. 55.

639 vgl. Bauer: Wirtschaft, S. 54f.

640 vgl. Schmidt: Freiburg, Sp. 889f.

641 Peter-Johannes Schuler: Art. Goslar, in: LMA, Bd. IV, Sp. 1569 [Schuler: Goslar].

642 vgl. Märtl: Ostsachsen, S. 162.

643 "Ergo, [...] terra Saxonia venas argenti aperuerit, [...] nostrae tenuitatis non est edicere, [...]", Widukind von Corvey: Res gestae Saxonicae, übers. und hrsg. v. Bernd Schneidmüller, Stuttgart 1981, Bd. III, S. 63.

womit der Rammelsberg bei Goslar gemeint sein muss. Hier wurde im Mittelalter neben Silber auch Kupfer und Blei abgebaut.[644]

Zu Beginn des 11. Jahrhundert wird Goslar durch Heinrich II. zur Pfalz ausgebaut und so eng an das Reich gebunden. Unter seinen Nachfolgern wird diese Pfalz, die sich v.a. unter den Saliern großer Beliebtheit erfreut, sukzessive erweitert. Da die Stadt in den Kämpfen zwischen Friedrich Barbarossa und Heinrich dem Löwen treu zu Barbarossa steht, verleiht dieser ihr 1219 ein umfassendes Stadtrechtsprivileg[645], das als Grundlage für das Stadtrecht gilt. Mitte des 13. Jahrhundert schwindet jedoch das Interesse der deutschen Herrscher an Goslar, für 1253 ist der letzte Besuch eines deutschen Königs belegt.[646]

Als königliche Stadt wird Goslar bis zur Mitte des 13. Jahrhunderts von königlichen Vögten verwaltet, Hinweise für die Organisation der Bürgerschaft und die Selbstverwaltung der Stadt lassen sich aber bereits im 12. Jahrhundert finden. Der Rat scheint allerdings bis in das 13. Jahrhundert dem Vogt unterstellt zu sein, auch wenn sich eine klare Trennung der Aufgabenbereiche nicht vornehmen lässt.[647] Die niedere Gerichtsbarkeit liegt in den Händen des *villicus* der Pfalz, die hohe Gerichtsbarkeit in denen des zuständigen Grafen. 1219 erlangt der Reichsvogt das Privileg der hohen Gerichtsbarkeit, die die Stadt 1290 käuflich erwerben und so ihre Eigenständigkeit ausbauen konnte. Der Vogt ist nun ein städtischer Beamter und an die Weisungen des Rats gebunden. Neben dem Vogt üben Schultheißen die Gerichtsbarkeit aus. In der Folgezeit werden die Ritterfamilien aus dem Rat verdrängt und die *burgenses* (mercatores, Burgmannen und die in einer *gewerkschaft* vereinten Montanen und Silvanen) erlangen immer größeren Einfluss auf die Stadtverwaltung. In zahlreichen Konflikten zwischen Montanen, Silvanen und den städtischen Gilden können erstere ihre Unabhängigkeit im Bergwesen festigen und die Gilden den Zunftzwang und die Beteiligung am Rat erreichen.[648]

644 vgl. Werner Hillebrand: Kaiserstadt und Bergstadt Goslar, in: Goslar. Bergstadt – Kaiserstadt in Geschichte und Kunst, hrsg. v. Frank Steigerwald, Göttingen 1993, S. 9 [Hillebrand: Kaiserstadt].

645 vgl. RI V,1,1 n. 1025, in: Regesta Imperii Online, URI: http://www.regesta-imperii.de/id/1219-07-13_1_0_5_1_1_1675_1025 (abgerufen am 03.09.2014).

646 vgl. Hillebrand: Kaiserstadt, S. 10ff.

647 Hillebrand: Kaiserstadt, S. 9ff.

648 vgl. Sabine Graf: Goslar zur Zeit der Stadtrechtskodifikation, in: Der Goslarer Ratskodex. Das Stadtrecht um 1350. Edition, Übersetzung und begleitende Beiträge, hrsg. v. Maik Lehmberg, Bielefeld 2013, S. 19ff. [Graf: Goslar].

Der Rat setzt sich nun „aus Mitgliedern der zwei »großen Gilden« und den sog. »Bergfamilien« zusammen.“[649]

Anders als in Freiberg wird in Goslar nach Erlangung des Bergrechts ein Sechserkollegium aus dem Rat ausgegliedert, das für alle Bergangelegenheiten zuständig ist. Als Abschluss der städtischen Entwicklung Goslars kann die Erlangung der hohen und niederen Gerichtsbarkeit (Mitte 14. Jahrhundert) durch den Rat und die Abfassung des *Goslarer Bergrechts* und der *Goslarer Statuten* gelten. Auch wenn Goslar im eigentlichen Sinne als Reichsstadt zu gelten hat, zeigt es sich doch immer sehr zurückhaltend gegenüber dem Reich. Die gleiche Zurückhaltung prägt trotz eines ausgeprägten Fernhandels – auch mit Skandinavien – das Verhältnis der Stadt zur Hanse.[650]

Die Einwohnerzahl Goslars unterlag während des Mittelalters großen Schwankungen. Es wird von ca. 4.000 bis 7.000 Bewohnern ausgegangen, hinzu kommen noch ca. 1.000–2.000 Personen, die weder das Bürgerrecht besitzen noch in den Steuerlisten auftauchen.[651] Neben dem Fernhandel ist Goslar wirtschaftlich vom Bergbau, Dachschieferbergbau und der Produktion und dem Export von Bier geprägt. Der Bergbau liegt allerdings aufgrund technischer Schwierigkeiten und des Bevölkerungsrückgangs durch die große Pest ab 1360 fast 100 Jahre lang brach.[652]

Das Goslarer Stadtbuch stellt das Ende der Emanzipationsbewegungen der Goslarer Bürgerschaft dar. Goslar verwaltet sich selbst und verfügt zu diesem Zeitpunkt sowohl über die niedere als auch über die hohe Gerichtsbarkeit.

Hamburg

Die Ursprünge der Hansestadt Hamburg sind nicht eindeutig nachzuvollziehen. Es wird jedoch davon ausgegangen, dass Ludwig der Fromme 831 das Bistum Hamburg gründet und bereits ein Jahr später die Erhebung zum Erzbistum erwirkt. Der Bau der Hammaburg, dem Sitz der Bischöfe, wurde sehr wahrscheinlich bereits um 808 durch Karl den Großen begonnen.[653] Am Fuße der Burg siedeln sich Kaufleute, Handwerker und Fischer an. Die Entwicklung der Siedlung bleibt allerdings bis zum Beginn der Ostkolonisation von dauerhafter Zerstörung durch

649 Schuler: Goslar, Sp. 1569.

650 vgl. Schuler: Goslar, Sp. 1568–1570; Graf: Goslar, S. 26ff.

651 vgl. Graf: Goslar, S. 18ff.

652 vgl. Schuler: Goslar, Sp. 1568–1570; Graf: Goslar, S. 26ff.

653 vgl. Eckart Klessmann: Geschichte der Stadt Hamburg, 7., erw. und aktualisierte Aufl., Hamburg 1994, S. 18ff.

die Dänen und Slaven geprägt.[654] Während anschließend durch die ersten Einfälle der Wikinger die Hammaburg zerstört wird und das Erzbistum Hamburg mit dem Bistum Bremen verbunden wird, bleibt die Siedlung der Kaufleute erhalten und entwickelt sich weiter.[655]

1188 verleiht Graf Adolf von Holstein einer Gruppe von Neusiedlern von Zins befreite Grundstücke zur Gründung einer Kaufmannssiedlung mit Hafen. Die 1189 von Kaiser Friedrich Barbarossa gewährten Privilegien (Freiheit von Zoll und Ungeld auf der Niederelbe bis zur Elbmündung und in Holstein, die Fischereirechte auf der Elbe, Schlagen von Bauholz und Weidung von Vieh in der Grafschaft Holstein etc.[656]) fördern den Aufstieg Hamburgs zur Handelsstadt.

Zu Beginn des 13. Jahrhunderts wird Hamburg aufgrund der Kämpfe zwischen den Welfen und Staufern bzw. den Schauenburger Grafen und dem Dänenkönig zusammen mit Holstein für 26 Jahre an Dänemark abgetreten. Mit der Abtretung der stadtherrlichen Rechte seitens des Erzbischofs 1228 gelangt Hamburg an die holsteinischen Grafen,[657] diesem Abhängigkeitsverhältnis ist aufgrund der Wirschaftskraft Hamburg jedoch lediglich ein formaler Charakter zuzusprechen.[658]

Bereits im 13. Jahrhundert schließt Hamburg sich zur Sicherung und Erweiterung der Handelswege mit Lübeck zusammen. Der Erwerb des Besitzrechts der Alster von der Quelle bis zur Mündung zu Beginn des 14. Jahrhundert gewährleistet die Stadt die für sie wichtige Alsterschifffahrt. Hamburg lebt weitestgehend vom Handel. Es ist Umschlagplatz für Waren aus dem Binnenland. Der Transithandel ist eine der wichtigsten Einnahmequellen, aus dem die Stadt ihren Reichtum gewinnt. Wesentliche Exportgewerbe kann Hamburg bis auf das Brauereiwesen[659] nicht aufweisen. Die Zugehörigkeit zur Hanse sichert und fördert – trotz zwischenzeitlicher Verstimmungen – die Bedeutung Hamburgs als Handelsstadt sowie ein hohes Maß an Selbständigkeit.[660]

---

654 vgl. Rolf Sprandel: Art. Hamburg (Geschichte), in: LMA, Bd. IV, Sp. 1883 [Sprandel: Hamburg].

655 vgl. Klessmann: Hamburg, S. 22.

656 vgl. RI IV,2,4 n. 3258, in Regesta Imperii, URl: http://www.regesta-imperii.de/id/1189-05-07_2_0_4_685_3258 (abgerufen am: 29.08.2014).

657 vgl. Klessmann: Hamburg, S. 24ff.

658 vgl. Sprandel: Hamburg, Sp. 1883f.

659 Das Hamburger Bier war in weiten Teilen Europas begehrt. Für das Jahr 1369 sind „in Hamburg über 450 Brauereien mit einem Jahresausstoß von etwa 170 000 Tonnen" nachgewiesen, vgl. Klessmann: Hamburg, S. 44.

660 vgl. Klessmann: Hamburg, S. 42ff.; Sprandel: Hamburg, Sp. 1884.

Um 1300 leben in Hamburg ca. 5.000 Einwohner. In der Folgezeit steigt die Bevölkerungszahl trotz der Pest aufgrund des großen Zustroms an Einwanderern kontinuierlich an, so dass für 1450 von 16.000 Einwohnern ausgegangen wird. Handwerk und Handel sind seit dem 13. Jahrhundert zünftisch (die Zünfte heißen hier Ämter) organisiert, allerdings nicht in die Politik der Stadt involviert. Der Rat, der durch Kooptation ergänzt wird, befindet sich fest in der Hand von auf Lebenszeit ernannten Großkaufleuten. Die im 14. Jahrhundert häufigen Handwerkeraufstände, die andernorts in eine Zunftverfassung münden, bleiben in Hamburg weitestgehend wirkungslos. Man erreicht lediglich eine Ergänzung des Rats durch verschiedene Bürgerausschüsse.[661]

Das *Hamburger Ordeelbook* verbindet Stadt- und Seerecht miteinander. Es stammt aus der Zeit, als die Herrschaft der holsteinischen Grafen nur noch formalen Charakter besitzt und die Stadt über hohe und niedere Gerichtsbarkeit verfügt, die Zeit der Handwerksaufstände aber noch nicht begonnen hat.

Kalkar

Kalkar kann zu den Territorialstädten gezählt werden. Die Stadt wird 1230[662] von Graf Dietrich VI. von Kleve mit Erlaubnis des Erzbischofs von Köln gegründet. Vermutlich erhält Kalkar 1242 das erste Stadtrecht, dieses ist allerdings nicht überliefert. Bereits für das Jahr 1246 lassen sich aber Schöffen, Richter, Bürgermeister und Stadtsiegel nachweisen. 1347 wird die Stadt durch Graf Johann von Kleve mit einem umfangreichen Stadtprivileg bewidmet,[663] das „auch das stadtrechtlich bedeutsame sogen. Statuarrecht“[664] enthält. Das Kalkarer Recht, das als vorbildlich gilt, wird an verschiedene klevische Städte verliehen und die Stadt entwickelt sich zu einem Oberhof (um 1500 für 10 Städte).[665]

Wirtschaftliche Grundlage der Stadt bilden das Tuchgewerbe und der Getreidehandel.[666] Die sonstigen wirtschaftlichen Aktivitäten lassen sich an den vorhandenen Zünften (Wollweber, Schuhmacher, Schröder, Leinenweber, Bierbrauer und

661 zum Verlauf der Handwerkeraufstände vgl. Klessmann: Hamburg, S. 52ff.

662 vgl. Claudia Kircher: Zunft, Bruderschaft und Stadtgemeinde im spätmittelalterlichen Kalkar, in: Mittelalter an Rhein und Maas. Beiträge zur Geschichte des Niederrheins. Fs Dieter Geunich, hrsg. v. Uwe Ludwig und Thomas Schilp, Münster/New York/München/Berlin 2004, S. 148 [Kircher: Zunft].

663 vgl. Margret Wensky: Art. Kalkar, in: LMA, Bd. V, Sp. 871 [Wensky: Kalkar].

664 Fink: Stadtrecht Kalkar, S. XVII.

665 vgl. Wensky: Kalkar, Sp. 871.

666 vgl. Wensky: Kalkar, Sp. 871.

Schmiede)[667] ablesen, wobei sich hier schon die herausgehobene Stellung der tuchproduzierenden und -verarbeitenden Gewerke zeigt.

Das Kalkarer Stadtrecht von 1390–1401 entsteht zu einem Zeitpunkt, als die Stadt bereits über das o.g. Statuarrecht verfügt, von dem bei der Abfassung des Stadtrechts durchaus Gebrauch gemacht wird (vgl. Art 1–32 des Stadtrechts).[668]

Koblenz

Die Siedlungsgeschichte der Stadt Koblenz lässt sich bis in vorgeschichtliche Zeit zurückverfolgen. Nachdem im 5. Jahrhundert die römische Herrschaft am Rhein endete, scheint die in spätromischer Zeit angelegte Befestigungsanlage, die Siedlungskontinuität ermöglicht zu haben.[669] Davon zeugt auch eine Erwähnung des Kastells Koblenz in einem Bericht Gregors von Tours aus dem Jahr 585, als dieser dort König Childebert besuchte. Auch von Karl dem Großen und seinen Nachfolgern ist bekannt, dass sie sich zeitweise in Koblenz aufhielten.[670]

Die zunächst königliche Stadt Koblenz gelangt Anfang des 11. Jahrhundert durch Schenkung an das Erzbistum Trier, dabei wird allerdings in der Schenkungsurkunde nicht von der Stadt Koblenz, sondern lediglich von einem Hof mit Zoll- und Münzrechten gesprochen.[671] Eine Stadtrechtsverleihung kann auch für die Folgezeit nicht nachgewiesen werden. Im 13. Jahrhundert kommen noch die Vogteirechte hinzu, so dass das Erzbistum Trier nun die uneingeschränkte Landeshoheit über Koblenz besitzt.[672] Dies zeigt sich auch in den eingeschränkten Rechten der Bürgerschaft über die Einnahmen, den Mauerbau oder die Gerichtsbarkeit. Die Stadt verfügt zwar seit 1300 neben dem Schöffenkollegium über einen Stadtrat, allerdings ist der durch den Erzbischof

667 vgl. Kircher: Zunft, S. 148.

668 vgl. Fink: Stadtrecht Kalkar, S. XVII.

669 vgl. Dieter Kerber: Art. Koblenz, in: LMA, Bd. V, Sp. 1242 [Kerber: Koblenz].

670 vgl. Hans Bellinghausen: Vom Frühen zum Hohen Mittelalter, in: 2000 Jahre Koblenz, Geschichte der Stadt an Rhein und Mosel, neu hrsg. v. Hans Bellinghausen, Boppard 1971, S. 72ff. [Bellinghausen: Koblenz im Mittelalter].

671 Schenkungsurkunde: Druck des lateinischen Texts mit Übersetzung bei Bellinghausen: Koblenz im Mittelalter, S. 89ff., RI II,4 n. 1938, in: Regesta Imperii Online, URI: http://www.regesta-imperii.de/id/1018-00-00_1_0_2_4_1_809_1938 (abgerufen am 03.09.2014).

672 vgl. Kerber: Koblenz, Sp. 1243.

in sein Amt eingesetzte Schultheiß jederzeit in der Lage, Einfluss auf Verwaltungstätigkeit und Gerichtsbarkeit der Stadt zu nehmen.[673]

Begünstigt durch die wirtschaftlich gute Lage am Rhein als bedeutendem Handelsweg wird der ursprüngliche spätrömische Siedlungskern im Früh- und Hochmittelalter zur Stadt erweitert. Sie erstreckt sich nun weiter zum Rhein und bietet die Möglichkeit zur Entwicklung eines vielfältigen geistigen und kulturellen Austausches. Seit dem letzten Drittel des 13. Jahrhundert, vielleicht auch schon etwas früher, wird dann auch die Stadtmauer den neuen Verhältnissen durch eine erweiterte Neubefestigung angepasst. Im Zuge dieses Neubaus, der zeitgleich mit dem Ausbau der bischöflichen Burg vorgenommen wird, kommt es zu erheblichen Konflikten mit dem Erzbischof, die dieser zu seinen Gunsten entscheiden kann.[674]

Wirtschaftlich kann sich die Stadt trotz ihrer verkehrsgünstigen Lage nicht zu einem bedeutenden Wirtschaftszentrum entwickeln, „Hinweise, die auf einen Fernhandel hindeuten könnten, sind nicht vorhanden."[675] Neben den zur Deckung des täglichen Bedarfs notwendigen Gewerben scheint lediglich die Tuchherstellung von gewisser Bedeutung zu sein. Erst im 14. Jahrhundert entwickelt Koblenz sich als Residenzstadt zum Herrschaftszentrum der Trierer Erzbischöfe.[676]

Koblenz gehört also seit dem 11. Jahrhundert zu den Territorialstädten mit geistlichem Stadtherrn. Der Erzbischof behält trotz Bürgeraufständen und Errichtung eines Rats das gesamte Mittelalter hindurch die Hoheit über die Stadt. Der Rat existiert lediglich neben dem Schöffenkollegium. Da sich Koblenz dauerhaft unter erzbischöflicher Herrschaft befindet, ist eine tiefergehende Einordnung der Statuten in die Geschichte der Stadt nicht notwendig.

Lübeck

1143 gründet Graf Adolf II. von Holstein zum ersten Mal die für Kaufleute aus Sachsen günstig gelegene Stadt Lübeck. Der Anfang der Entwicklung Lübecks ist geprägt von Auseinandersetzungen zwischen den Grafen von Holstein und Herzog Heinrich dem Löwen, der Zerstörung der Stadt sowie der Verlegung des

---

673 vgl. Sabine Happ: Stadtwerdung am Mittelrhein. Die Führungsgruppen von Speyer, Worms und Koblenz bis zum Ende des 13. Jahrhunderts, Köln/Weimar/Wien 2002, S. 89ff. [Happ: Stadtwerdung]; Bellinghausen: Koblenz im Mittelalter, S. 140ff.

674 vgl. Bellinghausen: Koblenz im Mittelalter, S. 87 und 103ff.; Happ: Stadtwerdung, S. 123ff.

675 Happ: Stadtwerdung, S. 338.

676 vgl. Kerber: Koblenz, Sp. 1242–1244.

Bistums Oldenburg nach Lübeck.[677] 1159 wird dann als endgültiges Gründungsdatum angesehen.[678] Domkapitel und bischöfliches Gebiet erhalten ein Stadtrecht. In den nächsten 40 Jahren untersteht Lübeck einer Reihe unterschiedlicher Stadtherrn, wird aber 1226 durch Friedrich II. in den Status der Reichsfreiheit erhoben und mit vom König ernannten Schirmvögten versehen. Lübeck erlangt bis ins 15. Jahrhundert hinein, u.a. durch seine enge Verbindung zu Hamburg und seine Rolle in der Hanse, einen enormen (außen-)politischen Einfluss.[679]

1201 ist zum ersten Mal ein Rat für die Stadt Lübeck urkundlich belegt. Diesem untersteht die Verwaltung und Organisation der Stadt, er vertritt die Stadt aber auch nach außen gegenüber Königen und Fürsten oder anderen Städten. Nach der Erlangung der Reichsfreiheit (1226), in deren Zuge die Lübecker neben verschiedenen den Handel fördernden Privilegien auch eine Münzstätte erhalten[680], entwickelt sich der Rat von einem Verwaltungsorgan zur Obrigkeit der Stadt. Seit 1263 verfügt er über die Hochgerichtsbarkeit, zuvor fungieren die Ratsmitglieder nur als Beisitzer im Gericht des vom Stadtherrn bestellten Vogts, dessen Aufgaben sie nun selbst übernehmen. Trotz verschiedentlicher Versuche der Fernkaufleute, sich als Führungsschicht zu etablieren, z.B. durch den Ausschluss der Handwerker aus dem Rat, bildet sich kein Patriziat aus. Der Rat ergänzt sich durch Kooptation, Ratsmitglied ist man spätestens seit dem 14. Jahrhundert auf Lebenszeit.[681] Dem Rat obliegt neben der Vertretung nach außen die Rechtsprechung, Gewerbeaufsicht und Finanzverwaltung. Die Vielzahl dieser Aufgaben führt bereits früh zu einer Herausbildung verschiedener Ratsämter: Kämmerer (1227), Vogt (1263), Bürgermeister (1298), Weinmeister, Markmeister, Weddemeister (Gewerbeaufsicht), Aufsicht über die Tresekammer, Verwaltung der Waffen und im 14. Jahrhundert der Münzmeister.[682]

Die Bevölkerung Lübecks wird für das 13. Jahrhundert auf ca. 15.000 Einwohner geschätzt. Aufgrund der wirtschaftlichen Bedeutung verfügt Lübeck über eine

---

677 vgl. Antjekathrin Graßmann: Art. Lübeck (Geschichte), in: LMA, Bd. V, Sp. 2147f. [Graßmann: Lübeck].

678 vgl. Michael Lutterbeck: Der Rat der Stadt Lübeck im 13. und 14. Jahrhundert, Lübeck 2002, S. 1. [Lutterbeck: Rat und Stadt].

679 vgl. Graßmann: Lübeck, Sp. 2147f.

680 vgl. RI V,1,1 n. 1636, in: Regesta Imperii Online, URI: http://www.regesta-imperii.de/id/1226-06-00_7_0_5_1_1_2368_1636 (abgerufen am 03.09.2014).

681 vgl. Lutterbeck: Rat und Stadt, S. 15ff. und S. 44f.; Rolf Hammel-Kiesow: Art. Lübeck (Gesellschaftliche Entwicklung und Verfassung), in: LMA, Bd. V, Sp. 2148f. [Hammel-Kiesow: Lübeck].

682 vgl. Lutterbeck: Rat und Stadt, S. 44ff.

relativ homogene Gesellschaftsstruktur,[683] Unruhen innerhalb der Bürgerschaft treten erst Ende des 14./Anfang des 15. Jahrhunderts auf. Wegen der verkehrstechnisch günstigen Lage entwickelt sich die Stadt zur führenden Handelsstadt im Ostseeraum. Lübeck verdrängt damit die Gotländer und die dänischen Kaufleute aus ihrer bisherigen Führungsposition und übernimmt diese seit dem Ende des 13. Jahrhundert selbst. Die Handelsverbindungen Lübecks reichen zudem weit über den Ostseeraum hinaus, als Fernhandelsstadt verfügt die Stadt über Verbindungen nach Venedig und Portugal. Die seit dem 13. Jahrhundert prosperierende Wirtschaft erlebt erst im 16. Jahrhundert einen Abschwung.[684]

Die erste erhaltene Abschrift des Lübecker Rechts wird auf 1267 datiert, einen Zeitpunkt, an dem die Stadt schon über ein Höchstmaß an Selbständigkeit verfügt und die Hochgerichtsbarkeit bereits beim Rat liegt.

Magdeburg

Bereits in fränkischer Zeit wurde der 805 zuerst urkundlich erwähnte Ort *Magadoburg* von Fernhändlern als Stapelplatz benutzt. Unter den sächsischen Kaisern, die Magdeburg zu einem Hauptort des Reiches ausbauen wollten, entwickelt sich die Stadt dann im 10. Jahrhundert zu einem Zentrum des politischen Geschehens. Obwohl die Stadt unter erzbischöflicher Herrschaft steht, bilden sich schon früh Organe der Selbstverwaltung heraus. Seit dem 12. Jahrhundert lässt sich – auch urkundlich belegt – eine Bürgerschaft fassen, in der sich eine Schicht von *meliores* herausbildet. Diese *meliores*, bestehend aus wohlhabenden Kaufleuten und erzbischöflichen Ministerialen, können über das Schöffenkolleg, das dem Schultheißen bei der Ausübung seiner Pflichten zur Seite steht, als städtische Niederrichter Einfluss auf die Gerichtsbarkeit gewinnen. Ende des 13. Jahrhunderts gelingt es den Bürgern, sowohl das Burggrafen- als auch das Schultheißenamt käuflich zu erwerben, wodurch die Gerichtsbarkeit faktisch an die Stadt geht.

Bereits früh sind die Schöffen auch in der Verwaltung tätig. Mitte des 13. Jahrhunderts bildet sich ein Rat heraus, dessen Mitglieder zur Hälfte den Schöffen und zur Hälfte der Bürgerschaft angehören. Mit Beginn des 14. Jahrhunderts vollzieht sich die Trennung der Aufgaben von Schöffen und Rat, die Stadt entwickelt im Laufe von Kämpfen zwischen Schöffen und Innungsmeistern eine Ratsverfassung.

---

683 Zur Sozialstruktur Lübecks ermittelt anhand des Baubestands vgl. Rolf Hammel-Kiesow: Die Entstehung des sozialräumlichen Gefüges der mittelalterlichen Großstadt Lübeck. Grund und Boden, Baubestand und gesellschaftliche Struktur, in: Die Sozialstruktur und Sozialtopographie vorindustrieller Städte, hrsg. v. Matthias Meinard, Berlin 2005, S. 139–204.

684 vgl. Hammel-Kiesow: Lübeck, Sp. 2148f.

Das Verhältnis zum erzbischöflichen Stadtherrn ist zu dieser Zeit gestört. Im Rahmen von Unruhen, die zur Ermordung des Erzbischofs führen (1325) und die Stadt unter Acht und Bann bringen, wird Magdeburg endgültig zur erzbischöflichen Landstadt.

Wirtschaftlich ist Magdeburg das ganze Mittelalter vom Handel geprägt. Die bereits Anfang des 9. Jahrhunderts nachweisbaren fernhändlerischen Aktivitäten erweitern sich im 12. und 13. Jahrhundert. In Magdeburg werden neben den Gütern des alltäglichen Bedarfs und Tuchen v.a. Rüstungen und Waffen gehandelt, im 15. Jahrhundert findet eine Umorientierung statt und es werden vermehrt Massengüter umgesetzt.[685]

Das zur Untersuchung ausgewählte Magdeburg-Breslauer systematische Schöffenrecht entspricht nicht dem Auswahlkriterium ‚Satzungsbuch'. Dennoch wird es zur Untersuchung herangezogen, da es zu den wichtigsten städtischen Rechtszeugnissen des Mittelalters gehört und Magdeburg als Oberhof und Mutterstadt durch seine Schöffenspruchsammlungen die Stadtrechtsentwicklung im Magdeburger Rechtskreis geprägt hat.

Nürnberg

Die freie Reichsstadt Nürnberg, die im Mittelalter zu den wichtigsten Städten des Reiches zählt, entwickelt sich ab dem 12. Jahrhundert aus der Sebalder und der Lorenzer Siedlung. Grundsätzlich handelt es sich bei Nürnberg um eine königliche Gründungsstadt aus salischer Zeit, die in staufischer Zeit stark an Bedeutung gewinnt.[686] Der um das Grab des 1072 bestatteten heiligen Sebald entstehende Kult fördert sowohl den Zuzug neuer Bewohner als auch die Entwicklung des Markts.

Unter den Staufern gewinnt Nürnberg als Pfalzort mehr und mehr an Bedeutung. Der König ist Stadtherr und „übte eine Obergewalt als Leibherr über die Einwohner der Siedlung aus"[687], die 1163 das erste Mal als *burgus* als eigenständiges Gebilde neben der Burg erwähnt wird. Diesem *burgus* steht im Hochgericht ein 1173 zuerst urkundlich belegter Schultheiß vor; die Stadt wird somit zu einem eigenen Immunitäts- und Gerichtsbezirk, verwaltet durch einen kaiserlichen

---

685 vgl. Martin Kintzinger: Art. Magdeburg, in: LMA, Bd. VI, Sp. 71–77.

686 Zur frühen Siedlungsgeschichte und -entwicklung der Siedlung vgl. Karl Bosl: Die Anfänge der Stadt unter den Saliern, in: Nürnberg. Geschichte einer europäischen Stadt, hrsg. v. Gerhard Pfeiffer, München 1971, S. 11ff.

687 Karl Bosl: Das staufische Nürnberg, Pfalzort und Königsstadt, in: Nürnberg. Geschichte einer europäischen Stadt, hrsg. v. Gerhard Pfeiffer, München 1971, S. 17 [Bosl: Staufisches Nürnberg].

Beamten. 1219 erhält die Stadt im sog. ‚Freiheitsbrief' von Friedrich II. zahlreiche wirtschaftliche und personenrechtliche Privilegien, von denen die personenrechtliche Unterstellung der Nürnberger Bürger unter den König als ihren Vogt wohl als wichtigste Privilegierung zu gelten hat. Allerdings sollten die gewährten Freiheiten nicht überbewertet werden: Weder haben die Nürnberger Bürger ein Mitspracherecht noch verändert sich etwas im Verfassungssystem der Stadt. Das Privileg soll lediglich die Kaufleute schützen und so deren Steuerkraft fördern. Eine erste Möglichkeit zum Aufbau einer städtischen Selbstverwaltung bietet sich der Nürnberger Bürgerschaft erst Mitte des 13. Jahrhundert[688]

Seit dieser Zeit treten in Nürnberg zwei städtische Organe in Erscheinung: das Schöffenkollegium und der Rat. Das Schöffenkollegium steht dem Schultheißen bei der Gerichtsbarkeit zur Seite, der Rat übernimmt die Repräsentation und Verwaltung der Stadt. Ende des 13. Jahrhunderts werden beide Gremien miteinander vereint. Ist der Rat zunächst nur Repräsentant der Bürgerschaft gegenüber dem Stadtherrn, entwickelt er sich nun „allmählich zur Stadtobrigkeit mit Herrschaftsfunktion und Behördencharakter"[689] heraus. Seit 1313 ist der Rat dann unabhängig vom Schultheißen für die Gewerbe- und Steuergesetzgebung verantwortlich.[690] Ende des 14. Jahrhundert gelangt das Schultheißenamt durch Verpfändung in den Besitz der Stadt und der obrigkeitliche Charakter des Rats kann sich ausbilden.[691]

Die Entwicklungen des 13. Jahrhundert führen zu einer ausgeprägten Satzungsgebung in den Bereichen der Markt- und Friedenspolizei, zunehmend aber auch zu differenzierten Bestimmungen im Verwaltungs-, Verfassungs- und Strafwesen wie auch im Privat- und Prozessrecht. Zeugnis dieser ausgeprägten rechtssetzenden Tätigkeiten sind die Satzungsbücher der Stadt im 14. Jahrhundert Im Zuge der Erweiterung der Befugnisse und Aufgaben des Rats entwickeln sich einzelne Stadtämter wie das des ‚Losungers' (zuständig für die Sammlung der Steuer) oder des ‚Pflegers' (zuständig für die Wege der Stadt).[692] 1315 wird die Bürgerschaft von

---

688 vgl. Bosl: Staufisches Nürnberg, S. 18ff.; Freiheitsbrief: RI V,1,1 n. 1069, in: Regesta Imperii Online, URI: http://www.regesta-imperii.de/id/1219-11-08_1_0_5_1_1_1724_1069 (abgerufen am 03.09.2014).

689 Karl Bosl: Nürnberg im Interregnum und im ausgehenden 13. Jahrhundert, in: Nürnberg. Geschichte einer europäischen Stadt, hrsg. v. Gerhard Pfeiffer, München 1971, S. 32 [Bosl: Nürnberg im Interregnum].

690 Druck: Quellensammlung zur Geschichte der deutschen Reichsverfassung in Mittelalter und Neuzeit, bearb. v. Karl Zeumer, Tübingen 1913, Nr. 135.

691 vgl Bosl: Nürnberg im Interregnum, S. 29ff.

692 Als weitere Ämter nennt Werner Schultheiß den Baumeister, Zinsmeister, Ungelter, das Schrotamt und das Zoll- und Waagamt, vgl. Werner Schultheiß: Verfassung

fremder weltlicher Gerichtsbarkeit befreit und im Gefolge verschiedener Privilegien der ersten Hälfte des 14. Jahrhundert entwickelt sich eine eigene städtische ‚Kriminalgerichtsbarkeit' heraus. Bereits im zweiten Drittel zeigen Verwaltung und Verfassung Nürnbergs „das abgerundete Bild eines vorbildlichen Regiments, das das Leben des Bürgers vollständig umschließt [...]."[693]

Die erste Hälfte des 14. Jahrhunderts ist geprägt von den Versuchen der Zünfte, Anteil an der Stadtherrschaft zu erlangen, dies wird jedoch mit Unterstützung Karls IV. zurückgeschlagen. Den Zünften wird zwar nominell Anteil an der Stadtverwaltung gewährt, an der Satzungsgebung sind sie dennoch nicht beteiligt.[694] Als ratsfähig gelten bis in das 16. Jahrhundert hinein lediglich die Tuchmacher, Lederer, Rotbierbrauer, Bäcker, Kürschner, Metzger, Schneider und Blechschmiede, später auch die Goldschmiede.[695]

Im 14. Jahrhundert gelingt es den Nürnberger Fernkaufleuten, sich ein einzigartiges System von Zollfreiheiten aufzubauen, das sich auf Verträge mit 90 Städten erstreckt und Nürnberg so eine herausgehobene Stellung als Handelsstadt sichert. Der Nürnberger Fernhandel reicht von Flamen und England über Böhmen und Ungarn bis nach Venedig. Die ersten großen Handelshäuser entstehen. Aber anders als bei zahlreichen großen mittelalterlichen Städten gründet die wirtschaftliche Stellung der Stadt nicht ausschließlich im Handel, sondern auch in „einer hochspezialisierten Gewerbeproduktion, dem Innovationsvermögen besonders der zünftisch nicht gebundenen Gewerbe, einem gleichbleibende Qualität garantierenden Kontrollsystem [...]."[696] Die Stadt ist bekannt für ihre Metallproduktion, die sowohl Waren des täglichen Bedarfs als auch Waffen umfasst. Ein weiterer gewerblicher Schwerpunkt liegt in der Textilindustrie. Ende des 14. Jahrhunderts tritt die Papierproduktion hinzu und im 15. Jahrhundert entwickelt sich Nürnberg zu einer Hochburg des Buchdrucks.

---

und Verwaltung in der ersten Hälfte des 14. Jahrhunderts, in: Nürnberg. Geschichte einer europäischen Stadt, hrsg. v. Gerhard Pfeiffer, München 1971, S. 36 [Schultheiß: Verfassung und Verwaltung].

693 Schultheiß: Verfassung und Verwaltung, S. 38.

694 vgl. Alfred Wendehorst: Art. Nürnberg, in: LMA, Bd. VI, Sp. 1317–1322 [Wendehorst: Nürnberg].

695 vgl. Rudolf Endres: Das Handwerk in Nürnberg im ausgehenden Mittelalter, in: Nürnberg und Bern. Zwei Reichsstädte und ihre Landgebiete, Erlangen 1990, S. 61.

696 Wendehorst: Nürnberg, Sp. 1320f.; vgl. dazu auch: Wolfgang von Stromer: Handel und Gewerbe der Frühzeit, in: Nürnberg. Geschichte einer europäischen Stadt, hrsg. v. Gerhard Pfeiffer, München 1971, S. 46ff.

Zusätzlich verfügt die Stadt über eine Kaufmannschaft, die den spezialisierten Produkten neue Märkte eröffnet. Nürnberg nimmt durch seine verkehrsgünstige Lage zwischen Ost und West eine wichtige Stellung im Transithandel ein, seine Rolle im Handel büßt die Stadt erst zum Ende des Mittelalters ein.[697]

Das Satzungsbuch A der Stadt Nürnberg ist die Gesetzgebung eines autonom handelnden Rats. Die Statuten, in denen nur Fälle von Ratsgerichtsbarkeit bzw. Niedergerichtsbarkeit aufgeführt sind, legen nahe, dass die Stadt zur Zeit ihrer Abfassung noch nicht über die Burggrafenrechte und die Hochgerichtsbarkeit verfügt.

Osnabrück

Das Bistum Osnabrück entsteht vermutlich bereits im 8. Jahrhundert, definitiv aber vor 803, als Teil des Kölner Metropolitanverbands. Gegründet an dem Schnittpunkt der Fernhandelswege Köln – Münster – Bremen und Deventer – Minden entwickelte sich bereits im Anschluss an die Domkirche eine Marktsiedlung, die im Laufe des Mittelalters anwächst.[698]

Bereits 1171 gewährt Friedrich Barbarossa das Privileg, dass die Bürger nicht mehr vor auswärtige Richter geladen werden dürfen, bevor der Streitfall nicht vor den „Rektoren der Stadt bzw. vor ihm verhandelt worden ist und eine dem Gewohnheitsrecht der Stadt entsprechende Rechtsprechung (… *secundum civitatis ius consuetudinarium debitam consequatur iusticiam.*) folgt, und erklärt früher erfolgte Vorladungen für ungültig.“[699] Die Stadt kann sich bald aus der bischöflichen Herrschaft lösen und erlangt den Status einer Freien Stadt. Im 13. Jahrhundert lassen sich bereits Organe der Selbstverwaltung aus Bürgern (*consules*) und Schöffen (*magister scabinorum*) nachweisen. Die 1236 an den bischöflichen Gografen übertragene Stadtvogtei wurde von einem Bürger wahrgenommen, die Niedergerichtsbarkeit, die bereits 1225 zur Hälfte an die Stadt gekommen war, wird 1409 gänzlich erworben.[700]

Das Schöffenkollegium wickelt als Rat der Stadt die Gemeindeangelegenheiten ab. Bereits um 1300 entsteht neben diesem Rat eine Art Gemeindevertretung, die

---

697 vgl. Wendehorst: Nürnberg, Sp. 1317–1322.

698 vgl. Friedrich Bernward Fahlbusch: Art. Osnabrück, in: LMA, Bd. VI, Sp. 1509f. [Fahlbusch: Osnabrück]; hierzu auch: Ludwig Hoffmeyer: Chronik der Stadt Osnabrück, 3. Aufl., bearb. und erw. v. Ludwig Bäte, Osnabrück 1964, S. 11ff. [Hoffmeyer: Chronik].

699 RI IV,2,3 n. 1950, in: Regesta Imperii Online, URI: http://www.regesta-imperii.de/id/1171-11-23_1_0_4_2_3_175_1950 (abgerufen am: 19.08.2014).

700 vgl. Fahlbusch: Osnabrück, Sp. 1511f.; Hoffmeyer: Chronik, S. 13ff.

sog. ‚Weisheit'.[701] Diese findet sich regelmäßig in den Satzungen und Erlassen der Stadt wieder.[702] Mit den ‚Sate' von 1348, die die Form der Ratswahl festlegt, ist der Abschluss in der Ratsentwicklung erreicht, doch wird das 14. und 15. Jahrhundert immer wieder von Bürgerunruhen erschüttert, in denen die „Ämter"[703] und ‚Wehrgeschworenen' einen größeren Anteil an der Stadtverwaltung erkämpften.[704]

Bis in das 14. Jahrhundert ist Osnabrück wirtschaftlich lediglich Distributionsort für das Hochstift. Ab 1400 findet sich jedoch die Produktion von Woll- und Leinenerzeugnissen für den Export und die Stadt kann ihre Stellung im Fernhandelssystem der Hanse stärken.

Die untersuchten Satzungen entstammen alle dem 14. Jahrhundert. Zu dieser Zeit hat sich bereits die bürgerliche Selbstverwaltung ausgebildet und die Stadt verfügt zumindest teilweise über die Niedergerichtsbarkeit.

Ravensburg

Die Reichsstadt Ravensburg entwickelte sich unterhalb der um 1020/80 errichteten welfischen Veitsburg.[705] Rund um den am Fuße der Burg gelegenen Marktplatz entsteht im Laufe des 13. Jahrhunderts die erste städtische Siedlung, die – nimmt man die Erweiterung des Mauerrings als Maßstab – bis in das 14. Jahrhundert anwächst.[706] Es kann davon ausgegangen werden, dass Ravensburg mit der Aufnahme

---

701 Hoffmeyer: Chronik, S. 15f.

702 „[…] *na rade unser wysheyt und mit vulborde unser gemeinheit* […].", Erich Fink: Des Stades Boek. I: Das älteste Stadtbuch von Osnabrück. II: Das Legerbuch des Bürgermeisters Rudolf Hammacher zu Osnabrück (Osnabrücker Geschichtsquellen 4; Das älteste Stadtbuch von Osnabrück), hrsg. v. Historischen Verein zu Osnabrück, Osnabrück 1927, S. 41, Nr. 40 [Fink: Stadtbuch Osnabrück].

703 Zu den Ämtern führt Hoffmeyer aus: „Die Verbindung der Genossen desselben Gewerks nannte man hier Amt, die Vorsteher des Amts Gildemeister. Innerhalb der Gilde schlossen sich die einzelnen Ämter nach und nach zusammen […]", Hoffmeyer: Chronik, S. 36. Im Folgenden führt er die elf Ämter Osnabrücks auf: Schmiedeamt, Schuhmacher, Krameramt, Backamt, Lohgerberamt, Schneideramt, Riemenschneideramt, Weißgerber- oder Erkeramt, Kürschner- oder Pelzamt, Schlacht- oder Knochenhaueramt, Schildamt.

704 vgl. Fahlbusch: Osnabrück, Sp. 1511f.

705 Zur Problematik der Datierung der Entstehung der Veitsburg und der angeschlossenen Siedlung und ihrer Vorgeschichte vgl. Alfons Dreher: Geschichte der Reichsstadt Ravensburg und ihrer Landschaft von den Anfängen bis zur Mediatisierung 1802, Bd. 1, Weißenhorn 1972 [Dreher: Reichsstadt Ravensburg].

706 Peter-Johannes Schuler: Art. Ravensburg, in: LMA, Bd. VII, Sp. 486 [Schuler: Ravensburg].

der Tätigkeiten des königlichen Landvogts 1274 auf der Ravensburg in den Stand einer Reichsstadt erhoben wird.[707]

Für den Beginn des 13. Jahrhundert lässt sich die Einrichtung eines Rats, bestehend aus Schöffen, nachweisen.[708] Dieses Gremium übernimmt seit Beginn seines Bestehens Aufgaben in der Finanzverwaltung der Stadt, die als eine der wesentlichen und überall angestrebten Funktionen städtischer Selbstverwaltung angesehen wird.

1296 wird Ravensburg, obwohl bereits 1286[709] mit Überlinger Recht ausgestattet, mit dem Ulmer Stadtrecht[710] bewidmet. Dies gibt der Stadt die Möglichkeit, Rechtsauskünfte aus Ulm einzuholen, die allerdings nicht zwangsläufig übernommen werden müssen.[711] Im 14. Jahrhundert setzen die Zünfte im Rahmen einer Zunftrevolution ihre Partizipation an der städtischen Macht durch, Ende des 14. Jahrhunderts wird der Ammann durch einen Bürgermeister verdrängt. In die gleiche Zeit fällt die Übernahme des Blutbanns durch den Ammann, der zunächst in den Händen des Königs und dann in denen des Landvogts liegt.

Ravensburg gilt als wichtiger Handelsplatz im Mittelalter. Die Stadt verfügt über eine eigene Münze und entwickelt sich zum Zentrum der Leinen- und Baumwollweberei. Ende des 14. Jahrhunderts kommt die Papierproduktion als wichtiger Gewerbezweig hinzu. Im Rahmen der Großen Ravensburger Handelsgesellschaft[712] kann die Stadt ihre größte wirtschaftliche Bedeutung erlangen.[713]

Ravensburg verfügt als Reichsstadt über ein hohes Maß an Autonomie. Zur Zeit der Abfassung des Stadtrechts ist Ravensburg zwar nicht frei von Stadtherrschaft,

---

707 vgl. Dreher: Reichsstadt Ravensburg, S. 199.

708 vgl. Schuler: Ravensburg, Sp. 487.

709 RI VI,1 n. 1961, in: Regesta Imperii Online, URI: http://www.regesta-imperii.de/id/1286-01-10_1_0_6_1_0_2183_1961 (abgerufen am: 03.09.2014).

710 RI VI,2 n. 745, in: Regesta Imperii Online, URI: http://www.regesta-imperii.de/id/1296-07-15_2_0_6_2_0_756_745 (abgerufen am: 03.09.2014).

711 vgl. Dreher: Reichsstadt Ravensburg, S. 207f.

712 Die Ravensburger Handelsgesellschaft ist die größte oberdeutsche Handelsgesellschaft im Spätmittelalter, die im Wesentlichen (Nürnberger) Metallwaren, Stoffe und Leder exportiert. Sie handelt des Weiteren mit Luxusgütern und Gewürzen und ist auf den größten Messen grundsätzlich vertreten. Im 15. Jahrhundert verliert die Gesellschaft u.a. mit dem Aufstreben Augsburgs zur Handelsmetropole an Einfluss, vgl. Peter-Johannes Schuler: Art. Ravensburger Handelsgesellschaft, in: LMA, Bd. VII, Sp. 488f.; Peter Eitel: Oberschwäbischer „Welthandel" im ausgehenden Mittelalter. Die große Ravensburger Handelsgesellschaft, in: Jahrbuch des Landkreises Lindau 12 (1997), S. 63–76.

713 vgl. Schuler: Ravensburg, Sp. 486f.

allerdings frei von Eingriffen in die städtische Politik. Sie verfügt zwar noch nicht über den Blutbann, kann aber Fälle der niederen Gerichtsbarkeit, wie man dem Stadtrecht entnehmen kann, bereits selbst aburteilen. Kurz nach der Bewidmung mit dem Ulmer Recht 1296 lässt sich die Stadt Ravensburg eine umfangreiche Rechtsmitteilung von 39 Artikeln (lateinisch) anfertigen, auf deren Basis Stadt und Bürger ihr eigenes Recht entwickeln.[714]

Schlettstadt

Die 775 zum ersten Mal erwähnte und im 12. Jahrhundert mit Stadtrecht bewidmete Stadt Schlettstadt (heute Sélestat) zählt zu den Reichsstädten. Auch wenn ein Großteil der Bevölkerung von der Landwirtschaft und Weinanbau lebt, bildet sich doch aufgrund der verkehrsgünstigen Lage an der Ill ein bemerkenswerter Wohlstand aus.[715]

Im Laufe des 13. und 14. Jahrhunderts gelingt es der Stadt, ihre Unabhängigkeit schrittweise zu erweitern: 1292 wird ein Rat eingerichtet, 1358 wird eine Zunftverfassung erlassen und bestätigt, 1402 der Blutbann an die Stadt verliehen und 1404 das Schultheißenamt käuflich erworben.

Die bis in das 16. Jahrhundert blühende, jedoch heute recht unbedeutende Stadt Schlettstadt gerät erst durch den 30jährigen Krieg und die Folgen der Inbesitznahme durch die Franzosen ins (politische) Abseits.[716]

Soest

Rund um die Petrikirche und das Patrokulusstift entwickelt sich im Laufe des 9. und 10. Jahrhunderts die erzbischöflich-kölnische Pfalz und die gewerbliche Siedlung Soest, deren Stadtwerdung um die Mitte des 12. Jahrhunderts als abgeschlossen angesehen werden kann. Soest gehört aus herrschaftlicher Perspektive zum Erzbistum Köln, gelangt aber infolge der Soester Fehde[717] Mitte des 15. Jahrhunderts unter die Herrschaft der Grafen von Kleve. Dieser ungewöhnliche Wechsel

714 vgl. Müller: Stadtrecht Ravensburg, S. 16f.

715 vgl. Francis Rapp: Art. Schlettstadt, in: LMA, Bd. VII, Sp. 1488.

716 Gény: Schlettstadt A, S. IIIff.

717 Die Soester Fehde bezeichnet die Kämpfe der Stadt gegen den Erzbischof Dietrich von Köln um die städtischen Freiheiten zwischen 1444 und 1449. Nach der Niederlage des Erzbischofs geht die Stadtherrschaft auf Johann von Kleve-Mark über. Vgl. hierzu: Heinz-Dieter Heimann: Die Soester Fehde, in: Soest. Geschichte der Stadt, Bd. 2: Die Welt der Bürger. Politik, Wirtschaft und Gesellschaft im spätmittelalterlichen Soest, hrsg. v. Heinz-Dieter Heimann, Soest 1996, S. 173–260.

des Stadtherrn darf nicht mit einer „quasi-reichsstädtischen Stellung"[718] der Stadt Soest verwechselt werden, diese ist letztlich in der wirtschaftlichen Machtstellung Soests durch den Salz- und Fernhandel begründet. Als Hansestadt zählt Soest zu den politisch und wirtschaftlich führenden Städten Westfalens.[719]

Gericht, Markt und Zoll unterstehen dem Erzbischof, der die Gerichtsbarkeit spätestens seit dem 12. Jahrhundert von den Arnsberger Grafen ausüben lässt. Die Verwaltung der Stadt obliegt dem Schultheißen. Allerdings lassen sich schon früh Organe der bürgerlichen Selbstverwaltung nachweisen. Bereits im 12. Jahrhundert übernehmen Rat und Gemeinde im Einverständnis mit den erzbischöflichen Herren zahlreiche Aufgaben in der Selbstverwaltung, die Stadt erlangte einen ‚quasi-autonomen' Status, den sie auch gegen die Interessen des Erzbischofs Engelbert von Köln verteidigen kann.[720] Schon 1279 erlangt Soest von den Arnsberger Grafen die Gerichtsrechte.[721] Seit dem 13. Jahrhundert tritt der Schultheiß in den städtischen Quellen nicht mehr in Erscheinung und das Amt des Richters wird nicht mehr von Ministerialen, sondern durch einen bürgerlichen Vertreter wahrgenommen.[722]

Die Quellen zur Verfassungsgeschichte Soests beginnen mit der Ratswahlordnung von 1260.[723] Diese wird als Ergebnis sozialer Unruhen im Zuge des Kampfes um politische Teilhabe gewertet. Da aber schon bald nach dieser Festsetzung erneut Missstände auftraten, wird 1283 eine korrigierte Fassung erlassen. Im Folgenden sind mit der ‚Alten' und der ‚Neuen Kuhhaut' des 13. Jahrhundert und der in die Untersuchung eingegangenen ‚Alte Schrae' von Mitte des 14. Jahrhundert umfangreiche Stadtrechtsaufzeichnungen vorhanden. Für die ‚Alte Schrae',

718 Friedrich Bernward Fahlbusch: Art. Soest, in: LMA, Bd. VII, Sp. 2021 [Fahlbusch: Soest].

719 vgl. Fahlbusch: Soest, Sp. 2021–2023.

720 vgl. Wilfried Ehbrecht: Einwohner und Bürger. Von der Stadt- zur Gemeindebildung. Soest in spätsalischer und staufischer Zeit (etwa 1100 bis 1250), in: Soest. Geschichte der Stadt, Bd. 1: Der Weg ins städtische Mittelalter. Topographie, Herrschaft, Gesellschaft, hrsg. v. Wilfried Ebrecht, Soest 2010, S. 317ff. [Ehbrecht: Einwohner und Bürger].

721 vgl. Fahlbusch: Soest, Sp. 2022.

722 Ehbrecht: Einwohner und Bürger, S. 322f.

723 Zur Datierung des Dokuments vgl. Mark Mersiowsky: Städtische Verwaltung und Verfassung im spätmittelalterlichen Soest, in: Soest. Geschichte der Stadt, Bd. 2: Die Welt der Bürger. Politik, Wirtschaft und Gesellschaft im spätmittelalterlichen Soest, hrsg. v. Heinz-Dieter Heimann, Soest 1996, S. 62f. [Mersiowsky: Städtische Verwaltung].

die in Zeiten innerer Unruhen um innerstädtische finanzielle Belange zwischen Gemeinde und Rat entsteht, hält Mersiowsky fest, dass „[d]as Stadtbuch [...] den genossenschaftlichen Konsens verkörpern und garantieren [soll], oder mit zeitgenössischen Worten Eintracht, Nutz und Friede.“[724]

Die Stadtbevölkerung wird auf ca. 10.000 geschätzt. Die Oberschicht bilden die durch Fern- und Salzhandel zu Vermögen gelangten, ratsfähigen Geschlechter, die sich in eigenen Gesellschaften zusammenschließen. Ebenso zur Oberschicht können die bischöflichen Vertreter gezählt werden. In der Mittelschicht finden sich Handwerksmeister und Kleinhändler, die in Zünften bzw. Ämtern[725] organisiert sind und nach Partizipation an der Stadtherrschaft streben. Während für die Definition von Ober- und Mittelschicht wirtschaftliche Aspekte auschlaggebend sind, werden in der Unterschicht alle erfasst, die nicht in Ämtern organisiert sind und somit politisch nicht in Erscheinung treten. Daneben finden sich eine große Anzahl von Ordensgeistlichen sowie die Angehörigen der unehrlichen Berufe und Juden.[726]

Der für Soest so wesentliche Fernhandel beruhte auf Zoll- und Handelsprivilegien des 12. und 13. Jahrhunderts und reicht von den Seestädten (Visby, Livland) bis zu den westeuropäischen Handelszentren. Strategisch günstig gelegen, tritt die Stadt vorwiegend als Zwischenhändler auf, handelt aber auch mit eigenen Produkten aus dem Umland. Umgesetzt wurden neben Salz v.a. Tuche und Metallfertigwaren.[727]

Zur Zeit der Abfassung der ‚Alten Schrae‘ steht Soest zwar unter der Stadtherrschaft des Erzbischofs von Köln, hat aber aufgrund des Erwerbs der Gerichtsrechte und seiner wirtschaftlichen Stellung als Hansestadt bereits ein hohes Maß an Autonomie und Autokephalie gewonnen.

---

724 Mersiowsky: Städtische Verwaltung, S. 86.

725 Um 1360 sind die Zünfte „der Wandschneider, Krämer, Wollweber, Kümper (Eßgeschirrhersteller), Bäcker, Schmiede, Fleischhauer, Lohgerber, Korduaner (Lederhandwerker), Schneider und Wollkäufer“ nachweisbar, Mersiowsky: Städtische Verwaltung, S. 127.

726 vgl. Gudrun Gleba: Über Bürgerwelt und Gemeindeleben im spätmittelalterlichen Soest, in: Soest. Geschichte der Stadt, Bd. 2: Die Welt der Bürger. Politik, Wirtschaft und Gesellschaft im spätmittelalterlichen Soest, hrsg. v. Heinz-Dieter Heimann, Soest 1996, S. 22ff.

727 vgl. Ehbrecht: Einwohner und Bürger, S. 317, S. 315.

Ulm

Die freie Reichsstadt Ulm, deren Ursprünge sich anhand archäologischer Funde bis in das 1. Jahrhundert zurückdatieren lassen, entwickelt sich im 9. Jahrhundert zu einer der wichtigsten Pfalzen des alemannischen Raums. Auch wenn diese Bedeutung unter den sächsischen Ottonen verblasst, erlangt Ulm unter den Saliern und im Zuge des Investiturstreits wieder große Bedeutung (z.B. Wahl des Gegenkönigs). Zu Beginn des 12. Jahrhunderts wird Ulm im Zuge der Streitigkeiten zwischen Welfen und Staufern zerstört, wird allerdings umgehend wieder aufgebaut und in der Mitte des 13. Jahrhunderts vollständig ummauert.

Während des Interregnums gelingt es der Stadt, sich von der herrschaftlichen Einflussnahme zu befreien, mit dem Tod der Grafen von Dillingen erlischt auch effektiv die Reichsvogtei über Ulm, da die damit beauftragten Württemberger sich nicht durchsetzen können. Bereits 1296, im Zuge einer Rechtsauskunft an die Stadt Ravensburg, wird der Ammann nicht mehr vom König, sondern von einem Bürgergremium ernannt.[728] Gemeinsam mit dem Bürgermeister repräsentiert der zunächst patrizisch zusammengesetzte Rat „die Stadtobrigkeit und zugleich die Spitze städtischer Verwaltung."[729] Das 13. und 14. Jahrhundert wird in Ulm von Zunftkämpfen geprägt, in deren Zuge es den Zünften gelingt, Einfluss auf die Stadtverwaltung zu erlangen. Ihren Abschluss finden diese Kämpfe im Ulmer Schwörbrief von 1397[730], der neben der Zusammensetzung des Rats auch dessen Verfassung festlegt. In der Folge setzt sich der kleine Rat aus den Zunftmeistern der 17 Ulmer Zünfte, 14 Vertretern patrizischer Familien und dem patrizischen Bürgermeister zusammen. Für den großen Rat werden 30 weitere zünftische und zehn patrizische Vertreter hinzugezogen. Man verzichtet auf eine eigenständige Politik und der Rat kann sich eine obrigkeitliche Stellung sichern.[731]

Im 14. Jahrhundert wächst die Stadt beträchtlich an und erreicht über verschiedene Etappen bis zum Ende des Jahrhunderts (1397: Erlangung des Blutbanns) reichsstädtische Hoheit. In der Folgezeit erweitert die Stadt ihren Einflussbereich und durch Zukauf auch ihr Territorium.

Wirtschaftlich ist Ulm neben dem Textilgewerbe vom Handel abhängig. Die verkehrsgünstige Lage der Stadt (Schnittpunkt wichtiger Straßen mit der Donau, die ab Ulm schiffbar ist) macht die Stadt zu einem Handelsplatz für Eisen, Salz und

728 vgl. Sönke Lorenz: Art. Ulm, in: LMA, Bd. VIII, Sp. 1190–1193 [Lorenz: Ulm].

729 Gottfried Geiger: Die Reichsstadt Ulm vor der Reformation. Städtisches und kirchliches Leben am Ausgang des Mittelalters, Ulm 1971, S. 17 [Geiger: Ulm].

730 vgl. Mollwo: Rote Buch, S. 258.

731 vgl. Geiger: Ulm, S. 17ff.

Wein. Der Wohlstand der Stadt spiegelt sich auch in dem Bevölkerungswachstum wider: Leben 1400 noch 9.000 Personen in der Stadt, wird ihre Bevölkerung um 1500 auf 17.000 geschätzt.[732]

Das Ulmer Stadtrecht entsteht zu einer Zeit, in der die Stadt Ulm den Status einer Reichsstadt erreicht. Seine Abfassung fällt zwar noch vor die Erlangung des Blutbanns, allerdings hat Ulm zu dieser Zeit ein hohes Maß an Autonomie erlangt, wie das Recht landschädliche Leute mit Todesstrafe zu belegen (1360), beweist.

Würzburg

Die Siedlungsgeschichte der im Mittelalter auf 6.000 Einwohner geschätzten Bischofsstadt Würzburg reicht bis in die Hallstattzeit zurück.[733] Die Siedlungskerne auf beiden Seiten des Mains entwickeln sich zunächst getrennt voneinander, bis der Kult, der um das Grab des um 689 getöteten heiligen Kilians entsteht, und die Gründung des Bistums Würzburg (742) den links- und den rechtsmainischen Siedlungskern zu einer Stadt zusammenwachsen lassen.

Die überaus günstige Lage an alten Handelswegen und dem Main sowie die 1030 durch Konrad II. verliehenen Marktprivilegien (ständiger Markt und Jahrmarkt)[734] förderten die Entwicklung der Stadt. Bis in das 14. Jahrhundert hinein ist das verkehrstechnisch günstig gelegene Würzburg ein wichtiger Handelsplatz. Im 14. Jahrhundert ist die Stadt allerdings der Konkurrenz Nürnbergs nicht mehr gewachsen und verliert durch Abwanderung an Bevölkerung und Bedeutung. Der Handelsplatz Würzburg verkommt zu einem regionalen Verteilermarkt, wenn auch der von den klimatischen Verhältnissen begünstigte Wein- und Getreideanbau weiterhin wichtige Exportartikel liefert. Die Rolle als geistiges Zentrum aber kann Würzburg das gesamte Mittelalter über erhalten dies lässt sich auch an der Bedeutung der Domschule ablesen.[735]

---

732 vgl. Lorenz: Ulm, Sp. 1190–1193.

733 vgl. Alfred Wendehorst: Art. Würzburg, in: LMA, Bd. IX, Sp. 377 [Wendehorst: Würzburg]; Alfred Wendehorst: Bischofssitz und königliche Stadt. Von der Karolingerzeit bis zum Wormser Konkordat, in: Geschichte der Stadt Würzburg, Bd. 1: Von den Anfängen bis zum Ausbruch des Bauernkriegs, hrsg. v. Ulrich Wagner, Stuttgart 2001, S. 62f.

734 RI III,1 n. 160, in: Regesta Imperii Online, URI: http://www.regesta-imperii.de/id/1030-10-13_1_0_3_1_0_286_160 (abgerufen am 04.09.2014).

735 Zur Frühgeschichte der Stadt Würzburg vgl. Dirk Rosenstock: Siedlungsgeschichte im Frühmittelalter, in: Geschichte der Stadt Würzburg, Bd. 1: Von den Anfängen bis zum Ausbruch des Bauernkriegs, hrsg. v. Ulrich Wagner, Stuttgart 2001, S. 51–61.

Würzburg kann sich nie von der Stadtherrschaft der Bischöfe befreien. Die alles überragende Position des Bischofs wird bereits 1075 von Adam von Bremen hervorgehoben:

> „Nur der Bischof von Würzburg war der Einzige, dem in Bezug auf seine Stellung als Bischof keiner gleich kam. Denn während er selbst sämtliche Grafenämter seiner Diöcese inne hat, ist auch das Herzogthum des Landes in seinen Händen."[736]

Es existiert zwar ein Stadtrat, dieser wird aber vom Bischof nicht anerkannt und steht in Konkurrenz zu dem bischöflichen Oberrat, der sich aus sechs Geistlichen und sechs Bürgern zusammensetzt. Die Konflikte zwischen Bürgern und Bischof um mehr Mitbestimmungsrechte der Bürger reichen bis in den Investiturstreit zurück und finden ihren Abschluss in der Schlacht von Bergtheim (1400), in der die Stadt die Möglichkeit auf die erstrebte Reichsunmittelbarkeit und die Zünfte[737] der Stadt jegliche politische Funktion verlieren. Gerade das 13. Jahrhundert ist von vehementen Auseinandersetzungen geprägt, in denen Bürger und Zünfte jedoch nur vorübergehende Erfolge erzielen können. Der bürgerliche Rat wird im Zuge der Auseinandersetzungen wieder verboten und die Bürger 1308 zur Anerkennung des Oberrats gezwungen.[738] Unter den Staufern ist Würzburg im Mittelpunkt des Reichsgeschehens, im 13. und 14. Jahrhundert blüht das geistige Leben in der Stadt (Walther v. d. Vogelweide, Albertus Magnus u.a.)[739]

Die zur Untersuchung herangezogenen Polizeisätze entstammen dem 14. Jahrhundert Bürgerschaft und Zünfte kämpfen zwar in dieser Zeit um eine größere Beteiligung an der Verwaltung der Stadt, können sie allerdings nicht erringen. Die Polizeisätze sind ohne Zutun der Bürgerschaft vom Bischof erlassen.

---

736 Adam's von Bremen Hamburgische Kirchengeschichte. Nach der Ausgabe der Monumneta Germaniae, übers. v. Johann C. M. Laurent, Berlin 1850, Bd. III, S. 45.

737 „Nach 1400 tauchte »Zunft« als politischer Begriff in Würzburg nicht mehr auf; es gab nur noch die Handwerker und ihre Bruderschaften.", Klaus Arnold: Im Ringen um die bürgerliche Freiheit: Die Stadt Würzburg im späteren Mittelalter (ca. 1250–1400), in: Geschichte der Stadt Würzburg, Bd. 1: Von den Anfängen bis zum Ausbruch des Bauernkriegs, hrsg. v. Ulrich Wagner, Stuttgart 2001, S. 109 [Arnold: Bürgerliche Freiheit].

738 zu den einzelnen Konflikten vgl. Arnold: Bürgerliche Freiheit, S. 96ff.

739 vgl. Wendehorst: Würzburg, Sp. 377–382.

2. Editionen

Tabelle 3: Verwendete Editionen

Sigle	Edition
StbA	Christian Meyer: Das Stadtbuch von Augsburg, insbesondere das Stadtrecht vom Jahre 1276, nach der Originalhandschrift zum ersten Male hrsg. u. erläutert v. Christian Meyer, Augsburg 1872.
StrB	Harald Parigger: Das Bamberger Stadtrecht, hrsg. u. mit Erläuterungen zur Text- u. Überlieferungsgeschichte vers. v. Harald Parigger, Neustadt/Aisch 1983.
StrBr	Ludwig Hänselmann: Das Urkundenbuch der Stadt Braunschweig. Bd. 1: Statuten und Rechtsbriefe (1227–1499). Hrsg. v. Ludwig Hänselmann und Heinrich Mack. Braunschweig 1900.
StrHB	Karl August Eckhardt: Die mittelalterlichen Rechtsquellen der Stadt Bremen. Schriften der Bremer wissenschaftlichen Gesellschaft Reihe A*: Veröffentlichungen aus dem Staatsarchiv der freien Hansestadt Bremen, Heft 5, Bremen 1931.
StrF	Armin Wolf: Die Gesetze der Stadt Frankfurt am Main im Mittelalter, hrsg. und eingel. v. Armin Wolf, Frankfurt/Main 1969.
StrFS	Hubert Ermisch: Das Freiberger Stadtrecht, hrsg. v. Hubert Ermisch (mit Zusätzen aus dem 14.-16. Jahrhundert), Leipzig 1889.
StrFB	Marita Blattmann: Die Freiburger Stadtrechte zur Zeit der Zähringer. Rekonstruktion der verlorenen Urkunden und Aufzeichnungen des 12. und 13. Jahrhunderts, Bd. 2, (Veröffentlichungen aus dem Archiv der Stadt Freiburg im Breisgau, Bd. 27), Freiburg/Würzburg 1991.
StrG	Wilhelm Ebel: Das Stadtrecht von Goslar, hrsg. v. Wilhelm Ebel, Göttingen 1968.
HOb	Frank Eichler: Das Hamburger Ordeelbook in der Erstfassung von 1270. Rechtshistorische und sprachliche Rekonstruktion aus den vorhandenen Quellen, Mauke/Hamburg 2007.
StrK	Klaus Fink: Das Stadtrecht von Kalkar, Kleve 1993.
StrsK	Max Bär: Urkunden und Akten zur Geschichte der Verfassung und Verwaltung der Stadt Koblenz bis zum Jahre 1500, bearb. v. Max Bär, Bonn 1898.
StrL	Gustav Korlén: Das mittelniederdeutsche Stadtrecht von Lübeck nach seinen ältesten Formen. Norddeutsche Stadtrechte II, hrsg. v. Gustav Korlén, Lund 1951.
MSchr	Paul Laband: Magdeburg Breslauer systematisches Schöffenrecht, hrsg. v. Paul Laband, Berlin 1863.
SbAN	Werner Schultheiß: Satzungsbücher und Satzungen der Reichsstadt Nürnberg aus dem 14. Jahrhundert, Nürnberg 1965.
SBO	Erich Fink. Des Stades Boek. I. Das älteste Stadtbuch von Osnabrück. II. Das Legerbuch des Bürgermeisters Rudolf Hammacher zu Osnabrück. Hrsg. vom Historischen Verein zu Osnabrück. Osnabrück 1927. (Osnabrücker Geschichtsquellen 4. Das älteste Stadtbuch von Osnabrück)

Sigle	Edition
StrR	Karl-Otto Müller: Die älteren Stadtrechte der Reichsstadt Ravensburg nebst der Waldseer Stadtrechtshandschrift und den Satzungen des Ravensburger Denkbuchs (Oberschwäbische Stadtrechte 2), Stuttgart 1924.
SStbA	Joseph Gény: Schlettstadter Stadtrechte (Oberrheinische Stadtrechte, 3. Abt., Elsässische Stadtrechte, Bd. 1), hrsg. v. Kommission zur Hrsg. elsässischer Geschichtsquellen, bearb. v. Joseph Gény, Heidelberg 1901.
ASS	Wolf-Herbert Deus: Soester Recht. Eine Quellen-Sammlung, Bd. 1, hrsg. v. Wolf-Herbert Deus, Soest 1969.
RBU	Carl Mollwo: Das rote Buch der Stadt Ulm, Württembergische Geschichtsquellen, Bd. 8, Stuttgart 1904.
WüPo	Hermann Hoffmann: Würzburger Polizeisätze. Gebote und Ordnungen des Mittelalters, 1125–1495: ausgewählte Texte, hrsg. v. Hermann Hoffmann, Würzburg 1955.

Die verwendeten Editionen unterscheiden sich teilweise stark hinsichtlich der Eingriffe, die am Text vorgenommen werden. Die von den Handschriften vorgenommene Gliederung wird – soweit sie vorhanden ist – ebenso übernommen wie Kapitel- und Paragraphenüberschriften.[740] Unabhängig davon nummerieren alle Editionen die einzelnen Artikel, auch wenn dies nicht dem Handschriftenbefund entspricht. Die in den Editionen eingeführte Nummerierung dient im Folgenden zur Auszeichnung der Textbelege. Desgleichen werden die Kapitel- und Paragraphenüberschriften zur Bezeichnung der Rechtszusammenhänge herangezogen.

Die Texte werden, abgesehen von StrFB und StrL, mit moderner Interpunktion versehen und in ihrer Schreibung angeglichen. Diese Angleichung kann unterschiedlich stark ausfallen, so dass im Folgenden kurz auf die Besonderheiten der einzelnen Editionen eingegangen wird.

StbA[741]**:** Christian Meyer folgt der Handschrift in weiten Teilen seiner Edition diplomatisch. Er gibt an, Änderungen nur dort vorgenommen zu haben, „wo [er] der Originalität des Werkes unbeschadet“[742] nachbessern konnte. Dies beinhaltet für ihn das Auflösen von Kürzeln, die Verwendung von *u* und *v* gemäß heutiger

740 Als Ausnahmen sind hier StrF und StrFB zu nennen. StrF lag Armin Wolf lediglich in einer Transkription vor, so dass zu einer eventuellen Gliederung der Handschrift keine Aussagen gemacht werden können; für StrFB wird auf Aussagen zu den Editionsprinzipien verzichtet.

741 Meyer gibt an, die Edition anhand der Originalhandschrift vorgenommen zu haben, vgl. Meyer: Stadtbuch Augsburg, S. XX.

742 Meyer: Stadtbuch Augsburg, S. XXX.

Verwendungsweise, die Großschreibung von Eigennamen und Satzanfängen sowie die Ergänzung fehlender Buchstaben in runden Klammern.[743]

StrB[744]**:** Harald Parriger versucht, den „Ursprungstext"[745] zu rekonstruieren. Er ist um eine übersichtliche, gut lesbare Darstellung bemüht, die für ihn neben der Einfügung der Interpunktion auch die Vereinheitlichung der Groß- und Kleinschreibung bedingt. Er beschränkt Ersetzungen und Emendierungen auf ein Minimum, gibt aber keine genauere Erläuterung. An einigen Stellen bietet seine Edition Verständnishilfen.[746]

StrBr[747]**:** Ludwig Hänselmann folgt in der Orthographie den Handschriften. Die einzigen Eingriffe, die er vornimmt, bestehen in der Auflösung von Abbreviaturen und der Einfügung moderner Interpunktion.[748] In die Untersuchung fließen Stadtrecht und Echteding ein, die nach Hänselmann weder vom Ursprung noch vom Inhalt stark variieren. Unterschiede sieht er lediglich in ihrer Zusammensetzung: Das Stadtrecht verzeichnet mehr Rechtssätze, das Echteding mehr Polizeisätze.

StrHB[749]**:** Karl August Eckhard vermeidet tiefgreifende Eingriffe in den überlieferten Text. Er gibt an, dass Fehler nur unter Berücksichtigung anderer Textzeugen korrigiert wurden, „[d]ie Interpunktion [...] normalisiert [wurde]"[750] sowie Abkürzungen aufgelöst und die Schreibung von *u* und v ‚neuzeitlich' gebraucht wird.[751] Zusätzlich merkt er an, dass sich in der Handschrift neben dem ältesten Text noch

743 vgl. Meyer: Stadtbuch Augsburg, S. XXXf.

744 Parigger wählt für die Edition acht Textzeugen aus, wobei die Hs Wo für ihn als Leithandschrift fungiert. Für die Redaktionen arbeitet er mit Hs Go als Führungshandschrift, vgl. Parigger: Bamberg, S. 31. Die Übersicht über alle Textzeugen: Parigger: Bamberg, S. 14ff.

745 Parigger: Bamberg, S. 31.

746 vgl. Parigger: Bamberg, S. 31f.

747 Hänselmann ediert den Text nach dem älteren Codex der Altstadt (A). Zusätze aus anderen Codices schließt er an den Text von A an, vgl. Ludwig Hänselmann: Das Urkundenbuch der Stadt Braunschweig, Bd. 1: Statuten und Rechtsbriefe (1227–1499), S. 101f. [Hänselmann: Urkundenbuch].

748 vgl. Hänselmann: Urkundenbuch, S. V.

749 Die Datierung des Stadtrechts geht aus dem Text selbst hervor, der in Artikel I 1 angibt, dass die Entscheidung zur Niederschrift am 1. Dezember 1303 gefasst wurde. vgl. Karl August Eckhard: Die mittelalterlichen Rechtsquellen der Stadt Bremen, Bremen 1931, S. 38 [Eckhard: Rechtsquellen Bremen].

750 Eckhard: Rechtsquellen Bremen, S. 28.

751 vgl. Eckhard: Rechtsquellen Bremen, S. 28.

eine ‚Novellenschicht' findet, die in einem Zeitraum von 120 Jahren nach der Abfassung hinzugefügt wurde. Diese Schicht kennzeichnet er durch Kursivsetzung.[752]

StrF[753]**:** Armin Wolf gibt den Text nach seinem ältesten Lautstand wieder, Varianten vermerkt er in den Anmerkungen. Er greift insoweit in den Text ein, als dass er Worttrennungen, Zeichensetzung und den Gebrauch von *u-v* und *i-j* angleicht, Abkürzungen ausschreibt und für Zahlen (z.B. bei Bußzahlungen) arabische Zahlen verwendet. Konjekturen setzt er in Kursivdruck, spätere Zusätze werden durch runde Klammern, spätere Tilgungen durch eckige Klammern gekennzeichnet.[754]

StrFS[755]**:** Hubert Ermisch gleicht in der Edition „[o]ffenbare Fehler und Lücken"[756] nach jüngeren Handschriften aus, wobei er die Schreibung der der Edition zugrunde liegenden Hs A anpasst. Emendationen, die nicht auf Handschriftenbefunden beruhen, kennzeichnet er durch Sternchen und eckige Klammern.

StrFB[757]**:** Marita Blattmann verzichtet auf Angaben zu ihren genauen Editionsprinzipien. Die Textwiedergabe scheint aber weitgehend diplomatisch zu sein, da Kürzel und Superskripte nicht aufgelöst werden und eine moderne Interpunktion fehlt.

---

752 vgl. Eckhard: Rechtsquellen Bremen, S. 13ff.

753 Den Text von Gesetzbuch Ia ediert er für sich stehend nach dem *Alt Geseczbuch*. Dieses lag ihm nicht als Handschrift, sondern lediglich als Transkript vor. Vgl. Wolf: Gesetze Frankfurt, S. 9.

754 vgl. Wolf: Gesetze Frankfurt, S. 9ff.

755 Ermischs Edition basiert auf den Handschriften A (ältere Stadtrechtshandschrift), B (jüngere Stadtrechtshandschrift), C und D. Vgl. Ermisch: Freiberger Stadtecht, S. LXVIf.

756 Ermisch: Freiberger Stadtrecht, S. LXVI.

757 Die Edition beinhaltet u.a. die deutschen Stadtrechte von 1275 und 1293. Da das Stadtrecht von 1275 nie publiziert wurde und somit auch nie Geltung erlangte, wird im Folgenden nur der Text von 1293 berücksichtigt. Dieser ist ebenfalls abgedruckt in: Heinrich Schreiber: Urkundenbuch der Stadt Freiburg im Breisgau, hrsg. v. Heinrich Schreiber, Bd. 1, Abt. 1, Freiburg/Breisgau 1828, S. 123–140 (Nr. L) und: Corpus der altdeutschen Originalurkunden bis zum Jahr 1300, Bd. I: 1200–1282, hrsg. v. Friedrich Wilhelm, Lahr 1932, Bd. II: 1283–1292, hrsg. v. Friedrich Wilhelm und Richard Newald, Lahr 1943, Bd. III: 1293–1296, hrsg. v. Richard Newald, Helmut de Boor und Diether Haacke, Lahr 1962, Bd. IV: 1297-(Ende 13. Jahrhundert), hrsg. v. Helmut de Boor und Diether Haacke, Lahr 1963, Bd. V: Nachtragsurkunden 1261–1297, hrsg. v. Helmut de Boor, Diether Haacke und Bettina Kirschstein. Bis Lieferung 54, Lieferung 55: Berlin 2004.

StrG[758]**:** Wilhelm Ebel kann drei Schreiberhände unterscheiden und setzt in der Edition alle nicht von der ersten Hand stammenden Teile kursiv. Er gibt an, die Orthographie weitestgehend beizubehalten, Nasalstriche und er-Kürzel hingegen aufgelöst zu haben. Des Weiteren wurde „der Unterschied zwischen vokalischem und konsonantischem u/v beachtet; bisweilen auftauchende *ů* bzw. *ǒ* erscheinen als u bzw. v."[759] Er fügt seiner Edition ein Wortregister hinzu, das er als Hilfestellung bei der rechtshistorischen Benutzung der Edition verstanden wissen möchte.[760]

HOb: Frank Eichlers Edition bietet auf Basis der Hs A eine Rekonstruktion des ältesten Hamburger Stadtrechts von 1270. Da Eichler versucht, Hs A (15. Jahrhundert) von jüngeren Zusätzen zu befreien und sprachlich auf Formen des 13. Jahrhundert zurückzuführen, greift er stark in ‚Wortwahl, Orthographie und grammatische Formen' ein.[761] Er beruft sich hier auf die von Gustav Korlén in der Edition des Stader Stadtrechts entworfenen Kriterien.[762] Zusätzlich bietet Eichler eine Übersetzung des Texts. Aufgrund der hohen Zahl an Änderungen wird parallel die Edition Johann Martin Lappenbergs[763] verwendet. Die Belege im Anhang wurden nach der Edition Lappenbergs aufgenommen und ausgezeichnet.

StrK[764]**:** Klaus Fink benennt als Editionsziel „eine möglichst vollständige Zusammenstellung aller überlieferten Rechtstexte in einer Textfassung mit möglichst „richtiger" Wortwahl"[765]. Er greift daher weder in den Wort- noch Buchstabenbestand

---

758 Der Edition liegt die Hs A zugrunde. Zusätzlich verwendet Ebel elf weitere Handschriften, die er in zwei Redaktionen unterteilt. Er hält für die erste Abfassung des Stadtrechts 1330 für wahrscheinlich, eine genaue Datierung kann er aber nicht vornehmen. Vgl. Wilhelm Ebel: Das Stadtrecht von Goslar, hrsg. v. Wilhelm Ebel, Göttingen 1968, S. 11ff. [Ebel: Stadtrecht Goslar], zur Datierung vgl. Ebel: Stadtrecht Goslar, S. 7ff. und S. 20f.

759 Ebel: Stadtrecht Goslar, S. 25.

760 Ebel: Stadtrecht Goslar, S. 23ff.

761 vgl. Frank Eichler: Das Hamburger Ordeelbook in der Erstfassung von 1270. Rechtshistorische und sprachliche Rekonstruktion aus den vorhandenen Quellen, Mauke/Hamburg 2007, S. 7ff. [Eichler: Ordeelbook].

762 Zu den Eingriffen im Einzelnen vgl. Eichler: Ordeelbook, S. 7ff und Gustav Korlén: Das Stader Stadtrecht vom Jahre 1279. Norddeutsche Stadtrechte I, Lund 1950, S. 10ff. [Korlén: Stader Stadtrecht].

763 Johann Martin Lappenberg: Die ältesten Stadt-, Schiff- und Landrechte Hamburgs, Hamburg 1845 (Neudruck Aalen 1966).

764 Fink greift auf die beiden ältesten Kopien (Hs Yd 39 und Hs H 3) des Textes zurück, die zwei unterschiedlichen Redaktionen angehören und kollationiert diese mit weiteren Handschriften. Vgl. Fink: Stadtrecht Kalkar, S. XXVII und Tafel 1, S. 70.

765 Fink: Stadtrecht Kalkar, S. XXVII.

ein und ergänzt durch Beschädigung verlorene Teile in runden Klammern, wenn sie anderen Textzeugen zu entnehmen sind, in eckigen Klammern, sofern sie vom Bearbeiter stammen. Er löst Kürzel auf, gleicht Groß- und Kleinschreibung an und schreibt Namen und römische Ziffern groß.[766]

StrsK: Max Bär äußert sich zu seinen Editionsprinzipien nicht. Es lässt sich allerdings feststellen, dass Bär eine moderne Interpunktion einfügt, Eingriffe und Normalisierungen bezüglich der Schreibung sind aufgrund der in der Edition gegebenen Einheitlichkeit zu vermuten, lassen sich ohne Abgleich mit der Handschrift allerdings nicht verifizieren. In die Untersuchung fließen das Stadtrecht[767] und das Gerichtsbuch[768] ein.

StrL[769]**:** Gustav Korlén folgt in seiner Edition den von Wilhelm für das Corpus der altdeutschen Originalurkunden postulierten Grundsätzen. Er bietet dementsprechend mit Ausnahme des runden -r eine handschriftengetreue Wiedergabe und nimmt keinerlei Veränderungen in Orthographie, Interpunktion oder Großschreibung vor. Ebenso behält er Worttrennungen bei. Aufgelöste Kürzel kennzeichnet er durch Kursivdruck, in der Handschrift fehlende Buchstaben markiert er durch eckige Klammern. Nachträge oder auf Rasur und am Rand stehende Buchstaben werden in Petitdruck wiedergegeben. Die einzigen Eingriffe, die er vornimmt, sind die Korrektur von offensichtlich falsch geschriebenen Wörtern unter Angabe der Handschriftenschreibung in den Fußnoten und die Ersetzung

---

766 vgl. Fink: Stadtrecht Kalkar, S. XXVIII.

767 Für die Stadtrechtssätze liegen Bär sechs Überlieferungsträger des 15. und 16. Jahrhunderts vor. Er richtet sich nach der mit A bezeichneten Handschrift und vermerkt Abweichungen der anderen Überlieferungsträger im textkritischen Apparat, vgl. Max Bär: Urkunden und Akten zur Geschichte der Verfassung und Verwaltung der Stadt Koblenz bis zum Jahre 1500, bearb. v. Max Bär, Bonn 1898, S. 42–47 und S. 62–75 [Bär: Koblenz].

768 Bär hat zwei Papierhandschriften des 16. Jahrhunderts vorliegen, die er mit A und B benennt. Er richtet sich bei der Edition nach Hs A und vermerkt Abweichungen in B nur dann, wenn sie „sachlicher Art“ waren, vgl. Bär: Koblenz, S. 77.

769 Der Ausgabe basiert auf dem von Korlén mit Ki bezeichnete Kieler, ehemals Lübecker, Kodex. Weitere sechs Textzeugen, die alle der sogenannten vor-Bardewikschen Redaktion (1294) angehören, werden für den Variantenapparat herangezogen. Ki besteht aus dem Text von ca. 1282 und Nachträgen, vgl. Gustav Korlén: Das mittelniederdeutsche Stadtrecht von Lübeck nach seinen ältesten Formen. Norddeutsche Stadtrechte II, hrsg. v. Gustav Korlén, Lund/Kopenhagen 1951, S. 11ff. (Lunder Germanistische Forschungen 23).

der Paragraphenzählung in römischen Ziffern durch arabische. Die am Ende jeder Zeile auftretenden Bindestriche entfallen in der Edition.[770]

MSchr[771]**:** Paul Laband emendiert den Text an Stellen, an denen er ‚offenbare Entstellungen' erkennt. Diese Emendationen markiert er durch eckige Klammern und gibt im Apparat die handschriftliche Lesart an. Ansonsten gibt er den Text der Handschrift entsprechend wieder. Er kann drei Schreiber unterscheiden, von denen er zwei dem 14., den dritten dem 15. Jahrhundert zuordnet.[772] Die Textpassagen der zweiten und dritten Hand werden für die Untersuchung nicht berücksichtigt.

SbAN: Werner Schultheiß folgt den von Johannes Schultze zur Herausgabe von Quellen formulierten Grundsätzen[773], d.h. Kürzel werden aufgelöst, vokalisch und konsonantisch gebrauchtes *u* bzw. *j* werden unterschieden und Konsonantendoppelungen weitestgehend getilgt. Namen werden der Vorlage entsprechend wiedergegeben und Großschreibung nur an Satzanfängen, bei Namen und Titeln verwendet. Die Trennung bzw. Zusammenschreibung von Worten wird dem heutigen Sprachgebrauch angepasst.[774]

SBO: Erich Fink gibt an, Form und Reihenfolge des Texts beibehalten zu haben. Bis zu den Eintragungen von 1350 greift er orthographisch lediglich bei Unterscheidung von vokalischem *u* und konsonantischem *v* ein. Für den nachfolgenden Zeitraum nimmt er Angleichung im Bereich der Konsonanten vor, so setzt er z.B. im Anlaut nur einfachen Konsonant und entfernt die Doppelkonsonanten nach kurzen Vokalen oder Doppelvokalen.[775]

---

770 vgl. Korlén: Stader Stadtrecht, S. 61.

771 Die Edition Labands basiert auf Cod. A, der als „systematisches Schöffenrecht" bezeichnet wird. Dieser wird mit 17 weiteren Textzeugen abgeglichen, Paul Laband: Magdeburg Breslauer systematisches Schöffenrecht, hrsg. v. Paul Laband, Berlin 1863, S. IXf. [Laband: Magdeburg].

772 vgl. Laband: Magdeburg, S. XXIff. und S. XXXIVff.

773 vgl. Schultheiß: Satzungsbücher, S. 13ff.

774 Schultzes Grundsätze umfassen u.a. den Abgleich der Überlieferungsformen, die Einfügung einer modernen Interpunktion, die einheitliche Kennzeichnung von Zusätzen, Versehen, unsicheren Lesarten, in der Vorlage hervorgehobenen Passagen oder Streichungen sowie von Auslassungen des Herausgebers, vgl. Johannes Schultze: Richtlinien für die äußere Textgestaltung bei Herausgabe von Quellen zur neueren deutschen Geschichte, in: Blätter für deutsche Landesgeschichte 98 (1962), S. 1ff.

775 vgl. Fink: Stadtbuch Osnabrück, S. XIIIff.

StrR[776]**:** Der von Karl-Otto Müller wiedergegebene Text folgt der Handschrift des Stadtbuchs A. Er nummeriert die Artikel durch und gibt bei Artikeln, die in späteren Stadtbüchern erneut auftreten, im Apparat die Varianten an. Die in der Handschrift als ‚Randbemerkungen' eingefügten Inhaltsangaben setzt Müller in der Edition als Überschriften ein.[777]

SStbA: Joseph Gény gibt an, dass er den Text vorlagengetreu wiedergibt und lediglich im Bereich der Groß- und Kleinschreibung eingreift.[778]

ASS[779]**:** Wolf-Herbert Deus erläutert seine Editionsprinzipien nicht. Er unterscheidet lediglich drei Schreiberhände, deren Beiträge er gesondert wiedergibt. Die Nummerierung der Abschnitte erfolgt fortlaufend durch die gesamte Quellensammlung. Für die ‚Alte Schrae' bedeutet dies, dass sie mit Artikel 225 beginnt und mit 353 (erste Hand) endet. Unter jedem Artikel befindet sich ein textkritischer Apparat, der Lesarten aus anderen Handschriften bietet.[780]

RBU: Carl Mollwo gibt an, den Text ‚handschriftengetreu' wiederzugeben, greift allerdings insofern in den Text ein, als dass er alle Eigennamen und Absatzanfänge mit Großbuchstaben versieht und Konsonantenhäufungen vor langem Vokal oder Diphthong tilgt. Durch Kursivsatz kennzeichnet er Nachträge, die nicht dem ursprünglichen Text aus dem Jahr 1376 angehören sowie Erläuterungsanmerkungen und Noten zur Textgestaltung. Zusätze, die er als von mittelalterlichen Schreibern stammend identifiziert, setzt Mollwo in runde Klammern, von ihm selbst vorgenommene Konjekturen stehen in eckigen Klammern.[781]

---

776 Müller datiert das Stadtrecht in den Zeitraum 1326–1330. Er bietet eine Übersicht zu den vermuteten Entstehungszeiträumen der einzelnen Artikel, vgl. Müller: Stadtrecht Ravensburg, S. 16f.

777 vgl. Müller: Stadtrecht Ravensburg, S. 6f.

778 Gény: Schlettstadt A, S. XVIf.

779 Für die Edition der „Alten Schrae" stützt sich Deus auf die Hs E 1. Diese wird von ihm weder datiert noch macht er Angaben zu Inhalt und Struktur, vgl. Wolf-Herbert Deus: Soester Recht. Eine Quellen-Sammlung, Bd. 1, hrsg. v. Wolf-Herbert Deus, Soest 1969, S. 49 [Deus: Soester Recht]. Nach Mersiowsky muss der Text um 1350 herum entstanden sein. Die Dreiteilung, die von Deus übernommen wurde, sieht er als im Stadtbuch angelegt an, vgl. Mersiowsky: Städtische Verwaltung, S. 86f.

780 vgl. Deus: Soester Recht, S. 49ff.

781 Mollwo: Rote Buch, S. 1ff.

WüPo[782]**:** Hermann Hoffmann gibt an, dass die Textwiedergabe bis ins 15. Jahrhundert nach dem ‚Lautwert', also der Wiedergabe von vokalischem *v* als *u* folge. Ohne die ‚Schreiberindividualität' zu stark beeinträchtigen zu wollen, tilgt er „[u]nnötige Konsonantenverdoppelungen, willkürliche Worttrennungen" und vereinheitlicht „wechselhafte Schreibformen und Kürzungen"[783]. Für die Untersuchung werden lediglich die umfangreichen ottonischen Polizeisätze des Bischofs Otto von Wolfskeel von 1333–1345 herangezogen.

782 Die Edition Hoffmanns gibt auf der Textgrundlage von 14 Textzeugen (CA-CO) „für das 12. bis 14. Jahrhundert alle Statuten, Satzungen und Ordnungen [...], sei es in Einzel- oder in Statuargesetzgebung" wieder, Hermann Hoffmann: Würzburger Polizeisätze. Gebote und Ordnungen des Mittelalters, 1125–1495: ausgewählte Texte, hrsg. v. Hermann Hoffmann, Würzburg 1955, S. 7 [Hoffmann: Würzburger Polizeisätze].

783 Hoffmann: Würzburger Polizeisätze, S. 9.

VII. Auswertung

1. Natürliche Person

Das heutige Recht unterscheidet zwischen juristischer und natürlicher Person, dabei wird zunächst derjenige als Person bezeichnet, der Träger von Rechten und Pflichten sein kann. Als natürliche Person gilt der Mensch, und zwar von seiner Geburt an bis zu seinem Tod.[784] Die natürliche Person besitzt Rechtsfähigkeit, kann also abgesehen davon, dass sie Träger von Pflichten und Rechten ist, auch Eigentümer einer Sache oder Schuldner einer Verpflichtung sein.[785] Davon zu trennen ist die Handlungsfähigkeit, die mit Erlangung der Mündigkeit erreicht wird[786] und als Fähigkeit beschrieben wird,

> „durch eigenes Handeln Rechtswirkungen (Rechte, Pflichten) herbeizuführen. […] Sie hat auf einzelnen Rechtsgebieten unterschiedliche Voraussetzungen und ist dementsprechend aufzugliedern (z.B. Geschäftsfähigkeit, Ehefähigkeit, Testierfähigkeit, Deliktsfähigkeit). Bei Fehlen der H[andlungsfähigkeit] muss ein Vertreter oder Organ statt der handlungsunfähigen Person handeln oder die Handlung muss unterbleiben."[787]

Eine derart präzise Definition des Personenbegriffs bieten die mittelalterlichen Rechtsquellen nicht, er „ist erst geschichtlich erarbeitet worden."[788] Aus den jeweiligen Textzusammenhängen lässt sich dennoch erkennen, dass es sich bei den nachfolgenden Wortverbindungen um die Bezeichnung natürlicher Personen mit (weitestgehender) Rechts- und Handlungsfähigkeit handelt. Dabei muss beachtet werden, dass für das Mittelalter von einer Ungleichheit der Persönlichkeit und der Rechte einer Person ausgegangen werden muss.

Während in der Frühzeit Unfreie nicht als Person angesehen, sondern zu den Sachen gezählt werden, entwickelt sich im Mittelalter die Vorstellung, dass jeder Mensch über eine Persönlichkeit verfügt. Von Gleichheit kann hier allerdings nicht gesprochen werden,[789] da die Rechtsstellung einer Person grundlegend von ihrem Grad an persönlicher Freiheit und ihrem Stand bestimmt wird.

---

784 vgl. Köbler: Juristisches Wörterbuch, S. 311. Zu den verschiedenen Möglichkeiten des Persönlichkeitsverlusts neben dem Tod vgl. Otto Gierke: Deutsches Privatrecht, Bd. 1: Allgemeiner Teil und Personenrecht, Leipzig 1895, S. 364ff. [Gierke: Privatrecht I].

785 vgl. Köbler: Juristisches Wörterbuch, S. 341.

786 vgl. Gierke: Privatrecht I, S. 381ff.

787 Köbler: Juristisches Wörterbuch, S. 203.

788 Gierke: Privatrecht I, S. 355.

789 vgl. Gierke: Privatrecht I, S. 355ff.

Während man in den Stand üblicherweise hineingeboren wird[790], „erlangen die Bürger der Städte allmählich eine allgemein gleiche Freiheit“[791]. Allerdings waren nicht alle Bewohner der Städte auch Bürger (vgl. Kap. III. 4. Bürger und Einwohner) und die unterschiedlichen Bevölkerungsgruppen – Bürger, Einwohner, Geistliche, Juden, Gäste und Fremde – verfügen über ein unterschiedliches Maß an Rechts- und Handlungsfähigkeit innerhalb der Stadt. Zudem sind Rechts- und Handlungsfähigkeit auch von dem Alter einer Person und ihrem Geschlecht abhängig.[792] Frauen und Kinder unterstehen in der Regel der Hausgewalt des Vaters. Söhne verlassen diese durch Gründung eines eigenen Haushalts (Verselbständigung); Töchter durch Heirat, sie begeben sich also aus der Hausgewalt des Vaters in die des Ehemanns.[793] Auch wenn die Ehefrau unter der Vormundschaft ihres Ehemanns steht, ist sie diesem standesrechtlich und dementsprechend auch erbrechtlich gleichgestellt. Als Kauffrau, die sich an Handel und Gewerbe beteiligt, kann sie volle Handlungsfähigkeit erlangen und haftet für Verbindlichkeiten mit ihrem gesamten Vermögen.[794] Ein allgemein festgesetztes Alter für das Erreichen der Volljährigkeit gibt es nicht. Dieses kann regional zwischen zwölf und 25 Jahren variieren.[795] Unmündige Kinder benötigen, wenn der Hausvater fehlt, einen Vormund[796], der Rechtsgeschäfte in ihrem Namen ausführt.[797] Als beschränkt rechtsfähig gelten „verkrüppelte oder mifsgestaltete Menschen“[798], mangelnde geistige Gesundheit führt zur Unterstellung unter einen Vormund, auch körperliche Krankheit

790 Der Stand kann gemindert oder verloren werden durch Verlust der Ehre in Folge von Strafen, Ausübung unehrlicher Berufe, uneheliche Geburt, Tod, Acht oder Eintritt ins Kloster, vgl. Gerhard Köbler: Deutsche Rechtsgeschichte. Ein systematischer Grundriss, 6. Aufl., München 2005, S. 121 [Köbler: Rechtsgeschichte].

791 Köbler: Rechtsgeschichte, S. 121.

792 vgl. Jan Schröder: Rechtsfähigkeit, in: HRG, Bd. 4, Sp. 288–293 und Isenmann: Deutsche Stadt, S. 145ff.

793 vgl. Köbler: Rechtsgeschichte, S. 121f.

794 vgl. Isenmann: Deutsche Stadt, S. 171.

795 vgl. Gierke: Privatrecht I, S. 383; Andreas Heusler: Institutionen des Deutschen Privatrechts, Bd. 1, Leipzig 1885, S. 55f. [Heusler: Institutionen].

796 „Seine Stellung [i.e. die des Vormunds] verliert ihr Wesen als Nutzungsrecht am Vermögen des Mündels und wird mehr eine vergütete Pflicht hinsichtlich des Mündels selbst. Allerdings darf der Vormund notfalls über das Mündelgut verfügen. Deshalb wird der Vormund von der allgemeinen Verwaltung auch besonders eingesetzt und beaufsichtigt […]“, Köbler: Rechtsgeschichte, S. 122.

797 vgl. Köbler: Rechtsgeschichte, S. 121f.

798 Gierke: Privatrecht I, S. 390.

kann eine eingeschränkte Handlungsfähigkeit zur Folge haben.[799] Grundsätzlich rechtsunfähig waren Geächtete.[800]

Dieser starken Differenzierung von Rechts- und Handlungsfähigkeit innerhalb der städtischen Gesellschaft tragen die auftretenden Wortverbindungen insofern Rechnung, als dass die zur Bildung des Begriffs ‚natürlicher Person' gewählten Lemmata entweder allgemeiner Natur sind (*man – wîp*) oder eine Kombination, ausgehend von einem speziellen Charakteristikum, wie Alter oder Wirtschaftskraft bzw. Vermögen einer Person, oder dem Stand einer Person (*phaffe*) und dem dazu gehörenden Gegenstück (*leie*) den umfassenden Oberbegriff ‚natürliche Person' bzw. ‚alle/jedermann' bilden.

Zahlreiche Belege bezeichnen nicht alle natürlichen Personen, sondern lediglich eine besondere Gruppe im Hinblick auf ihre Zugehörigkeit zur städtischen Gemeinschaft (*ûzman – ûzvrouwe; burgære – burgærin*) oder ihrer Zugehörigkeit zu einer bestimmten Institution (*meister – rât; rihtære – scheffe*). Gerade in der erstgenannten Gruppe variieren die Bezeichnungen bisweilen von Stadt zu Stadt sehr stark, so dass die einzelnen Wortverbindungen eine geringe Belegdichte aufweisen. (vgl. Anhang 1). Von diesen soll exemplarisch die Verbindung *burgære – gast* untersucht werden.

Die zweite Gruppe – also die Bezeichnungen für Mitglieder bestimmter Institutionen und Ämter – ist für diese Untersuchung von geringem Interesse. Es handelt sich bei ihnen zwar insofern um ‚begriffsbildende Wortpaare', als dass sie als Oberbegriff auf die jeweilige Institution verweisen, eine tiefergehende semantische Untersuchung erübrigt sich jedoch wegen der Eindeutigkeit der Formulierung. So wird durch *meister unde rât* der Rat in seiner Gesamtheit bezeichnet

> **SStbA XXVIII:** *Waz ouch* ***meister und rat*** *oder der merre teil under in oder die zunftmeister, so sú bi dem rate sint, verurteilent oder úberein komment [...].*

und durch *rihtære unde scheffen* das Gericht:

> **StrK Art. 85:** *Soe wat saeken die aent ghericht kommen sijn, die en mach men nyet af laeten buyten orlof* ***des richters ind der scepenen*** *[...].*

Ebenfalls häufig sind Wortverbindungen aus dem familiären Bereich wie *vater – muoter oder bruoder – swëster* belegt, die vermehrt im Erbrecht auftreten.

799 vgl. Gierke: Privatrecht I, S. 390ff.; Heusler: Institutionen, S. 100ff.

800 vgl. Jan Schröder: Rechtsfähigkeit, in: HRG, Bd. 4, Sp. 288–293; dazu auch: Isenmann: Deutsche Stadt, S. 145ff.

StrB § 157.4: *Es schol auch* ***vatter vnd mutter*** *mit besampter hant irs erbs vnd eygens einem kinde vor dem ander nichts geben [...].*

ASS Nr. 350: *Vortmer so war* ***sustere ande brodere*** *sin, dey ervetale to deylene hebbet, sin sey unvorschichtet [...].*

Auch hier erübrigt sich eine Untersuchung der semantischen Eigenschaften der Wortverbindungen, da hier zwar die Begriffe ‚Eltern' bzw. ‚Geschwister' gebildet werden, dies aber auch ohne weitergehende Analyse erkennbar ist. Interessant an diesen Verbindungen könnte allerdings ein Vergleich mit dem Landrecht sein, da sich hier womöglich erbrechtliche Unterschiede in der Behandlung der Familienmitglieder abbilden lassen könnten.

‚Alle/Jedermann'

Bezeichnungen für ‚Alle/Jedermann' sind insgesamt 313-mal belegt. Diese verteilen sich auf zehn verschiedene formelhafte Verbindungen, bei denen sich eine eindeutige Präferierung der Verbindungen von *man – vrouwe, arm – rîch* und *man – wîp* erkennen lässt.

Tabelle 4: Verteilung der Belege zu ‚Alle/Jedermann' in absoluten Zahlen und Prozent.

Lemmata	absolute Belegzahlen	Verteilung in %
man – vrouwe	122	39,0
arm – rîche	91	29,1
man – wîp	47	15,0
phaffe – leie	13	4,2
geistlich – werltlich	12	3,8
mannesname – wibesname	9	2,9
vremde – heimisch	5	1,6
kristen – jude	5	1,6
junc – alt	5	1,6
mannesname – vrouwenname	4	1,3
gesamt	313	100

arm – rîche

Eine Möglichkeit, den gesamten Personenkreis der städtischen Gesellschaft zu bezeichnen, bietet die Verbindung der Adjektive *arm – rîche* (90). *arm* wird grundsätzlich mit „nichtvermögend, bedauernswert“[801] wiedergegeben, wohingegen als ursprüngliche Bedeutung für *rîche* „einem herscher oder mächtigen gemäsz, zukommend, mit ihm verbunden“[802] angegeben wird. Da mit dieser Bedeutung häufig ein Überfluss an Besitz verbunden wird, wird *rîche* schon früh im Sinne von „wohlhabend; mächtig“[803] verwendet. Jesko Friedrich gibt als Bedeutung der Kombination *arm – rîche* „alle; jeder; alle Anwesenden; die Leute; alle Leute“[804] an. Das DRW führt ebenfalls die Verbindung *arm – rîche* an und vermerkt dazu, dass diese in substantivierter Form „alle (Bürger oder Bauern)“[805] bzw. „die Gesamtheit von Personen (Bürger einer Gemeinde usw)“[806] bezeichnet.

arm – rîche deckt somit unabhängig von der Zugehörigkeit zur Bürgerschaft den gesamten Personenkreis ab, der in einer Stadt zu finden ist, da durch die Verbindung von finanziellen Aspekten auch Nichtbürger, Ausbürger oder Fremde erfasst werden können. Wie Dittmer bereits für diese Art komplexiver – von ihm als ‚antithetische Paarungen‘ bezeichneten – Verbindungen festgehalten hat, bezeichnen diese „den Oberbegriff nicht schlechthin, sondern zugleich in seinem Gesamtumfang“[807]. *arm – rîche* umfasst dementsprechend alle Personen, indem es den ‚Nichtvermögenden‘ und den ‚Vermögenden‘ bezeichnet und so auch alles, was sich zwischen diesen beiden Extremen befindet.

arm – rîche ist 91-mal belegt. Dabei besetzt in 58,2% der Belege (53) *arm* das erste Glied und in 41,2% der Belegen (38) *rîche*. Zwar überwiegen die Belege, in denen *arm* das erste Glied besetzt, es lässt sich aber keine signifikante Präferierung der Reihenfolge der Glieder feststellen. Die Belege verteilen sich auf 14 der untersuchten Texte, wobei alle 14 Texte die Verbindung *arm – rîche* verwenden, aber nur neun *rîche – arm*. Allein 35 Belege (38,5%) entstammen RBU.

---

801 http://drw-www.adw.uni-heidelberg.de/drw/ (abgerufen am: 19.09.2014), vgl. DWB, Bd. 1, Sp. 554–556. http://www.woerterbuchnetz.de/Lexer?bookref=1,92,35 (abgerufen am: 19.09.2014).

802 DWB, Bd. 14, Sp. 580.

803 http://drw-www.adw.uni-heidelberg.de/drw/ (abgerufen am: 19.09.2014).

804 Friedrich: Phraseologisches Wörterbuch, S. 107.

805 http://drw-www.adw.uni-heidelberg.de/drw/ (abgerufen am: 19.09.2014).

806 http://drw-www.adw.uni-heidelberg.de/drw/ (abgerufen am: 19.09.2014).

807 Dittmer: Urkundensprache, S. 446f.

Tabelle 5: Verteilung der Belege arm – rîche *und* rîche – arm *im Korpus.*

Text	arm - rîche	rîche - arm
StbA	4	1
StrB	3	5
StrHB	2	2
StrF	5	–
StrFS	5	1
StrG	1	–
HOb	1	–
StrK	1	–
StrsK	1	–
SBO	1	1
StrR	6	1
SStbA	2	1
RBU	14	21
WüPo	7	5
gesamt	53	38

Während hinsichtlich der Verteilung der Belege, abgesehen von dem vermehrten Auftreten in RBU, keine Besonderheiten festgestellt werden können, lässt sich mit Blick auf die verwendeten Konjunktionen eine eindeutige Präferierung von *unde* erkennen: 65-mal steht die Konjunktion *unde* (71,4%), 20-mal *oder* (22,0%), fünfmal *alsam* (5,5%) und einmal *noch* (1,1%). *unde* – wie auch *alsam* – verfügt über einen umfassenden Charakter, die Konjunktion drückt eine Zusammengehörigkeit aus, dies kann durch die Kombination mit Adverbien wie *gemeinlîche* oder *gelîche* unterstützt werden.

StrR Art. 149: *Es han* ***arme und riche*** *gemainlich gesetz und über ain komen, daz [....].*

HOb J XXX: *The ratmanne the vor rechte ſittet, ſittet thar bi ereme ede alſo that ſe that bewaren that iewelkeme manne recht ſche [...],* ***armen vnde riken,*** *urinden vnde vromeden alghelic. [...].*

Das zweite Beispiel zeigt gleichzeitig eine weitere Funktion der *unde*-Verbindungen: Vielfach verfügt die Formulierung *arm unde rîche* über einen promissorischen Charakter und drücken so ‚Absichtserklärungen' aus, in denen entweder versichert wird, dass Handlungen z.B. des Rats zu *nuz und vrumen* aller vollzogen werden (RBU 30) oder – wie in HOb J XXX – dass ein Richter jedem das gleiche Recht zukommen lassen wird.

Des Weiteren wird *unde* gesetzt, wenn eine gemeinsame Handlung von *arm unde rîche* in einem Text beschrieben wird bzw. auf diese rekurriert wird, wie z.B. das Schwören eines Eids:

> **RBU Art. 16:** *[…] und sol nieman uff die aide die* ***rich und arm*** *gesworn hant, dehain widerrede danach han.*

Im Gegensatz zu den Paarformeln mit *oder* zeigt sich ein stärker kollektives Element. Während die Verbindungen mit *unde* die gesamte städtische Gesellschaft umfassen, verfügen die Formeln mit *oder* über ein distributives Moment. Sie stehen zumeist im Konjunktiv und weisen vielfach auf zukünftige Handlungen hin.[808] In ihnen wird ausgedrückt, dass es für die rechtlichen Folgen einer Handlung unerheblich ist, ob eine Tat von *arm* oder *rîche* begangen wird. So entsteht auch hier der Bezug zu der Größe ‚Alle/Jedermann' als Referenz, allerdings nicht in der kollektiven Bedeutung der *unde*-Verbindungen, sondern mit einem ‚distributiven' Charakter[809], also: ‚einer – wer auch immer – von Allen':

> **RBU Art. 75:** *Me ist ouch gesetzt, swelih burger, der si* ***arm oder rich****, dehain raise dienet dehainem usman […].*

Gleiches gilt für den Beleg mit *noch*, der zwar nicht mit Konjunktiv steht, bei dem der distributive Charakter aber durch die Verbindung von *noch* mit *kein* entsteht. Die Übertragung lautet in diesem Fall ‚keiner, weder (der) Arme noch (der) Reiche':

> **RBU Art. 83:** *Wir haben ouch gesetzt, daz kain burger ze Ulme,* ***rich noch arm*** *[…].*

Die Paarformel *arm – rîche* ist in dem von ihr bezeichneten Oberbegriff und im Lexembestand fest. Der Befund von Hüpper/Topalovic/Elspaß, die in ihrem

---

808 Auf die Frage, inwieweit hier die für Rechtstexte bedeutenden Konzessivsätze im Hinblick auf die vermehrte Verwendung von *oder*-Verbindungen in Rechtstexten (im Vergleich zu literarischen Texten) eine Rolle spielen, kann an dieser Stelle nicht eingegangen werden. Eine Untersuchung dieses Phänomens im Rahmen einer syntaktisch orientierten Analyse von Rechtstexten wäre allerdings wünschenswert. Zur Bedeutung von Konzessivsätzen des Typs *ez sî … oder …* für Rechtstexte, vgl. Behaghel, Deutsche. Syntax, Bd. III, 650f.

809 Mit der Unterscheidung zwischen kollektiv bzw. umfassend und distributiv wird im Folgenden die Differenz zwischen „Alle" und „Jeder" erfasst. Diese Unterscheidung wird dabei nicht ausschließlich auf Personen, sondern ebenfalls auf andere Sachverhalte übertragen. So wird z.B. im Bereich der Strafen auf diese Weise der Unterschied gekennzeichnet, ob an einem Deliquenten beide Teile der ausgesprochenen Strafe (*hals unde hant*) oder lediglich eine der beiden Strafen vollstreckt wird (*hals oder hant*).

Untersuchungsmaterial eine feste Reihung der Glieder beobachten konnten,[810] kann anhand der hier analysierten Texte allerdings nicht bestätigt werden. Die Formel scheint zwar bevorzugt in der Reihenfolge *arm – rîche* verwendet zu werden, von Festigkeit oder einer signifikanten Präferierung der Reihenfolge *arm – rîche* kann kann auf Grundlage des hier vorliegenden Materials nicht gesprochen werden.

man – wîp

Als wohl allgemeinste Formulierung zur Bezeichnung von natürlichen Personen bzw. zur Bildung des Oberbegriffs ‚Alle/Jedermann' können die formelhaften Wortverbindungen angesehen werden, die die Lemmata *man – wîp* kombinieren, da sie keinerlei sozialen Status bezeichnen, sondern lediglich alle männlichen und weiblichen Mitglieder der Gemeinschaft benennen.[811]

man bezeichnet zunächst geschlechtsneutral nur den „menschen ohne rücksicht auf das geschlecht"[812]. Da allerdings „nach der altgermanischen rechtlichen anschauung nur der mann im vollbesitze des menschlichen wesens sich befindet"[813], wird die Bedeutung schon früh auf ‚Mann' im geschlechtsspezifischen Sinne reduziert. Diese Einschränkung wird auch vom DRW vorgenommen, so dass hier mit „der Mann von der Frau [als] unterschieden durch Geschlecht und Rechtsstellung"[814] übersetzt wird. In LEXER wird hinzugefügt, dass *man* den „mensch männlichen geschlechtes in gereiftem alter, mann"[815] bezeichnet.

wîp hingegen bezeichnet die Frau und zwar im Gegensatz zum Mann.[816] Das DWB gibt als grundlegende Bedeutung an:

> „weib ist der allgemeinste und darum häufigste name für alle wesen, die nicht dem männlichen geschlecht angehören […]"[817].

Diese Bedeutung wird spezifiziert durch die Einschränkung, dass „weib [….] seinem ursprung gemäsz stets das gereifte wesen weiblichen geschlechts [bezeichnet]"[818]

---

810 vgl. Hüpper/Topalovic/Elspaß: Entstehung und Entwicklung, S. 91ff.

811 vgl. Friedrich: Phraseologisches Wörterbuch, S. 285. Friedrich gibt hier exakt die gleiche Bedeutung an, die er bei *arm – rîche* angesetzt hat.

812 DWB, Bd. 12, Sp. 1553.

813 DWB, Bd. 12, Sp. 1553.

814 http://drw-www.adw.uni-heidelberg.de/drw/ (abgerufen am: 17.09.2014).

815 http://www.woerterbuchnetz.de/Lexer?bookref=1,2021,31 (abgerufen am: 17.09.2014).

816 vgl. http://www.woerterbuchnetz.de/Lexer?bookref=3,922,39 (abgerufen am: 17.09.2014).

817 DWB, Bd. 28, Sp. 334.

818 DWB, Bd. 28, Sp. 338.

Die einzige Festlegung, die diese Kombinationen dementsprechend bieten, ist die, dass die Benannten als ‚erwachsen' und somit als rechtsfähig bezeichnet werden können.[819]

Trotz ihres allgemeinen Charakters weisen Verbindungen *man – wîp* mit 47 Belegen im Vergleich zu den Kombinationen *man – vrouwe* und *arm – rîch* eine relativ geringe Belegdichte auf. Hinsichtlich der Reihenfolge der Glieder lässt sich mit 33 Belegen (70,2%), in denen *man* das erste Glied besetzt, eine eindeutige Präferierung gegenüber *wîp* als erstem Glied (29,8%) feststellen. Die Belege verteilen sich auf insgesamt 14 der 20 untersuchten Stadtrechte, wobei 13 die Verbindung *man – wîp* und neun die Verbindung *wîp – man* verwenden. Während acht Stadtrechte beide Verbindungen verwenden, ist in StrR ausschließlich *wîp – man*, in StrFB, StrK, MSchr, ASS und WüPo wiederum nur *man – wîp* belegt.

Tabelle 6: Verteilung der Belege man – wîp *und* wîp – man *im Korpus.*

Text	man - wîp	wîp - man
StbA	1	2
StrHB	2	1
StrFS	2	1
StrFB	2	–
StrG	4	1
HOb	2	1
StrK	2	–
StrL	4	1
MSchr	4	–
StrR	–	1
SStbA	3	1
ASS	3	–
RBU	3	5
WüPo	1	–
gesamt	33	14

Da die Verbindung in nahezu allen Regionen auftritt, kann hier keine regionale Besonderheit erschlossen werden.

819 vgl. Wolfgang Pfeiffer: Etymologisches Wörterbuch des Deutschen, Bd. 2, Berlin 1989, S. 1058 und Bd. 3, S. 1948; und Gerhard Köbler: Deutsches Etymologisches Wörterbuch, Tübingen 1995, http://www.koeblergerhard.de/der/DERW.pdf (abgerufen am: 14.03.2013).

Als verbindende Konjunktion treten *noch* (5/10,6%), *unde* (11/23,4%) und *oder* (31/66%) auf. Die Konjunktion *noch* wird nur in RBU (3) und MSchr (2) verwendet, wobei in beiden Texten auch die Verwendung mit *oder* belegt ist. In RBU sind alle Belege mit *noch* pfandrechtlichen Bestimmungen zuzuordnen, zusätzlich liegt dann die Ergänzung mit einer weiteren formelhaften Verbindung zur Bezeichnung von ‚Alle/Jedermann' vor:

RBU Nr. 153: *Wir haben ouch me gesetzt, daz kain jud hie ze Ulme deweder* ***wip noch man****,* *jung noch alt*[820] *nů fúrbaz me nieman uf kain phand lichen sol [...].*

Hier scheint es sich um eine ‚Sicherungshäufung' zu handeln. Da *man – wîp* sich nur auf erwachsene Personen bezieht, wird zur Absicherung, dass tatsächlich ‚Alle' erfasst werden, die Verbindung *junc – alt* beigefügt und so die rein geschlechtsspezifische Bestimmung noch durch eine altersspezifische Bestimmung ergänzt. Es ist dementsprechend nicht nur allen erwachsenen Personen (hier ausschließlich Juden) untersagt, Pfandleihe zu betreiben, sondern auch Minderjährigen, die aufgrund mangelnder Geschäftsfähigkeit ohnehin nicht dazu berechtigt wären.

unde wird mit einer Ausnahme (ASS Nr. 290: Klagen innerhalb der Familie) nur in erbrechtlichen Angelegenheiten verwendet. Hier scheint nicht der übergeordnete Begriff ‚Alle/Jedermann' gebildet, sondern die eheliche Verbindung zwischen Mann und Frau bezeichnet zu werden. Es ließe sich hier zwar der Oberbegriff „Eheleute" ansetzen, jedoch scheint die Hervorhebung der Einzelpersonen, die sich in einer Ehe zusammen finden im Vordergrund zu stehen.

StrL Nr. 163: *So war* ***man vnde wif*** *an echtſchap gv̊t to ſamene hebbet [...].*

StrG 1.IV §37: ***Man unde wif****, de to samene komet unde ervegut hebbet [...].*

Diese Zusammenfügungen mit *unde* erfüllen demnach nicht die Voraussetzung für Paarformeln bzw. begriffsbildende Wortpaare, da hier nicht die Bildung des Oberbegriffs „Eheleute" beabsichtigt zu sein scheint, sondern spezifisch auf einen Mann und eine Frau Bezug genommen wird – diese also als Einzelpersonen hervorgehoben werden –, die zusammen eine eheliche Gemeinschaft bilden. Dass *man unde wîp* hier als Ehegemeinschaft verstanden werden sollen, wird erst durch die in den Stadtrechten beigefügten Ergänzungen wie *an echtſchap* oder *de to samene komet* ersichtlich. Erst diese Ergänzungen verdeutlichen, dass es sich um die eheliche, also rechtlich zulässige Verbindung von Mann und Frau handelt.

oder ist mit 66% der Belege die meist genutzte Konjunktion. *man oder wîp* ist aufgrund des allgemeinen Charakters der Formulierung vielseitig einsetzbar und

820 „viele; alle; jeder; alle Anwesenden; die Leute; alle Leute", Friedrich: Phraseologisches Wörterbuch, S. 238.

wird in unterschiedlichsten Verwendungszusammenhängen gebraucht: Erbrecht (9), Strafrecht (7), Vormundschaftsrecht (3), Gerichtsordnung (3), Bürgerrecht (2), Pfandrecht, Steuerrecht, dem Bereich der Gewere (3) und dem Recht von Witwen. Zweimal wird *man – wîp* erweitert: In einer Bestimmung zum Umgang mit Eigenleuten (ASS Nr. 342) sind beide Glieder um das Adjektiv *eigen* erweitert; in HOb J XVII wird die Verbindung im Rahmen einer Bestimmung bezüglich des zu leistenden Schadensersatzes bei Verletzungen, die durch vom Rat beanstandete Bauten entstehen um ein drittes Glied und zwar *quëc* (lebendiges Tier) erweitert.

Die Verbindungen mit *oder* umfassen zwar unabhängig ihres Verwendungszusammenhangs alle Personen, verfügen aber – wie bereits bei *arm – rîche* dargestellt – über einen selektiven Charakter in dem Sinne, dass die jeweilige Bestimmung zwar für beide Geltung beansprucht, hier aber nur auf die Handlung von einem Menschen, unabhängig davon, ob es sich um einen Mann oder eine Frau handelt, bezogen wird.

> **StrFS IV, §14:** *Swelch* ***man oder wip*** *lipgedinge*[821] *hat, daz sal man mit rechte vor halp gut verschozzen.*[822]
>
> **SStbA XII:** *Es ist ouch ze wissende, wer zů uns gen Sletzstat in unser stat kommet oder zůhet, also daz er do wil wonunge haben und seshaft sin, daz der, es si* ***man oder wip*** *[…].*

Während also die Kombination von *man – wîp* durch *unde* nicht den Kriterien für ‚Paarformeln' bzw. ‚begriffsbildende Wortpaare' genügt, sind die Verbindungen mit *noch* und *oder* als ‚Paarformel' im Sinne der hier verwendeten Definition zu verstehen. Beide Varianten bilden durch die Verbindung nicht synonymer Glieder den Oberbegriff ‚Alle/Jedermann'. Die lexikalische Besetzung der Glieder ist – bei veränderbarer Reihenfolge – konstant, wobei sich eine klare Präferierung von *man* im ersten Glied zeigt. Während die Formeln mit *oder* zwar auf ‚Alle/Jedermann' verweisen, allerdings immer nur einen von ‚Allen' bezeichnen, umfassen die Formeln mit *noch* – wenn auch in dem negativen Sinn von ‚weder

821 „durch Gedinge [Übereinkunft] begründetes, beschränktes und in der Regel entgeltliches, auf die Lebenszeit des oder der Berechtigten begrenztes Nutzungsrecht an einer fremden Sache; funktionell im Ehegüterrecht zur Versorgung des überlebenden Ehegatten (in der Regel der Frau), im bäuerlichen Rechtskreis ähnlich wie die Erbleihe (bei Vererbbarkeit) und in der städtischen Verkehrswirtschaft wie die Leibrente.", http://drw-www.adw.uni-heidelberg.de/drw/ (abgerufen am: 13.10.2014).

822 „versteuern", http://www.woerterbuchnetz.de/Lexer?bookref=3,218,7 (abgerufen am: 13.10.2014); vgl. http://www.woerterbuchnetz.de/BMZ?bookref=3,176b,6 (abgerufen am: 13.10.2014).

der eine noch der andere', also niemand – die gesamte Gruppe rechts- und handlungsfähiger Personen.[823]

Eine lexikalische Besonderheit weist StrF auf: Die Paarformel *man + Konjunktion + wîp* ist hier nicht belegt, sondern mit gleicher Bedeutung *mannesname + Konjonjunktion + wîbesname* (13) wiedergegeben. Dabei treten sowohl die Konjunktion *oder* (10) als auch die Konjunktion *unde* (3) auf:

StrF A71: *Allermenlich sal wizsen, beyde arm und riche, ez sin* ***mannisnamen adir wybesnamen*** *[...].*

StrF A44.12: *Auch ensullen nyman, beyde* ***mannesnamen und wybesnamen*** *keine snebele adir spyczen an sinen schuhen dragen.*

Hier fällt auf, dass sowohl die Verbindung mit *unde* als auch die mit *oder* die Bedeutung ‚Alle/Jedermann' trägt. Während *beide ... unde* als paarige Konjunktion mit der Bedeutung „sowohl ... als auch" beide Glieder fest miteinander verbindet, zeigt die Voranstellung von *beide* in dem *oder*- Beleg die Zusammengehörigkeit der Glieder zu einem gemeinsamen Oberbegriff an. Die Belege mit *unde* werden entweder durch vorangestelltes *beide* oder vorangestelltes *alle* eingeleitet, so dass die Differenzierung in Mann und Frau hier lediglich über einen erläuternden Charakter verfügt.

man - vrouwe

Das oben Ausgeführte behält für das Lemma *man* auch in der Verbindung mit *vrouwe* Geltung: Für *vrouwe* bzw. Frau wird die allgemeine Bedeutung ‚weibliches Wesen' angegeben. Diese wird dann mit Blick auf verschiedene Rechtskontexte spezifiziert als „Ehefrau, verheiratete Frau" bzw. „Herrin, Gebieterin, Edelfrau".[824] Alle genannten Bedeutungen für *vrouwe* sind auch in LEXER verzeichnet, hier wird allerdings noch „frau od. jungfrau von stande, dame" hinzugefügt, wobei letztgenannte Bedeutung als Gegensatz zu *wip* zu verstehen ist.[825] Dieser Gegensatz wird in der Forschung kontrovers diskutiert, wobei Otfried Ehrismann festhält, dass die jeweilige Bedeutung von *vrouwe* und *wîp* wie auch der in Lexer postulierte Gegensatz textsortenspezifisch zu ermitteln sei.[826]

823 vgl. Friedrich: Phraseologisches Wörterbuch, S. 286.

824 vgl. http://drw-www.adw.uni-heidelberg.de/drw/ (abgerufen am: 19.09.2014).

825 http://www.woerterbuchnetz.de/Lexer?bookref=3,540,36 (abgerufen am: 19.09.2014), vgl. DRW, Bd. 4, Sp. 72–76.

826 vgl. Otfrid-Reinald Ehrismann. Ehre und Mut, Âventiure und Minne. Höfische Wortgeschichten aus dem Mittelalter. München 1995, Seite 228–238, Walther Albrecht Kotzenberg. man, frouwe, juncfrouwe. Drei Kapitel aus der mittelhochdeutschen

Die Verbindung *man - vrouwe* ist insgesamt 121-mal – verteilt auf 16 Texte – belegt. Insgesamt lässt sich mit 85 Belegen (69,7%) eine eindeutige Präferierung von *man* im ersten Glied feststellen, dies entspricht in etwa dem Befund zur Paarformel *man - wîp*.

Tabelle 7: Verteilung der Belege man – vrouwe *und* vrouwe – man.

Text	man - vrouwe	vrouwe - man
StbA	4	3
StrB	6	3
StrBr	1	2
StrHB	11	1
StrF	6	1
StrFS	4	–
StrG	3	5
HOb	18	1
StrL	6	1
MSchr	–	1
SbAN	6	4
StrR	5	3
SStbA	4	2
ASS	3	–
RBU	3	8
WüPo	4	2
gesamt	85	37

Wortgeschichte. Berlin 1907. (Berliner Beiträge zur germanischen und romanischen Philologie 33), Erika Ludwig. Wip und frouwe. Geschichte der Worte und Begriffe in der Lyrik des 12. und 13. Jahrhunderts. Stuttgart 1937. (Tübinger germanistische Arbeiten 24), Judith J. Wittmann. A semantic study of five words for „girl" and „woman" from Wulfila through Luther. Boulder 1982. Unterschiedliche Ansätze zur Begründung des semantischen Wandels bieten z.B.: Damaris Nübeling. Von der ‚Jungfrau' zur ‚Magd', vom ‚Mädchen' zur ‚Prostituierten': Die Pejorisierung der Frauenbezeichnungen als Zerrspiegel der Kultur und als Effekt männlicher Galanterie?, in: In: Jahrbuch für Germanistische Sprachgeschichte Bd. 2. Berlin 2011, Peter von Polenz. Deutsche Sprachgeschichte vom Mittelalter bis zur Gegenwart. Bd. 1. 2. Aufl. Berlin/New York 2000, Rudi Keller. Sprachwandel. Von der unsichtbaren Hand in der Sprache. München 1990 und Ders. Sprachwandel, ein Zerrspüiegel des Kulturwandels?, in: Kulturwandel im Spiegel des Sprachwandels. Hrsg. von Karl-Egon Lönne. Tübingen/Basel 1995. S. 207–218.

Auch hier lässt sich keine regionale Besonderheit erkennen. Interessant ist vielmehr, dass StrFB und StrK nur *man – wîp*, StrB, StrBr, StrF und SbAN nur *man – vrouwe* verwenden. Das wirft die Frage auf, ob tatsächlich immer durch *vrouwe* eine soziale Differenz zu *wîp* ausgedrückt wird oder ob hier *vrouwe* – bewusst oder unbewusst – als Zeichen der ‚sozialen Angleichung' bzw. des gesteigerten Selbstverständnisses der Stadtbürger von der adligen Frau auf die Bürgerfrau (als Frau von Stand) übertragen wird.

Bei der Durchsicht der Belege zeigte sich, dass in den seltensten Fällen tatsächlich eine soziale Differenzierung zwischen *vrouwe* und *wîp* erkennbar ist. Deutlich wird diese lediglich in den um *knëht* und *maget* erweiterten Verbindungen:

> **StrFS XXXVIII, §3:** *[…], unde vindet ungebe pfenninge* ***bi einem manne oder bi einer vrowen*** *oder* <u>*bi eime knechte oder bi einer mait*</u> *unde sprichet also […].*

Die Erweiterung um *knëht* und *maget* legt nahe, dass unter der Verbindung *man – vrouwe* nicht jede männliche bzw. weibliche Person zu verstehen ist, sondern Personen, die einen spezifischen gesellschaftlichen Status besitzen bzw. Personen, die in keinem Abhängigkeits- oder Dienstverhältnis stehen. Abgesehen von dieser negativen Abgrenzung kann, wie nachfolgend gezeigt, keine genauere Bestimmung des durch *man – vrouwe* bezeichneten Personenkreises anhand der vorliegenden Belege vorgenommen werden.

Einige Belege stehen in Verbindung mit *burgære*, so dass vorerst die Schlussfolgerung zulässig scheint, dass hier *vrouwe* die Bürgerin bezeichnet:

> **RBU Art. 54:** *Wir haben ouch gesetzt, welh burger hie ze Ulme,* ***frowe oder man*** *[…].*

Diese Überlegung kann aber mit Blick auf RBU Art 41

> *Wer ouch, daz ieman, der hir ze Ulme burger wer oder hernach burger wurde,* ***wib oder man*** *[…].*

nur bedingt aufrechterhalten werden, da auch hier der Bezug zu *burgære* gegeben ist, aber eben nicht *man – vrouwe* gesetzt wird, sondern *man – wîp*. Gänzlich entkräftet wird diese Vermutung dann aber durch StbAN 97, da hier *man – vrouwe* in Verbindung mit *varnde*, also in der Bedeutung von „Spielleuten"[827] und „landstreicherinnen, huren"[828] gebraucht wird, und StbAN 108a:

827 vgl. http://www.woerterbuchnetz.de/Lexer?bookref=3,24,17 (abgerufen am: 14.10.2014).

828 http://www.woerterbuchnetz.de/Lexer?bookref=3,24,17 (abgerufen am: 14.10.2014).

Ez haben auch di purgere von dem rat und hi schepphen und di genanten von der stat mit gemeynem rat gesatzet, daz nieman, weder ***man noch frowe****, deheim* *uzwert* ***man noch frowen*** *noch keym* *geistlich* ***man noch frowen*** *[…].*

Hier bezeichnet *man – vrouwe* sowohl Einwohner der Stadt als auch auswärtige und geistliche Personen, so dass der Schluss naheliegt, dass damit keinerlei sozialer Stand, sondern, wie bereits bei *man – wîp* zu beobachten war, lediglich das Geschlecht der Personen bezeichnet wird.

Vielfach werden mit *man – vrouwe*, wie ebenfalls für *man – wîp* dargelegt, vor allem durch die mit *unde* verbundenen Verbindungen Eheleute benannt[829]:

HOb C IV: *So wor* ***ein man und ein vrowe*** *to ſamende ſint, und an* *echtſcap* *kindere hebben […].*

Von den 31 (25,6%) Belegen, die *unde* verwenden, bezeichnen 24 Eheleute. Diese Verbindungen zeigen die Tendenz, den einzelnen Gliedern unbestimmte Artikel hinzuzufügen. Auffällig bei dieser Art der Verwendung ist, dass die entsprechenden Belege dem niederdeutschen Sprachraum entstammen, während für den hochdeutschen Sprachraum zwar die Verbindung mit *unde* belegt ist, jedoch ausschließlich in abweichender Bedeutung.

Tabelle 8: Verteilung der Belege man unde vrouwe = *Eheleute.*

Text	man unde vrouwe = Eheleute	man unde vrouwe ≠ Eheleute
StbA	–	1
StrBr	–	1
StrHB	1	3
StrG	6	–
HOb	15	–
StrL	2	–
SbAN	–	1
WüPo	–	1
gesamt	24	7

829 Ausnahme davon: StbA XXI §1: Zeugen bei Klage wegen Eigenschaft; StrBr II.14 (E): Gäste bei Hochzeiten; StrHB I.5: Kinder im Erbrecht; StrHB II.1 (2): Zeugen bei Anzeige wegen Vergewaltigung; SbAN 97: Spielleute bei Hochzeit; WüPo Nr. 70: Zeugen bei Beleidigung von *kiesern* (Prüfer, Wahlleute, Schiedsrichter) vgl. http://drw-www.adw.uni-heidelberg.de/drw/ (abgerufen am: 01.10.2014).

Betrachtet man die Rechtszusammenhänge, in denen *man unde vrouwe* als Bezeichnung für Eheleute Verwendung findet, zeigt sich, dass auch hier erbrechtliche Bestimmungen den Hauptteil (19) bilden. Daneben ist *man unde* vrouwe in eherechtlichen Bestimmungen (3) und im Vormundschaftsrecht (2) belegt. In sechs Belegen wird auch die Konjunktion *oder* bei der Benennung von Eheleuten verwendet, diese entstammen dem Erbrecht (5) und dem Eherecht.[830]

Weitere Verbindungsmöglichkeiten sind die Konjunktionen *noch* (10/8,3%) und *oder* (80/66,1%). Die Kombinationen mit *noch* zeigen wiederum den bereits oben dargestellten umfassenden Charakter mit negativer Bedeutung (*weder... noch*).[831]

> **StrF A33.2:** *Me ist virbadin, das sich nieman sal virbindin adir virmache undir den oygen adir demanne machin, ez sii* ***frawe adir man****.*

Für die Verbindungen mit *oder* gilt auch hier die bereits für *arm – rîche* und *man – wîp* festgestellte, ‚distributive' Bedeutung.[832]

> **StrR Art. 171:** *Ez ist och gesetzet, daz kain* ***man noch frǒwe*** *sol kain gelegen gůt in pfandes wise weder versetzen noch verkumbern […].*

Beiden Formulierungen bleibt gemeinsam, dass sie eine Gleichstellung vor dem Gesetz für die bezeichneten Personenkreise ausdrücken.

Da die Verbindung *man – vrouwe* einen ähnlich umfassenden Charakter aufweist wie die Verbindung *man – wîp*, findet auch sie sich in zahlreichen Rechtszusammenhängen wieder. Ebenso wie *man – wîp* zählt *man – vrouwe* zu den ‚Paarformeln', da die Verbindung über einen festen Lexembestand verfügt und den Oberbegriff ‚Alle/Jedermann' bildet. Dieser Oberbegriff bleibt, unabhängig davon, ob *vrouwe* oder *wîp* verwendet wird, stabil, so dass auch von Varianten einer Formel mit der Basis *man* gesprochen werden könnte, aufgrund der Beleghäufigkeit beider und der unterschiedlichen Wortgeschichte von *vrouwe* und *wîp* wird hier aber von zwei unterschiedlichen Paarformeln ausgegangen. Abweichend von dem Befund zu *man – wîp* erfüllen auch die mit *unde* gebildeten Verbindungen von *man – vrouwe* die Kriterien von ‚Paarformeln', da sie zwar die Ehegemeinschaft bezeichnen können, aber darüber hinaus auch den Oberbegriff ‚Alle/Jedermann' bilden.

---

830 StrG 1.I § 85 (Erbrecht); StrG 1.II. Zusatz (Erbrecht) HOb (A) IX (Erbrecht); StrL §221 (Erbrecht); SStbA LXVIIII (Eherecht); ASS Nr. 349 (Erbrecht).

831 vgl. Friedrich: Phraseologisches Wörterbuch, S. 285.

832 vgl. Friedrich: Phraseologisches Wörterbuch, S. 285.

phaffe – leie

Einen anderen Ausgangspunkt zur Definition natürlicher Personen bieten die als komplexiv einzustufenden Verbindungen von *phaffe – leie* und *geistlich – wërltlich. phaffe* bezeichnet zumeist Weltgeistliche[833], also Angehörige des Klerus, die rechtlich gesehen über einen anderen Status verfügen als *leien*, also ‚Nichtgeistliche'. Eine auf dieser Grundlage basierende Definition von natürlichen Personen erweist sich in bestimmten Kontexten als notwendig, da der Klerus grundsätzlich dem kanonischen und nicht dem weltlichen Recht untersteht. Er kann somit rechtlich nicht volles Mitglied der bürgerlichen Gesellschaft sein und ist dementsprechend auch der weltlichen – hier städtischen – Gerichtsbarkeit entzogen [vgl Kap. III. 4. Kleriker und Juden].

Das DRW führt unter *leie* die Formel „pfaffen und laien" an, die hier als „Paarformel"[834] bezeichnet wird, die von Friedrich mit „viele; alle; jeder; alle Anwesenden; die Leute; alle Leute"[835] angegeben wird. Die Kombination *geistlich – wërltlich* zu sehen, bildet die adjektivische Variante dieser Formen, da sie ebenfalls auf der Differenzierung des Rechtsstatus beider Personengruppen verweist. *geistlich* bedeutet zunächst einmal „geistlich fromm"[836], im Rechtsleben dient es u.a. als Bezeichnung für den „geistlichen Stand"[837]. *wërltlich* wird mit „zur welt, zum leben gehörend, weltlich (gegens. zu geistlich u. himmlisch), weltlich gesinnt"[838] angegeben. Es bildet so einen Gegensatz zu *geistlich*, so dass *geistlich – wërltlich* in rechtlichen Kontexten als ‚zum geistlichen bzw. weltlichen Leben/Stand gehörend' verstanden werden kann. Es werden so alle Mitglieder des mittelalterlichen (christlichen) Personenverbandes erfasst, da jeder, der nicht dem Klerus angehört, zwangsläufig *leie* ist.

Die Verbindung *phaffe – leie* ist im Korpus 13-mal belegt, die Verbindung *geistlich – wërltlich* zwölfmal, dabei ist die Reihenfolge der Glieder in beiden Fällen konstant. Trotz der relativ geringen Belegzahlen sind diese Verbindungen interessant, da sich in ihnen das Bemühen der Städte widerspiegelt, Personen geistlichen Stands in die Gemeinschaft und vor allem die städtische Gesetzgebung einzubeziehen. Die Belege verteilen sich über den gesamten deutschsprachigen Raum, auch wenn sie nicht in jedem Text vertreten sind.

833 vgl. http://drw-www.adw.uni-heidelberg.de/drw/ (abgerufen am: 19.09.2014).
834 vgl. http://drw-www.adw.uni-heidelberg.de/drw/ (abgerufen am: 19.09.2014).
835 vgl. Friedrich: Phraseologisches Wörterbuch, S. 321.
836 http://www.woerterbuchnetz.de/Lexer?bookref=1,800,10 (abgerufen am: 01.10.2014).
837 http://drw-www.adw.uni-heidelberg.de/drw/ (abgerufen am: 01.10.2014).
838 http://www.woerterbuchnetz.de/Lexer?bookref=3,784,34 (abgerufen am: 01.10.2014).

Tabelle 9: Verteilung der Belege phaffe – leie *und* geistlich – wërltlich *im Korpus.*

Text	phaffe – leie	geistlich – wërltlich
StbA	4	1
StrB	–	1
StrBr	1	–
StrFS	2	–
StrsK	–	2
StrL	–	2
SbAN	–	2
SBO	1	–
StrR	–	2
RBU	2	1
WüPo	3	1
gesamt	13	12

Während *phaffe – leie* ausschließlich mit der Konjunktion *oder* auftritt[839], wodurch auch hier wieder die Gleichbehandlung beider Personengruppen in der jeweiligen Rechtsangelegenheit ausgedrückt wird, kann *geistlich – wërltlich* durch *noch*, *unde* und *oder* verbunden werden, ohne dabei etwas anderes bezeichnen zu wollen.

> **StrFS IV, §3:** *Ist ouch ein man gesezzen uffeme lande oder in anderen landen und hat he erbe oder cins in dem wikbilde, he si* ***pfaffe oder leie****, he sal iz verschozzen mit den burgeren.*

> **RBU Art. 51:** *Ouch hant die burger gesetzt [...] welher unser burger burgreht ufgeb, [...] der sol dehain sin gůt [...] versetzen, verkúmbern noch verkoufen [...] und als vil ouch des gůtz aigen were, daz sol er dehainem here noch closter noch von niemen, er si* ***geistlich oder weltlich*** *ze lehen nit machen [...].*

Allerdings scheint die Formulierung *geistlich – wërltlich* nicht den gleichen Grad an Präzision auszuweisen wie *phaffe – leie*, da sie häufig mit weiteren formelhaften

839 Friedrich verzeichnet die Verbindung nur mit *unde* und *noch*. Seine Belege entstammen allesamt literarischen Quellen, so dass die Bildung mit *oder* evtl. als Besonderheit der Rechtssprache angesehen werden kann, vgl. Friedrich: Phraseologisches Wörterbuch, S. 321.

Verbindungen in ‚Sicherungshäufung' auftritt. Dies wird besonders deutlich in WüPo Nr. 97:

> *Daranch verbůtt man auch allermengelich, ez si <u>frauwe oder man</u>, <u>rich oder arm</u>, <u>pfaffe oder leye</u>, wie si genant sin,* ***geistlich oder werltlich*** *[…].*

Zudem kann *geistlich – wërltlich* auch in Verbindung mit *rëht* (StrsK Abs. 23) oder *geriht* (StrsK Abs. 42) treten. In diesen Fällen verliert es den formelhaften Charakter, da es lediglich zur Bezeichnung unterschiedlicher geltender Rechte bzw. zuständiger Gerichte verwendet wird.

phaffe – leie bezeichnet grundsätzlich die gesamte (christliche) Bevölkerung unabhängig von Alter oder Geschlecht. Aufgrund ihrer strukturellen Verfestigung sowie der verwendeten Konjunktion ist die Vrbindung *phaffe – leie* als fest zu bezeichnen und kann somit zu den Paarformeln gezählt werden. Sie wird als solche in den unterschiedlichsten Rechtsbereichen [Strafrecht (3), Prozessordnung (2), Erbrecht (2), Steuerrecht (2), Polizeirecht/öffentliche Ordnung, Handelsrecht, Geleitrecht, Bürgerrecht] verwendet, vor allem um die Gleichbehandlung beider Personengruppen in diesen Bereichen festzusetzen.

Bei den Belegen zu *geistlich – wërltlich* muss unterschieden werden zwischen denen, die sich auf ein nachfolgendes Substantiv beziehen und denen, die ohne Bezugswort stehen. Die auf ein Substantiv bezogenen Verbindungen bezeichnen zwar auch eine Gesamtheit, allerdings wie in StrsK etwa alle Gerichte oder alle Rechte. Allein stehende Belege hingegen bezeichnen ebenso wie die Verbindung *phaffe – leie* die Gesamtheit der Bevölkerung, auch wenn sie – wie aus den zahlreichen ‚Sicherungshäufungen' ersichtlich wird – wohl nicht über den gleichen definitorischen Gehalt zu verfügen scheinen. Als weitesgehend verfestigte Verbindung, die einen Oberbegriff bildet, kann *geistlich – wërltlich* zu den Paarformeln gezählt werden.

‚Besondere Personen': burgære – gast

Die Kombination *burgære – gast* definiert die natürliche Person, ebenso wie die Formel *phaffe oder leie,* durch Differenzierung des individuellen Rechtsstatus. Als *burgære* wird nur derjenige bezeichnet, der das Bürgerrecht erworben hat, dieses Recht ist stadtabhängig an unterschiedliche Bedingungen geknüpft: Sesshaftigkeit, Besitz in der Stadt, bei Zuzug Zahlung einer Aufnahmegebühr, Leistung des Bürgerschaftseid, Zahlung von Steuern, etc. (vgl. Kap. III. 4. Bürger und Einwohner). *gast* ist ebenfalls ein klar definierter Begriff, da Gast nur derjenige ist, der in der Stadt nicht sesshaft ist bzw. sich nicht dauerhaft in der Stadt aufhält und einer wirtschaftlichen Tätigkeit innerhalb der Stadt nachgeht. Gäste verfügen nicht über die gleichen Rechte wie Bürger, sondern unterliegen dem sog.

Gastrecht (vgl. Kap. III. 4. Gäste und Fremde). Für die Verbindung *burgære – gast* liegt die Vermutung nahe, dass sie eine exklusive Gruppe innerhalb der Gesellschaft bezeichnet. Da der Bürger über wirtschaftliche Vorrechte gegenüber anderen Bewohnern der Stadt verfügt und der Gast sich aufgrund wirtschaftlicher Aktivitäten in die Stadt begibt, werden so diejenigen Bevölkerungsgruppen zusammengefasst, die einer qualifizierten wirtschaftlichen Betätigung, in diesem Falle dem (Fern-)Handel, nachgehen.

burgære bezeichnet zunächst den Bewohner einer *burc*.[840] Dabei umfasst das Wort Burg einen „umschlossene[n], befestigte[n] ort: burg, schloss, stadt"[841]. *burgære* bedeutet dementsprechend auch ‚Stadtbewohner', kann allerdings je nach Kontext oder beigefügtem Attribut auch nur spezielle Stadtbürger meinen.[842] *gast* bezeichnet zunächst den Fremden, der feindlicher Krieger oder einfach nur Gast sein kann.[843] Das DRW unterscheidet hier zwischen verschiedenen Arten von Gästen wie dem Hausgast, Zunftgast, Festgast, etc., aber auch dem Stadtgast. Hinzu kommen noch Bedeutungen wie Person, die „in Haft beim Kläger" ist, „Marktfremder, Kaufmann, Händler", „Kaufkunde" oder „Landfremder".[844] Unter dem Stichwort ‚Bürger' werden zudem Belege aufgeführt, in denen *burgære* „insbesondere [den] Gegensatz zu Gast, Einwohner"[845] darstellt.

Im Folgenden wird zu überprüfen sein, ob mit *gast* jeder beliebige Gast oder tatsächlich in erster Linie der Fernkaufmann bezeichnet wird. Sollte jeder Gast bezeichnet werden, liegt der Definition nach keine ‚Paarformel' bzw. kein ‚begriffsbildendes Wortpaar' vor, da dann lediglich zwei rechtlich privilegierte Personengruppen in einer ‚paarigen Wortverbindung' verbunden werden, durch die allerdings kein Oberbegriff gebildet wird.

Verbindungen mit den Gliedern *burgære – gast* sind insgesamt 44-mal belegt. Vorwiegend wird dabei die Reihenfolge *burgære – gast* mit 39 Belegen (88,7%) gegenüber *gast – burgære* mit fünf Belegen (11,3%) verwendet. Hier scheint die

---

840 vgl. http://woerterbuchnetz.de/Lexer/?sigle=Lexer&mode=Vernetzung&lemid=LB04667#XLB04667 (abgerufen am: 20.09.2014); http://drw-www.adw.uni-heidelberg.de/drw/ (abgerufen am: 20.09.2014).

841 http://woerterbuchnetz.de/Lexer/?sigle=Lexer&mode=Vernetzung&lemid=LB04580#XLB04580 (abgerufen am: 20.09.2014).

842 http://drw-www.adw.uni-heidelberg.de/drw/ (abgerufen am: 20.09.2014).

843 vgl. http://woerterbuchnetz.de/Lexer/?sigle=Lexer&mode=Vernetzung&lemid=LG00337#XLG00337 (abgerufen am: 20.09.2014).

844 http://drw-www.adw.uni-heidelberg.de/drw/ (abgerufen am: 20.09.2014). Es werden noch weitere Bedeutungen aufgeführt, die hier allerdings nicht weiter von Belang sind.

845 http://drw-www.adw.uni-heidelberg.de/drw/ (abgerufen am: 20.09.2014).

Salienztheorie Müllers[846] zu greifen: Die Reihenfolge der Glieder könnte dadurch bestimmt sein, dass das für die Stadt wichtigere Element – der Bürger – an die prominentere Stelle gesetzt wird.

Die Belege verteilen sich auf 13 Texte, wobei sich – abgesehen von einer Häufung in StbA und StrB – keine regionale Besonderheit erkennen lässt.

Tabelle 10: Verteilung der Belege burgære – gast *und* gast – burgære.

Text	**burgære - gast**	**gast - burgære**
StbA	12	3
StrB	9	–
StrBr	4	–
StrHB	2	–
StrFB	1	–
StrG	1	–
HOb	–	1
StrL	2	–
MSchr	3	–
SbAN	1	–
StrR	3	–
RBU	–	1
Wüpo	1	–
gesamt	39	5

Bei 21 Belegen lässt sich aus dem Kontext ein eindeutiger Bezug zum Handel herstellen.

> **StrR Art. 117:** *Darnach ist gesetzet, daz* ***enkain burgaere noch enkain gaste*** *aines tages niht me kornes <u>kůfen</u> sol […].*

23 Belege lassen sich nicht eindeutig zuordnen, da in ihnen Prozessfragen oder Fragen nach dem Geleit behandelt werden. Allerdings spricht MSchr im gleichen Absatz von *koufmanschaft*, StrB erwähnt im nächsten Artikel *gest und alle außwertig leütte, […] die czu Sant-Iorgenmesse und czu Sant-Michelsmesse herein in die stat komen […]*[847], in RBU steht *gast – burgære* in einer Bestimmung zu

846 vgl. Müller: Binomialbildung, S. 9ff.
847 StrB, §309.

unterwertigem Geld, in WüPo im Zusammenhang mit dem Transportwesen und in StbA mit der Lagerung von Wein, so dass zumindest für diese Belege (8) die Vermutung *gast* = Kaufmann naheliegt. Belege, die einen Bezug zu Prozessfragen beinhalten (6), beziehen sich vermutlich auch auf Kaufleute als *geste*, da das Gastrecht ja gerade auf die Bedürfnisse der reisenden Kaufleute zugeschnitten wurde.

Somit kann bei 47,7% der Belege davon ausgegangen werden, dass mit *gast* Kaufleute bezeichnet werden, in weiteren 31,8% trifft dies mit hoher Wahrscheinlichkeit zu und bei 20,5% der Belege bleibt eine Zuordnung unklar. Auch wenn nicht für alle Belege die Übereinstimmung *gast* = Kaufmann nachgewiesen werden kann, ist doch aufgrund der hohen Quote von zuordenbaren Belegen davon auszugehen, dass *burgære – gast* als ‚Paarformel' bzw. ‚begriffsbildendes Wortpaar' den Oberbegriff ‚qualifiziert wirtschaftlich Tätige/Kaufleute' bildet.

Bezüglich der verwendeten Konjunktionen zeichnet sich ein ähnlich klares Bild wie für die Reihenfolge der Glieder ab: 36 Belege (81,8%) verwenden *oder*, sieben Belege (15,9%) *noch* und lediglich ein Beleg (2,3%) *unde*. Auch hier zeigt sich bei den Belegen mit *oder* wieder das bereits bei *arm oder rîche* festgestellte ‚distributive' Moment. Sie stehen ebenfalls häufig in Verbindung mit Konjunktiv bzw. *kein* und zeigen so an, dass die Gesetze eine allgemeine Gültigkeit beanspruchen, gleichgültig ob es sich um einen Bürger oder einen Gast handelt.

> **StbA VIII §11:** *Swelch man sinen waert umbe silber git, ez si* ***der burger oder der gast****, der mak das wol tun ane galtnusse […].*

Ebenso zeigt sich bei den Belegen mit *noch* als Konjunktion der Anspruch auf Allgemeingültigkeit im negativen Sinne, so weisen diese Bestimmungen grundsätzlich einen Verbotscharakter auf:

> **StrB §308:** *Es schol auch fur gulte nymant kein geleitte haben noch helffen, weder* ***purger noch geste*** *noch nymant, der geurteilt ist […].*

Neben der Verbindung mit *gast* tritt *burgære* in zahlreichen weiteren Verbindungen wie z.B. *burgære – rât, burgære – burgærinne, burgære – ingesëzze/inwoner* etc. [vgl. Anhang I] auf, ebenso verbindet sich *gast* mit verschiedenen Lexemen wie (*vremde*) *liut, vrouwe, man* oder *ruffiân*[848]. Diese Verbindungen sind teilweise nur als ‚paarige Wortverbindungen' anzusehen oder verweisen auf einen anderen Oberbegriff. Daher wird hier *burgære – gast* zur Bezeichnung ‚qualifiziert

848 „lotterbube, kuppler, hurenwirt" http://www.woerterbuchnetz.de/Lexer?bookref=2,533,12 (abgerufen am: 14.10.2014); vgl. http://www.woerterbuchnetz.de/BMZ?bookref=2,701b,17 (abgerufen am: 14.10.2014).

wirtschaftlich Tätiger/Kaufleute' aufgrund des festen Lexembestands mit einer deutlichen Präferierung der Reihenfolge zu ‚den Paarformeln' gezählt.

Zusammenfassung

Formeln zur Bezeichnung des Oberbegriffs ‚Alle/Jedermann' können von unterschiedlichen Standpunkten ausgehend gebildet werden. So kann die Gesamtheit der natürlichen Personen über Geschlecht, Alter oder Wirtschaftskraft in allgemeiner Weise sowie nach rechtlichen oder religiösen[849] Gesichtspunkten differenziert erfasst werden. Unabhängig vom gewählten Kriterium wird auf diese Weise der Oberbegriff ‚Alle/Jedermann', der hier als Rechtsbegriff verstanden werden kann, gebildet und so unmissverständlich festgelegt, für welche Personenkreise eine Bestimmung Geltung beanspruchen kann. Die Möglichkeit zur Fehlinterpretation eines Rechtssatzes bezüglich der ihn betreffenden Personen/Personenkreise wird somit ausgeschlossen.

Abbildung 6: Kriterien zur Bezeichnung von ‚Alle/Jedermann'

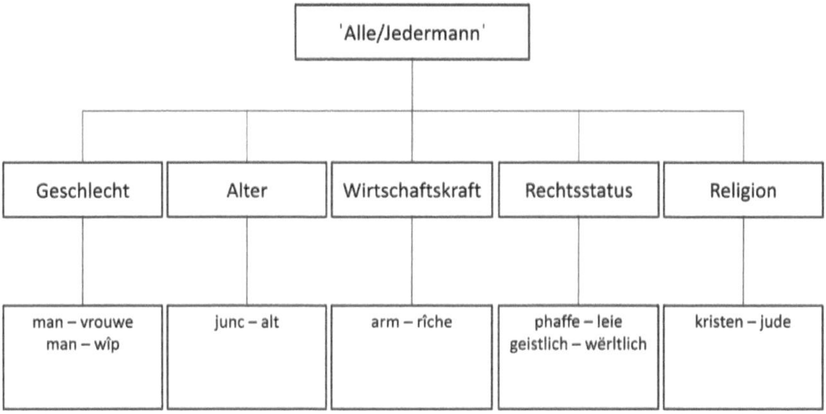

Es werden ausschließlich komplexive ‚Paarformeln' gebildet, wobei sich zwei unterschiedliche Typen verifizieren/skizzieren lassen:

849 Unter Berücksichtigung religiöser Aspekte ist die Verbindung *kristen – jude* gebildet, die wegen ihrer geringen Beleghäufigkeit (8) nicht gesondert untersucht wurde. Da es undenkbar ist, keiner Religionsgemeinschaft anzugehören, setzt sich die städtische Gesellschaft aus getauften Christen oder Juden zusammen, so dass hier ebenfalls alle erfasst werden. Es handelt sich um eine ‚additiv-komplexive' Verbindung der Art *man – wîp* etc.

- Komplexive Verbindungen, die Anfangs- und Endpunkt des Gesamten bezeichnen, wie *arm – rîche* und *junc – alt*. Diese umschließen durch die Benennung der Extreme das Bezeichnete und inkludieren so alles dazwischen Befindliche,
- Komplexive Verbindungen, die durch die gewählten Determinanten bereits das Gesamte bezeichnen, wie *man – wîp*, *man – vrouwe* und *phaffe – leie*. Diese erfassen durch die Zusammenstellung der beiden einzig denkbaren Möglichkeiten, zwischen denen keine Varianten existieren, bereits den gesamten Oberbegriff und müssen daher als ‚additiv-komplexive' Verbindungen bezeichnet werden.

Als Konjunktionen können *noch*, *oder* und *unde* verwendet werden, wobei diese keine Beeinträchtigung der Allgemeingültigkeit, die die Gesetze oder Verordnungen in Bezug auf die bezeichneten Personen für sich in Anspruch nehmen, verursachen. Während *unde* grundsätzlich ‚Alle/Jedermann' umfasst, referriert *oder* zwar auf die Gesamtgröße, verweist dann aber aufgrund der ‚distributiven' Funktion auf einen von ‚Allen', wohingegen *noch* über einen negativen Charakter verfügt und im Sinne von ‚weder der eine noch der andere' meist ‚niemand' bezeichnet.

Ebenso können – wie hier am Beispiel *burgære – gast* gezeigt – bestimmte Personengruppen bezeichnet werden. Es handelt sich dann allerdings um additive Verbindungen, die durch die Benennung zweier Teile des Ganzen auf die Gesamtheit – im untersuchten Beispiel ‚qualifiziert wirtschaftlich Tätige/Kaufleute' – weisen. Weitere Verbindungen zur Bezeichnung spezieller Personengruppen wären *maget – knëht* zur Bezeichnung von ‚in einem Dienstverhältnis stehende Personen' oder *burgære – mitwoner/inwoner* für alle ‚Stadtbewohner', die hier aufgrund ihrer geringen Beleghäufigkeit nicht untersucht wurden.

2. Objektives Recht

> „Objektives Recht ist die Sollensordnung, welche die Verhaltensweisen von einzelnen Menschen und gesamten Gesellschaften zueinander regelt, d.h. die jeweilige Summe aller geltenden – soziologisch gesehen aller tatsächlich befolgten – Rechtssätze."[850]

Unter Rechtssätzen versteht man sprachlich fixierte, mehr oder weniger bestimmte Rechtsnormen, die zumeist aus Tatbestand und Rechtsfolge bestehen und aufgrund ihrer Abstraktheit möglichst flexibel anwendbar sind.[851] Objektives Recht

---

850 Köbler: Juristisches Wörterbuch, S. 335.

851 Köbler: Juristisches Wörterbuch, S. 346 und Rudolf Gmür/Andreas Roth: Grundriss der deutschen Rechtsgeschichte, 13., überarb. Aufl., München 2011, S. 1 [Gmür/Roth: Grundriss].

wird von der Sittlichkeit und der Sitte insofern unterschieden, als dass es sich im Gegensatz zur Sittlichkeit auf das äußere Verhalten und nicht ausschließlich auf die Gesinnung bezieht und im Gegensatz zur Sitte, die als die in einer Gesellschaft geübten Gebräuche verstanden wird, durch seine rechtliche Geltungsanforderung, die auch mit staatlichem Zwang realisiert werden kann.[852] Davon zu unterscheiden ist das subjektive Recht, das die Berechtigung bezeichnet, also das, was „kraft objektiven Rechts"[853] einer oder mehreren Personen zusteht.

Der Begriff ‚objektives Recht' ist im Mittelalter noch nicht ausgebildet, wird allerdings in der Rechtsgeschichte durchaus auf das Mittelalter angewendet.[854] Unter diesem Oberbegriff sollen alle ‚paarigen Wortverbindungen' gefasst werden, die Rechtssätze oder Rechtsnormen bezeichnen. Dabei ist es unerheblich, ob es sich dabei um überliefertes oder (neu) gesetztes Recht handelt, da beide im Sinne des objektiven Rechts die Verhaltensweisen der Bewohner der Städte regeln sollen und beide eine notfalls durch Zwang zu realisierende rechtliche Geltungsanforderung beinhalten. Dennoch muss der Unterschied zwischen überliefertem und gesetztem Recht hervorgehoben werden, da er für die Auswertung von Belang ist.

Üblicherweise werden beide Typen von Rechtsnormen nach ihrer Herkunft unterschieden. Während unter überliefertem Recht das auf gewohnheitsmäßiger Anerkennung beruhende ‚Gewohnheitsrecht' verstanden wird, entstehen ‚Gesetze' aus bewusster Setzung durch eine hoheitliche Instanz. Den genauen Inhalt von Gewohnheitsrechten zu erfassen, erweist sich als schwierig, da dieses mündlich tradiert wurde und erst zu einem späteren Zeitpunkt zumeist in Privatarbeiten niedergeschrieben wurde.[855] Grawert unterscheidet Recht und Gesetz terminologisch deutlich, indem er unter Recht das ‚hergebrachte', also ‚alte' Recht versteht, neben dem sich

> „in den städtischen Gesellschaften [...]aus den Selbstverwillkürungen als bedingten Selbsturteilen einzelner die Gesamtverwillkürung aller Mitglieder einer Gemeinschaft"[856]

entwickelt. Diese *statutum, köhre* oder *einung* genannten Satzungen erhalten anders als das Recht Verbindlichkeit durch die Selbstbindung aller Beteiligten, ihre Geltung ist dementsprechend auch auf diesen (kleinen) Kreis an Beteiligten

---

852 Köbler: Juristisches Wörterbuch, S. 335f.

853 Gmür/Roth: Grundriss, S. 1.

854 vgl. Gmür/Roth: Grundriss, S. 1.

855 vgl. Gmür/Roth: Grundriss, S. 2 und Köbler: Rechtsgeschichte, S. 101.

856 Rolf Grawert: Art. Gesetz, in: Geschichtliche Grundbegriffe. Historisches Lexikon zur politisch-sozialen Sprache in Deutschland, Bd. 5, Stuttgart 1984, S. 871 [Grawert: Gesetz].

begrenzt.[857] Es handelt sich also um partikuläres Recht, da es nur für einen begrenzten Teil des Gemeinwesens Geltung beanspruchen kann.[858]

Bezeichnungen für objektives Recht

Zur Bezeichnung des ‚objektiven Rechts' verwenden die untersuchten Texte ganz unterschiedliche Begrifflichkeiten: *artikel; einunge; gebot; gesetze; ganc; gemecht; gewonheit; herkomen; louf; ordenunge; rëht; satz; vrîheit; willekür.* Diese treten in unterschiedlicher Frequenz und vielfältigen Kombinationen auf, verweisen jedoch immer auf denselben Oberbegriff: ‚objektives Recht'. Da aufgrund der variantenreichen Kombinationsmöglichkeiten kaum von einem stabilen Lexembestand gesprochen werden kann und die einzelnen Verbindungen zudem relativ geringe Belegzahlen aufweisen, ist davon auszugehen, dass es sich um ‚begriffsbildende Wortpaare' handelt.

Im Folgenden wird auf die Verbindungen mit *rëht* genauer eingegangen. Mit *rëht* werden *artikel; einunge; gesetze; gewonheit; herkomen; louf; ordenunge; rëht; vrîheit; willekür* in der Bedeutung ‚objektives Recht' kombiniert. Die übrigen Verbindungen, in denen *gebot; ganc; gemecht; ordenunge* und *satz* verwendet werden, weisen nur noch sehr geringe Belegzahlen auf, so dass hier kaum aussagekräftige Ergebnisse zu erwarten sind. Von ihnen wird aufgrund ihres besonderen Charakters nur die Verbindung *satz – gebot* genauer betrachtet.

Verbindungen mit rëht

Das neutrale Substantiv *rëht* bezeichnet

> „zunächst ein geregeltes verhältnis, und die daraus folgende leistung sowohl wie den darauf gegründeten anspruch; im weiteren die norm, die für die gesellschaftliche ordnung maszgebend ist."[859]

Die Bedeutung kann allerdings stark variieren. Im DRW werden 15 Kategorien des Substantivs *reht* aufgeführt, die das Recht anhand unterschiedlicher Perspektiven differenzieren, zu diesen gehören u.a. die jeweilige Herkunft (gesetzt oder aus Gewohnheit erwachsen), die Beständigkeit (veränderbar oder unabänderlich) oder der Bezug (Person oder Region).[860] Grundlegend wird *rëht* als

---

857 Grawert: Gesetz, S. 870f. Neben Recht und Gewohnheit tritt noch das in den Städten stadtherrliche Privileg, das häufig die älteste städtische Rechtsquelle ist (vgl. Kap. IV.1).

858 vgl. Gmür/Roth: Grundriss, S. 83.

859 DWB, Bd. 14, Sp. 366.

860 http://drw-www.adw.uni-heidelberg.de/drw/ (abgerufen am: 23.09. 2014).

„Bezeichnung für ein System sozialer Regelungen unterschiedlicher Verbindlichkeit und Vollständigkeit, dessen Ausgestaltung von der konkreten Konfliktlösung zwischen den Beteiligten über nicht situationsgebundene Vorstellungen von dem, was gut, richtig und damit verbindlich ist, [...]"[861]

definiert. *rëht* spiegelt somit die grundlegenden Aspekte des heutigen juristischen Begriffs ‚objektives Recht' wider.

Verbindungen mit *rëht* in der Form von ‚begriffsbildenden Wortpaaren' zur Bezeichnung objektiven Rechts treten insgesamt 38-mal auf. In 25 dieser Belege wird *rëht* mit *gewonheit* kombiniert, wobei acht der Belege um ein bzw. zwei Glieder erweitert werden. Als Erweiterungen treten *vrîheit* (6), êre, *gesetze* und *statrëht* hinzu, *gewonheit* wird in diesen Verbindungen – abgesehen von der Erweiterung um *statrëht* – in das letzte Glied verschoben. Verbindungen mit *rëht* – *gewonheit* sind weitestgehend – mit Ausnahme der niederdeutschen Textzeugen StrK (2) und StrBr – im ober- und mitteldeutschen Sprachraum belegt.

Tabelle 11: Verteilung der Belege rëht – gewonheit.

	StbA	StrB	StrBr	StrK	StrsK	SStbA	RBU
rëht – gewonheit	1	4	1	1	–	5	1
gewonheit – rëht	–	–	–	–	4	–	–
rëht – vrîheit – gewonheit	–	–	–	–	4	–	–
vrîheit – rëht – gewonheit	–	–	–	–	1	–	–
rëht – êre – vrîheit – gewonheit	–	–	–	–	–	1	–
gesetze – rëht – gewonheit	–	–	–	–	–	1	–
gewonheit – rëht – statrëht	–	–	–	1	–	–	–

gewonheit wird in rechtlichen Kontexten als „von alters her geltendes Recht; bald im Unterschied zu gesatztem oder geschriebenem Recht, bald dieses mitumfassend; [...]"[862] definiert. Das DRW führt weiter aus, dass *gewonheit* darüber hinaus auch zur Bezeichnung von Rechtsbräuchen oder Sitten verwendet werden kann, wobei die Grenzen zwischen den Verwendungsweisen fließend sind. Generell kann aber durch *gewonheit* auch das geltende Recht überhaupt oder einzelne Rechtssätze bezeichnet werden.[863]

861 http://drw-www.adw.uni-heidelberg.de/drw/ (abgerufen am: 22.03.2013).

862 http://drw-www.adw.uni-heidelberg.de/drw/ (abgerufen am: 22.03.2013). Vgl. dazu auch: DWB, Bd. 14, Sp. 365ff.

863 vgl. http://drw-www.adw.uni-heidelberg.de/drw/ (abgerufen am: 22.03.2013).

Die Verbindung *rëht – gewonheit* verfügt über eine zeitliche Dimension. Dabei wird *rëht* gegen *gewonheit* durch „Alter und Herkommen“ abgegrenzt.[864]

SStbA VIII: *[…] als der stette* ***reht und gewonheit*** *ist harkommen oder noch ufgesetzet môhte werden.*

In dieser Bestimmung zur Verpflichtung der vier Meister, in ihrer Amtszeit gemäß des Rechtes zu richten, tritt *gewonheit* in der Bedeutung ‚altes, überkommenes Recht‘ dem *rëht* in der Bedeutung ‚neuem, gesetzten Recht‘ gegenüber. *rëht* und *gewonheit* sind *harkommen*, also in irgendeiner Form überliefert, können aber auch *noch ufgesetzet […] werden*. Da die Grundbedeutung von *gewonheit* als „subject der wiederholung“[865] eine Neuschaffung ausschließt, kann folglich nur *rëht* neu gesetzt werden, so dass sich für diesen Beleg eine Unterscheidung nach ‚Alter und Herkommen‘ erkennen lässt.

Es kann aber auch der Gegensatz zwischen geschriebenem und mündlich überliefertem Recht bezeichnet werden. So lässt sich in StrB §267.2 der Unterschied ‚alt, überliefert‘ gegenüber ‚neu, gesetzt‘ nicht erkennen:

Vnd schol man weibe vnd kint vnd gut vnd habe alles ledig teillen, ob es czu dem rechten kümpt; vnd ist von alter her ***recht vnd gewonheit*** *gewessen.*

Hier benennen beide Glieder, *rëht* und *gewonheit*, wie an dem Zusatz *von alter her* deutlich wird, seit langer Zeit geltendes Recht, so dass davon auszugehen ist, dass hier der Unterschied lediglich in der Überlieferungsform zu sehen ist. Dieser Befund wird durch die um *gesetze* erweiterte Zusammensetzung bestätigt, da hier mit *gesetze* ein Begriff hinzugefügt wird, der in seiner Bedeutung „gesetztes Recht, im Unterschied zum Gewohnheitsrecht“[866], den Aspekt ‚Alter und Herkunft‘ eines Rechtssatzes hinzufügt. Es werden so alle alten (schriftlich oder mündlich tradierten) und neuen Bestimmungen geltenden Rechts umfasst.

SStbA S. 271 (Einleitung): *An disem bûche sint geschriben* ***gesetzede, reht und gewonheit*** *der stette zûo Sletzstat […].*

Vielfach lässt sich der Unterschied zwischen beiden Verwendungsweisen von *rëht – gewonheit* nicht eindeutig erkennen, da erläuternde Zusätze fehlen. Unabhängig davon, in welcher Verwendungsweise die Verbindung genutzt wird, bleibt aber er Oberbegriff ‚objektives Recht‘ konstant, da sowohl durch die Unterscheidung nach ‚Alter und Herkommen‘ als auch durch die Unterscheidung zwischen

864 http://drw-www.adw.uni-heidelberg.de/drw/ (abgerufen am: 23.09. 2014).
865 DWB, Bd. 6, Sp. 6531.
866 http://drw-www.adw.uni-heidelberg.de/drw/ (abgerufen am: 24.09. 2014).

‚neu/gesetzt' und ‚alt/überliefert' das gesamte geltende Recht einer Stadt erfasst wird. Die Verbindungen *rëht – gewonheit* sind als komplexive Verbindungen einzuordnen, da sie Rechtssätze ganz unterschiedlicher Natur beinhalten können, die durch *rëht – gewonheit* nur implizit benannt werden.

Ebenso bleibt bei der Hinzufügung von *vrîheit* der Oberbegriff konstant, da *vrîheit* in der Bedeutung von „Privileg, Recht, Gesetz, Brauch"[867] lediglich einen weiteren Aspekt geltenden Rechts hinzufügt. Fünf der sechs Belege, in denen *vrîheit* ergänzt wird, entstammen den Stadtrechtssätzen der unter bischöflichen Herrschaft stehenden Territorialstadt Koblenz, so dass die Schlussfolgerung möglich scheint, dass mit *vriheit* hier die, vielleicht noch aus der königlichen Zeit der Stadt gewährten, Privilegien gemeint sein könnten. Dies wird durch StrsK Art. 29 bestätigt:

> *Der nuyn ind zwenzichte artikel ist, daz uns unse here* ***by friheit, by rechte und by gewanheit*** *halden sal, als wir* <u>*herkomen sin van der zyt, der nyman gedenken enkan*</u> *[…].*

Da zur Zeit der Abfassung der Stadtrechtsätze die königliche Herrschaft seit bereits mehr als 300 Jahren vorüber ist, kann davon auszugegangen werden, dass *herkomen sin van der zyt, der nyman gedenken enkan* sich auf diese bezieht.

Die weiteren Verbindungen mit *rëht* lassen sich in Bezug auf das zu *rëht* tretende Glied, das die Bedeutung von *rëht* in der jeweiligen Verbindung bestimmt, in drei Gruppen unterteilen. Allen gemeinsam ist dabei der gebildete Oberbegriff ‚objektives Recht', der allerdings von unterschiedlichen Ausgangspunkten definiert wird. Aufgrund der Kombination zweier möglicher Formen ‚objektiven Rechts' sind sie als additive Verbindungen zu verstehen.

<u>a. altes, überkommenes Recht – (vom Rat) in Übereinkunft beschlossene Satzung</u>

rëht – (wille-)kür (2): *(wille-)kür* bezeichnet die „freie willenswal […], freiwillige entschliessung"[868], in rechtlichen Kontexten „vor allen dingen die nach loslösung der städte von der landesherrlichen gewalt durch rath und gemeinde neu festgesetzten stadtrechte"[869]. Kür wird im DRW als „gewillkürte Einung, Übereinkunft, Statuarrecht"[870] aufgeführt,

---

867 http://drw-www.adw.uni-heidelberg.de/drw/ (abgerufen am: 24.09. 2014).

868 http://www.woerterbuchnetz.de/Lexer?bookref=3,890,48 (abgerufen am: 24.09.2014); vgl. http://www.woerterbuchnetz.de/BMZ?bookref=1,829b,12 (abgerufen am: 24.09.2014).

869 DWB, Bd. 30, Sp. 206ff.

870 http://drw-www.adw.uni-heidelberg.de/drw/ (abgerufen am: 24.09. 2014).

***rëht - einunge*:** *einunge* bezeichnet nach LEXER „vereinigung zu einem beschlusse, beschluß überhaupt, gesetz"[871], das DRW bestimmt *einunge* etwas genauer als „Rechtssatzung, (beschworene) Willkür"[872],

***rëht - gesetze*:** *gesetze* als substantivische Ableitung des Verbums *setzen* bezeichnet das, „was gesetzt oder bestimmt ist, die bestimmung einer höheren macht, des schicksals oder gottes"[873] und zwar „gesetztes Recht im Unterschied zum Gewohnheitsrecht"[874].

<u>b. altes, überkommenes Recht – vom Stadtherrn gewährte Sonderrechte bzw. Freiheiten (schriftlich fixiert)</u>

***rëht - prîvilêgje* (2):** *prîvilêgje* ist ein „einer Person, Gruppe oder Körperschaft in einem Herrschaftsakt erteiltes Vor-, Sonderrecht; ohne weitere Kennzeichnung häufig das privilegium de non appellando"[875],

rëht - briev: *briev* bezeichnet in diesem Zusammenhang eine Urkunde.[876] Urkunden werden den Städten von den jeweiligen Stadtherren ausgestellt und enthalten zumeist Privilegien oder Freiheiten.

<u>c. schriftlich, fixiertes Recht – nicht schriftlich fixiertes, dem Gewohnheitsrecht entstammendes Recht</u>

***rëht - hêrkomen* (1):** Das DWB gibt für *herkomen* die Bedeutung „brauch, gewohnheit"[877] an. In rechtliche Kontexte übertragen, entsteht so die Bedeutung „Gewohnheitsrecht, Rechtsbrauch"[878],

---

871 http://www.woerterbuchnetz.de/Lexer?bookref=1,529,49 (abgerufen am: 3.03.2013); http://www.woerterbuchnetz.de/BMZ?bookref=1,424a,44 (abgerufen am: 3.03.2013).

872 http://drw-www.adw.uni-heidelberg.de/drw/ (abgerufen am: 23.03.2013); vgl. Köbler: Rechtsgeschichte, S. 84f.

873 DWB, Bd. 5, Sp. 4072.

874 http://drw-www.adw.uni-heidelberg.de/drw/ (abgerufen am: 23.03.2013).

875 http://drw-www.adw.uni-heidelberg.de/drw/ (abgerufen am: 24.09. 2014).

876 http://drw-www.adw.uni-heidelberg.de/drw/ (abgerufen am: 24.09. 2014).

877 DWB, Bd. 10, Sp. 1110.

878 http://drw-www.adw.uni-heidelberg.de/drw/ (abgerufen am: 24.09. 2014).

***rëht – louf* (1):** *louf* in Verbindung mit *rëht* bezeichnet die „rechtliche und gerichtliche Tradition, Verfahrensweise, Ordnung; Gewohnheitsrecht; allg.: Herkommen, Brauch, Gepflogenheit“[879].

Eine Sonderstellung nimmt der Beleg *rëht – artikel* ein. *artikel* verweist als „Abschnitt einer Urkunde“[880] auf schriftlich fixiertes Recht, so dass *rëht* als überkommenes, mündlich tradiertes Recht gewertet werden könnte. Der Kontext aber zeigt, dass hier in beiden Fällen geschriebenes Recht gemeint ist, das zudem durch die Schöffen und den Rat *gemacht* wurde.

> **StrF A1:** *Dit (sind die* ***rechte) und artikel****, die wir die scheffen und (der rait zu Franckin) fort gemacht han […].*

Die Unterscheidung scheint hier vielmehr darin zu liegen, dass *rëht* als das gesamte Recht und *artikel* als Abschnitte desselben zu verstehen sind. Fraglich ist, ob diese Verbindung als ‚paarige Wortverbindung‘ oder ‚begriffsbildendes Wortpaar‘ zu kategorisieren ist, da zwar das geltende Recht bezeichnet wird, allerdings an dieser Stelle auch *rëht* alleine ausreichen würde. Die Kombination beider Glieder weist nicht über die Einzelbedeutung von *rëht* hinaus.

satz – gebot

satz wird in den gängigen Wörterbüchern (LEXER, BMZ) mit „das festgesetzte, daher rechtliche bestimmung, verordnung, gesetz“[881] wiedergegeben. Diese Bedeutung findet sich auch im DRW, das als Gundbedeutung „Rechtsbestimmung, Entscheidung, Statut, gesetzliche Verordnung, Satzung“[882] angibt. *satz* wird in den untersuchten Texten mit *gebot, willekür* und *gemechede* kombiniert.

Die Verbindung *satz – gebot* ist im Korpus dreimal und zwar ausschließlich in WüPo belegt, so dass von einer regionalen Besonderheit ausgegangen werden kann. *gebot* wird u.a. mit „Befehl, Gebot, Verbot, menschlicher Satzung,

879 http://drw-www.adw.uni-heidelberg.de/drw/ (abgerufen am: 24.09. 2014).

880 http://drw-www.adw.uni-heidelberg.de/drw/ (abgerufen am: 23.03.2013).

881 http://www.woerterbuchnetz.de/BMZ?bookref=3,343a,34 (abgerufen am: 23.03.2013); http://www.woerterbuchnetz.de/Lexer?bookref=2,617,41 (abgerufen am: 23.03.2013) und DWB, Bd. 14, Sp. 1838ff.

882 http://drw-www.adw.uni-heidelberg.de/drw/ (abgerufen am: 23.03.2013).

Gesetz" übersetzt.[883] *satz unde gebot* bezeichnet somit in Kombination ‚objektives Recht', allerdings mit der Besonderheit, dass die Bedeutung beider Glieder einen Verordnungscharakter aufweist. *satz* bezeichnet das, was (ohne genauere Bestimmung durch wen) festgesetzt wurde, *gebot* hingegen kennzeichnet eine hoheitliche Anordnung.[884]

> **WüPo Nr. 9**: *[...] Und daz dirre* ***satz und gebot*** *stete werde behaltin uf sant Martins tag [...].*

In Anbetracht der politischen Situation Würzburgs zur Zeit der Entstehung der ottonischen Polizeisätze kann dies nicht weiter verwundern, da der Bürgerschaft keinerlei Mitspracherecht beim Zustandekommen der Rechtssätze zugestanden wird. Es handelt sich also um hoheitlich erlassene Anordnungen, wie sich in dieser Formulierung widerspiegelt. Im Gegensatz dazu wird beispielsweise in dem Beleg *satz – willekür* (SBO XXXIV) das Festgesetzte und das in Übereinkunft festgelegte Recht verbunden.[885]

Alle Belege zum Oberbegriff ‚objektives Recht' werden durch *unde* verbunden. Dies erklärt sich daraus, dass hier das gesamte Recht bezeichnet werden soll. Durch *unde* wird die Gleichwertigkeit beider Glieder angezeigt, die zusammen das gesamte Recht der Stadt bezeichnen. Verbindungen mit *oder* bzw. *noch* entfallen an dieser Stelle, da sie zwar auf die Gesamtheit rekurrieren, aber schließlich eine Auswahl auf nur eines von beiden Elementen beinhalten würden.

3. Setzung objektiven Rechts

Neben den Bezeichnungen für das ‚obektive Recht' treten in allerdings relativ geringer Belegzahl ‚paarige Wortverbindungen', die den Akt der Rechtsetzung markieren. Als Rechtsetzung wird die „Schaffung von Recht durch eine bewusste und gewollte Setzungshandlung"[886] definiert. Zu den Setzungshandlungen zählen unter anderem Gesetzgebung und Satzungsgebung. Dabei versteht man unter Gesetzgebung „die Schaffung abstrakter Rechtsnormen mit dem Willen

---

883 vgl. DWB, Bd. 4, Sp. 1802ff.; http://drw-www.adw.uni-heidelberg.de/drw/ (abgerufen am: 23.03.2013); http://www.woerterbuchnetz.de/BMZ?bookref=1,187b,48 (abgerufen am: 23.03.2013); http://www.woerterbuchnetz.de/Lexer?bookref=1,758,10 (abgerufen am: 23.03.2013).

884 vgl. Köbler: Juristisches Wörterbuch, S. 160f.

885 Gleiches gilt für „gesetze – willekür" (SBO X).

886 Köbler: Juristisches Wörterbuch, S. 347.

zur generellen Geltung“[887] und unter Satzungsgebung die gemeinsame und verbindliche Festsetzung von Satzungen.[888]

Auch wenn dies ein neuzeitlicher Blick auf die Gesetzgebung ist, die erst mit dem Aufkommen des modernen Staats im späten Mittelalter Geltung beanspruchen kann, hebt Krause hervor, dass sich in den Städten des Spätmittelalters eine umfangreiche Gesetzgebung entwickelt. Er verweist darauf, dass sich

> „[a]uch hier […] an die ältere Form in Gestalt von Privilegien, Stadtrechtsverleihungen und andererseits Verwillkürungen der ganzen Bürgerschaft die neue Form [anschließt], die durch den obrigkeitlichen Charakter des Rats und seine Rechtsetzungsmacht gekennzeichnet ist.“[889]

Unter dem Oberbegriff ‚Rechtsetzung‘ sollen alle verbalen Verbindungen gefasst werden, die den Akt der Rechtsetzung definieren. Auch wenn diese nicht in allen Texten belegt sind, zeigt sich ebenso wie bei den Formulierungen zum ‚obektiven Recht‘ ein breites Spektrum im Wortlaut der gewählten ‚paarigen Wortverbindungen‘: Es werden insgesamt 15 Lemmata in elf verschiedenen Verbindungen kombiniert, wobei die Glieder nur in den seltensten Fällen über eine feste Reihenfolge verfügen. Sind in der nachfolgenden Tabelle unter ‚Beleghäufigkeit‘ zwei durch Schrägstrich getrennte Zahlen eingetragen, zeigen diese die Beleghäufigkeit mit vertauschten Gliedern an. Ebenso sind unter ‚Text‘ die jeweiligen Fundorte der Verbindungen gekennzeichnet.

887 Hermann Krause: Art. Gesetzgebung, in: HRG, Bd. I, Berlin 1978, Sp. 1606 [Krause: Gesetzgebung]; vgl. Köbler: Juristisches Wörterbuch, S. 181: „das Verfahren der Schaffung von (formellen) Gesetzen“.

888 Köbler: Juristisches Wörterbuch, S. 366.

889 Krause: Gesetzgebung, Sp. 1616.

Tabelle 12: Verteilung der Belege für ‚Gesetzgebung'.

begriffsbildendes Wortpaar	Beleghäufigkeit	Text
setzen – machen	7/3	SStbA, WüPo/WüPo, SbAN
setzen – gebieten (– heizen)	3/1	StrFS, SbAN, WüPo, StrFS
ûf setzen – machen	4	SStbA
willekürn – setzen	2/1	SBO
setzen – verbieten	1/1	SbAN/StrB
setzen – überein komen	1/1	StrR/StrR
verminnern – verendern	2	HOb
minnern – mêren	2	StrF
wandeln – mêren	1	StrF
gebieten – gesetzen	1	RBU
ordenen – setzen	1	RBU
Gesamtzahl	32	(11 Texte)

Aufgrund dieser enormen Variation bei gleichbleibendem Oberbegriff kann an dieser Stelle zwar von ‚begriffsbildenden Wortpaaren', aber nicht von ‚Paarformeln' gesprochen werden. Diese ‚begriffsbildenden Wortpaare' fügen in additiver Weise Verben zusammen, die verschiedene Aspekte der Gesetzgebung beschreiben. Da in 81,3% (26) aller Belege *setzen* verwendet wird, soll auf diese Belege nun genauer eingegangen werden. Sie bezeichnen durchweg die Konstituierung von Gesetzen, kennzeichnen allerdings jeweils unterschiedliche Vorgehensweisen der Gesetzgebung. Die verbleibenden Belege, die neben einer geringen Belegdichte über eine abweichende Semantik verfügen, da sie auf eine Veränderung bereits bestehender Normen abzielen, werden in einem eigenen Unterkapitel behandelt.

Konstituierung von Gesetzen

setzen – machen

setzen im Kontext von Rechtsetzungsakten wird mit „festsetzen, bestimmen, verordnen"[890] angegeben. *machen* dagegen bezeichnet nach dem DRW

890 vgl. http://www.woerterbuchnetz.de/Lexer?bookref=2,894,42 (abgerufen am: 02.04.2013); http://www.woerterbuchnetz.de/BMZ?bookref=3,347a,11 (abgerufen am: 02.04.2013).

„etwas durch Vereinbarung (Vertrag, Satzung, Willkür usw.) oder durch selbständige Setzung der dazu befugten Person oder Institution mit rechtlicher Bindungswirkung für die Beteiligten oder Betroffenen versehen; bestimmen, erlassen, festsetzen, abschließen, vereinbaren“[891].

Die Verbindung beider Worte könnte einerseits als synonyme Wortverbindung verstanden werden, andererseits aber auch als Zusammenfügung zweier Verben, die jeweils einen spezifischen Teilaspekt der Gesetzgebung widerspiegeln. So wird durch *setzen* eher eine obrigkeitliche Handlung angezeigt, durch *machen* eher der Aspekt der gemeinsamen Findung eines neuen Rechtssatzes im Rahmen einer Beratung hervorgehoben. *setzen – machen* umfasst damit also sowohl das von oben oktroyierte Gebot als auch die durch gemeinschaftliche Beratung gefundene Satzung oder Willkür.

SStbA LXXXX.b: *Sú sônt ouch úber saltz dehein gebot noch eynung* ***setzen noch machen*** *ane urlôp meister und rates.*

Diese Vermutung wird unterstützt durch die vorgeschobene Bezeichnung für ‚objektives Recht‘ *gebot noch eynung*, in der die obrigkeitliche Verordnung mit der in Übereinkunft beschlossenen Einung verbunden wird. Auch wenn der Großteil der Belege WüPo entstammen, für das bei der Verbindung von *satz – gebot* der Ausschluss der Bürgerschaft an der Findung der Rechtssätze hervorgehoben wurde, zeigt sich auch hier der in *machen* implizit enthaltene Aspekt der Beratung.

WüPo 84: *Unser herre ist zů rate wôrden mit sime geswôrn rate ufm Sal und auch mit unser herren dienstman und bůrgere willen und worte ubereinkumen umb den fleischkauf […], und hat* ***gemacht und gesetzt****, als hernach geschriben stet.*

Die Verbindung mit *geswôrn rate* und *ubereinkomen* zeigt, dass hier nicht ein lediglich vom Stadtherrn erlassenes Gesetz bezeichnet wird, sondern zuvor eine Beratung mit dem Rat, der in Würzburg zwar nicht von der Bürgerschaft bestimmt wird, stattgefunden hat. *gemacht und gesetzt* wurde die Verordnung dennoch vom *herre.*

Bis auf den Beleg aus SStbA werden die Glieder grundsätzlich durch *unde* verbunden. Dies entspricht dem hinter dem Rechtsetzungsakt stehenden Verfahren von Vereinbarung und Verordnung, die entsprechenden Artikel wurden also ‚vereinbart und verordnet‘. Die Verbindung durch *noch* in SStbA erklärt sich aus der negativen Formulierung der Satzung, die den *saltzlúten* untersagt, eigene Satzungen, ob nun gesetzt oder gemacht, zu erlassen.

891 http://drw-www.adw.uni-heidelberg.de/drw/ (abgerufen am: 02.04.2013).

Hierher gehören auch die Verbindungen *ûf setzen – machen*, die mit ‚verordnen und vereinbaren/festsetzen' wiedergegeben werden können. Beide Belege entstammen SStbA und sind in Verboten, eigene Satzungen zu erlassen, belegt. Dabei steht der durch *unde* verbundene Beleg mit *gebot oder satzung* mit der Konsequenz, dass den Zünften hier untersagt wird, das eine oder das andere eigenständig zu bestimmen:

> **SStbA LXXXVIIII:** *Es sol deheine zunft deheiner hande gebot oder satzunge under in* ***ufsetzen und machen*** *[...].*

Die durch *oder* kombinierte Verbindung entstammt wiederum den Artikeln der *saltzlúte* und ist ebenso wie der durch *noch* verbundene Beleg im Rahmen einer negativ formulierten Bestimmung zu finden.

(ge-)setzen – gebieten/verbieten

Anders als die Zusammenfügung mit *machen* unterstreicht die Verbindung *setzen –gebieten/verbieten* deutlich den obrigkeitlichen Charakter des Gesetzgebungsakts. Mit dem Verb *gebieten*, das in allen genutzten Wörterbüchern mit „befehlen"[892] wiedergegeben wird, wird die hoheitliche Anordnung verbunden (vgl. Kapitel zu *satz*). Das Gleiche zeigt sich auch bei *verbieten*, das im DWB mit

> „insbesondere ist verbieten in der gerichtssprache üblich, von gerichtswegen gebieten, gerichtliches gebot ergehen lassen, verhängen; mhd. auch noch ein dinc verbieten, ein gericht berufen"[893]

angegeben wird. Dass es sich hier aber um die Setzung einer negativ formulierten Anordnung bezeichnet, zeigt die im BMZ angegebene Bedeutung „befehle, daß etwas unterlassen werde"[894]. Dabei bezieht sich hoheitliche Anordnung nicht zwangsläufig auf einen Stadt- oder Landesherren, sondern kann sich durchaus auf „den obrigkeitlichen Charakter des Rats und seine Rechtsetzungsmacht"[895] beziehen, die der Bürgerschaft etwas gebieten.

---

892 vgl. http://www.woerterbuchnetz.de/Lexer?bookref=1,754,22 (abgerufen am: 05.10.2014); http://www.woerterbuchnetz.de/BMZ?bookref=1,186a,12 (abgerufen am: 05.10.2014); DWB, Bd. 4, Sp. 1753ff.; http://drw-www.adw.uni-heidelberg.de/drw/ (abgerufen am: 05.10.2014).

893 DWB, Bd. 25, Sp. 112.

894 http://www.woerterbuchnetz.de/BMZ?bookref=1,189a,15 (abgerufen am: 05.10.2014); http://www.woerterbuchnetz.de/Lexer?bookref=3,74,39 (abgerufen am: 05.10.2014).

895 vgl. Krause: Gesetzgebung, Sp. 1616.

StrFS XLV §3: *[…] Unde kein gesetce sullen si haben an schrotwerke noch an nichte; wen waz di burger* ***setcen unde gebieten****, daz sullen si halden als andere lute an allen dingen.*

SbAN Nr. 108b: *Und darzu ist* ***gesatzet und geboten*** *bi dem eide […].*

Ein Beleg erweitert *setzen – gebieten* um *heizen*, das ebenfalls mit „gebieten" oder auch mit „befehlen"[896] wiedergegeben wird. Die so gesetzte und gebotene Satzung wird also durch *heizen* noch einmal verschärft, da sie zusätzlich noch befohlen wird. Auch hier sind alle Glieder mit *unde* verbunden, wodurch die jeweiligen Handlungen gleichgestellt nebeneinander geordnet werden und so der obrigkeitliche Charakter dieser Form der Gesetzgebung unterstützt wird.

Dieser obrigkeitliche Charakter zeigt sich auch in der Verbindung von *ordenen – setzen*. *ordenen* wird mit der Bedeutung „anordnen, festsetzen, befehlen"[897] angegeben und kann somit als Äquivalent für *gebieten* verstanden werden.

willekürn – setzen

Die Bedeutung von *willekürn* beinhaltet grundsätzlich die Konnotation des Freiwilligen und Gemeinschaftlichen. In LEXER wird für *willekürn* „freiwillig wälen, belieben, beschliessen, durch freie zustimmung bestätigen, einwilligen"[898], in BMZ „belieben, beschließen"[899] angegeben. Die bevorzugte Reihenfolge von *willekürn* im ersten Glied und *setzen* im zweiten Glied könnte auf die zeitliche Abfolge im Rechtsetzungsakt deuten: Zunächst wird ein Beschluss gefasst und dann wird dieser verordnet.

SBO Nr. 20: *Vortmer umme manichvolde claghe der gantsen menheyt unser stat unde umme bederf unde bequemicheyt unser aller so hebbe wi* ***ghewillkort unde ghesat*** *[…].*

Diese Aussage muss aber aufgrund der geringen Belegzahl eine Vermutung bleiben. Deutlich wird allerdings, dass die Setzung des entsprechenden Rechtsatzes auf der Basis einer freiwilligen, gemeinsamen Entscheidung der gesetzgebenden Instanz beruht, die diese dann für den Rest der Gemeinschaft festsetzt. Die einzelnen Glieder werden dementsprechend durch die Konjunktion *unde* verbunden.

---

896 vgl. http://www.woerterbuchnetz.de/Lexer?bookref=1,1226,13 (abgerufen am: 05.10.2014); http://www.woerterbuchnetz.de/BMZ?bookref=1,658a,34 (abgerufen am: 05.10.2014); DWB, Bd. 10, Sp. 910; http://drw-www.adw.uni-heidelberg.de/drw/ (abgerufen am: 05.10.2014).

897 http://drw-www.adw.uni-heidelberg.de/drw/ (abgerufen am: 05.10.2014).

898 http://www.woerterbuchnetz.de/Lexer?bookref=3,891,38 (abgerufen am: 05.10.2014).

899 http://www.woerterbuchnetz.de/BMZ?bookref=1,829b,34 (abgerufen am: 05.10.2014); vgl. DWB, Bd. 30, Sp. 213.

Gleiches gilt für den einzigen Beleg mit *überein komen – setzen*, in dem *überein komen*, das im DWB u.a. mit „einig werden"[900] angegeben wird, in der gleichen Bedeutung wie *willekürn* verwendet wird.

Veränderung bestehender Normen

Neben den Verbindungen mit *setzen* sind fünf weitere Varianten zur Beschreibung des Gesetzgebungsakts belegt. Diese unterscheiden sich von den Kombinationen mit *setzen* dadurch, dass sie weniger die Erschaffung neuer Satzungen und Gesetze bezeichnen als vielmehr eine – unterschiedlich akzentuierte – Veränderung bestehender Normen beinhalten. Sie werden gebildet durch die Kombination der Verben *erniuwern*, *machen*, *mêren*, *(ver-)minnern*, *verendern* und *wandeln*. Abgesehen von *machen* ist allen Verben gemeinsam, dass die von ihnen beschriebene Handlung nur auf einer bereits vorhandenen Basis vorgenommen werden kann.

verminnern[901] – *verendern*[902] wird durch die Konjunktion *oder* verbunden, wodurch die Möglichkeiten der Gesetzgeber im Umgang mit den entsprechenden Satzungen angezeigt werden. Diese können *verminnert*, also in ihrer Anzahl oder ihrem Umfang reduziert werden oder aber in ihrem Bestand *verendert* werden. Das ‚begriffsbildende Wortpaar' zeigt die Flexibilität städtischer Satzungen an, die Anpassung und Veränderung gegenüber offen sind.

Durch *oder* zusammengehaltenes *minnern*[903] – *mêren*[904], folgt dem gleichen Muster, während *minnern* und *verminnern* weitgehend bedeutungsgleich zu verstehen sind, bezeichnet *mêren* die Erweiterbarkeit im Sinne der Möglichkeit zur Neuschaffung von Rechtssätzen.

> **StrF A39:** *[…] Dyt gesecze mogen wir mynnern ader meren, wanne wir dez zu rade werden […].*

wandeln kann neben „tauschen, wechseln, ändern, umändern, verwandeln" auch „rückgängig machen, zurücknehmen"[905] ausdrücken. In Verbindung mit *mêren* kann also sowohl die Veränderung oder Erweiterung als auch die Verringerung

---

900 DWB, Bd. 23, Sp. 185.

901 „verringern, verkleinern", DWB, Bd. 25, Sp. 873.

902 „ändern, verändern, wechseln", http://www.woerterbuchnetz.de/Lexer?bookref=3,68,41 (abgerufen am: 05.10.2014).

903 „vermindern, verringern, schmälern", http://www.woerterbuchnetz.de/Lexer?bookref=1,2153,28 (abge rufen am: 05.10.2014).

904 „vergrössern, vermehren, erhöhen", http://www.woerterbuchnetz.de/Lexer?bookref=1,2109,19 (abge rufen am: 05.10.2014).

905 http://www.woerterbuchnetz.de/Lexer?bookref=3,673,39 (abgerufen am: 05.10.2014).

oder Vermehrung bezeichnet werden. *wandeln – mêren* kann somit die Bedeutung der beiden vorangegangenen Verbindungen übernehmen.

Zusammenfassung

Die Bereiche ‚objektives Recht' und ‚Rechtsetzung' zeichnen sich durch eine Vielzahl von Begriffen in unterschiedlichsten Verbindungen aus. In beiden Fällen sind die ‚paarigen Wortverbindungen' in nur geringer Häufigkeit belegt, wodurch eine tiefergehende Analyse erschwert wird. Für den Oberbegriff ‚objektives Recht' sind die Kombinationen, die mit *rëht* gebildet werden, vor allem die Verbindung von *rëht – gewonheit*, im Korpus die geläufigste Form. Die komplexive Paarformel *rëht – gewonheit* bietet dabei keine genaue Definition für die Art der bezeichneten Rechtssätze, sondern unterscheidet lediglich zwischen ‚Alter und Herkommen' bzw. ‚schriftlich oder mündlich tradiert'.

Der Unterschied zwischen beiden Formen kann dabei nur unter Berücksichtigung des Kontextes erschlossen werden. In den übrigen additiven ‚begriffsbildenden Wortpaaren' wird die genaue Bedeutung von *rëht*, das über ein breites semantisches Spektrum verfügt, grundsätzlich durch das hinzutretende Glied genauer definiert. Hier lassen sich drei Kategorien unterscheiden, in denen *rëht* entweder ‚schriftlich fixiertes' oder ‚altes, überliefertes' Recht bezeichnet.

Abbildung 7: Differenzierung von rëht *in ‚alt/überliefert' und ‚schriftlich fixiert'.*

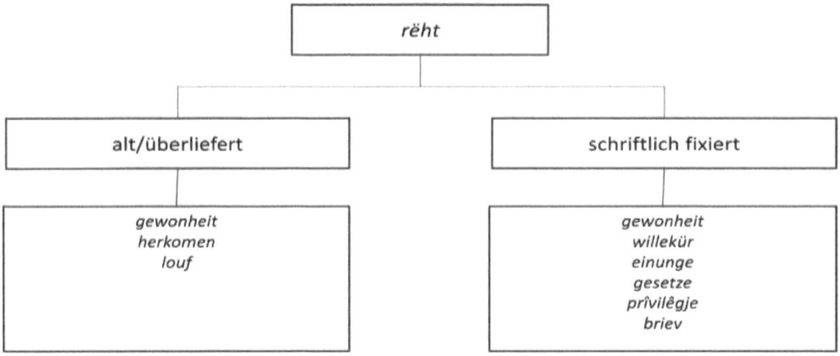

Die geringe Belegzahl von Verbindungen mit *willekür* und *einunge* kann hier verwundern, da „[d]as Stadtrecht [als] die eigentliche Domäne der Willkür im Sinne einer Lehre vom objektiven Recht"[906] gilt. Sie wird allgemein als eines der

906 Friedrich Ebel: Art. Willkür, in: LMA, Bd. IX, Sp. 217 [Ebel: Willkür].

Grundelemente des Rechts neben dem Weistum und dem obrigkeitlichen Gebot in der Stadt angesehen[907], so dass eine vermehrte Verwendung dieser Begriffe zu erwarten gewesen wäre.

Für die ‚Rechtsetzung' lassen sich grundsätzlich zwei verschiedene Formen erkennen: Die Konstituierung von Rechtsnormen und die Veränderung bestehender Rechtsnormen. Während die Belege für die Veränderung von Rechtsnormen nur eine geringe Frequenz bei hoher Variabilität der Verbindungen aufweisen, verfügen die ‚begriffsbildenden Wortpaare' zur Konstituierung von Gesetzen über die Konstante *setzen* (*gesetzen*, *ûf setzen*), die mit verschiedenen Elementen kombiniert werden kann, um unterschiedliche Formen der ‚Rechtsetzung' zu erfassen.

Abbildung 8: begriffsbildende Wortpaare zur Bezeichnung von ‚obrigkeitlich erlassenen' und ‚gemeinschaftlich beschlossenen' Rechtsnormen.

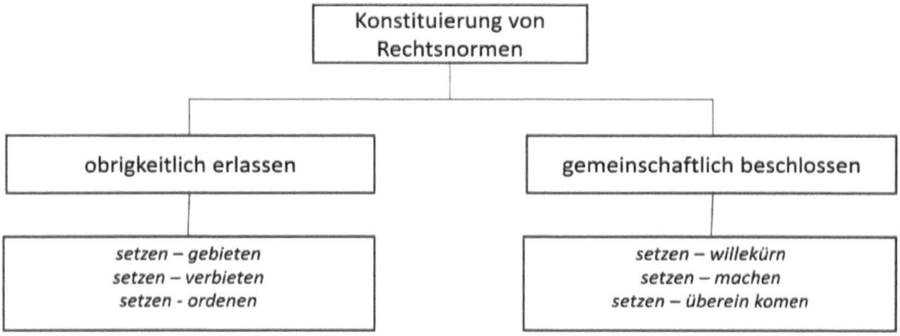

Es handelt sich hierbei ausschließlich um additive Verbindungen, da für den Akt der Rechtsetzung eine Reihe von Verben zur Verfügung steht, von denen aber keines als Anfangs- oder Endpunkt bezeichnet werden könnte. Hier muss also auf eine additive Zusammenfügung von einzelnen Aspekten der Rechtsetzung zur Bezeichnung des Ganzen zurückgegriffen werden.

4. Strafrecht

Um den Erhalt des Stadtfriedens gewährleisten zu können, sind die Städte neben einer präventiv ausgerichteten Satzungsgebung auf eine konsequente Verfolgung begangener Straftaten angewiesen. Aus dieser Perspektive lässt sich leicht nachvollziehen, dass die Stadtrechte derjenigen Städte, die über Nieder- und/oder

907 vgl. Ebel: Willkür, Sp. 217f.

Hochgerichtsbarkeit verfügen, eine hohe Anzahl von strafrechtlichen Satzungen beinhalten. Unter dem Begriff ‚Strafrecht' wird die Gesamtheit aller Rechtssätze subsumiert, die „auf die Voraussetzung Straftat die Rechtsfolgen Strafe und bzw. oder Maßregel der Besserung und Sicherung"[908] androhen. Dabei versteht man unter Straftat zunächst „das durch Gesetz mit Strafe als Rechtsfolge bedrohte menschliche Verhalten."[909]

Generell findet im Spätmittelalter eine Abkehr von der Erfolgshaftung[910] zugunsten der Schuldhaftung[911] statt. Zudem wird das sog. Kompositionensystem, in dem Sühnegeldleistungen den Frieden zwischen den Parteien wiederherstellen sollten, vom Blutstrafrecht mit einem System peinlicher Strafen abgelöst. Die strafwürdigen Verbrechen können für das Mittelalter unterteilt werden nach der Art der Strafe, die sie nach sich ziehen. So gelten

> „Diebstahl, Raub, Kirchenraub, Mord, Mordbrand, Brand, Verrat, Landfriedensbruch durch unerlaubte Fehde, Heimsuchung (Hausfriedensbruch), Ehebruch, Bigamie, Notzucht, Blutschande, Sodomie, Zauberei, Vergiftung, Unterschlagung, Fälschung und Münzfälschung"[912]

als todeswürdige Taten, die mit verschiedenen Arten der Hinrichtung geahndet wurden. Weniger schwere Verbrechen, wie Friedbrüche, Meineid, nicht todeswürdiger Diebstahl konnten durch Verstümmelungsstrafen sanktioniert werden, wohingegen bei kleineren Diebstählen, Verwundung, Beleidigung, Schwören oder Fluchen die Bestrafung an ‚Haut und Haar' erfolgen konnte. Vielfach handelt es sich bei diesen Strafen um Talionsstrafen, d.h. spiegelnde Strafen, die „an dem Körperteil, der zur Tatausführung genutzt wurde, vollstreckt"[913] wird. Hinzu kommt die Strafe der Stadtverweisung, die je nach Dauer der Auslöschung der wirtschaftlichen und zivilen Existenz des Bestraften gleichkommt. Die Stadtverweisung kann auf einen bestimmten Zeitraum, der je nach Straftat und Ort gestaffelt sein kann, oder unbestimmt bzw. lebenslänglich ausgesprochen werden, jedoch auch durch Gnadengesuch gemildert werden.

---

908 Köbler: Juristisches Wörterbuch, S. 402.

909 Köbler: Juristisches Wörterbuch, S. 403.

910 „Erfolgshaftung ist die Haftung, die beim Vorliegen eines Erfolgs eintritt, ohne dass es auf die Vorwerfbarkeit des Verhaltens (Verschulden) ankommt.", Köbler: Juristisches Wörterbuch, S. 125.

911 Hier wird anders als bei der Erfolgshaftung ein schuldhaftes Verhalten vorausgesetzt. Es gilt besonders für vorsätzlich begangene Taten, vgl. Gmür/Roth: Grundriss, S. 92.

912 Isenmann: Deutsche Stadt, S. 512.

913 Hinrich Rüping: Grundriss der Strafrechtsgeschichte, 5., völlig überarb. Ausg., München 2007, S. 34 [Rüping: Strafrechtsgeschichte].

Für geringfügige Vergehen sind Vermögensstrafen (*Brüche*) oder Ehrenstrafen vorgesehen. Unter *Brüche* wird im Gegensatz zur Buße, die eine Zahlung als Entschädigung an den Kläger bezeichnet, die Geldstrafe, die an die öffentliche Hand gezahlt werden muss, verstanden. Eine eher zu vernachlässigende Rolle spielen Freiheitsstrafen, die nur in seltenen Fällen ausgesprochen werden.[914]

Inwieweit diese zum Teil sehr harten Strafen tatsächlich vollzogen wurden, ist fraglich. Köbler geht davon aus, dass sie „vielfach aber wohl nur bei landschädlichen Leuten angewendet [wurden], während im übrigen Leibesstrafen und Lebensstrafen wohl meist noch durch Geld ablösbar sind."[915] Zu einem ähnlichen Ergebnis kommt Peter Schuster, der sich in seiner Untersuchung zur Gerichtsbarkeit in Konstanz im Spätmittelalter zwar nicht zu den Leibesstrafen äußert, aber für den Bereich der Stadtverweisungen nachweisen kann, dass die durch das Niedergericht ausgesprochenen Stadtverweisungsstrafen durch Geldbußen oder Strafarbeiten an städtischen Bauten abgelöst werden konnten und wurden. Stadtverweisungen, die durch das Hochgericht, das ungleich seltener als das Niedergericht tagt, ausgesprochen werden, sind hingegen nicht ablösbar. Für die drei bis vier Hinrichtungen, die jährlich in Konstanz vollzogen wurden,[916] hält Schuster fest, dass „[d]ie Hinrichtungsopfer [...] zumeist Fremde [waren] und [...] auf makabre Art und Weise zur Abschreckung missbraucht [wurden]."[917]

Im Folgenden sollen ‚paarige Wortverbindungen' für Straftaten, Waffen und Strafen bzw. Strafmaße untersucht werden.

Taten

Von den zahlreichen bereits aufgeführten Straftaten werden nur wenige durch ‚paarige Wortverbindungen' ausgedrückt. Es handelt sich dabei im Wesentlichen um sog. ‚Kapitalverbrechen' wie *diube*, *diepstal*, *roup*, *mort*, *brant* und *vridebruch*, von denen die Kombination von *diube* – *roup* bzw. *diepstal* – *roup* die höchste Belegfrequenz aufweist. Zumeist werden diese Verbindungen um die Bezeichnungen weitere Straftaten ergänzt bzw. *roup* oder *diube* mit einer weiteren Straftat kombiniert.

---

914 vgl. Isenmann: Deutsche Stadt, S. 512ff.; Gmür/Roth: Grundriss, S. 92ff.; Rüping: Strafrechtsgeschichte, S. 28ff.

915 Köbler: Rechtsgeschichte, S. 120.

916 vgl. Peter Schuster: Gerichtsbarkeit in einer spätmittelalterlichen Bischofsstadt. Das Beispiel Konstanz, in: Das Bistum Bamberg in der Welt des Mittelalters, hrsg. v. Christine van Eickels und Klaus van Eickels, Bamberg 2007, S. 177–186 [Schuster: Gerichtsbarkeit].

917 Schuster: Gerichtsbarkeit, S. 186.

Ein weiterer Bereich der Straftaten, in dem vermehrt ‚paarige Wortverbindungen' vertreten sind, ist der Bereich der Körperverletzung. Hier wird allerdings neben der Tat selbst, die z.B. durch die Substantive *stich*, *slac* oder *stôz* oder sehr viel zahlreicher durch die entsprechenden Verben erfasst werden, vor allem die Folge der Tat, d.h. die eigentliche Körperverletzung, die für die Höhe des Strafmaßes ausschlaggebend ist, wiedergegeben. Dies kann in substantivischer Form durch zumeist *wunde* – *lemede* oder in adjektivischer Form durch beispielsweise *bluotec* – *blâ* geschehen.

Raub und Diebstahl

Im heutigen Recht wird unter Diebstahl

> „die Wegnahme einer fremden beweglichen Sache (Gewahrsamsbruch) in der Absicht, sich oder einem Dritten dieselbe rechtswidrig zuzueigenen (Zueignungsabsicht)"[918]

verstanden. Gleiches gilt für den Raub, der sich jedoch in Abgrenzung zum Diebstahl durch die Anwendung von Gewalt bzw. die Androhung von Gewalt auszeichnet.[919] Beide Taten können daher als ‚Wegnahmedelikte' bezeichnet werden, wobei Wegnahme die „Entfernung eines Gegenstands durch einen Menschen"[920] ist und als solche den „Bruch fremden und die Begründung neuen Gewahrsams"[921] beinhaltet.

Das mittelalterliche Verständnis von *roup* und *diube/diepstal* weicht von der hier gegebenen Definition ab. Die Straftaten werden nicht durch den Aspekt der Gewaltanwendung unterschieden, sondern im Hinblick auf die Heimlichkeit der Tat: Diebstahl ist die heimliche Wegnahme von Dingen, Raub die offene.[922] Die heimliche Tat wiegt schwerer und zieht zumeist eine schwerere Bestrafung nach sich als die offene Tat. Heimlichkeit galt als Zeichen niederträchtiger Gesinnung, dabei war es unerheblich, ob die Tat bereits heimlich begangen wurde oder erst hinterher verheimlicht wurde.[923] Während Raub im innerstädtischen Leben von geringerer Bedeutung war – er traf die Kaufleute hauptsächlich auf ihren Handelsfahrten –, kann Diebstahl als das Kapitaldelikt schlechthin angesehen werden. Da Eigentum neben Ehre als höchstwertigstes Rechtsgut angesehen

918 Köbler: Juristisches Wörterbuch, S. 97.
919 vgl. Köbler: Juristisches Wörterbuch, S. 333f.
920 Köbler: Juristisches Wörterbuch, S. 488.
921 Köbler: Juristisches Wörterbuch, S. 488.
922 Köbler: Rechtsgeschichte, S. 120.
923 vgl. Rudolf His: Geschichte des deutschen Strafrechts bis zur Karolina, Darmstadt 1967, S. 4f. [His: Strafrecht].

wird, werden beide Taten mit der Todessstrafe, zumeist Erhängen, und somit härter als Totschlag oder Körperverletzung bestraft.[924] Kleinere Diebstähle werden allerdings häufig mit Verstümmelungsstrafen geahndet.

> **StrG 2.I §55:** *We stelet, dat vif schillinghe wert is, der vorscult des galghen; is des min, so scal men ine durch de tenen bernen*[925] *unde to der stupe*[926] *slan [...].*

Mit *diube/diepstal* – *roup* werden – unabhängig von der Art der Unterscheidung – sämtliche ‚Wegnahmedelikte' erfasst. Die Kombination ist 57-mal belegt, wobei 34-mal (59,6%) *diube/diepstal* im ersten Glied steht und 23-mal (40,4%) *roup*. *diube* scheint dabei der geläufigere Begriff gewesen zu sein, da *diepstal* lediglich in sechs Fällen verwendet wird. Viermal wird *diube* – *roup* durch *mort* zur Dreigliedrigkeit erweitert, jeweils einmal mit *brant*[927], *meineit*[928]und *untât*[929]. Die Verbindungen, in denen *diube* das erste Glied besetzt, sind grundsätzlich mit *roup* zusammengesetzt, es kann allerdings ein weiteres Glied (*mort*) hinzutreten (StrHB, HOb). *diepstal* wird neben *roup* in zwei Fällen mit *vridebruch* (StrG) kombiniert, zu *roup* dagegen kann als zweites Glied *brant* (3) (MSchr, SBO, ASS), *mort* (HOb) und in dreigliedrigen Verbindungen *brant* und *gülte*[930] (StbA), *brant* und *heimsuoche*[931] (StbA) oder *wunde* und *tôtslac* (MSchr) treten.

Die Belege verteilen sich auf acht Texte, wobei sich – abgesehen von Einzelbelegen (StrB, StrR) – eine Begrenzung auf den niederdeutschen Sprachraum feststellen lässt.

---

924 vgl. Isenmann: Deutsche Stadt, S. 507ff.

925 Brandmarken auf die Wange. Vgl. His: Strafrecht, S. 531f.

926 Pfahl, an den der zu Bestrafende festgebunden wird, um ihn mit Schlägen zu bestrafen. Vgl. His: Strafrecht, S. 526f.

927 „Brandstiftung", http://drw-www.adw.uni-heidelberg.de/drw/ (abgerufen am: 04.10.2014).

928 „die strafbare Handlung eines Falscheids vor Gericht (vereinzelt auch einer anderen Institution) sowie der Bruch eines Gelöbnisses, mit dem ein besonderes Verhalten versprochen wird (promissorischer Eid)", http://drw-www.adw.uni-heidelberg.de/drw/ (abgerufen am: 04.10.2014).

929 „übele tat, missetat, unrecht, verbrechen", http://www.woerterbuchnetz.de/Lexer?bookref=2,1943,41 (abgerufen am: 04.10.2014); vgl. http://www.woerterbuchnetz.de/BMZ?bookref=4,148b,18 (abgerufen am: 04.10.2014).

930 „Verbrechen, Schuld", http://drw-www.adw.uni-heidelberg.de/drw/ (abgerufen am: 04.10.2014).

931 „Hausfriedensbruch", http://drw-www.adw.uni-heidelberg.de/drw/ (abgerufen am: 04.10.2014); vgl. http://www.woerterbuchnetz.de/BMZ?bookref=3,8b,10 (abgerufen am: 04.10.2014); http://www.woerterbuchnetz.de/Lexer?bookref=1,1221,8 (abgerufen am: 04.10.2014).

Tabelle 13: Verteilung der Belege diube/diepstal – roup *und* roup – diube/diepstal.

Text	diube/diepstal – roup	roup – diube/diepstal
StbA	–	2
StrB	–	2
StrHB	5	–
StrFS	4	12
StrG	6	–
HOb	15	1
StrL	1	1
MSchr	2	3
SBO	–	1
ASS	–	1
StrR	1	–

Als Konjunktionen werden nur *unde* (10/17,5%) und *oder* (47/82,5%) verwendet, einmal werden die Glieder ohne Konjunktion in Form einer Aufzählung aneinandergereiht. Auch hier zeigt sich die bereits für die ‚Paarformeln' zur Bezeichnung von Personen festgestellte Funktion der beiden Konjunktionen: *unde* umfasst beide Straftaten, wohingegen *oder* in ‚distributiver' Funktion verwendet wird.

Mit *diube – roup* kann sowohl das ‚Wegnahmedelikt' (38/66,6%) als auch das so gewonnene Gut (19/33,4%) bezeichnet werden.

StrFS XXI §2: *[…] Mit den muz he daz bewisen, daz* ***der roup oder di dube*** *an im geschen si. […]*

HOb M V: *So we ouer den anderen dach ofte ouer den drudden* ***duue ofte roef*** *the eme ghenomen is vnder eneme anderen vint […].*

Die in geringer Anzahl belegten Bezeichnungen für Täter (11) werden in ‚paarigen Wortverbindungen' erfasst, die ebenso wie die Verbindungen von *diube/diepstal – roup* zu den Paarformeln zu zählen sind. Entgegen dem Befund zu den Taten bzw. der Beute sind diese allerdings auch in oberdeutschen Texten nachweisbar. *diep – röubære* wird in fünf Fällen mit weiteren Täterbezeichnungen verbunden: *brenner* (2) (StrR) sowie *verrâtære* und *lanttwingære* (3) (StrsK). Daneben gibt es noch die Kombination von *roubære* mit *mordære* (2) (StrsK) und *krenkære*[932] (SBO). Die entsprechenden Adjektive *diubec*, *roubec* bzw. *dieplich* und *rouplich* sind ebenso

932 Als Substantivierung des Verbs *krenken* ist der *krenkære* als jemand, der einen anderen schädigt, erniedrigt oder verletzt, zu verstehen, vgl. http://drw-www.adw.

wie die zu *diube* und *roup* gehörenden Verben *rouben* und *stëln* (und den entsprechenden Komposita), wenn auch in insgesamt sehr geringer Frequenz, auch im oberdeutschen und mitteldeutschen Sprachraum belegt.

Körperverletzung

Körperverletzung und Tötung sollen durch das Verbot, Waffen zu tragen, vermieden bzw. eingegrenzt werden. Dass dies nur in einem begrenzten Rahmen erfolgreich war, lässt sich an den zahlreichen Bestimmungen zu den verschiedenen Formen der Körperverletzung und deren Bestrafung ablesen.

Im Folgenden sollen vor allem die substantivischen Verbindungen, die Verletzungen bezeichnen, sowie die verbalen Verbindungen, die die Tat selbst erfassen, untersucht werden.

Substantive und Adjektive

Bei den Verletzungen muss zwischen letalen und nicht-letalen Verletzungen unterschieden werden. Es wird zwar in beiden Fällen das Lemma *wunde* verwendet, zur Bezeichnung von letalen Verletzungen wird allerdings *tôtslac* hinzugefügt, bei nicht letalen Verletzungen zumeist *lemede*. In Fällen leichter Körperverletzung werden die Folgen durch die Adjektivverbindung *blâ – bluotec/bluotrünne* ausgedrückt. Die in geringer Frequenz vorhandenen Belege hierfür lassen sich jedoch ausschließlich im niederdeutschen Sprachraum (HOb, StrL, ASS) nachweisen.

> **HOb L II:** *[…] Vnde so we ein vorsate sleit* ***blaw vnde bloet****, that ſcal he beteren mit enem voder wines van vi amen*[933]*, vnde mit x mark ſuluers. […]*

wunde – lemede ist ebenso wie *blâ – bluotec* in nur geringer Anzahl (13) und mit der Beschränkung auf StrB und MSchr nur sehr begrenzt belegt. Abgesehen von *lemede* wird *wunde* mit *wâtschar*[934] (StrG), *narbe* (MSchr) oder *bluotruns*[935]

uni-heidelberg.de/drw/ (abgerufen am: 16.10.2014); http://www.woerterbuchnetz.de/Lexer?bookref=1,1720,40 (abgerufen am: 16.10.2014).

933 „ohm; mass überhaupt“, http://www.woerterbuchnetz.de/Lexer?bookref=1,49,26 (abgerufen am: 04.10.2014); http://www.woerterbuchnetz.de/BMZ?bookref=1,28b,48 (abgerufen am: 04.10.2014).

934 Zerreißen der Kleidung, vgl. http://www.woerterbuchnetz.de/Lexer?bookref=3,706,30 (abgerufen am: 04.10.2014); vgl. http://www.woerterbuchnetz.de/BMZ?bookref=3,153b,27 (abgerufen am: 04.10.2014).

935 „blutfluss, blutige wunde“, http://www.woerterbuchnetz.de/Lexer?bookref=1,318,4 (abgerufen am: 04.10.2014); http://www.woerterbuchnetz.de/BMZ?bookref=2,721b,13 (abgerufen am: 04.10.2014).

(StrB) kombiniert. Während *wunde* entsprechend der heutigen Bedeutung die Wunde bezeichnet, kann *lemede* sowohl die Lähmung als auch das gelähmte Glied bezeichnen. Im Gegensatz zu *blâ – bluotec* wird durch *wunde – lemede* eine schwere Körperverletzung gefasst, dabei ist für das Strafmaß – wie durch StrB §253 deutlich wird – unerheblich, ob jemand verwundet oder gelähmt wird.

> *Vnd das recht* ***vmb wunten vnd vmb leme*** *ist gleichgestalt [...].*

Körperverletzungen mit möglicher Todesfolge können durch die Verbindung von *wunde – tôtslac* beschrieben werden, dabei weichen die Bedeutungen von *wunde* wie auch von *tôtslac*[936] nicht von den heutigen Bedeutungen ab. Diese Kombination ist 38-mal belegt[937] und wird abgesehen von StbA ausschließlich in niederdeutschen Texten gebraucht (StrFS, HOb, StrG, StrL, MSchr). In sieben Belegen, die StrFS und MSchr entstammen, wird *wunde* um das Adjektiv *kampfbære* erweitert, wodurch die Wunde als ‚zweikampfwürdig' klassifiziert wird. Die Reihenfolge der Glieder ist nicht festgelegt: 22-mal (59,5%) besetzt *tôtslac* das erste Glied, 15-mal (40,5%) *wunde*.

Neben *oder* (29/76,4%) und *unde* (8/21%) wird einmal die Konjunktion *noch* (1/2,6%) verwendet. Auch hier zeigt sich die bereits festgestellte semantische Differenz: *unde* umfasst beide Taten, *oder* und *noch* beziehen sich zwar auf beide, sind aber als ‚distributiv' einzustufen.

> **StrFS XXX §8:** *Ist aber, daz iener keiner vorkumet, di da beklaget sint* ***umme wunden oder umme totslege*** *[...].*

Die hier aufgeführten ‚paarigen Wortverbindungen' klassifizieren Körperverletzungen nach ihrer Schwere. Dabei wird die Schwere der Verletzung in den Verbindungen mit *wunde* erst durch das zweite Glied bestimmt:

- leichte Körperverletzung: *blâ – bluotec* (ohne Wunde),
- schwere Körperverletzung: *wunde – lemede/narbe/bluotruns/wâtschar,*[938]
- schwere Körperverletzung (letal): *wunde – tôtslac.*

936 vgl. http://www.woerterbuchnetz.de/Lexer?bookref=2,1476,15 (abgerufen am: 05.10.2014); http://www.woerterbuchnetz.de/BMZ?bookref=3,384a,19 (abgerufen am: 05.10.2014).

937 Zwei weitere Belege aus MSchr verbinden „wunde – lemede – tôt-slac".

938 Die Einordnung von „wâtschar" zu den schweren Körperverletzungen erklärt sich nur aus der Verwendung des Verbs „wâtscherten". Auf dieses wird im Folgenden eingegangen.

Das zweite Glied dient hier also zur notwendigen Spezifizierung des ersten, für sich genommen noch nicht eindeutigen Glieds.

Verben

In insgesamt 96 Belegen werden Verben verbunden, die den Akt der Körperverletzung in verschiedener Schwere bezeichnen. Besonders häufig werden die Verben *slahen* und *wunden* verwendet, die vor allem mit *stôzen*, *stëchen*, *roufen*, *wâtscherten* oder *tôtslahen* verbunden werden. Daneben sind noch vereinzelte Formen wie *houwen – stëchen* (3) oder *slahen – schëlten* belegt. Tabelle 13 bietet nur die hochfrequent vertretenen Kombinationen, da diese im Folgenden untersucht werden sollen.

Tabelle 14: Verteilung der häufigst belegten verbalen ‚paarigen Wortverbindungen' zur Körperverletzung.

‚paarige Wortverbindung'	Beleghäufigkeit	Text
slahen - roufen	20	StbA, StrFS, StrG, StrsK, SbAN, StrR
slahen - stëchen	15	StrB, StrFS, StrsK, StrR, WüPo
slahen - stôzen	11	StrG, StrL, SbAN, StrR, SStbA, ASS
wunden - wâtscherten	12	StrFS
wunden - slahen	9	StrB, StrG, StrK, StrR, StbA
wunden - totslahen	7	StrHB, StrFS, StrG, HOb
gesamt	74	(14 Texte)

Anders als bei den substantivischen ‚begriffsbildenden Wortpaaren' zur Körperverletzung zeigt sich hier eine Verteilung auf den gesamten Untersuchungsbereich. Nimmt man die in der Tabelle nicht aufgeführten Verbindungen hinzu, verteilen sich die 86 Belege auf insgesamt 17 Texte.

Die verzeichneten Belege lassen sich wiederum nach der Art der bezeichneten Körperverletzung unterteilen, dabei fällt auf, dass ebenso wie das Substantiv *wunde* auch die Verben *slahen* und *wunden* einer Spezifizierung bedürfen, um den Tatbestand genau zu erfassen. Die Grundbedeutungen beider Lemmata unterscheiden sich nicht wesentlich vom heutigen Sprachgebrauch, so bezeichnet *slahen* „jmd. einen schlag geben, schlagen und jmd. angreifen"[939] und *wunden*

939 http://www.woerterbuchnetz.de/Lexer?bookref=2,958,20 (abgerufen am: 06.10.2014); http://www.woerterbuchnetz.de/BMZ?bookref=3,366b,12. (abgerufen am: 06.10.2014).

„jmd. verwunden“[940]. Da diese Verben also keine eindeutige Aussage über die Schwere der Verletzung machen, werden sie durch das jeweilige hinzutretende Verb konkretisiert.

- leichte Körperverletzung: *slahen – roufen; slahen – stôzen,*
- schwere Körperverletzung: *wunden – wâtscherten; wunden – slahen,*
- schwere Körperverletzung (letal): *slahen – stëchen; wunden – tôtslahen.*

a. leichte Körperverletzung

Zur Kennzeichnung leichter Körperverletzungen wird *slahen* mit *roufen* und *stôzen* kombiniert. Diese Verbindungen sind als leichte Körperverletzung einzustufen, da durch *roufen*, wenn es nicht in Verbindung mit Waffen steht, „(sich) prügeln, schlagen, bei den Haaren zerren, zerzausen, jeweils ohne Waffen zu gebrauchen und ohne Verwundung als Folge“[941] bezeichnet wird, mit *stôzen* lediglich „jmd. einen Stoß versetzen“[942]. Es handelt sich also in beiden Fällen nicht um Taten, die dem Opfer schwerere bzw. blutende Verletzungen beibringen. Sie sind mit relativ milden Strafen belegt.

> **StbA VIII §24:** *[…] ob ir ainer den andern* ***raufet oder sleht*** *oder swaz er im tut ane den totslak unde ane die wunden, daz sol der munzmeister rihten unde anders niemen. […]*

Diese Bestimmung bezieht sich auf die Hausgenossen des Münzmeisters. Es wird deutlich, dass Streitigkeiten, die keine Wunden oder den Tod zur Folge haben, nicht vor das städtische Gericht gezogen werden müssen. Es scheint sich hier um Bagatelle zu handeln. Ein ähnliches Bild zeichnet sich bei den Verbindungen mit *stôzen* ab:

> **StrR Art. 20:** *Darnach ist gesetzet, swa dekain usman ainen burger übel handelot* ***mit slahenne als mit stozzente*** *ald swie er in übel handelot ane gewafende hant […].*

Die Modifikation durch *übel handelot ane gewafende hant* zeigt an, dass es sich um unbewaffnete Auseinandersetzungen, die keine schweren Verletzungen nach sich ziehen, handeln muss. *slahen – roufen – stôzen* tritt, da hier nur leichte Körperverletzungen bezeichnet werden, auch in dreigliedrigen Verbindungen auf.

---

940 http://www.woerterbuchnetz.de/Lexer?bookref=3,987,6 (abgerufen am: 06.10.2014); http://www.woerterbuchnetz.de/BMZ?bookref=4,824a,36 (abgerufen am: 06.10.2014).

941 http://drw-www.adw.uni-heidelberg.de/drw/ (abgerufen am: 06.10.2014).

942 vgl. http://www.woerterbuchnetz.de/BMZ?bookref=3,662b,15 (abgerufen am: 06.10.2014); http://www.woerterbuchnetz.de/Lexer?bookref=2,1218,34 (abgerufen am: 06.10.2014).

b. schwere Körperverletzung:

Schwere Körperverletzungen sind gekennzeichnet durch das Beibringen von Wunden. Daher werden zur Markierung dieser die Verbindungen von *wunden* mit *slahen* und *wâtscherten* verwendet. Körperverletzungen, die durch *wunden – slahen* entstehen, können eingeklagt werden:

> **StrG 2.I. §86:** *[…] Hedde he aver ene* ***ghewundet oder gheslaghen*** *oder anderen broke an eme ghedan, dar moste he umme antwarden.*

broke bezeichnet hier eine Körperverletzung wie einen Knochenbruch oder allgemeiner einen Riss bzw. eine Verletzung[943], so dass es sich im Gegensatz zu *slahen – roufen/stôzen* um ein schwereres Vergehen handeln muss.

wâtscherten bezeichnet an sich das Zerreißen der Kleider bzw. Beibringen einer *wâtscharte*[944], allerdings stehen die Belege in StrFS zum einen häufig in Verbindung dem Zusatz *verhouwen*, der ebenso wie *slahen* eine tätliche Auseinandersetzung bezeichnet:

> **StrFS XXX §4:** *„Her richter, ungemach ist dirre vrowen geschen, daz ir man verhowen ist unde* ***gewunt und gewatschart*** *[…]"*

Zum anderen sind sie im Umfeld von Prozessvorschriften situiert, in denen auch der Tod eines Beteiligten in Betracht gezogen wird:

> **StrFS XXVI §3:** *[…] „Her richter, ungerete ist im geschen, daz einer sin vrunt* ***gewunt und gewatschart*** *ist unde mit derselben wunden von deme lebene zu dem tode bracht ist. […]"*

wunden – wâtscherten steht somit auf der Grenze zur Körperverletzung mit letalen Folgen. Die Glieder werden ausschließlich mit *unde* verbunden, dies lässt sich damit erklären, dass mit schweren Verletzungen das Zerreißen der Bekleidung einhergeht. Die eigentliche Körperverletzung wird hier durch *wunden* angezeigt, das *wâtscherten* scheint nur eine Begleiterscheinung zu sein. Da diese Formel ausschließlich in StrFS belegt ist, müssen die Aussagen mit Vorsicht behandelt werden. Die Formulierung *wunden – wâtscherten* lässt sich daher mit hoher Wahrscheinlichkeit als lokales Phänomen einstufen.[945]

---

943 vgl. http://drw-www.adw.uni-heidelberg.de/drw/ (abgerufen am: 06.10.2014).

944 vgl. http://www.woerterbuchnetz.de/BMZ?bookref=3,155a,16 (abgerufen am: 06.10.2014); http://www.woerterbuchnetz.de/Lexer?bookref=3,706,43 (abgerufen am: 06.10.2014).

945 Im Gegensatz dazu wird hier gelegentlich „slahen – stëchen" in Verbindung mit zweikampfwürdigen Wunden verwendet (StrFS XLVIII §7), d.h. zur Bezeichnung der einfachen „schweren Körperverletzung". Diese Verwendungsweise lässt sich andernorts nicht feststellen.

c. schwere Körperverletzung (letal)

Zur Bezeichnung schwerer Körperverletzung mit möglichen letalen Folgen werden vor allem *slahen – stëchen* und *wunden – tôtslahen* verwendet. *stëchen* wird in Bezug auf Personen mit „steche[n] mit einem spitzen werkzeug, besonders mit messer, schwert, lanze, namentlich im kampfe oder bei ritterlichen spielen“[946] angegeben, so dass *stëchen* grundsätzlich schwere bis tödliche Verletzungen zeitigen kann. Die Verbindung zu den unerlaubten ‚letalen Waffen‘ zeigt sich in WüPo Nr. 41:

> *Swer auch ein swert oder ein mezzer uber den andern vintlichen zůckt und in damit* ***slahen oder stechen*** *wil, wirt ez im erwert von ieman, der dazů kumt, der sol die stat rumen 13 wochen.*

Hier wird bereits die Absicht der Körperverletzung mit möglicher Todesfolge mit einer Stadtverbannung von 13 Wochen bestraft.

Die Bedeutung von *wunden – tôtslahen* erschließt sich aus der noch heute gängigen Verwendungsweise, die Verbindung wird analog zu *wunde – tôtslac* verwendet.

Die vorgestellten Verbindungen können ebenso wie die substantivischen Formeln mit *oder* (58), *unde* (35) und *noch* (3) verbunden werden, wobei sich die bereits beschriebene Differenzierung erkennen lässt.

Auch wenn sich sowohl mit Blick auf die Substantive als auch auf die Verben eine gewisse Stabilität bei der Lexemwahl feststellen lässt, werden die Bezeichnungen für Körperverletzungen hier zu den ‚begriffsbildenden Wortpaaren‘ gezählt. Neben den vorgestellten Möglichkeiten gibt es gerade bei den verbalen Verbindungen noch zahlreiche Varianten wie *houwen – stëchen* (3), *slahen – wërfen* (3) oder *wunden – lemen*. Es handelt sich in allen Fällen um additive Verbindungen, da die verwendeten Begriffe Möglichkeiten von Verletzungen bzw. Verletzungsarten bezeichnen, neben die weitere treten könnten. Sie bezeichnen weder den Anfangs- und Endpunkt des Oberbegriffs noch den gesamten Bereich, sondern stehen als partes pro toto für den Tatbestand der Körperverletzung.

---

946 http://www.woerterbuchnetz.de/BMZ?bookref=3,622a,50 (abgerufen am: 06.10.2014); vgl. http://www.woerterbuchnetz.de/BMZ?bookref=3,622a,50 (abgerufen am: 06.10.2014).

Waffen

Das Waffentragen ist in den Städten weitestgehend verboten und wird bei Zuwiderhandlung mancherorts mit abschreckenden Strafen geahndet. Dieses Verbot ist als präventive Maßnahme zu verstehen, die einer Eskalation von Streitigkeiten und der häufig blutig endenden Selbstjustiz entgegenwirken soll.[947]

Zur Bezeichnung verbotener Waffen wird zumeist die Zusammenfügung von *swërt -mëzzer* (34) verwendet. Diese Kombination wird dreimal um ein bzw. zwei weitere Glieder erweitert. Als Erweiterungen werden *spiez*[948] oder *wer*[949] bzw. *spiez* und *knüpfel*[950] verwendet. Daneben sind als Varianten einmal *swërt - panzier*[951], einmal *swërt - wâfen*[952], zweimal *mëzzer - wâfen* und ebenfalls zweimal *spiez - swërt* belegt.

Die Bedeutungen von *swërt* und *mëzzer* unterscheiden sich nur unwesentlich von den heutigen Bedeutungen. *swërt* wird in LEXER mit „Schwert, Spitze bzw. Schneide“[953], im DWB mit der Grundbedeutung von „von jeher die alte germanische hiebwaffe mit gerader klinge an dem handlichen hefte bezeichnend“[954] wiedergegeben. *mëzzer* ist das Messer[955], das von der Bezeichnung als Essgerätschaft

---

947 vgl. Bader/Dilcher: Rechtsgeschichte, S. 642f.

948 „spiess, [...] sowol kampf- als jagdspiess“, http://www.woerterbuchnetz.de/Lexer?bookref=2,1090,26 (abgerufen am: 03.10.2014); vgl. http://www.woerterbuchnetz.de/BMZ?bookref=3,495b,43 (abgerufen am: 03.10.2014).

949 u.a.: „was zur verteidigung dient: waffe“, http://www.woerterbuchnetz.de/Lexer?bookref=3,767,41 (abgerufen am: 03.10.2014); vgl. http://www.woerterbuchnetz.de/BMZ?bookref=4,510a,12 (abgerufen am: 03.10.2014).

950 „Knüppel“, http://www.woerterbuchnetz.de/Lexer?bookref=1,1655,48 (abgerufen am: 03.10.2014).

951 „Panzer, Rüstung“, http://www.woerterbuchnetz.de/Lexer?bookref=2,202,27 (abgerufen am: 03.10.2014); vgl. http://www.woerterbuchnetz.de/BMZ?bookref=2,463a,45 (abgerufen am: 03.10.2014).

952 „waffe (im sing. bes. das schwert), was zur bewaffnung gehört, rüstung, allgem.“, http://www.woerterbuchnetz.de/Lexer?bookref=3,629,20 (abgerufen am: 03.10.2014); vgl. http://www.woerterbuchnetz.de/BMZ?bookref=4,455b,7 (abgerufen am: 03.10.2014).

953 vgl. http://www.woerterbuchnetz.de/Lexer?bookref=2,1364,29 (abgerufen am: 03.10.2014). Lexer gibt hier lateinische *mucro* an, das mit Spitze oder Schneide übersetzt werden kann, vgl. http://www.woerterbuchnetz.de/BMZ?bookref=3,773b,31 (abgerufen am: 03.10.2014).

954 DWB, Bd. 15, Sp. 2577.

955 http://www.woerterbuchnetz.de/Lexer?bookref=1,2130,44 (abgerufen am: 03.10.2014); vgl. http://www.woerterbuchnetz.de/BMZ?bookref=2,163a,13 (abgerufen am: 03.10.2014).

zur Waffe wird, die „der mann im gürtel trägt“[956] und so zur „seitenwehr mit kurzer, messerartiger klinge“[957]. Das DRW führt dazu aus, dass Messer die „Bez. eines Gebrauchsgegenstands [ist], der zum Schneiden und Stechen verwendet wird“[958]. Im mittelalterlichen Recht kann

> „bereits der Besitz oder das Tragen eines Messers [...] zur Vorbeugung von Körperverletzungen mit Strafe bedroht sein, wobei diese höher ist als beim Tragen eines Schwertes, da das Messer leichter zu heimlichen Straftaten benutzt werden kann; vor allem das Messerziehen ist als Versuchshandlung strafbar“[959].

Die Kombination *swërt – mëzzer* umfasst somit Waffen, die mit einer Klinge und einer Spitze versehen sind und mit denen neben Stich- und Schnittwunden auch der Tod herbeigeführt werden kann. Sie können somit als ‚letale Waffen‘ bezeichnet werden.

Die Belege verteilen sich auf 13 Texte mit einem Schwerpunkt auf den süd- und mitteldeutschen Raum. Weder die nordniederdeutschen Texte (StrHB, HOb) noch die elbostfälischen (MSchr) oder westfälischen Texte (StrK, SBO, ASS) verwenden die Paarformel und auch für den ostelbischen Sprachraum (StrL) lässt sich nur ein Nachweis erbringen.

Tabelle 15: Verteilung der Belege swërt – mëzzer *und* mëzzer – swërt.

Text	**swërt - mëzzer**	**mëzzer - swërt**
StbA	2	
StrB	2	
StrBr	1	
StrF	3	3
StrFS	7	1
StrG	1	
StrsK		1
StrL	1	
SbAN	5	2
StrR		2
RBU	1	
WüPo	2	

956 DWB, Bd. 12, Sp. 2126.
957 DWB, Bd. 12, Sp. 2126.
958 http://drw-www.adw.uni-heidelberg.de/drw/ (abgerufen am: 03.10.2014).
959 http://drw-www.adw.uni-heidelberg.de/drw/ (abgerufen am: 03.10.2014).

Die Reihenfolge der Glieder kann bei fester lexikalischer Besetzung variieren, wobei sich eine Präferenz für die Besetzung des ersten Glieds mit *swërt* (26 Belege/74,3%) zeigt. Die ‚paarigen Wortverbindungen' aus *swërt – mëzzer* können somit zu den ‚Paarformeln' gezählt werden. Die bereits erwähnten Erweiterungen durch spiez, *wer* oder *wâfen* zeigt bereits an, dass es sich hier um additive Verbindungen handelt, da *swërt – mëzzer* weder das gesamte Spektrum ‚letaler Waffen' abdeckt noch als Extrem dieser verstanden werden kann.

Beide Glieder können sowohl mit *oder* (16), *unde* (9) als auch mit *noch* (7) verbunden werden, dabei zeichnet sich hinsichtlich der Bedeutung das gleiche Bild ab, das sich bereits bei den Formeln zur Bezeichnung von Personen gezeigt hat: *unde* bildet Formeln mit umfassender Bedeutung, insofern, dass sowohl das eine als auch das andere gemeint ist und die Paarformeln mit *oder* und *noch* sind als ‚distributiv' zu bezeichnen, wobei für *noch* wiederum der negative Charakter zu beobachten ist. Darüber hinaus wird *oder* bzw. *noch* einerseits zur Formulierung von Verboten des Waffentragens

SbAN Nr. 12e: *Ez sol ouch niemen furen* ***mezzir noch swert*** *[…].*

und andererseits in Bestimmungen bezüglich der Folgen unerlaubten Waffentragens bzw. Waffenzückens verwendet:

StrL §110: *Tvt ieman ut* ***ſin ſwert oder ſin mezet*** *[…]. he ſchal doch dar vmme wedden der ſtat ſunderlike dhre mark ſuluers. […]*

unde hingegen wird im Rahmen von Geboten bzw. Verboten genutzt.

StrF A26: *[…] Und sollen es auch die wirte den gesten sagen, daz sie ire* ***mezsir und swerd*** *lazsen lygen. […]*

Eine Besonderheit zeigt StrFS, da hier die *unde*-Verbindungen in Bestimmungen genutzt werden, die eine ausdrückliche Erlaubnis für verschiedene Amtsträger, Waffen innerhalb der Stadt zu tragen, beinhalten.

StrFS XXXVIII §1: *[…] Unde* ***swert unde mezzer*** *mugen si tragen, wen si munzmeistere sint.*

Strafen

Die Spannweite mittelalterlicher Strafen reicht, wie bereits dargestellt, von Geldstrafen über Stadtverweisungen bis hin zu Körper- und Todesstrafen. Zur Benennung der verschiedenen Strafmaße wird dabei häufig auf ‚paarige Wortverbindungen' zurückgegriffen, allerdings nicht für jeden Bereich im gleichen Maße. Während gerade zur Bezeichnung von Körper- und Todesstrafen ‚paarige Wortverbindungen' gehäuft auftreten, zeigt sich bei Geldstrafen eine geringe Verwendungsfrequenz. Hier werden namentlich *buoze – bezzerunge* (5), *buoze – pêne* (4) und *buoze – wette* (4) genutzt, um die an die öffentliche Hand bzw. den Richter und den Kläger zu entrichtende Strafe zu benennen. *buoze* ist die „Genugtuung, Leistung (an den widerrechtlich Verletzten, Beeinträchtigten)“[960], aber auch das „Friedensgeld, Zahlung an die öffentliche Gewalt, (Geld-)Strafe, Gerichtsgefälle“[961]. *buoze* kann durch *bezzerunge, pêne* oder *wette* ergänzt oder spezifiziert werden. *bezzerunge* bezeichnet die „Wiedergutmachung, Straf(zahlung)“[962]; *pêne* ist zunächst als „unspezifische Bez. für jede Art der Strafe oder Buße [...] meist jedoch als Geldstrafe“[963] zu verstehen; *wette* trägt die Bedeutung „geldbusse, in die man gegen den richter verfällt.“

> **StrG 3 §199:** *Wu dicke en sodanen broke deyt, dar he* ***wedde unde bute*** *mede vorscult, also dicke mot he wedden unde buten [...].*

pêne und *bezzerunge* gehören dabei, soweit sich dies anhand der geringen Beleglage feststellen lässt, dem ober- und mitteldeutschen Sprachraum an, *wette* dem niederdeutschen Sprachraum.

Die Strafe der Stadtverweisung selbst wird ebenfalls nicht in ‚paarigen Wortverbindungen‘ gefasst, dies gilt jedoch nicht zwangsläufig für die Dauer der Verweisung und den Bereich (*stat – wîchbilde, stat – zëhende*), aus dem der Deliquent verwiesen wird. So wird die Verweisungsfrist – wie auch andere Fristen – häufig durch die ‚Paarformel‘ *jâr unde tac* (120 Belege) ausgedrückt:

> **WüPo Nr. 42:** *Wer aber den andern ze tode sleht, der sol in 14 tagen die stat rumen uber 3 mile und sol* ***iar und tag*** *uz sin, er verbezzer oder niht.*

Diese Frist umfasst nach StrG 1.IV §3 einen Zeitraum von *en iar und ses weken unde dre daghe* und erklärt sich aus der Tatsache, dass dem vollen Jahr noch die Gerichtsfrist von 45 Tagen hinzugefügt wird mit dem Grund, dass „der durch sie Gebundene noch am letzten Tage derselben Gelegenheit haben [sollte], sein Recht geltend zu machen.“[964] *tac* wird hier also nicht mit der Bedeutung ‚tag, tageszeit‘ verwendet, sondern als „tag auf den eine rechtliche verhandlung anberaumt ist u. die verhandlung selbst, gerichtstag, gericht“[965]. Die Frist ist daher

---

960 http://drw-www.adw.uni-heidelberg.de/drw/ (abgerufen am: 07.10.2014).

961 http://drw-www.adw.uni-heidelberg.de/drw/ (abgerufen am: 07.10.2014).

962 http://drw-www.adw.uni-heidelberg.de/drw/ (abgerufen am: 07.10.2014); http://www.woerterbuchnetz.de/Lexer?bookref=1,261,50 (abgerufen am: 07.10.2014).

963 http://drw-www.adw.uni-heidelberg.de/drw/ (abgerufen am: 07.10.2014).

964 Heusler: Institutionen, S. 58.

965 http://www.woerterbuchnetz.de/Lexer?bookref=2,1384,10 (abgerufen am: 07.10.2014); http://www.woerterbuchnetz.de/BMZ?bookref=4,2a,4 (abgerufen am: 07.10.2014).

als Maximalzeitraum zu verstehen und bezieht sich auf das erste echte Ding, das nach Ablauf eines Jahres abgehalten wird.[966]

Im peinlichen Strafrecht hingegen werden die unterschiedlichen Strafmaße durch ‚paarige Wortverbindungen' bezeichnet, dabei bleibt allerdings zu beachten, dass es hier nicht um Einzelstrafen geht, sondern vielmehr um die Art der Strafe, die von Ehren- und Körperstrafen bis hin zu Todesstrafen reichen kann. So dient *hût – hâr* „als Bezeichnung einer Körperstrafe, die im Verlust des Haares und in Schlägen besteht, oft als mildere Strafe (zB. bei Schwangerschaft der Täterin)"[967]. *lîp – guot*, das auch durch den Zusatz von *êre* oder *erbe* zur Dreigliedrigkeit erweitert werden kann, wird dagegen genutzt, um eine Strafe, die „die Gesamtheit der menschlichen Person in ihren vitalen, sozialen und materiellen Bezügen"[968] betreffen kann, zu bezeichnen. Daneben sind sieben weitere Möglichkeiten zur Erfassung peinlicher Strafen belegt.

Tabelle 16: Belege für ‚peinliche Strafen' im Korpus.

‚paarige Wortverbindung'	Beleghäufigkeit	Text
lîp – guot	39	StbA, StrBr, StrFS, StrFB, StrG, HOb, StrK, StrsK, StrL, SbAN, SBO, SStbA, ASS, RBU
lîp – êre	1	StbA
lîp – êwërc[969]	2	StbA
lîp – gesunt(heit)	6	StrHB, HOb, StrsK, StrL
lîp – hant	1	MSchr
lîp – hals	1	HOb
hût – hâr	4	StrFB, StrG, MSchr
hals – hant	4	MSchr, ASS
hals – gesunt	1	StrL
wazzer – brôt	7	StrFB, HOb, ASS
gesamt	64	(16)

Nur zwei der aufgeführten Belege (*hût – hâr* und *wazzer – brôt*) bezeichnen kein Strafmaß, das in einer Todesstrafe resultieren kann. Allerdings ist bei den übrigen

966 vgl. Heusler: Institutionen, S. 57f.

967 http://drw-www.adw.uni-heidelberg.de/drw/ (abgerufen am: 07.10.2014); vgl. Schowe: Haut und Haar, S. 143ff.

968 http://drw-www.adw.uni-heidelberg.de/drw/ (abgerufen am: 07.10.2014).

969 „stand", http://www.woerterbuchnetz.de/Lexer?bookref=1,716,42 (abgerufen am: 07.10.2014).

Kombinationen nicht zwangsläufig die Todesfolge impliziert, da hier die verwendete Konjunktion den Ausschlag gibt, ob die Strafe beispielsweise an *hals unde hant* oder an *hals oder hant* vollstreckt wird. Hier zeigt sich wieder die ‚distributive' Funktion von *oder*, die in diesem Falle sogar Leben retten kann. Die Konjunktion *unde* ist für *hals – hant* allerdings nur einmal belegt. Sie steht hier in einer Bestimmung zu Gerichtsbefugnissen und sagt lediglich aus, dass die Richter das Recht haben, über *hals unde hant* zu urteilen. In den übrigen Fällen wird *oder* verwendet, so dass also entweder die Verstümmelungsstrafe oder die Todesstrafe vollzogen werden kann. Gleiches gilt für die Verbindung *lîp – gesunt(heit)*, da eine Strafe an der *gesunt(heit)* einer Person ebenso wie die Strafe an *hant* Verstümmelungsstrafen bezeichnen.

hût – hâr hingegen steht ausschließlich mit der Konjunktion *unde*, d.h. die Strafe besteht grundsätzlich aus Haarescheeren und Schlägen bzw. Brandmarken.[970] Diese Art der Bestrafung wird als mildere Variante angesehen und lässt sich in unterschiedlichen Kontexten nachweisen. Sie findet sich einmal im Zusammenhang mit dem Delikt des durch eine Geldstrafe zu büßenden betrügerischen Handels [MSchr Cap. 10], einmal als aufgrund von Schwangerschaft abgemildertere Strafe für Schwangere [StrG 3 §259], einmal als Ahndung einer Körperverletzung [StrFB Art. 27] und ein weiteres Mal als Bestrafung für geringfügigen Diebstahl:

> **StrG 2.I §63:** *[…] Den def scal men henghen, dar de duve vif schillinghe wert is; is dar aver min, so gheyt it* ***to hut unde to hare*** *[…].*

wazzer – brôt bezeichnet die Nahrung, die Gefangenen gereicht wird.[971] Die Verbindung steht also stellvertretend für eine Haftstrafe. Die Verbindung mit *unde* verdeutlicht hier, dass der Häftling sowohl mit *wazzer* als auch mit *brôt* versorgt wird.

Da alle behandelten Verbindungen als Oberbegriff ein Strafmaß benennen und über einen festen Lexembestand verfügen, sind sie als ‚Paarformeln' anzusehen. Die Verwendung von *hals – hant* und *lîp – gesunt(heit)* für das gleiche Strafmaß scheint auf eine mundartliche Besonderheit zu verweisen, da *hals – hant* ausschließlich im westfälischen und elbostfälischen Raum (MSchr, ASS) und *lîp – gesunt(heit)* nur in niederdeutschen Texten (StrHB, HOb, StrL) belegt ist. Da die Belegfrequenz aber in beiden Fällen sehr gering ist, müsste dies anhand weiterer Quellen eingehender untersucht werden. Die Verbindung *hals – hand* ist als additive Paarformel einzustufen, da *hant* hier stellvertretend für die

---

970 vgl. His: Strafrecht, S. 526ff.

971 http://drw-www.adw.uni-heidelberg.de/drw/ (abgerufen am: 07.10.2014).

übrigen Körperteile steht, bei allen anderen Zusammenfügungen handelt es sich um additiv-komplexive Verbindungen, bei denen die verwendeten Lemmata jeweils den gesamten bezeichneten Bereich umfassen.

lîp – guot

lîp – guot bezeichnet, wie bereits erwähnt, die Person in ihrer Gesamtheit. Die Verbindung drückt damit nicht explizit eine Strafe aus, sondern zeigt vielmehr den Umfang an, innerhalb dessen ein Täter bestraft werden kann.

Die Grundbedeutung von *lîp* wird mit „leben, leib, körper allgem."[972] angegeben. Aus der ursprünglichen Bedeutung Leben[973] entwickelt *lîp* die „Bedeutung, ‚(belebter) Körper inbes. des Menschen' und ‚die gesamte Person'"[974]. *guot* umfasst das „gut, vermögen, besitz allgem."[975] und wird „namentlich kollektiv im singular für die gesamtheit des dinglichen besitzes ‚vermögen, habe, eigentum' verwendet".[976] Das DRW versteht *guot* als Gegensatz zu *lîp*.[977] Diese Auffassung ist in rechtlichen Kontexten insofern nachvollziehbar, als dass *lîp* die körperliche und *guot* die vermögensrechtliche Komponente einer Person bezeichnet. In strafrechtlichen Belangen bedeutet dies, dass Strafen entweder an dem Besitz einer Person oder an der Person selbst oder aber auch an beidem vollzogen werden können. Allerdings wird im Folgenden *lîp – guot* als komplexive Verbindung verstanden, da inhaltlich keine Gegensätze ausgedrückt werden, sondern durch die Zusammenfügung beider Komponenten die gesamte Person mit ihrem Leben, ihrem Besitz und allem, was darüber hinaus zu einer Person gehört, erfasst wird.[978]

---

972 http://www.woerterbuchnetz.de/Lexer?bookref=1,1930,20 (abgerufen am: 08.10.2014); vgl. http://www.woerterbuchnetz.de/BMZ?bookref=1,1002a,39 (abgerufen am: 08.10.2014); DWB, Bd. 12, Sp. 582.

973 Friedrich Kluge: Etymologisches Wörterbuch der deutschen Sprache, bearb. v. Elmar Seebold, 25., durchges. und erw. Aufl., Berlin/New York 2011, S. 432.

974 http://drw-www.adw.uni-heidelberg.de/drw/ (abgerufen am: 08.10.2014).

975 http://www.woerterbuchnetz.de/Lexer?bookref=1,1122,12 (abgerufen am: 08.10.2014); http://www.woerterbuchnetz.de/BMZ?bookref=1,589b,18 (abgerufen am: 08.10.2014).

976 DWB, Bd. 9, Sp. 1357.

977 http://drw-www.adw.uni-heidelberg.de/drw/ (abgerufen am: 08.10.2014).

978 Für literarische Kontexte kann diese Gegenüberstellung nicht aufrechterhalten werden, da hier dem *lîp* die Seele gegenübergestellt wird [DWB, Bd. 12, Sp. 584] und *guot* „mit besonderem charakter bei der bewertung vom religiösen oder idealistischen standpunkt aus" [DWB, Bd. 9, Sp. 1360] verwendet wird und „im gegensatz zu religiösen und ideellen werten [...] durch bestimmte formelhafte verbindungen als materielle und daher weniger wertvolle dinge gekennzeichnet" [DWB, Bd. 9, Sp. 1360] werden.

Aufgrund seiner umfassenden Bedeutung wird *lîp – guot* nicht ausschließlich zur Bezeichnung von Strafen verwendet, sondern kann variabel in weiteren Bereichen eingesetzt werden, so dass dann der Schutz der gesamten Person ausgedrückt werden kann:

> **StrFB Art. 21:** *Swer des herren hulde verlûrt / der sol sehs wochen dar nah sicher sin* ***libes uñ gůtes*** *in der stat. uñ userthalp […].*

Es kann auch der Schaden (26) an einer Person:

> **StrsK Abs. 3:** *Der drytte artikel ist daz keyn unser burger deme andern* ***sin lyf noch sin goit*** *kroden noch kommeren ensal […].*

oder das Einstehen mit der gesamten Person (3) für etwas ausgedrückt werden:

> **StrK Art 29:** *[…] alsoe dat die kyndere up oirre alderen eydt borger wesen sullen te Kalker ind bij* ***oirre zielen, oir lyve, ere ind guet*** *den eydt halden sullen […].*

Der Verwedungskontext von *lîp – guot* lässt sich dabei durch das jeweils beigeordnete Verb eindeutig bestimmen, im letzten Beispiel tritt zusätzlich die Erweiterung zur Viergliedrigkeit als determinierende Komponente hinzu. Neben den 39 Belegen, in denen die Kombination der Elemente *lîp – guot* ausreicht, um das Strafmaß zu bezeichnen, finden sich in diesem Kontext weitere 46 Nachweise, von denen drei um ein bzw. zwei Glieder ergänzt werden.

Strafen an *lîp – guot* sind, wenn auch nicht in jedem Stadtrecht enthalten, für das gesamte Untersuchungsgebiet belegt. Auch hier lassen sich unterschiedliche Kontexte beobachten: Ein Gericht bzw. eine Amtsperson kann die Befugnis haben, über *lîp – guot* zu urteilen

> **StrFS XXXIV §1:** *Der obirste voit hat gerichte* ***uber lip unde uber gut*** *[…].*

oder eine Straftat kann grundsätzlich mit der Strafe an *lîp – guot* geahndet werden

> **StrK Art. 103:** *Item dese ghewaldt dreget sich* ***aen lijf ind*** **aen** ***guet****: moerdt, dyeffte, roef, brandt, verrederye, ongheloeve*[979]*, vergyffnysse, vrouwen vercrechtingen*[980]*, kraemschynden*[981]*, kirken ind kirckhave te roeven, valsche eedt doen ind ghemeyne eedt sweren.*

Strafen an *lîp unde guot* beinhalten sowohl die Hinrichtung des Delinquenten als auch die Einziehung seines Besitzes. So wird nicht nur die Person selbst, sondern auch seine Familie bestraft, da ihr die Lebensgrundlage entzogen wird. Nur in

---

979 „Unglaube", MndW, Bd. 5, S. 48.

980 „Vergewaltigung", http://gtb.inl.nl/iWDB/search?actie=article&wdb=MNW&id=63349 (abgerufen am: 08.10.2014).

981 „Kindbettraub", vgl. MndW, Bd. 2, S. 558.

wenigen Fällen scheint eine Bestrafung ausschließlich an einem der beiden Komponenten vorgenommen worden zu sein, da in nur drei Belegen die Konjunktion *oder* verwendet wird. Sechs Belege werden mit *noch* gebildet. Hier wird der Zugriff der Gerichtsinstanz auf *lîp – guot* des Beklagten zeitweilig untersagt:

> **StrsK Art. 8:** *Der echte artikel ist, daz man keynen unsen burger angryfen noch tasten insal, der eynen doitslag dede, weder* ***an sin lyf noch an sin goit****, als lange als der gewonte den atem hait [...].*

lîp – guot mit dem festen Oberbegriff ‚Gesamtheit der Person' zählt zu den ‚Paarformeln'. Die Verbindung verfügt über einen festen Lexembestand und ist zudem in der Reihenfolge der Glieder gefestigt. Da die Formel die ‚Gesamtheit der Person' erfasst, ist sie vielfältig einsetzbar. Die Gesamtheit einer Person kann z.B. durch das Geleitrecht geschützt, durch Straftaten geschädigt, zur Einhaltung von Eiden verlangt oder eben auch bestraft werden.

Zusammenfassung

Im Strafrecht zeigt sich eine vielfältige Verwendung ‚paariger Wortverbindungen' zur Bezeichnung von Straftaten, Waffen und Strafmaßen. Es werden sowohl ‚Paarformeln' als auch ‚begriffsbildende Wortpaare' verwendet, die additiver, additiv-komplexiver oder komplexiver Art sein können.

Für die Straftaten lässt sich dabei festhalten, dass die ‚Wegnahmedelikte' aufgrund der begrenzten Möglichkeiten, nämlich Raub und Diebstahl, in einer ‚additiv-komplexiven Paarformel' gefasst werden. Diese kann um andere Straftaten erweitert werden, bildet dann aber einen Straftatenkatalog und nicht mehr den Oberbegriff. Die ‚Paarformel' *roup – diube/diepstal*, die neben der Tat selbst auch das entwendete Gut bezeichnen kann, ist hauptsächlich für den niederdeutschen Sprachraum belegt. Dies gilt allerdings nicht für die entsprechenden Täterbezeichnungen und die Adjektive *rouplich* und *dieplich*.

Die ‚begriffsbildenden Wortpaare' zur Körperverletzung zeigen aufgrund der zu differenzierenden Arten des Delikts ein breites Spektrum an Formulierungsmöglichkeiten. Es handelt sich hier um additive Verbindungen, die als partes pro toto für die jeweilige Art der Körperverletzung stehen. Bemerkenswert ist in diesem Bereich die weitestgehend eindeutige Gliederung nach leichter, schwerer und schwerer bis letaler Körperverletzung, die sich vor allem durch die den Lemmata *wunde* und *slahen* beigefügten Gliedern ergibt, da *wunde* und *slahen* einzeln/isoliert lediglich eine indifferente Semantik transportieren. Während die substantivischen Wortpaare vermehrt im niederdeutschen und im östlichen oberdeutschen Raum verwendet werden, sind die verbalen Verbindungen über das gesamte Untersuchungsgebiet verteilt.

Für die Waffen ergibt sich ein klares Bild: Die additive ‚Paarformel' *swërt – mëzzer* bezeichnet ‚letale Waffen', deren Tragen in den Städten weitestgehend verboten ist. Sie ist vermehrt im ober- und mitteldeutschen Sprachraum belegt.

Zahlreiche Belege dienen der Bezeichnung verschiedener Strafmaße und hier zumeist derjenigen Strafen, die die Todesstrafe implizieren. Eine Ausnahme bilden hier die ‚additiv-komplexiven' Verbindungen *wazzer – brôt* und *hût – hâr*. Da beide ein ‚Gesamtstrafmaß' ausdrücken, werden sie ausschließlich mit *unde* verbunden. *hals – hant* und *hals – gesunt(heit)* hingegen werden bis auf eine Ausnahme durch *oder* kombiniert, da sie eine Verstümmelungs- oder eine Todesstrafe bezeichnen. Ein Sonderfall stellt die als komplexiv interpretierte ‚Paarformel' *lîp – guot* dar, da sie aufgrund ihres Oberbegriffs ‚Gesamtheit der Person' nicht nur im Strafrecht, sondern auch in anderen Bereichen (z.B. Geleitrecht) verwendet wird.

5. Gewere

> „Gewere ist im mittelalterlichen deutschen Recht ein (sachenrechtlicher Vorgang [Einkleidung mit einer Sache oder einem Recht, lat. investitura] und das hieraus erwachsende) Verhältnis eines Menschen zu einer Sache (oder auch einem Recht), kraft dessen ihr Träger rechtswidrige Eingriffe abwehren (Defensivfunktion), die Sache nach Wegnahme zurückfordern (Offensivfunktion) und die (Rechte an der) Sache übertragen darf (Translativfunktion)."[982]

Im neuzeitlichen Recht wird der Gewerebegriff durch den aus dem lateinischen ‚possessio' abgeleiteten Besitzbegriff abgelöst.[983]

Der Begriff *Gewere* lässt sich in älteren Quellen nachweisen und bezeichnet dort wohl die „Einkleidung des Erwerbers in den Besitz"[984], also „die Übertragung der Sachherrschaft versinnbildlichende Handlung"[985]. Während im Frühmittelalter nur die Übertragung der Sachherrschaft mit *gewere* bezeichnet wird, erstreckt Gewerebegriff sich im weiteren Fortgang auch auf die tatsächliche Sachherrschaft. Daraus entwickelt sich im Spätmittelalter der Rechtsbegriff der *gewere*, der immer dann Anwendung findet, wenn „eine äußerlich wahrnehmbare

982 Köbler: Juristisches Wörterbuch, S. 186.
983 vgl. Köbler: Juristisches Wörterbuch, S. 186.
984 vgl. Werner Orgis: Art. Gewere, in: HRG, Bd. I, Berlin 1978, Sp. 1659 [Orgis: Gewere].
985 Otto Gierke: Deutsches Privatrecht, Bd. 2: Sachenrecht, Leipzig 1905, S. 187 [Gierke: Privatrecht II].

Herrschaftsbeziehung zu einer Sache als formelle Sachherrschaft anerkannt und gewährleistet"[986] wird.[987]

Auch wenn der Begriff der Gewere in der Neuzeit durch den Terminus ‚Besitz' abgelöst wird, sollen unter dieser Überschrift sowohl Besitz als auch Eigentum behandelt werden, da beide in dem Rechtsinstitut Gewere verkörpert wurden.

Besitz

Besitz bezeichnet „die tatsächliche Gewalt (Sachherrschaft) einer Person über eine Sache [...]"[988]. Dazu zählen auch der unmittelbare Besitz eines Mieters an einer Mietsache oder des Diebes an einer gestohlenen Sache. Im Gegensatz zum Eigentum handelt es sich bei Besitz nicht um ein Rechtsverhältnis, sondern um ein tatsächliches Verhältnis, Besitzer und Eigentümer einer Sache können unterschiedliche Personen sein. Besitz wird durch die Erlangung der tatsächlichen Gewalt erworben und durch die Beendigung der tatsächlichen Herrschaftsgewalt, z.B. durch den Tod des Besitzers, aufgelöst. Besitz kann in folgende verschiedene Formen unterteilt werden: Mittelbarer Besitz, Eigenbesitz, Fremdbesitz, Alleinbesitz, Mitbesitz.[989]

Dieser moderne Besitzbegriff kann nicht ohne Weiteres auf mittelalterliche Verhältnisse übertragen werden, da sich im mittelalterlichen deutschen Recht kein selbständiger Besitzbegriff ausgebildet hat. Besitzrecht geht im mittelalterlichen deutschen Recht vollständig im „Recht der Gewere, dem zentralen Institut des deutschen Sachenrechts auf"[990]. Grundlage der Gewere ist die tatsächliche Sachherrschaft, es bilden sich allerdings schon früh z.B. im Liegenschaftsrecht von der tatsächlichen Sachherrschaft unabhängige Formen der Gewere (ideelle oder unkörperliche Gewere) aus. Lediglich im Fahrnisrecht[991] bleibt die Gewere an „tatsächliche Innehabung" gebunden.[992]

986 Gierke: Privatrecht II, S. 188.

987 vgl. Orgis: Gewere, Sp. 1658–1669; Gierke: Privatrecht II, S. 187ff.; Heusler: Institutionen, Bd. II, S. 20ff.

988 Köbler: Juristisches Wörterbuch, S. 59.

989 vgl. Köbler: Juristisches Wörterbuch, S. 59.

990 Werner Orgis: Art. Besitz, in: HRG, Bd. II, Berlin 1978, Sp. 390 [Orgis: Besitz].

991 vgl. Werner Orgis: Art. Fahrnis, Fahrhabe, in: HRG, Bd. I, Sp. 1049–1053. Zur Entwicklung des Fahrnisrechts vgl. Werner Hinz: Die Entwicklung des gutgläubigen Fahrniserwerbs in der Epoche des usus modernus und des Naturrechts, Berlin 1991.

992 vgl. Orgis: Besitz, Sp. 389–393.

Eigentum

> „Eigentum ist im Verfassungsrecht (Art. 14 GG) jede vermögenswerte privatrechtliche Rechtsposition (also auch Rechte [Forderungen]) sowie jede öffentlich-rechtliche Rechtsposition, die überwiegend das Äquivalent eigener Leistung d.h. des Einsatzes eigener Arbeit oder eigenen Kapitals ist [...]. Im Sachenrecht ist Eigentum das Recht mit einer Sache – grundsätzlich – nach Belieben zu verfahren (z.B. benutzen, verbrauchen, belasten, veräußern [...]).“[993]

Der Eigentümer einer Sache kann diese begründet auf das Eigentum grundsätzlich heraus verlangen. Insofern steht das Eigentum dem Besitz oder beschränkten dinglichen Rechten wie beispielsweise dem Pfand gegenüber. Eigentum wird differenziert in Alleineigentum, Gesamthandseigentum, Miteigentum und Sicherungseigentum.

Seit dem 13. Jahrhundert ist der Begriff *eigentuom* (nd. *egendom*) in den Quellen nachweisbar. Er bezeichnet sowohl das Recht an einem Gegenstand als auch den Gegenstand selbst, das mhd. Substantiv *eigenschaft* wird in der Folge zurückgedrängt. Der ältere Begriff *eigen* bezeichnet das, „was einem, d.h. zu einem gehörte.“[994] Der mittelalterliche Eigentumsbegriff kann abhängig von dem Sachzusammenhang, in dem er verwendet wird, verschiedene Konnotationen beinhalten. Er kann in Bezug auf Liegenschaften die gemeine Nutzung freien Grundbesitzes (im Unterschied zur Allmende) bezeichnen, Eigengut in Abgrenzung zum Lehen, aber auch Kaufgut im Gegensatz zu Erbgut. Bezug nehmend auf Personen kann durch den Begriff *eigen/eigenschaft* Hörigkeit oder Leibeigenschaft ausgedrückt werden.[995]

„Der ma. deutsche Eigentumsbegriff war konkret konzipiert. Das Eigentumsrecht wurde mit seinem Gegenstand zusammengesehen.“[996] Das führt dazu, dass sich in den verschiedenen Sachgattungen spezielle Begrifflichkeiten zur Bezeichnung der unterschiedlichen Rechtsinhalte ausbilden:

- Liegenschaft: *eigen, eigenschaft, egendom,*
- ererbtes Gut: *erbe,*
- Fahrnisgut: *varnde habe, varend guot.*

---

993 Köbler: Juristisches Wörterbuch, S. 111.

994 Karl von Amira: Grundriss der germanischen Rechtsgeschichte, 3. Aufl., Straßburg 1913, S. 192.

995 vgl. Hans-Rudolf Hagemann: Art. Eigentum, in: HRG, Bd. I, Sp. 882f. [Hagemann: Eigentum].

996 Hagemann: Eigentum, Sp. 883.

Auch wenn sich im Laufe des Mittelalters eine „Tendenz zur begrifflichen Gliederung“[997] der Sachenrechte und damit einhergehend eine „inhaltliche Verfestigung der dinglichen Rechtsverhältnisse“[998] ausbildet, ändert dies jedoch nichts an der Tatsache, dass sowohl Eigentum als auch dingliche Rechte „dazu bestimmt waren, sich in einer Gewere zu verkörpern.“[999]

Unter dem Begriff Gewere sollen alle substantivischen Formeln erfasst werden, die einen Gegenstand, den jemand in Gewere haben kann, also Besitz oder Eigentum, bezeichnen. In den untersuchten Texten werden hierfür *eigen, eigenschaft, erbe, ërbe(-guot), gerâde, guot, varndes guot, habe, varnde habe, hergewæte, houbetguot, lêhen, ërblêhen, zinslêhen, lîpgedinge* und *zins* verwendet. Von den Verbindungen, die den ‚gesamten Besitz‘ bezeichnen, sollen im Folgenden alle Verbindungen, die *eigen, erbe, guot* und *habe* verwenden, untersucht werden.

Liegenschaften

eigen

Das Substantiv *eigen* bezeichnet bei LEXER „eigentum, namentl. ererbtes grundeigentum im gegens. zum lêhen.“[1000] Das DWB fügt hinzu: „im rechtlichen sinne wird eigen als grund und boden der fahrenden habe entgegengestellt“[1001]. Bedeutend ausführlicher wird *eigen* im DRW behandelt, in dem die Unterpunkte II. Liegenschaften, III. Eigentum, Eigentum(srecht im weitesten Sinne), Vermögen, IV. Personen: Leibeigenschaft, Hörigkeit, (Leibeigener) noch weiter differenziert werden. Besonders interessant sind dabei die Unterteilungen von II. Liegenschaften:

- II 1 a von gemeiner Nutzung freier Grundbesitz, Grundstück, (uneingeschränktes Recht am Grundstück),
- II 1 b neben Haus und Hof,
- II 1 c stehendes und liegendes Eigen, Gebäude und Grund,

997 Hagemann: Eigentum, Sp. 884.

998 Hagemann: Eigentum, Sp. 884.

999 vgl. Hagemann: Eigentum, Sp. 883f. Zur weiteren Ausgestaltung des Eigentumbegriffs sowie zum Unterschied von Grundeigentum und Fahrnis, geteiltem und gemeinschaftlichen Eigentum vgl. ebd., Sp. 883–896.

1000 http://www.woerterbuchnetz.de/Lexer?bookref=1,518,34 (abgerufen am: 29.03.2013); vgl. auch http://www.woerterbuchnetz.de/BMZ?bookref=1,415b,6 (abgerufen am: 29.03.2013).

1001 DWB, Bd. 3, Sp. 97.

- II 1 d Eigen und Erbe, Gegensatz von Kaufgrund und Erbgrund, schließlich synonyme Paarformel,
- II 1 e Gegensatz zu Lehen.[1002]

eigen ist im Korpus 91-mal in der Bedeutung „Eigentum“[1003] belegt. Es tritt in Verbindung mit *erbe* (67/63,6%), *lêhen* (9/9,9%), erbe*guot* (5/5,5%), (varndez) guot (6/6,6%), *erbelêhen* (1,1%), *erbzinsguot* (1,1%), *lîpgedinge* (1,1%) und *varnde habe* (1,1%).

Von den 67 Belegen, in denen *eigen* in Verbindung mit *erbe* auftritt, steht *eigen* 40-mal (59,7%) im ersten Glied, so dass hier von keiner präferierten Reihenfolge der Glieder gesprochen werden kann. Neun der Belege zu *eigen* werden um ein oder zwei Glieder erweitert. In fünf Fällen wird *eigen – erbe* um *zins* erweitert (4; SbAN, StrB), einmal sowohl um *lêhen* als auch um *bereitschaft* (StrB). Die übrigen drei erweiterten Formeln ergänzen entweder nur *varende habe* (StrB) oder *varende* und *ligende habe* bzw. bedeutungsgleich substantiviert *wagent* und *ligent* (StrB). Die Belege für *eigen – erbe* verteilen sich auf neun Texte des Korpus, wobei vier Texte jeweils nur einen Beleg aufweisen.

Tabelle 17: Verteilung von eigen – erbe *und* erbe – eigen *im Korpus.*

Text	eigen – erbe	erbe – eigen
StrB	–	22
StrHB	–	1
StrF	9	
StrFB	1	
StrFS	21	3
HOb	–	1
StrsK	4	
MSchr	1	
SbAN	4	
gesamt	40	27

1002 http://drw-www.adw.uni-heidelberg.de/drw/ (abgerufen am: 29.03.2013, 13:12).

1003 *eigen* kann daneben als Adjektiv in der Bedeutung „hörig, nicht frei“ auftreten. In dieser Bedeutung ist es jedoch nur einmal in Kombination mit *vrî* (ASS Nr. 333) belegt.

erbe bezeichnet das vornehmlich von den Eltern hinterlassene Gut bzw. ererbten Grund und Boden.[1004] Das DRW gibt als Grundbedeutung zum einen „Erbschaft, Nachlaß, Erb-teil", zum anderen „(ererbter und) vererbbarer Grundbesitz; Liegenschaft im Gegensatz zu Fahrhabe" und „gegen erblichen Zins verliehener Grundbesitz, Erblehen, Erbpachtgut, Erbzinsgut" an. Zudem kann *erbe* das „freie Eigen" oder Allod bezeichnen.[1005] Für die Verbindung von *eigen – erbe* wird sowohl unter dem Stichwort ‚Eigen' wie auch unter ‚Erbe' angeführt, dass es sich bei der früh erstarrten und „schließlich synonyme[n] Paarformel" um „nicht erblich (ob erworben?) und erblich besessener Grund"[1006] bzw. den „Gegensatz von Kaufgrund und Erbgrund"[1007] handelt.

Die Verbindung *eigen – erbe* bezeichnet somit den gesamten Grundbesitz unabhängig davon, wie er erworben wird. Der Unterschied zwischen *eigen* und *erbe* liegt in der Verfügungsgewalt, die der Eigentümer daran hat. Die Verfügung über Erbgut unterliegt vielfach dem Beispruchsrecht bzw. Erbenwartrecht[1008], wohingegen der Eigentümer über Kaufgut frei entscheiden kann.[1009] Die Differenzierung, die durch die Kombination von *eigen* und *erbe* vorgenommen wird, besteht demnach in ‚frei verfügbarem Eigentum' – ‚nicht frei verfügbarem Eigentum'. Beide Arten von Eigentum werden miteinander verbunden, um beispielsweise bei fehlenden Erben, die freie Verfügung der Eigentümer über ihren Besitz deutlich zu machen:

> **StrB §160:** *Ist aber ein man ledig aber ein frauwe ledig, vnd das sie weder kint aber erben haben, so mage es* ***mit erbe vnd mit eygen*** *vnd mit seiner bereitschafft*[1010] *achten, was es wil [...].*

Die Verwendung im Erbrecht (13) und in Bezug auf Stiftungen und Schenkungen (6) ist entsprechend des oben dargestellten Unterschieds in der Verfügungsgewalt

1004 vgl. http://woerterbuchnetz.de/Lexer/?sigle=Lexer&mode=Vernetzung&lemid=LE01696#XLE01696 (abgerufen am: 24.09.2014); DWB, Bd. 3, Sp. 710.

1005 http://drw-www.adw.uni-heidelberg.de/drw/ (abgerufen am: 24.09.2014).

1006 Eintrag unter Erbe VI, in: http://drw-www.adw.uni-heidelberg.de/drw/ (abgerufen am: 24.09.2014).

1007 Eintrag unter Eigen, in: http://drw-www.adw.uni-heidelberg.de/drw/ (abgerufen am: 24.09.2014).

1008 Erbenwartrecht bzw. Erbenlaub bezeichnet „im mittelalterlichen deutschen Recht die Einwilligung (Erlaubnis) des oder der (zur Zeit der Verfügung) nächsten Erben zu bestimmten Verfügungen des künftigen Erblassers.", Köbler: Juristisches Wörterbuch, S. 123; vgl. Heusler: Institutionen, S. 54ff.

1009 vgl. Werner Orgis: Art. Erbgut, in: HRG, Bd. I, Sp. 964f.

1010 *bereitschaft*: Vorrat, besonders an Bargeld, http://drw-www.adw.uni-heidelberg.de/drw/ (abgerufen am: 25.09.2014).

häufig belegt. Die Relevanz dieser Unterscheidung zeigt sich auch im Bereich des Schuldrechts (3) und bei der Belastung bzw. dem Verkauf von Liegenschaften (20).

StrF A51.1: *Wer **eygen unde erbe** verkouffit ader virerbit [...].*

Zahlreiche Belege sind im Bereich des Verfahrens- und Prozessrechts (21) zu situieren, so z.B. bei der Stellung von Bürgen, die über *eigen* und *erbe* in der Stadt verfügen:

StrFS XXVII §7: *[...] Unde daz muz he bewisen, daz he also wol besezzen si **mit eigen unde mit erbe**, mit zwen anderen besezzenen mannen. [...]*

Die weiteren Belege entstammen dem Vormundschaftsrecht (2), Baurecht (1) und einer Bestimmung zum Fronebotengefälle.

Als Konjunktionen werden sowohl *unde* (51/76,1%), *oder* (11/16,4%) als auch *noch* (5/7,5%) verwendet. Dabei zeigt sich das gleiche Bild wie bisher: Während die Konjunktion *unde* verwendet wird, wenn die Kombination beider Arten von Eigentum bezeichnet werden soll, kommt *oder* zur Anwendung, wenn zwar für beide das gleiche Verfahren vorgesehen ist, es aber unerheblich ist, ob *eigen* oder *erbe* betroffen ist.

StrB §193.1: *[...] was denne die vormünde von der kinde wegen clagen **nach erbe oder nach eygen** [...].*

Mit *noch* wird – ähnlich wie mit *oder* – das Gesamte ‚distributiv' erfasst, aber auf eine negative Art und Weise. *noch* wird verwendet, wenn eine Handlung unterlassen werden soll:

StrB §12: *Man schol auch vmb kein **erbe noch eygen** teillen [...].*

Als Variation von *eigen – erbe* können die fünf Belege, in denen *eigen* mit *erbeguot* verbunden wird, verstanden werden. Sie bezeichnen ebenso wie *eigen – erbe* die Liegenschaften, die sich in der Gewere einer Person befinden, ausgehend von der Art der Erwerbung bzw. der Verfügungsgewalt über diese:

StrA LXXII §2: *Ist daz zwai gemaechide sterbent, die elute sint, und lant **aigen oder erbegut** hinder in [...].*

Von den durch Erweiterung modifizierten Belegen sind vor allem die fünf Belege der Verbindung *eigen – erbe* mit *zins* interessant. *zins* wird zunächst als „Abgabe jeder Art"[1011] bzw. „abgabe, tribut, zins"[1012] übersetzt. Das DWB führt darüber hinaus aus, dass *zins* „als öffentlich rechtlicher und wirtschaftsgeschichtlicher

1011 http://www.woerterbuchnetz.de/BMZ?bookref=4,898a,39 (abgerufen am: 30.03.2013).
1012 http://www.woerterbuchnetz.de/Lexer?bookref=3,1126,9 (abgerufen am: 30.03.2013).

fachausdruck des mittelalters“[1013] zu verstehen ist, der wie folgt übersetzt werden kann:

- „staatliche und grundherrliche abgabe“; „öffentliche abgaben“,
- „abgabe aus dem ertrage von grund und boden; diese war nicht ablösbar und wird daher gelegentlich als dauernd, ewig bezeichnet“,
- „verträge unter gleichberechtigten; hierbei wird der pachtzins als freier zins vom grundzins unterschieden“,
- „zins als ausdruck der kapitalwirtschaft [auch als] vorstufen des kapitalzinses“[1014].

Auch hierbei handelt sich um eine Form von Gewere, da im Bereich der Liegenschafts-gewere nicht nur derjenige, der den Boden bebaut, sondern auch derjenige, der Abgaben oder Dienste davon einzieht, Sachherrschaft über eine Liegenschaft innehat.[1015] Der Oberbegriff ‚Liegenschaft‘ wird hier um die Einkünfte, die aus Liegenschaften erwirtschaftet werden können, erweitert.

> **SbAN Nr. 108a:** *Ez haben auch di purgere von dem rat […] gesatzet, daz nieman […], deheim uzwert man noch frowen noch keym geistlich man noch frowen […] weder* ***aigen noch erbe noch zins*** *daruz verkoufen sol.*

Die Verbindung mit *lêhen* tritt insgesamt zwölfmal auf, dabei wird sie dreimal mit *varndez guot*, zweimal mit *gülte* (Zahlung, Abgabe und Einnahme[1016]), einmal mit *lîpgedinge* (s.o.), einmal mit *varndez guot* und *guot* (s.o.) erweitert. *lêhen* selbst bezeichnet grundsätzlich etwas Verliehenes[1017], wobei es sich in der Regel um ein „Grundstück bestimmter Größe, meist eine halbe Hufe“[1018] handelt.

> **StrR Art. 102:** *Darnach ist gesetzet, swaz der man schafe mac gewintern ane gewaerde, es sige von ackern, wisen, garten, si sigen* ***sin aigen ald sin lehen*** *[…].*

In den übrigen Verbindungen, in denen *eigen* auftritt, werden ebenfalls Objekte oder Geldwerte, die in den Rechtsbereich der Gewere gehören, hinzugefügt. Hier muss allerdings unterschieden werden zwischen Verbindungen, die Liegenschaften bzw. den Erwerb aus Liegenschaften bezeichnen und Zusammensetzungen die Fahrhabe hinzufügen. Bei Verbindungen, die Fahrhabe hinzufügen,

---

1013 DWB, Bd. 31, Sp. 1476.
1014 DWB, Bd. 31, Sp. 1474ff.
1015 vgl. Orgis: Gewere, Sp. 1662.
1016 http://drw-www.adw.uni-heidelberg.de/drw/ (abgerufen am: 30.03.2013).
1017 vgl. http://drw-www.adw.uni-heidelberg.de/drw/ (abgerufen am: 17.10.2014).
1018 http://drw-www.adw.uni-heidelberg.de/drw/ (abgerufen am: 30.03.2013).

ändert sich entsprechend der Oberbegriff, der von der Bezeichnung ‚Liegenschaft' auf die Bezeichnung ‚Gesamtbesitz' ausgeweitet wird.

a. Liegenschaften (und Erwerb aus Liegenschaften):

***eigen – lîpgedinge*:**	„ein auf lebenszeit zur nutzniessung ausbedungenes u. übertragenes gut, leibrente [...]"[1019],
***eigen – erbzinsguot*:**	*erbzinsguot*: „gegen Zins erblich verliehenes Gut"[1020],
***eigen – erblêhen – zinslêhen*:**	*erblêhen*: „vererbliches Lehen; auch erblich verliehenes Bergwerk"[1021]; *zinslêhen*: „ein uneigentliches lehen, wofür abgaben anstatt der dienste entrichtet werden"[1022].

Ein Beleg verbindet *eigen – erbeguot – erblêhen – zinslêhen*.

b. Gesamtbesitz:

***eigen – varnde habe*:**	„Besitz, Vermögen, vornehmlich Fahrhabe"[1023],
***eigen – guot – habe*:**	*guot*: „liegendes, unbewegliches Gut[1024]; *habe*: vgl. *varnde habe*",
***eigen – varndez guot*:**	*guot* kann auch „bewegliches Gut, Fahrhabe"[1025] bezeichnen. Die Verbindung mit *varndez* legt diese Bedeutung nahe.

Die Verbindung *eigen – erbe* gehört, sofern sie ausschließlich ‚Liegenschaften' bezeichnet, zu den ‚additiv-komplexiven' Verbindungen, da sie Liegenschaften ausgehend von den Möglichkeiten der Verfügungsgewalt definiert. Wird sie erweitert oder treten andere Lemmata als *erbe* zu *eigen* hinzu, müssen diese Verbindungen als additiv verstanden werden. *eigen – erbe* kann aufgrund des festen Lexembestands, des gebildeten Oberbegriffs und der Beleghäufigkeit zu den ‚Paarformeln' gezählt werden. Die Verbindung mit *erbeguot* ist lediglich als Variante zu begreifen. Die jeweils nur singulär belegten Verbindungen mit *eigen* bilden zwar einen

---

1019 http://www.woerterbuchnetz.de/Lexer?bookref=1,1932,18 (abgerufen am: 30.03.2013).

1020 http://drw-www.adw.uni-heidelberg.de/drw/ (abgerufen am: 25.09.2014).

1021 http://drw-www.adw.uni-heidelberg.de/drw/ (abgerufen am: 30.03.2013).

1022 DWB, Bd. 31, Sp. 1529.

1023 http://drw-www.adw.uni-heidelberg.de/drw/ (abgerufen am: 30.03.2013).

1024 http://drw-www.adw.uni-heidelberg.de/drw/ (abgerufen am: 30.03.2013). Vgl. Schminck: Hab und Gut, Sp. 1887f.

1025 http://drw-www.adw.uni-heidelberg.de/drw/ (abgerufen am: 25.09.2014).

Oberbegriff, es ist aufgrund der niedrigen Belegfrequenz unmöglich festzustellen, ob es sich hier bereits um ‚begriffsbildende Wortpaare' handelt.

erbe

Neben der Verbindung mit *eigen* steht *erbe* häufig in Verbindung mit *guot* (66). Hier besetzt *erbe* in 60,6% (40) das erste Glied, so dass zwar von einer bevorzugten, aber nicht verfestigten Reihenfolge gesprochen werden kann. Die Belege verteilen sich auf acht Texte, wobei sich sowohl hinsichtlich der Texte als auch der Verwendungshäufigkeit Unterschiede zu *eigen – erbe* zeigen.

Tabelle 18: Verteilung der Belege erbe – guot *und* guot – erbe.

Text	**erbe - guot**	**guot - erbe**
StrB	1	–
StrHB	12	1
StrFS	6	–
HOb	2	2
StrK	2	1
StrL	1	1
MSchr	15	20
ASS	1	1
gesamt	40	26

Obwohl *guot* auch Fahrhabe bezeichnen kann, wird hier aber wahrscheinlich die ‚Liegenschaft' bezeichnet, da beispielsweise StrHB IV 18 festlegt, dass

> *[…] neman dhen anderen bereden [mach]* ***mit erve ether mit gode****, dhat buten wicbelethe leghen is […].*

Der an *gode* angeschlossene Relativsatz, *dhat buten wicbelethe leghen is*, zeigt, dass es sich um Liegenschaften handeln muss, da hier auf das außerhalb des städtischen Weichbilds gelegene *guot* eingegangen wird. Gleiches zeigt sich in MSchr Cap. 81, in dem die Verbindung mit *zins*, der auf einem *guot* liegt, die Bedeutung ‚Fahrhabe' ausschließt.

> *Wirt eyn man abetrynnig unde lesit hinder ym* ***erbe unde gut****, dor uffe her czins hot […].*

erbe – guot muss, da es anders als *eigen – erbe* nicht von der Erwerbsart ausgeht, sondern lediglich zwei unterschiedliche Begriffe für Liegenschaften verbindet, als additive Verbindung gewertet werden. Da sie über einen festen Lexembestand und einen festen Oberbegriff verfügt, ist *erbe – guot* zu den ‚Paarformeln' zu zählen.

Für die weiteren Verbindungen mit *erbe* gilt das bereits zu *eigen* Gesagte: Sie bezeichnen ‚Liegenschaften' oder ‚Gesamtbesitz'. Die Bedeutung der hinzutretenden Glieder wird nur erläutert, wenn dies nicht bereits unter *eigen* geschehen ist.

a. Liegenschaften (und Erwerb aus Liegenschaften)
erbe – hûs (‚Haus')/*wonunge* (Wohnung) (2); *erbe – lant* („kleinerer oder größerer Teil des Erdbodens, wirtschaftlich genutztes Land"[1026]) (3).

b. Gesamtbesitz
erbe – varndes guot, erbe – gëlt/phenninc, erbe – (varnde) habe (5), erbe – *zins*
erbe – koufschatz (Teil der Fahrnis („Erbe, Gerade, Rente), Kapital"[1027]).

Alle weiteren Verbindungen mit *erbe* benennen lediglich einen Teil des Gesamtbesitzes, so z.B. *erbe – (erbe-)zins* oder *erbe – phant.* Eine Stelle erscheint besonders erwähnenswert, da *erbe* hier mit *schulde,* also einer *gewere,* die eine andere Person jemandem gegenüber beanspruchen kann, verbunden wird, woran sich eine weitere formelhafte Verbindung, bestehend aus *gelübde*[1028] – *teil*[1029], anschließt. Diese Textstelle stammt aus StrFS und findet sich im Bereich des Verfahrensrechts.

> **StrFS XXXI, §17:** *Ist aber, daz iz im an sin echt unde an sin recht nicht engeht, waz iz andere sache ist, so muz he iu sin wort sprechen, iz si* ***umme erbe oder umme schult, gelubde oder teil*** *[…].*

Die übrigen ‚paarigen Wortverbindungen' zur Bezeichnung von *gewere* oder Teilen der *gewere* sind zahlenmäßig so gering belegt, dass sie an dieser Stelle nicht weiter untersucht werden sollen. Lediglich auf *habe – guot* wird im Folgenden näher eingegangen, da die Kombination heute noch geläufig ist und zur Bezeichnung des gesamten Besitzes verwendet wird.

1026 http://drw-www.adw.uni-heidelberg.de/drw/ (abgerufen am: 25.09.2014).
1027 http://drw-www.adw.uni-heidelberg.de/drw/ (abgerufen am: 25.09.2014).
1028 „feierliches Versprechen bzw. Bürgschaft", vgl. http://drw-www.adw.uni-heidelberg.de/drw/ (abgerufen am: 25.09.2014).
1029 „Anteil an etwas z.B. Haus oder Erbe; Gebühren; Zins", vgl. http://drw-www.adw.uni-heidelberg.de/drw/ (abgerufen am: 25.09.2014).

Gesamtbesitz: habe – guot

‚Hab und Gut' ist eine heute noch geläufige Formulierung, um ‚Alles' bzw. den ‚gesamten Besitz' zu umfassen. Das HRG hält zu Hab und Gut fest, dass „Die Paarformel H. u. G. […] die Gesamtheit des beweglichen (Fahrnis) und liegenden Guts (Liegenschaftsrecht) einer Person [bezeichnet]"[1030] und verortet diese in Sanktionsformeln von Strafbestimmungen (Konfiskationen) und anderen vermögensrechtlichen Zusammenhängen.[1031]

Bei der Bedeutung, die *habe – guot* für das mittelalterliche Recht allgemein zugeschrieben wird[1032], fällt hingegen auf, dass die Verbindung nur zehnmal im Korpus belegt ist. Nach Schminck tritt diese Formel, wie er an einigen Quellenbelegen nachweist, meist in Zusammenhängen auf, in denen „es um das Rechtsschicksal und die wirtschaftliche Existenz einer Person geht."[1033] Dies zeigt sich auch im nachfolgenden Beleg, in dem es um die Rechtsfolgen eines Mordes durch einen Bürger geht:

> **StrB §267.2:** *Vnd schol man weibe vnd kint vnd* ***gut vnd habe*** *alles ledig teillen, ob es czu dem rechten kümpt […].*

Aufgrund der geringen Anzahl an Textstellen, in denen *habe – guot* verwendet wird, lassen sich hier keine tiefergehenden Aussagen treffen. Es wäre allerdings sicherlich interessant, zu überprüfen, ob die Verbindung in anderen Rechtstextsorten (Landrechten, Urkunden etc.) oder – wie die Belege im DRW, die vermehrt erst ab dem 15. Jahrhundert auftreten, vermuten lassen – erst zu einer späteren Zeit geläufig ist. Inwieweit die Verbindung bereits im 13. und 14. Jahrhundert als ‚Paarformel' anzusehen ist, lässt sich hier aufgrund der geringen Beleglage nicht klären, als ‚begriffsbildendes Wortpaar' muss sie aber in jedem Falle eingestuft werden. Formal auffällig ist, dass die heute feststehende Reihenfolge mit *habe* im ersten Glied in den untersuchten Texten nicht die präferierte Reihenfolge darstellt: In sieben Belegen besetzt *guot* das erste Glied und nur dreimal *habe*.

Entsprechend des durch *habe – guot* bezeichneten Oberbegriffs ‚Gesamtbesitz' sind die Glieder ausschließlich mit *unde* verbunden. Hier wird also grundsätzlich auf die Gesamtheit und nicht auf einzelne Teile des Ganzen verwiesen. *hab – guot* muss als ‚additiv-komplexive' Verbindung eingestuft werden, da der

---

1030 http://drw-www.adw.uni-heidelberg.de/drw/ (abgerufen am: 25.09.2014).

1031 vgl. http://drw-www.adw.uni-heidelberg.de/drw/ (abgerufen am: 25.09.2014); Schminck: Hab und Gut, Sp. 1887.

1032 vgl. Schminck: Hab und Gut, Sp. 1887f.; ‚Habe', in: http://drw-www.adw.uni-heidelberg.de/drw/ (abgerufen am: 25.09.2014).

1033 Schminck: Hab und Gut, Sp. 1888.

‚Gesamtbesitz' einer Person ausschließlich aus seinem beweglichen und unbeweglichen Besitz besteht.

Zusammenfassung

Das mittelalterliche Recht unterscheidet verschiedene Formen von Liegenschaften und Besitz. Hierfür werden häufig Paarformeln verwendet, deren Glieder unterschiedliche Aspekte der Verfügbarkeit oder Beweglichkeit einer Sache benennen. Während *eigen – erbe* und *habe – guot* ‚additiv-komplexive' Verbindungen sind, müssen die übrigen Verbindungen als ausschließlich additiv bezeichnet werden. *eigen* und *erbe* unterliegen aufgrund der unterschiedlichen Verfügungsgewalt durch den Gewereinhaber anderen Rechtsvorschriften, so dass die ‚Paarformel' je nach Zusammenhang mit *unde*, *oder* oder *noch* verbunden werden kann. *habe – guot* hingegen kann zur Bezeichnung des ‚Gesamtbesitzes' ausschließlich durch *unde* verbunden werden.

Bei den Verbindungen von *erbe – guot* ist eine genaue Bestimmung der Eigenschaften der durch *guot* bezeichneten Liegenschaften nicht möglich, da *guot* über ein breites Bedeutungsspektrum verfügt. Versteht man es als „Eigengut"[1034], bezeichnet die Verbindung *erbe – guot* Liegenschaften ebenfalls über die unterschiedlichen Arten der Verfügungsgewalt des Gewereinhabers, versteht man es jedoch allgemein als „Liegenschaft"[1035], bleibt die Art der Unterscheidung unklar. Durch die Analyse der Textstellen wurde zwar deutlich, dass es sich bei *guot* um Liegenschaften handeln muss, eine genaue Zuschreibung, um welche Art von Liegenschaften es sich handelt, ist aber nicht möglich. Da zudem häufig sowohl *erbe – guot* als auch *eigen – erbe* innerhalb eines Textes verwendet wird, kann auch nicht von regionalen Präferierungen ausgegangen werden.

Formen der Gewere

Die gebräuchlichste Verbindung zur Bezeichnung der Gewere ist *nuz – gewer* (15), vierzehn Belege finden sich in StbA, einer in StrB. Als weitere Verbindung mit *nuz* sind *nuz – zins* (2) und *nuz – gülte* als besondere Formen der Innehabung nachweisbar. Anstelle von *nuz* kann *gewër* in Verbindung mit *gewalt* (11) zur Bezeichnung der tatsächlichen Sachherrschaft verwendet werden.

Auch in dieser Verwendung umfasst der Begriff *gewër* die „förmliche einkleidung in einen besitz, rechtskräftig gesicherter besitz, innehabung desselben,

---

1034 http://drw-www.adw.uni-heidelberg.de/drw/ (abgerufen am: 16.10.2014).
1035 http://drw-www.adw.uni-heidelberg.de/drw/ (abgerufen am: 16.10.2014).

besitzrecht“[1036]. Das DRW führt unter dem Stichwort Gewere „Besitz(recht), tatsächliche Innehabung“[1037] an und ergänzt, dass eine Person über Gewere u.a. an Fahrhabe, Liegenschaften, anderen Vermögensstücken oder Herrschaftsrechten verfügen kann.[1038]

nuz hingegen erfasst die „konkrete Nutzung, Gebrauch sowie das Anrecht darauf“[1039]. LEXER und BMZ fügen dem noch Einkommen und Ertrag hinzu.[1040] Dem DRW folgend wird *nuz* „häufig in mehrgliedrigen Pertinenzformeln, die alle rechtlichen und wirtschaftlichen Bestandteile einer verkauften Sache bezeichnen; auch in Wendungen wie Nutz und Gewere die Nutzherrschaft über eine Sache (Nutzgewähr)“[1041] verwendet.

nuz – gewër wird ausschließlich auf Liegenschaften im Rahmen von bewiesenen oder zu beweisenden Ansprüchen angewendet:

> **StbA LXXI §1:** *Swaer ein aigen hie ze Auspurk hat iar unde tak* ***in nutze und in gewer*** *ane rehte widersprache [...].*

Die so bezeichnete Nutzherrschaft über die Liegenschaft ist nicht gleichzusetzen mit dem Eigentum an der Sache, da hier lediglich der Besitz und die Nutzung bezeichnet werden.

Ein anderes Bild zeigt sich bei der Formel *gewalt – gewër*. Nach Heusler ist „[d]ie Gewere eines Gutes [...] in der Person desjenigen vorhanden, der die Nutzung desselben hat und die Früchte daraus (in natura oder in Gestalt eines Zinses) bezieht [...]“[1042]. Für ihn ist die Nutzung nicht die Folge der Gewere, sondern ihr Kennzeichen. Dementsprechend würde *gewalt – gewër* ebenfalls „alle rechtlichen und wirtschaftlichen Bestandteile einer verkauften Sache bezeichnen“[1043], da *gewalt* im Liegenschaftsrecht mit „Besitz“[1044] wiedergegeben wird. *gewalt – gewere* ist mit einer Ausnahme (StrFB) ausschließlich in StrFS belegt, alle Belege

1036 http://www.woerterbuchnetz.de/Lexer?bookref=1,984,20 (abgerufen am: 10.10.2014); „besitz als recht und als factum.“; http://www.woerterbuchnetz.de/BMZ?bookref=4,586a,42 (abgerufen am: 10.10.2014).

1037 http://drw-www.adw.uni-heidelberg.de/drw/ (abgerufen am: 10.10.2014).

1038 vgl. http://drw-www.adw.uni-heidelberg.de/drw/ (abgerufen am: 10.10.2014).

1039 http://drw-www.adw.uni-heidelberg.de/drw/ (abgerufen am: 10.10.2014).

1040 http://www.woerterbuchnetz.de/Lexer?bookref=2,125,39 (abgerufen am: 10.10.2014); http://www.woerterbuchnetz.de/BMZ?bookref=2,400b,9 (abgerufen am: 10.10.2014).

1041 http://drw-www.adw.uni-heidelberg.de/drw/ (abgerufen am: 10.10.2014).

1042 Heusler: Institutionen, S. 22.

1043 http://drw-www.adw.uni-heidelberg.de/drw/ (abgerufen am: 10.10.2014).

1044 http://drw-www.adw.uni-heidelberg.de/drw/ (abgerufen am: 10.10.2014).

werden ebenso wie *nuz – gewër* auf Liegenschaften im Zusammenhang mit diese betreffenden Ansprüchen angewendet:

> **StrFS V §28:** *Hat ein man eigen unde erbe* ***in gewalt und in gewere*** *iar unde tac gehabet* <u>*ane ansprache*</u> *[…].*

Alle Belege sowohl zu *nuz – gewër* als auch zu *gewalt – gewër* werden durch *unde* verbunden. Dies liegt in dem gebildeten Oberbegriff, der ‚Nutzherrschaft', begründet, da diese Nutzung und Besitz miteinander verbindet. Die Verwendung von *oder* oder *noch* bietet sich daher nicht an. Betrachtet man beide Verbindungen als Varianten eines Oberbegriffs, schließt sich aufgrund des variablen Lexembestands die Kategorisierung als ‚Paarformel' aus. Anderseits scheinen sie aber, da sie in der Reihenfolge ihrer Glieder und der verwendeten Konjunktion verfestigt sind, nicht den ‚begriffsbildenden Wortpaaren' zuzuordnen zu sein. Die geringe Anzahl der Belege erschwert zudem eine genaue Einordnung in das hier verwendete System der ‚paarigen Wortverbindungen', jedoch spricht die Festigkeit der Verbindungen dafür, sie zu den ‚Paarformeln' zu zählen. Die Komplexität des Begriffs *gewër* erschwert zudem die Zuordnung zu einem Verbindungstyp, allerdings erscheint es sinnvoll, beide Verbindungen zu den ‚additiv-komplexiven' Verbindungen zu zählen, da sie jede Art von Gewere zu umfassen scheinen.

6. Veräußerung

Veräußerung bezeichnet grundlegend „die Weggabe eines Gegenstandes an einen anderen."[1045] Durch den Begriff Veräußerung werden sowohl „das (schuldenrechtliche) Verpflichtungsgeschäft (z.B. Kauf) wie auch das (sachenrechtliche) Verfügungsgeschäft (z.B. Übereignung)"[1046] erfasst. Unter ‚Gegenstand' wird aus juristischer Perspektive alles subsumiert, „woran eine Berechtigung entstehen kann"[1047]. Dazu zählen aus heutiger rechtlicher Sicht nicht ausschließlich Sachen als körperliche Gegenstände[1048], die lediglich eine Unterkategorie der Gegenstände bilden, sondern auch Bestandteile des Vermögens wie Unternehmen oder Geschäftsgeheimnisse.[1049]

Die durch den Begriff Veräußerung bezeichneten Rechtsgeschäfte hingegen werden wie folgt definiert:

1045 Köbler: Juristisches Wörterbuch, S. 442.
1046 Köbler: Juristisches Wörterbuch, S. 442.
1047 Köbler: Juristisches Wörterbuch, S. 163.
1048 vgl. Köbler: Juristisches Wörterbuch, S. 362f.
1049 vgl. Köbler: Juristisches Wörterbuch, S. 163.

„Verpflichtungsgeschäft ist das auf Begründung einer Verpflichtung gerichtete Rechtsgeschäft (z.B. Kaufvertrag). […] Das Verpflichtungsgeschäft kann entweder für einen oder für mehrere Beteiligte Verpflichtungen begründen."[1050]

„Verfügungsgeschäft ist das Rechtsgeschäft, durch das eine Verfügung getroffen wird (z.B. Übereignung, Abtretung)."[1051] Verfügungs- und Verpflichtungsgeschäfte sind juristisch gesehen streng voneinander zu trennen.

Durch den Begriff Veräußerung werden also unterschiedliche Formen der ‚Weggabe' von Gegenständen ausgedrückt, die sich auch in den mittelalterlichen Stadtrechtstexten wiederfinden lassen, da die Städte als Handelszentren stark darauf bedacht sind, den rechtlichen Rahmen für den Handel eindeutig festzulegen, um so evtl. auftretende Konfliktsituationen zu vermeiden. Darüber hinaus ist es den Städten ein Anliegen, dass die Besitzverhältnisse – hierunter fällt auch die Veräußerung von Besitz – rechtlich genau festgelegt werden. Mit der Durchsetzung der Geldwirtschaft gewinnen Kaufgeschäfte immer mehr an Bedeutung, dies spiegelt sich auch in dem ausgeprägten Handels- und Kaufrecht der mittelalterlichen Städte, die mit ihren Märkten und Messen ein Zentrum des Handels darstellen, wider.[1052]

Im Folgenden sollen die verbalen Formeln behandelt werden, die den Akt der Veräußerung beschreiben. Im Wesentlichen werden zur Bezeichnung von Veräußerungsgeschäften die Verben *koufen*, *verkoufen*, *verkumbern*, *versetzen* in unterschiedlichen Kombinationen verwendet. Des Weiteren wird auf Verben wie *vergëben*, *hingëben*, *vererben*, *veil haben*, *ûf lâzen*, *bekumbern* und *ûz setzen* zurückgegriffen.

Obwohl *koufen – verkoufen* die Verbindung mit der höchsten Belegfrequenz bei der Bezeichnung von Veräußerungsgeschäften darstellt, wird sie hier keine weitere Beachtung finden: *koufen – verkoufen* gibt lediglich in unterschiedlicher Perspektivierung von Käufer und Verkäufer den Akt der Übertragung von Besitz und Eigentum gegen Leistung eines Geldbetrags an. Als ‚additiv-komplexive' Wortverbindung definiert *koufen – verkoufen* das Handelsgeschäft in seiner Grundform, in der der Verkäufer gegen Bezahlung eine für den Verkauf bestimmte Ware einem Käufer überlässt.

StrFB Nr. 124: *Swas man umbe die geste* ***kŏfet oder verkŏfet****/ daz sol man wegen mit vrone wage.*

1050 Köbler: Juristisches Wörterbuch, S. 458.
1051 Köbler: Juristisches Wörterbuch, S. 450.
1052 vgl. Karl Otto Scherner: Art. Kauf, in: HRG, Bd. II, Berlin 1978, Sp. 675–686.

Ergiebiger ist eine Untersuchung der verschiedenen Formen von Veräußerung anhand der Verwendung von *verkoufen, versetzen* und *verkumbern/bekumbern.*

Formen der Veräußerung

verkoufen, versetzen und *verkumbern* können jeweils einen anderen Aspekt der ‚Weggabe' eines Gegenstands oder einer Sache betonen. Während *verkoufen* entsprechend der heutigen Verwendung generell die unbefristete Weggabe eines Gegenstands gegen Geld bezeichnet[1053], beinhalten *versetzen* und *verkumbern* (*bekumbern*) auch die Verpfändung einer Sache. *versetzen* wird im DWB mit

> „zum pfand setzen, hingeben als unterpfand für eine schuld oder andere verpflichtung; zu grunde liegt dabei die vorstellung: etwas so setzen, dasz es festliegt, unbeweglich ist; [...] besonders von beweglichen dingen, und ‚im gemeinen leben' für das edlere verpfänden [...]."[1054]

Dementsprechend geben LEXER und BMZ *versetzen* mit „als pfand setzen, versetzen, verpfänden"[1055] an, allerdings fügt BMZ noch das Stellen eines Bürgen[1056], also das Setzen eines menschlichen Pfands hinzu. *verkumbern* hingegen bezeichnet in der Grundbedeutung, etwas mit Kummer zu belasten.[1057] Daraus entwickeln sich die Bedeutungen „arrestieren, in beschlag nehmen [...] in die gewalt eines andern geben durch tausch, verpfänden od. verkaufen".[1058] Nach Köbler bedeutet *bekumbern*, etwas „mit Schulden belasten"[1059] und bezeichnet somit die Belastung einer Immobilie mit einer (ablösbaren) Rente.[1060] Da sowohl *ver-* als

---

1053 vgl. http://www.woerterbuchnetz.de/Lexer?bookref=3,148,16 (abgerufen am: 09.10.2014); vgl. http://www.woerterbuchnetz.de/BMZ?bookref=1,868a,50 (abgerufen am: 09.10.2014); DWB, Bd. 25, Sp. 619.

1054 DWB, Bd. 25, Sp. 1293.

1055 http://www.woerterbuchnetz.de/Lexer?bookref=3,226,32 (abgerufen am: 09.10.2014); vgl. http://www.woerterbuchnetz.de/BMZ?bookref=1,910b,37 (abgerufen am: 09.10.2014).

1056 http://www.woerterbuchnetz.de/BMZ?bookref=3,355a,26 (abgerufen am: 09.10.2014).

1057 vgl. DWB, Bd. 25, Sp. 693.

1058 http://www.woerterbuchnetz.de/Lexer?bookref=3,149,53 (abgerufen am: 09.10.2014); vgl. http://www.woerterbuchnetz.de/BMZ?bookref=1,910b,37 (abgerufen am: 09.10.2014); DWB, Bd. 25, Sp. 694.

1059 http://www.koeblergerhard.de/ahd-mhd-HP/ahd+mhd20140502.htm (abgerufen am: 09.10.2014).

1060 Die Rente ist vergleichbar mit der heutigen Hypothek. Diese wird definiert als „Belastung eines Grundstücks [...] in der Weise, dass an den (Hypothekengläubiger), zu dessen Gunsten die Belastung erfolgt bzw. besteht, eine bestimmte Geldsum-

auch *be-* als Präfixe die Funktion des ‚Signalisierens eines Kontakts' und in dieser Funktion die Bedeutung „jmdn./etw. mit Bs [i.e. Basis] versehen"[1061] übernehmen können,[1062] kann die Bedeutung ‚mit Schulden belasten' auch für *verkumbern* angesetzt werden. Verpfändung bezeichnet im Gegensatz zum Verkauf die „provisorische Baarzahlung unter Vorbehalt des Lösungsrecht des Schuldners."[1063] In Verbindung miteinander kann also die zeitweilige oder dauerhafte Weggabe eines Gegenstandes gegen Geld an eine andere Person bezeichnet werden.

Alle drei Verben gehen auch mit anderen Lexemen ‚paarige Wortverbindungen' ein, bilden dabei aber einen abweichenden Oberbegriff. Die folgende Tabelle führt daher nur die Verbindungen aus *verkoufen*, *versetzen* und *verkumbern* auf.

Tabelle 19: Verteilung der Belege aus verkoufen, versetzen *und* verkumbern.

paarige Wortverbindung	Beleghäufigkeit	Text
verkoufen - versetzen	14/11	StrB, StrFS, StrG, HOb, StrL, MSchr/ StbA, StrF, StrFB, HOb, StrsK, StrL
verkoufen - verkumbern (bekumbern)	5/1	StrB, StrG/StrB
versetzen - verkumbern	3/4	MSchr, StrR, RBU/StrB, MSchr

Durch die Kombination *versetzen - verkumbern* werden die Möglichkeiten ausgedrückt, einen Geldbetrag für eine Immobilie zu erhalten, ohne - wie beim Verkauf - endgültig das Eigentum daran zu verlieren. Während allerdings beim *versetzen* die Besitzrechte an den Gläubiger übergehen (Pfand), bleibt beim *verkumbern* der Eigentümer auch Besitzer der *verkumberten* Immobilie (Rente). Kann das Pfand nicht ausgelöst werden oder wird die Rente nicht gezahlt, fällt das belastete Objekt dem Gläubiger zu. Obwohl davon ausgegangen wird, dass Rentengeschäfte auf Immobilien begrenzt sind, wird in StrB §188.1 - hier in dreigliedriger Verbindung - *verkumbern* auch auf Fahrhabe angewendet:

me zur Befriedigung einer ihm zustehenden Forderung [...] aus dem Grundstück zu zahlen ist.", vgl. Köbler: Juristisches Wörterbuch, S. 214. Zur Entwicklung des mittelalterlichen Rentensystems vgl. Isenmann: Deutsche Stadt, S. 949ff.; Heusler: Institutionen, S. 143ff.; Gierke: Privatrecht II, S. 915ff. und Gilomen: Rentenkauf, S. 1ff. unter besonderer Berücksichtigung der städtischen Entwicklung S. 49ff.

1061 Mittelhochdeutsche Grammatik, hrsg. v. Thomas Klein/Hans-Joachim Solms/Klaus-Peter Wegera, Teilbd. 3: Wortbildung, Tübingen 2009, V. 12f. und V. 63 [Mittelhochdeutsche Grammatik 3].

1062 Mittelhochdeutsche Grammatik 3, V. 13.

1063 vgl. Heusler: Institutionen, S. 202.

Item stirbt eim man sein wirtein, vnd das sie im kinde lesset, vnd das er sich darnach verendert mit einer anderen elichen wirtein, was danne derselbe wirte seins wagenden erbs vnd kleyned vnd haußgerett, darauff die vorderen kint warte haben, ***verkümmert, versetzt oder verkaufft*** *[...].*

In der Regel wird *verkumbern – versetzen* allerdings auf Immobilien wie *erbe* oder *gelegen gůt* (StrR Art. 171) angewendet:

MSchr S. 163, Kap. 47: *Nymant mag syn an irsturbin erbe* ***vorkummern noch vorseczczin*** *ane synir erbin willen.*

Mithilfe der Verbindung *verkoufen – versetzen* werden die vorhandenen Möglichkeiten der ‚Besitzübertragungen' unabhängig von Dauer und Ablösbarkeit der Übertragung ausgedrückt. Der Unterschied zwischen beiden Formen der Besitzübertragung liegt darin, dass bei *verkoufen* Besitz und Eigentum gegen Geldleistung dauerhaft an den Käufer übergehen, während beim *versetzen* dem Gläubiger gegen Zahlung eines Geldbetrags die Besitzrechte, aber nicht das Eigentum befristet bis zum Zeitpunkt der Auslösung des Pfandes übertragen werden. Die Kombination ist in zehn Texten belegt und verteilt sich auf das gesamte Untersuchungsgebiet. In der Regel wird die Verbindung auf Immobilien bezogen:

StrsK 12.4: *Item hette einer guit inerwonnen* ***zu versetzen ader zu verkaufen****, ist es eigen oder erbe [...].*

Sie kann aber auch auf Fahrhabe angewendet werden:

StrL Nr. 144: *Doit en man kledere oder anderſwat iemende to makende vnde* ***vorkoft oder vor ſet*** *dat iene deme it is gedan to makende [...].*

verkoufen – versetzen wird nur mit den Konjunktionen *oder* und *noch* verbunden. Dies erklärt sich aus der Tatsache, dass zur Akquirierung von Geldmitteln entweder die eine oder die andere Variante zur Verfügung steht. Die Belege mit *noch* verneinen dabei grundsätzlich die Möglichkeiten von Verkauf und Verpfändung.

verkoufen – verkumbern/bekumbern nimmt eine Sonderstellung ein. Hier wird die Übertragung von Besitz und Eigentum an einer Sache (*verkoufen*) mit der Belastung eines Gegenstands ohne die Übertragung von Besitz und Eigentum an den Gläubiger (*ver*kumbern) verbunden. Gemeinsam ist beiden Vorgängen nur, dass derjenige, der etwas verkauft oder verkümmert, eine Geldleistung dafür erhält.

StrG 1.II §19: *Nen vormunde scal ok ervegut noch lengut des kindes* ***vorkopen noch bekomeren*** *[...].*

Hinsichtlich der verwendeten Konjunktionen zeichnet sich dasselbe Bild ab wie bei *verkoufen – versetzen*.

Alle drei Verbindungen bilden mit Abweichungen in Art und Dauer der Veräußerungen diesen Oberbegriff. Dabei kann eine Geldleistung gegen Stellung eines Pfandes oder einer Grundschuld, eine Besitzübertragung auf begrenzte oder unbegrenzte Zeit oder die Zahlung eines Geldbetrags mit oder ohne Übertragung von Besitz und Eigentum bezeichnet werden. Als Oberbegriff würde sich daher eher ‚Sicherstellung der Liquidität' als der zunächst angenommene Begriff der ‚Veräußerung' anbieten, da letztendlich allen drei vorgestellten Typen aus Sicht des Verkäufers oder Schuldners die Erlangung von Geldmitteln gemein ist. Aufgrund des festen Lexembestands und dem jeweils mit den oben dargestellten Differenzen gebildeten Oberbegriff ‚Sicherstellung der Liquidität' können alle drei Verbindungen zu den ‚Paarformeln' gezählt werden. Da sie allerdings jeweils unterschiedliche Aspekte hervorheben, die nicht ergänzt werden können, müssen sie als ‚additiv-komplexive' Verbindungen verstanden werden. Auch wenn die Belegzahlen teilweise gering sind, sind alle drei Verbindungen als ‚technische Mittel der Rechtssprache' zu verstehen.

7. Einzelne Formeln

minne und rëht

Seit Homeyers Untersuchung zur Formel ‚der Minne und des Rechts eines anderen mächtig sein' wird *minne – rëht* in der Schiedsgerichtsbarkeit verortet. Sie drückt hier die unterschiedlichen Möglichkeiten der Streitbeilegung aus, wobei das Verfahren nach *minne* im Gegensatz zum formstrengen Verfahren nach *rëht* ein gütliches Verfahren vor einem Schiedsgericht bezeichnet. Das Verfahren nach *minne* ist allerdings nicht als formloses Verfahren zu verstehen, sondern beruht auf Bereitschaft der Streitparteien, sich einem schiedsrichterlichen Spruch zu unterwerfen. Dem Verfahren nach *minne* wird in der Rechtsfindung der Vorrang eingeräumt, da davon ausgegangen wird, dass eine gütliche Einigung den Frieden dauerhafter sichere als ein Urteil im üblichen Rechtsverfahren (vgl. Kap. IV. 2.).[1064]

Die Verbindung *minne – rëht* ist im Korpus 15-mal belegt. Hinzu kommen die inhaltlich verwandten Verbindungen *vriuntschaft – rëht* (4) und *güetecheit – rëht* (1). Die Belege verteilen sich auf sechs Texte, wobei *minne – reht* allein in StrG elfmal belegt ist.

1064 vgl. Homeyer: Minne und Recht; Schäfer: Consilio vel judicio; Hattenhauer: Minne und recht; Gaisser: Schöffensprüche und Dittmer: Formelschatz.

Tabelle 20: Verteilung der Belege minne – rëht *und Varianten.*

	StbA	StrB	StrHB	StrG	SBO	RBU
minne – rëht	1		1	11		2
vriuntschaft – rëht		2			2	
güetecheit – rëht		1				

Auch wenn für *minne – rëht* Varianten existieren, wird *minne – rëht* als komplexive ‚Paarformel' verstanden. Dies liegt zum einen an der hohen Belegfrequenz außerhalb des Korpus, zum anderen an der strukturellen Verfestigung der Verbindung. Die Reihenfolge der Glieder ist, vermutlich aufgrund der bevorzugten Regelung nach *minne*, ebenso verfestigt wie die Konjunktion, die beide Glieder verbindet. Abgesehen von dem Beleg *güetecheit – rëht*, der *unde* verwendet, nutzen alle Verbindungen die Konjunktion *oder*. Dies entspricht dem Befund Gaissers, der in der Konjunktion *oder* den Gegensatz zwischen *minne* und *rëht*, d.h. zwischen der Bereitschaft, den Rechtsfrieden in friedlicher Weise herzustellen und dem nach einem Zerwürfnis im Rechtsverfahren gefundenen Rechtsfrieden, realisiert sieht.[1065] *oder* zeigt aber auch die generelle Wahlmöglichkeit an, die den Parteien in der Streitbeilegung zur Verfügung steht. Die Wahlmöglichkeit wird hier durch *oder* sprachlich realisiert, den Streitparteien wird somit die Option geboten, sich für die eine oder die andere Verfahrensform zu entscheiden.

minne beinhaltete ursprünglich die „Vorstellung der Zuneigung zu einem Menschen, die in Freundlichkeit, Hilfe und Verbundenheit zum Ausdruck kommt […]"[1066]. Während sich hieraus die Bedeutung „liebe, allgem. u. zwar: religiöse liebe" und „die geschlechtliche, sinnliche liebe allgem."[1067] entwickelt, „[bezeichnet] in der rechtssprache […] minne das freiwillige, gütliche leisten, vergleich gegenüber rechtlichem zwange"[1068] bzw. „Zustimmung, Einverständnis, Gewogenheit […]; gütliche Übereinkunft in einem Rechtsstreit, Vergleich, schiedsrichterliche Entscheidung, Schiedsspruch"[1069]. In Verbindung mit *rëht* bezeichnet *minne* laut DRW

1065 vgl. Gaisser: Schöffensprüche, S. 22ff.

1066 http://drw-www.adw.uni-heidelberg.de/drw/ (abgerufen am: 26.09.2014).

1067 http://www.woerterbuchnetz.de/Lexer?bookref=1,2144,36 (abgerufen am: 26.09.2014); vgl. DWB, Bd. 12, Sp. 2240; http://www.woerterbuchnetz.de/BMZ?bookref=2,177a,34 (abgerufen am: 26.09.2014).

1068 DWB, Bd. 12, Sp. 2241.

1069 http://drw-www.adw.uni-heidelberg.de/drw/ (abgerufen am: 26.09.2014).

„die vor und neben dem ordentlichen Prozeßverfahren bestehende Alternative des außergerichtlichen Vergleichs, sowohl des gütlichen Vergleichs der streitenden Parteien untereinander als auch des für alle Parteien bindenden Schiedsrichterspruchs; [...]; für das erste Glied können synonym auch Liebe, Freundschaft, Hulde, Gunst, Güte u.a. stehen"[1070].

Hier wird bereits auf die Varianten, die auch im Korpus belegt sind, verwiesen. Für *vriuntschaft* wird in rechtlichen Kontexten unter anderem „Güte, außergerichtliches (Schieds-)Verfahren"[1071], für *güetecheit* „gütliches Übereinkommen, (schieds-)richterliche Vermittlung"[1072] angegeben. Allen Komponenten, die hier mit *rëht* zusammen den Oberbegriff ‚Streitbeilegungsmöglichkeiten' bilden, ist dementsprechend die Bedeutung der schiedsrichterlichen Vermittlung bzw. des gütlichen Übereinkommens gemein.

Dies spiegelt sich auch in den Korpusbelegen wider. Dabei fällt auf, dass die außergerichtliche bzw. gütliche Einigung nur in bestimmten Fällen zur Verfügung steht. Diese beziehen sich grundsätzlich auf die Leistung eines bestimmten Geldwertes, ob als Schadensersatzleistung, Rückerstattung oder Pfändung bzw. Leistung von Schulden. Diese Schadensersatzleistung kann sich auf Fälle leichter Körperverletzung beziehen, wie z.B. solche, die vor oder nach der offiziellen Eröffnung von Ritterspielen auf dem Marktplatz von Goslar geschehen

StrG 2.I §89: *Wanne torney oder forest*[1073] *oder behort up dem markede is, er de, de dat spel oven willet, mit der bunghen*[1074] *up den market komet, we enne dar neder rede de wile unde eme we dede, dat moste he irleghen* ***na minne oder na rechte***. *[...]*

oder auf Gegenstände, die in Badehäusern verloren gehen, auf die allerdings der Meister oder die Meisterin hätte Acht geben müssen

StrB §374: *Item was in den badheußeren verloren wirt, das den meister oder die meisterein angehoret czu behalten [...], das sullen sie gelten* ***noch fruntschafft oder noch dem rechten*** *[...].*

1070 http://drw-www.adw.uni-heidelberg.de/drw/ (abgerufen am: 26.09.2014).

1071 http://drw-www.adw.uni-heidelberg.de/drw/ (abgerufen am: 26.09.2014). Hier auch die weiteren Bedeutungen von *vriuntschaft* in rechtlichen Kontexten.

1072 http://drw-www.adw.uni-heidelberg.de/drw/ (abgerufen am: 26.09.2014).

1073 „ein Ritterspiel", vgl. http://www.woerterbuchnetz.de/Lexer?bookref=3,466,40 (abgerufen am: 26.09.2014); vgl. http://www.woerterbuchnetz.de/BMZ?bookref=4,383b,24 (abgerufen am: 26.09.2014).

1074 „Trommel, Pauke", vgl. http://www.woerterbuchnetz.de/Lexer?bookref=1,383,8 (abgerufen am: 26.09.2014).

Auch wenn hier deutlich wird, dass in diesen Fällen grundsätzlich die Möglichkeit besteht, die Leistung des Geldwerts auf freiwilliger Basis oder nach gerichtlichem Verfahren vorzunehmen, lässt sich anhand der Belege nicht klären, ob es sich hierbei grundsätzlich um ein Schiedsgerichtsverfahren handeln muss. Inwiefern solche Konfliktlösungen nach *minne* auch als außergerichtliche Beilegungen stattfinden können, in der ausschließlich die Streitparteien ohne Hinzuziehung eines Schiedsrichters einen Kompromiss aushandeln, muss offen bleiben. Unzweifelhaft ist, dass durch *minne – rëht* die, nach dem Verbot der Fehde in den Städten, einzigen zur Verfügung stehenden Möglichkeiten der Streitbeilegung bezeichnet wird. Allerdings wird hier vorsichtiger als bei Homeyer formuliert, dass die Verbindung und *minne – rëht* die Bedeutung ‚freundschaftliche/freiwillige vs. gerichtliche Streitbeilegung' bzw. ‚Kompromiss vs. Gerichtsverfahren' transportiert wird.

âne arclist unde geværde

Die Verbindung *arclist – geværde* liegt in nur fünf Belegen aus StrF vor. Wie Fuhr gezeigt hat, ist *âne arcliste unde geverde* eine promissorische Formel, die vor allem im Bereich der Eide und vertraglichen Vereinbarungen benutzt wird. Die ‚Arglistklausel' richtet sich hier auf die Einhaltung von Verträgen oder Amtspflichten. Im Rahmen der im Mittelalter feststellbaren Übertragung auf Parteieide in Prozessen verliert die Formel ihren promissorischen Charakter, sie wird assertorisch, d.h. als Beweis dafür, dass eine Tat nicht aus Arglist begangen wurde, verwendet.[1075]

Aufgrund der geringen Anzahl an Belegen, die zudem alle einem Stadtrecht entstammen, kann hier lediglich versucht werden, Fuhrs Ausführungen auf StrF anzuwenden. *arclist* wird zunächst mit der Bedeutung „arglist, bosheit"[1076] angegeben, das DWB, das ausschließlich lateinische Übersetzungen[1077] des Begriffs bietet, scheint diese negative Konnotation zu relativieren, da alle angebotenen Übersetzungen neben „Verschlagenheit" auch „List" oder „Schlauheit"[1078] ergänzen. Allerdings verfügt *arclist* bereits im Ahd. über einen negativen Aspekt[1079], der

1075 vgl. Fuhr: Ane argeliste, S. 105ff. und S. 172ff.

1076 http://www.woerterbuchnetz.de/Lexer?bookref=1,90,23 (abgerufen am: 26.09.2014).

1077 versutia, calliditas, astutia, DWB, Bd. 1, Sp. 550.

1078 Stowasser, S. 53, S. 71 und S. 545.

1079 vgl. Schützeichel: Ahd. Wörterbuch, S. xx, Jochen Splett: Althochdeutsches Wörterbuch. Analyse der Wortfamilienstrukturen des Althochdeutschen, zugleich Grundlegung einer zukünftigen Strukturgeschichte des deutschen Wortschatzes. Bd. I,1. Berlin/New York 1993, S. 556 und http://www.koeblergerhard.de/ahdwbhin.html (abgerufen am: 26.09.2014).

von LEXER auch für das Mhd. vorausgesetzt wird. Dieser negative Aspekt zeigt sich auch in rechtlichen Kontexten, so gibt das DRW für *arclist* „Betrug, böse Absicht, Hinterhältigkeit; insbesondere in Rechtsverwahrungen“[1080] an.

geværde bezeichnet nach LEXER „hinterlist, betrug“[1081], nach dem DWB „arglist, tücke, untreue u.ä.“[1082] Die Präpositionalphrase *âne geværde* wird als „ohne Gefährde ehrlich, aufrichtig, ohne Machenschaften“[1083] wiedergegeben. Die Verbindung von *arclist – geværde* mit der Präposition *âne* würde demnach den Ausschluss jeglicher böser Absicht beinhalten.

Diese Bedeutung zeigt sich auch in den hier zu analysierenden Belegen. Die Formel ist ausschließlich mit der Konjunktion *unde* verbunden, da hier jegliche böswillige Absicht, sowohl *arclist* als auch *geværde*, ausgeschlossen werden soll. Die Reihenfolge der Glieder ist – soweit sich dies anhand der geringen Belegzahlen verifizieren lässt – fest und es wird grundsätzlich die Präposition *âne* vorangestellt. *âne arclist unde geværde* kommt in promissorischer wie auch in assertorischer Verwendung vor. So sollen die Unterkäufer vor dem Rat *âne arclist unde geværde* schwören, jeden gleich zu behandeln (StrF A6). Ebenso wird hinsichtlich des Geleits für Gäste von Hochzeiten oder Begräbnissen bestimmt, dass diese

> **StrF A60:** [...] *der adir die sullen der stede geleide habin,* ***ane allirleie argelist und geverde.***

Über diesen promissorischen Chrarakter verfügt die ‚Arglistformel‘ auch in StrF A61 zu den Verpflichtungen der Schöffen und Ratsherren. Eine eher rückversichernde Funktion übernimmt die Formel in den Beteuerungen des Rats, Gesetze ohne jegliche böse Absicht erlassen zu haben. Dies zeigt sich in den Bestimmungen zur Kleiderordnung (StrF A44) und zur Weinbereitung:

> **StrF A63.3:** *Alle diese vorgeschrebin stucke sint gemacht* ***ane allerleie argelist und geverde.*** *[...]*

Anhand dieser wenigen Belege zeigt sich, dass *âne arclist unde geværde* in der Mitte des 14. Jahrhundert sowohl auf zukünftige als auch auf zurückliegende Handlungen angewendet wird. Ziel ist es dabei immer, zu versichern, dass eine Handlung ohne böswillige Absicht vorgenommen wurde oder vorgenommen werden soll.

1080 http://drw-www.adw.uni-heidelberg.de/drw/ (abgerufen am: 26.09.2014).
1081 http://www.woerterbuchnetz.de/Lexer?bookref=1,956,37 (abgerufen am: 26.09.2014).
1082 DWB, Bd. 4, Sp. 2074.
1083 http://drw-www.adw.uni-heidelberg.de/drw/ (abgerufen am: 26.09.2014); so auch http://www.woerterbuchnetz.de/Lexer?bookref=1,956,37 (abgerufen am: 26.09.2014).

hûs unde hof – hûsen unde hoven

Die noch heute geläufige Verbindung von *hûs – hof* setzt sich zusammen aus den Bezeichnungen für das als menschliche Wohnung bestimmte Gebäude[1084] und dem zumeist durch Zaun oder Mauer „umschlossene[n] raum beim hause"[1085]. Durch die Kombination von Wohn- und Wirtschaftsgebäuden wird die grundlegende Bedeutung ‚Besitz' gebildet, aus der sich der darüber hinausweisende Begriff des Hausfriedens ableitet.[1086] Das Institut des Hausfriedens umfasst „das Recht eines Hauseigentümers bzw. einer Hausgemeinschaft auf Frieden gegen Störungen von außerhalb"[1087]. Da das Haus dem Schutz des Menschen dient, ist es der Raum eines besonderen Friedens, dessen Verletzung (*heimsuochunge*) mit hohen Strafen belegt ist. In den Stadtrechten gewinnt der Hausfrieden und damit das Haus im Rahmen der Zurückdrängung der Fehde zusätzlich die Funktion eines Asyls.[1088] Darüber hinaus werden durch *hûs – hof* weitere rechtliche Komponenten verdeutlicht. Lokal kennzeichnet die Formel den Bereich, in dem „der Hausherr die hausväterliche Gewalt ausübt"[1089] und den Ort rechtlicher Handlungen wie z.B. der Ladung vor das Gericht.[1090]

Aus diesem übergeordneten Hausfriedensbegriff lässt sich auch die Bedeutung der verbalen Verbindung erschließen, in der *hûsen* (jmd. beherbergen, aufnehmen)[1091] mit *hofen* (jemanden in den Hof aufnehmen, beherbergen, gegenüber hausen wohl mit der Nebenbedeutung unterstützen)[1092] kombiniert wird.

Während also *hûs – hof* den Besitz und den damit verbundenen Hausfrieden bezeichnet, wird durch *hûsen – hofen* die Unterbringung in dem Besitz bzw. die Unterstellung unter den Hausfrieden bezeichnet.

1084 vgl. http://drw-www.adw.uni-heidelberg.de/drw/ (abgerufen am: 08.10.2014).

1085 http://www.woerterbuchnetz.de/Lexer?bookref=1,1320,45 (abgerufen am: 08.10.2014); vgl. http://www.woerterbuchnetz.de/BMZ?bookref=1,737a,14 (abgerufen am: 08.10.2014).

1086 vgl. Schmidt-Wiegand: Haus und Hof, HRG², Bd. II, Sp. 791. [Schmidt-Wiegand: Haus und Hof].

1087 Bernd Kannowski: Art. Hausfrieden, in: HRG², Bd. II, Sp. 803 [Kannowski: Hausfrieden].

1088 vgl. Kannowski: Hausfrieden, Sp. 803.

1089 Schmidt-Wiegand: Haus und Hof, Sp. 792.

1090 vgl. Schmidt-Wiegand: Haus und Hof, Sp. 791ff.

1091 vgl. http://drw-www.adw.uni-heidelberg.de/drw/ (abgerufen am: 08.10.2014); http://www.woerterbuchnetz.de/Lexer?bookref=1,1401,29 (abgerufen am: 08.10.2014).

1092 vgl. http://drw-www.adw.uni-heidelberg.de/drw/ (abgerufen am: 08.10.2014).

Die Verbindung von *hûs – hof* ist im Korpus 70-mal, *hûsen – hofen* nur zehnmal belegt. *hûs – hof* kann dabei alle oben beschriebenen Funktionen übernehmen.

Tabelle 21: Funktionen von hûs – hof.

Funktion	**Beleghäufigkeit**	**Texte**
Besitz	12	StrFS, StrG, StrR,SStbA, ASS
Wohnort	16	StrB, StrFS, StrFB, StrG, SStbA, WüPo
Hausfriedensbereich	10	StrG
gerichtliche Funktion	32	StrB, StrFS, StrFB

Die Grenzen zwischen der Verwendung zur Bezeichnung von Besitz, Wohnort und Hausfriedensbereich sind aufgrund semantischer Überschneidungen nicht immer eindeutig zu ermitteln. Alle Belege, bei denen die Zuordnung unklar ist, werden entweder der Kategorie ‚Besitz‘ oder ‚Wohnort‘ zugeordnet.

SStbA XLV: *Wer in unser stat dem andern an sinem **huse oder hofe** sine slos oder sine túren frefellich ufbrichet [...].*

Durch das Possesivpronomen *sine* wird angezeigt, dass es sich um den Besitz einer Person handelt, in dem sie vermutlich, aber nicht zwangsläufig, wohnt. *frefelich ufbrichet* hingegen zeigt die Heimsuchung, also den Bruch des Hausfriedens, an. Der Beleg wird unter den Oberbegriff ‚Besitz‘ aufgenommen, da die Funktion ‚Wohnort‘ zwar höchstwahrscheinlich, aber nicht eindeutig nachweisbar ist und der ‚Hausfriedensbereich‘ nur implizit erfasst wird.

Eindeutig dem ‚Hausfriedensbereich‘ zuzuordnen sind alle neun Belege, die um die Lexeme *kirche* und *kirchhof* erweitert sind. Hier wird der durch den Hausfrieden zugesicherte Schutz, das Asyl, um den in *kirche*[1093] und *kirchhof*[1094] zugesicherten persönlichen Schutz erweitert. Diese Spezifikation ist auch insofern interessant, als dass zur Benennung des ‚Kirchenfriedensbereichs‘ das gleiche Mittel, nämlich die Zusammenfügung von Bezeichnungen des Gebäudes und des umgebenden Hofes, gewählt wird.

StrG 2.I §30: *We enne broke deyt up den anderen, de ne hevet nenne vrede **in huse, in hove, in kerken, noch in kerkhoven**.*

1093 „Kirche (und Kirchhof) als Stätte mit besonderem Frieden daher auch Asylort“, http://drw-www.adw.uni-heidelberg.de/drw/ (abgerufen am: 09.10.2014).

1094 „Raum, Platz (Hof IV) um eine oder vor einer Kirche (I), der unter einem besonderen Friedensgebot (Frieden I 2 f γ; und δ) steht und deshalb auch als Asylort anerkannt ist, http://drw-www.adw.uni-heidelberg.de/drw/ (abgerufen am: 09.10.2014).

Wie in allen weiteren Belegen dieser viergliedrigen Verbindungen lässt sich feststellen, dass unter bestimmten Bedingungen, wie einer begangenen Straftat, dieser Frieden außer Kraft gesetzt wird.[1095] Der ausschließende Charakter dieser Bestimmungen zeigt sich auch in der verwendeten Konjunktion *noch*. Der verbleibende, nur aus *hûs – hof* bestehende, Beleg wird ebenfalls als Sonderfall gedeutet, hier allerdings in positiver Weise, da jemandem ein Frieden in einem besonderen Haus gewährt wird.

Die Gewährung des Hausfriedens bzw. eines Asyls wird durch die Formel *hûsen – hofen* ausgedrückt. In allen Belegen muss das gewährte Asyl dabei als widerrechtliche Gewährung von Unterbringung interpretiert werden, da stets die Aufnahme eines Straftäters bezeichnet wird.

StrHB II.8: *So we enen vrethelosen man* ***hovet ether huset*** *[…].*

Anstelle von *hofen* kann auch *heimen*[1096] (3/RBU) oder *herbërgen*[1097] (WüPo) verwendet werden, ohne dass sich der Sinn des ‚widerrechtlich Schützens' dadurch verändert.

Die Hervorhebung des ‚Hausfriedensbereichs' als althergebrachtes Rechtsinstitut[1098] erscheint also nur dann als notwendig, wenn er nicht oder ausnahmsweise gilt. Da die eindeutig dieser Kategorie zuordenbaren Belege alle aus StrG stammen, bedarf diese These allerdings einer Überprüfung auf einer breiteren Textgrundlage.

Zur Bezeichnung von ‚Besitz' wird entweder *hûs – hof* oder *hûs – hofestat*[1099] (3) verwendet, zur Bezeichnung von ‚Wohnort' nur *hûs – hof*. Beide sind nur schwer voneinander zu trennen. Unter der Kategorie ‚Wohnort' werden alle Belege subsumiert, aus denen eindeutig hervorgeht, dass sie sich auf die in ihnen wohnenden Personen beziehen:

1095 vgl. dazu: His: Strafrecht, S. 59.

1096 „(missetätige oder unerwünschte Leute) in Herberge nehmen, begünstigen", http://drw-www.adw.uni-heidelberg.de/drw/ (abgerufen am: 09.10.2014).

1097 „Unterkunft geben", http://drw-www.adw.uni-heidelberg.de/drw/ (abgerufen am: 09.10.2014).

1098 vgl. Kannowski: Hausfrieden, Sp. 803; Schmidt- Wiegand: Haus und Hof, Sp. 791ff.

1099 „grund und boden, worauf ein hof mit den dazu gehörigen gebäuden steht oder stehen könnte", http://www.woerterbuchnetz.de/Lexer?bookref=1,1369,5 (abgerufen am: 09.10.2014); vgl. http://www.woerterbuchnetz.de/BMZ?bookref=3,601b,6 (abgerufen am: 09.10.2014), aber auch „Hof, Hofraum, Hauswiese, Baumgarten", http://drw-www.adw.uni-heidelberg.de/drw/ (abgerufen am: 09.10.2014).

WÜPO NR. 97: *Man gebutt auch allermengelich, daz iedermann in sim* ***hofe oder huse*** *mit sime gesinde und huzgenózzen daz halte und wernde […].*

Hier wird durch die Erwähnung von *gesinde und husgenózzen* deutlich, dass es sich um einen gemeinsamen Wohnraum handelt, da durch *gesinde* „Hausdienstleute, oft nur auf begrenzte Zeit"[1100] und durch *husgenôze* der „hausgenosse, mitbewohner eines hauses"[1101] bezeichnet wird. *hof* kann hier allerdings auch als „Wohnsitz"[1102] verstanden werden.

Unter der Kategorie ‚Besitz' hingegen werden diejenigen Belege eingeordnet, in denen die ‚Liegenschaft' *hûs – hof* benannt wird:

StrR Art. 179: *Es ist gesetztet, daz kain burger dem amman umb kainerlaige unzuht kainen búrgen setzen sol, der* ***hus und hof*** *in dem geriht hăt […].*

Da aus dieser Bestimmung nicht eindeutig hervorgeht, ob der *búrge* hier *hus – hof* auch selbst bewohnen muss, wird hier die Kategorie ‚Besitz' gewählt. Dass ‚Besitz' und ‚Wohnort' nicht zwangsläufig gleichbedeutend sind, zeigt SStbA XXXVIIII:

Wer ŏch den andern in sinem ***eignem huse und hofestat*** *oder do er seshaft ist […].*

75% der Belege werden durch *unde* verbunden, nur einmal wird die Konjunktion *noch* verwendet, sechsmal steht *oder*. Abgesehen von dem oben aufgeführten Beispiel aus WüPo gehören all diejenigen mit *noch* bzw. *oder* belegten Verbindungen der Kategorie ‚Eigentum' an und verfügen über den bereits erläuterten ‚distributiven' bzw. pejorisierenden Charakter.

Eine gerichtliche Funktion übernimmt die Kombination *hûs – hof* in dem Moment, in dem durch sie eine Ladung vor das Gericht *czu hauß vnd czu hoffe*[1103] ausgesprochen wird, das Aufsuchen des Gerichts selbst als *gan ze hus uñ ze hove*[1104] bezeichnet wird oder eine Straftat am Haus des Vogtes oder eines anderen Gerichtsdieners vorgebracht werden muss:

StrFS XX §1: *[…] unde sal in brengen zu gerichte* ***zu huse und zu hove*** *des voites […].*

Alle Belege dieser Kategorie werden mit *unde* verbunden. Dies kann damit erklärt werden, dass Ladungen vor Gericht am Wohnort des zu Ladenden vorgenommen

1100 http://drw-www.adw.uni-heidelberg.de/drw/ (abgerufen am: 09.10.2014).

1101 http://www.woerterbuchnetz.de/Lexer?bookref=1,1402,37 (abgerufen am: 09.10.2014); vgl. http://www.woerterbuchnetz.de/BMZ?bookref=2,398b,13 (abgerufen am: 09.10.2014).

1102 http://drw-www.adw.uni-heidelberg.de/drw/ (abgerufen am: 09.10.2014).

1103 StrB, II §6.

1104 StrFB, Nr. 10.

werden bzw. Gericht und Gerichtsort wie der Wohnort selbst seit jeher unter einem gesonderten Frieden bzw. einer speziellen Immunität stehen.[1105] Auch wenn sich auch in StrB (2) und StrFB eine ‚gerichtliche Funktion' der Verbindung *hûs – hof* nachweisen lässt, bleibt es schwierig, über StrFS mit 90,6% der Belegstellen hinaus allgemeingültige Aussagen zu treffen. Es mag hier an den sehr ausführlichen Beschreibungen des Prozessverlaufs liegen, der auch die Formen der Klageerhebung erfasst, dass verschiedene Formeln wie auch *hûs – hof* in diesem Stadtrecht so häufig belegt sind.

Die Verbindung von *hûs – hof* ist als additive Paarformel anzusehen: Sie verfügt über einen festgelegten Lexembestand, der – mit Ausnahme eines einzigen Belegs – in der festen Reihenfolge mit *hûs* im ersten Glied belegt ist. Eine Besonderheit der Paarformel *hûs – hof* zeitigt die Anzahl der durch sie gebildeten Oberbegriffe, die jedoch alle mit dem Wohnort bzw. dem daraus abgeleiteten Frieden in Verbindung zu bringen sind. Die Zusammensetzung *hûsen – hofen* hingegen muss aufgrund des variablen Lexembestands bei gleichbleibendem Oberbegriff zu den ‚begriffsbildenden Wortpaaren' gezählt werden. *hûsen* bleibt zwar konstant, für *hofen* kann aber auch *heimen* und *herbërgen* verwendet werden. Diese Variabilität kann vielleicht mit den Lebens- und Wohnbedingungen der Stadt erklärt werden, da hier nicht mehr jedes Wohnhaus mit einem Hof umgeben ist.[1106]

lëdec unde lôs

Die Verbindung *lëdec – lôs* bezeichnet grundsätzlich einen Zustand, in dem jemand unbelastet oder von etwas befreit ist. Während sowohl *lëdec* als auch *lôs* einzeln auf die unterschiedlichsten Dinge bezogen werden können, scheint sich die Verbindung beider auf die Freiheit von Ansprüchen gegenüber der eigenen Person bzw. die eigene Person betreffenden Rechtsverpflichtungen zu beziehen.[1107] *lëdec – lôs* ist im Korpus 25-mal belegt. Daneben steht einmal die Zusammenfügung *lëdec – vrî*, einmal *lëdec – unbekumbert* und einmal *lëdec – lære*. Einmal wird *lëdec – lôs* um *unbeswæret* erweitert.

Isoliert betrachtet, bedeutet *lëdec* zunächst „ledig, frei, ungehindert allgem."[1108] und kann sich auf Personen (unverheiratet) oder Kinder (unehelich), Ämter, Lehen

1105 vgl. Köbler: Rechtsgeschichte, S. 86f.

1106 vgl. Eduard Osenbrüggen: Der Hausfrieden, Aalen 1968, S. 10ff.

1107 vgl. http://drw-www.adw.uni-heidelberg.de/drw/ (abgerufen am: 28.09.2014).

1108 http://www.woerterbuchnetz.de/Lexer?bookref=1,1852,42 (abgerufen am: 28.09.2014); vgl. http://www.woerterbuchnetz.de/BMZ?bookref=1,957b,45 (abgerufen am: 28.09.2014).

oder Besitzungen (unbesetzt), Liegenschaften (frei von Abgaben), verschiedene Verben wie z.B. lassen (frei von etwas lassen) oder auf Ansprüche und Verpflichtungen, von denen die entsprechende Person befreit ist oder wird, beziehen.[1109]

lôs wird generell mit „frei, ledig“ und „befreit, beraubt von etwas“[1110] wiedergegeben. Auch hier kann das Bezugsobjekt stark variieren: Es kann sich wie bei *lëdec* auf Personen, Rechte und Ansprüche beziehen, darüber hinaus aber auch auf gesellschaftliche Normen (leichtfertig, verbrecherisch) oder die Qualität einer Sache oder Handlung (unnütz, betrügerisch, falsch, minderwertig).

lëdec – lôs ist ausschließlich mit der Konjunktion *unde* belegt. Die Reihenfolge der Glieder ist bereits verfestigt – es wird ausschließlich *lëdec* im ersten Glied verwendet – und man kann trotz der in geringer Anzahl belegten Varianten von einem fixierten Lexembestand sprechen. Da die Kombination *ledec – lôs* das ‚befreit Sein von Verpflichtungen und Ansprüchen‘ bezeichnet, wird sie im Folgenden als Paarformel interpretiert. Ausgehend davon, dass es im Recht keine vollständig synonymen Paarformeln gibt, wird *lëdec – lôs* als eine beinahe-synonyme Paarformel, bei der das zweite Glied die Folge des ersten bzw. die dem ersten Glied nachfolgende Handlung bezeichnet, verstanden.[1111] Als Bedeutung ergibt sich somit ‚frei von etwas werden und somit (dauerhaft) befreit von etwas sein‘.

lëdec – lôs ist in neun Texten belegt und verteilt sich auf den gesamten Untersuchungsraum. Für HOb und StrG lässt sich allerdings eine Präferenz der Verwendung feststellen: 15 (60%) der 25 Belege entstammen diesen beiden Texten.

Tabelle 22: Verteilung der Belege lëdec – lôs.

Text	**lëdec – lôs**
StrB	2
StrHB	2
StrG	9
HOb	6
StrsK	1
StrL	1
MSchr	2
RBU	1
WüPo	1

1109 vgl. http://drw-www.adw.uni-heidelberg.de/drw/ (abgerufen am: 28.09.2014).
1110 http://www.woerterbuchnetz.de/Lexer?bookref=1,1956,8 (abgerufen am: 28.09.2014).
1111 vgl. Ludwig: Synonymabildung, S. 215ff.

Bis auf drei Belege beziehen sich alle auf Geldleistungen oder rechtliche Ansprüche, von denen man unter bestimmten Umständen *lëdec unde lôs* werden kann. In RBU bezieht sich *lëdec unde lôs* auf Immobilien, die in betrügerischer Absicht zwei unterschiedlichen Käufern verkauft werden, die Paarformel bezeichnet hier also ein ‚unbesetztes, besitzerloses' Gut.

> **RBU Art. 57:** *[…] und dazselb gůt ainem andern git oder versetzt* ***für ledig und für loz****, und einen also effet […].*

In StrG 2. III §8 handelt es sich um ein Haus, das man ohne Ansprüche Dritter in Besitz haben muss und in MSchr Cap. IV. 10 auf Erbe, das man ohne Ansprache darauf in Besitz hat bzw. hatte.

Alle anderen Belege behandeln Geldleistungen oder Rechtsansprüche, von denen man bei Nachweis der Zahlung oder Beweis der Unschuld *lëdec unde lôs* gesprochen wird oder von denen man nachweisen kann, dass man von ihnen bereits ledig gesprochen wurde. Dies kann z.B. als Voraussetzung gelten, ein Amt anzutreten, so sieht z.B. StrG 2.IV §37 vor, dass eine Person, die in den Rat gewählt wurde von *overhöre*[1112] *lëdec unde lôs* sein muss. Als Beweis der Unschuld kann das Vorbringen eines Toten gelten (StrG 2.IV §17) oder der Beweis echter Not:

> **HOb J VIII:** *Jd ne ſi alſo that it eme not hebbe dan, vnde the not ſcal he benomen, vnde ſueren vppe den hilleghen that it eme the noet hebbe dan. Vnde the man ſcal* ***leddich vnde los*** *weſen van ſiner claghe.*

Nach Abgeltung einer Schuld wird der Schuldner dieser *lëdec unde lôs*. In Bamberg wird diese Lösung von der Schuld schriftlich fixiert und so die endgültige Befreiung von den Ansprüchen des Gläubigers festgehalten:

> **StrB §393:** *[…] so sol man dieselben person vmb dieselben clag aus dem puch thun vnd der darumb* ***ledig vnd löß*** *sein on geuerde.*

Hier zeigt sich die dauerhafte Befreiung von der Schuld durch die Streichung des entsprechenden Eintrags aus dem Stadtbuch. Diese dauerhafte Befreiung von einer Geldschuld oder einer rechtlichen Forderung zeigt sich auch in HOb F III:

1112 *overhöre* bezeichnet ein Verfahren gegen Schuldner, die nicht gepfändet werden. Die *overhöre* gilt als das mildere Exekutionsmittel, vgl. Otto Göschen: Die Goslarischen Statuten mit einer systematischen Zusammenstellung der darin enthaltenen Rechtssätze und Vergleichung des Sachsenspiegels und vermehrten Sachsenspiegels, Berlin 1840, S. 461ff.

So wor ein man theme anderen ſcult gift vmme ienigerhande ſake, wert he van der beſcedenen ſcult ***ledich vnde loes*** *ghedelet vor rechte, were id denne alſo that the man vmme the claghe gheue ſcult, vnde mochte the man thene men ſcult gheue vullenkomen that he van der ſuluen ſcult, ofte van der claghe* ***leddich vnde loes*** *ghedelet were mit rechteme ordele, he ne ſcal thar nene noet vmme liden.*

Eine erneute Klage wegen eines Sachverhalts, von dem der Beklagte bereits *lëdec unde lôs* gesprochen wurde, gilt als nicht zulässig. Die Lossprechung vom Klagevorwurf wird somit dauerhaft vorgenommen und spiegelt sich in der Formel *lëdec unde lôs* wider. Der Beschuldigte ist nicht nur von dem Klagevorwurf freigesprochen worden, sondern bleibt auch dauerhaft von diesem befreit. Da die Funktion dieser Formel also auch im Verweisen auf Zukünftiges liegt, ist davon auszugehen, dass es sich nicht um ein synonymes Wortpaar handelt, sondern das *lëdec* den momentanen Aspekt des frei Werdens bzw. Seins wiedergibt und *lôs* mit der Bedeutung ‚befreit' den dauerhaften Aspekt, also das weiterhin befreit Bleiben thematisiert.

vride – genâde

Die Verwendung der Verbindung von *vride – genâde* lässt sich bei 27 Belegen in nur vier Textzeugen nachweisen, die sich mit RBU und StbA im Süden sowie StrB und StrFS im Osten des Untersuchungsgebiets auf einen sehr begrenzten Raum verteilen. Auffällig ist dabei, dass abgesehen von StrFS die Texte jeweils nur einen Beleg aufweisen. Es wird daher neben der Untersuchung der semantischen Eigenschaften von *vride – genâde* zu analysieren sein, ob sich in den übrigen Texten andere ‚paarige Wortverbindungen' finden lassen, die die gleiche Funktion übernehmen.

Das Bedeutungsspektrum von *vride* reicht von „gegensatz des kriegs, friede" und damit „zugleich auch aufhören des kriegs, waffenruhe" bis hin zu „ruhe, stille, gnade, freude"[1113]. Dass dies generell auch für die Verwendung in älteren Texten gilt, zeigen die bei LEXER aufgeführten Übersetzungsmöglichkeiten „friede, waffenstillstand, ruhe, sicherheit, schutz"[1114]. In Rechtskontexten wird dieses Spektrum beschränkt auf den rechtlichen Schutz bzw. die Sicherheit, die Personen oder Sachen gewährt wird, so dass *vride* auch die öffentliche Sicherheit und den ungestörten Besitz bezeichnen kann. Das DRW führt – ohne hier eine Besonderheit in

1113 DWB, Bd. 4, Sp. 183ff.

1114 http://www.woerterbuchnetz.de/Lexer?bookref=3,508,20 (abgerufen am: 02.10.2014); vgl. http://www.woerterbuchnetz.de/BMZ?bookref=4,404a,45 (abgerufen am: 02.10.2014).

der Semantik zu benennen – folgende ‚Paarformeln', die mit *vride* gebildet werden, an: „Friede und Gnade, Einigkeit, Ruhe, Nutz, Besserung, Recht, Trostung"[1115].

genâde wiederum entwickelt aus der Grundbedeutung „neigung, niederlassung" die Bedeutungen „niederlassung um auszuruhen, ruhe; ruhige lage, behagen, glück, glückseligkeit; neigung zu etw.; herablassung um einem niedrigerem beizustehen, helfende geneigtheit, unterstützung, gunst, huld, gnade, gottes hilfe u. erbarmen"[1116]. Hier zeigt sich ein starker religiöser Aspekt, der

> „von dem inhalt des christlichen gnade-begriffes bestimmt [ist]. gnade ist ein wort der süddeutschen mission ‚ruhe, untätigkeit'; ‚ruhige, angenehme, geschützte lage' als gegensatz zu ‚unruhe, hartes, gedrücktes, gestörtes leben'; ‚schutz', ‚friede'. auf das innere bezogen: ‚innere ruhe' und daraus entspringende ‚befriedigung, glück, glückseligkeit'"[1117]

Nach dem DWB übersetzt „vride und gnade [...] die im mittelalter geläufige formel pax et gratia", die nach His die Bezeichnung für einen allgemeinen Frieden darstellt.[1118] Das DRW differenziert zwischen religiösem und rechtlichem Inhalt und fügt noch die Funktion von ‚Gnaden' als Anredeformel hinzu. Für rechtliche Kontexte wird hier die Bedeutung Schutz und Wohlwollen angesetzt.[1119]

Für die Verbindung von *vride – genâde* kann dementsprechend die Bedeutung ‚rechtliche Sicherheit und Schutz' angesetzt werden. *vride – genâde* ist nur mit der Konjunktion *unde* belegt. Der Lexembestand und die Reihenfolge der Glieder können als verfestigt angesehen werden, auch wenn *genâde* ohne Veränderung des Inhalts der ‚Paarformel' durch *schirm* (2) bzw. *gemach* ersetzt werden kann. Aufgrund ihrer geringen Anzahl werden diese Belege als Variation von *vride – genâde* verstanden.

Bis auf den Beleg aus RBU, der im Rahmen einer Vereinbarung zwischen Handwerkern und Bürgern verortet ist, entstammen alle Belege dem Verfahrensrecht

---

1115 vgl. http://drw-www.adw.uni-heidelberg.de/drw/ (abgerufen am: 02.10.2014). Hier werden weitere auf besondere Rechtsverhältnisse bezogene Bedeutungen angegeben wie: Sonderfrieden, Friede für den Weg zum und vom Gericht und während des Gerichts, Marktfrieden etc.

1116 http://www.woerterbuchnetz.de/Lexer?bookref=1,850,12 (abgerufen am: 02.10.2014); vgl. http://www.woerterbuchnetz.de/Lexer?bookref=1,850,12 (abgerufen am: 02.10.2014).

1117 DWB, Bd. 8, Sp. 508ff.

1118 vgl. His: Strafrecht, S. 352.

1119 http://drw-www.adw.uni-heidelberg.de/drw/ (abgerufen am: 02.10.2014).

bzw. dem Prozessrecht. Es fällt auf, dass – abgesehen von StrFS XXVIII §2[1120] – alle Belege im Zusammenhang mit wörtlicher oder indirekter Rede bzw. der Aufforderung, etwas zu *teilen* (mitteilen) und somit im Zusammenhang mit einem Sprechakt verwendet werden. Da die Belege größtenteils aus StrFS stammen, wird kurz auf eine Besonderheit dieses Stadtrechts eingegangen. StrFS ist der einzige Text im Korpus, der in erheblichem Umfang die vor Gericht zu sprechenden Texte der Klageparteien wiedergibt. So ist in nahezu jeder ‚Prozessbeschreibung' der von Kläger und Beklagtem zu sprechende Wortlaut in Form wörtlicher Rede in den genauen Prozessverlauf eingebettet. Inwieweit dies Einfluss auf die Vielfalt und den Umfang der Verwendung von ‚paarigen Wortverbindungen' hat, kann aufgrund mangelnden Vergleichsmaterials hier nicht beurteilt werden. Es ist aber dennoch bemerkenswert, dass StrFS mit 518 aufgenommenen ‚paarigen Wortverbindungen' gut 10% der Gesamtbelegmenge[1121] stellt.

Neben der Einbindung in Sprechakte ist eine weitere Besonderheit, dass *vride – genâde* nahezu ausschließlich in Kombination mit *haben wellen* bzw. *haben soln* verwendet wird.

StrFS XXVII §11: *[…] He klaget unseme herren gote unde unseme herren dem konige, wo der ist, unde uch herre her richter und allen den, di da* ***vride unde genade*** *wollen haben, uber denselben Heinrich, der da keinwertik stet, daz der quam an di stat, da Friderich unde sin vrunt Cunrat*[1122] ***vride unde genade*** *solde haben […].*

Es zeigt sich, dass die Kombination *vride unde genâde* einen Zustand beschreibt, der gewünscht und angestrebt wird (*wollen haben*). Ebenso ist aber auch erkennbar, dass es sich hier eigentlich um den Normalzustand handeln sollte (*solde haben*), dessen Verletzung als Straftat angesehen wird, sodass hier der Rechtsfriede bezeichnet wird, den die Stadt ihren Bürgern und Einwohnern zu gewährleisten versucht. Dieser Rechtsfrieden kann auch durch den Richter oder den Vogt geboten werden:

StbA XLVIII §1: *[…] unde sol im der vogt* ***fride unde gnade*** *bannen. […]*

1120 „Oder wirdet ein man geiaget in eines anderen mannes hus mit howen unde mit slegen unde he darin loufet **durch vride unde durch genade** […] der wirt mac ouch eine heimsuchunge volbrengen mit rechte."

1121 Von den umfangreicheren Texten weist lediglich StrB mit 634 ‚paarigen Wortverbindungen' eine größere Belegmenge auf, aus StbA konnten nur 287 Belege gefiltert werden.

1122 Die hier verwendeten Namen Heinrich, Friedrich und Cunrat werden in allen beispielhaften Gerichtsreden verwendet. Sie stehen stellvertretend für jeden beliebigen Namen.

In diesen Zusammenhang gehören auch die beiden Belege, in denen *vride – genâde* mit *teilen* stehen (StrFS I §35 und XXI §1). In diesen Artikeln wird eine Störung des Rechtsfriedens vorausgesetzt, mit der Konsequenz, dass dieser durch richterliche Anordnung wiederhergestellt werden soll. Ebenso ist auch RBU Art. 9 zu verstehen, in dem *vride unde genâde* durch einen Vertrag erreicht werden sollen.

Über den gleichen Aussagewert verfügen die Verbindungen von *vride* mit *schirm*[1123] (2) und *gemach*[1124]. Diese sind ebenfalls in süddeutschen Quellen (SStbA LXVIII, StrFB Abs. 109 bzw. StrB §289) belegt.

Eine besondere Form des Rechtsfriedens wird durch die Zusammensetzung *vride – geleit* (5) ausgedrückt. Hier handelt es sich ausschließlich um die Gewährung des Rechtsfriedens einer Person auf dem Weg zum bzw. vom Gericht weg. *geleit* bezeichnet in der Regel die

> „Zusage an jemanden, daß er auf dem Weg zum (und zurück vom) Gericht nicht festgenommen, noch sonst behelligt würde, sowie daß er gegen fremde Angriffe geschützt würde; versprochener Schutz"[1125]

Alle Belege zu *vride – geleit* stammen aus RBU und StrB. Weder für den westlichen noch für den nördlichen Teil des Untersuchungsgebiets lassen sich Verbindungen mit *vride* feststellen, deren Oberbegriff mit ‚Rechtsfrieden' zu fassen wäre. Auch die Frage nach äquivalenten Alternativen muss negativ beantwortet werden, da keine ‚paarigen Wortverbindungen' gleichen Inhalts in anderen Texten belegt sind.

wort – wërc vs. rât – tât

Die heute noch geläufige Verbindung von *rât – tât* ist mit nur 9 Belegen – gegenüber der heute nicht mehr verwendeten Verbindung von *wort – wërc* mit 35 Belegen – in nur geringer Anzahl im Korpus nachweisbar. Nach dem DRW bezeichnet „im strafrechtlichen Bereich […] Rat überwiegend die intellektuelle und

1123 „von einem Herrn (zB. Kaiser, König, Adligen) oder einer Herrschaftsinstitution (zB. Reich, Stadt) auf Dauer oder zeitlich begrenzt gewährter und ausgeübter Schutz für Leib, Leben und Gut von einzelnen Personen oder bestimmten Personengruppen in Form von juristischem oder bewaffnetem Beistand […]", http://drw-www.adw.uni-heidelberg.de/drw/ (abgerufen am: 02.10.2014).

1124 „Friede, Ruhe, Annehmlichkeit", http://drw-www.adw.uni-heidelberg.de/drw/ (abgerufen am: 02.10.2014).

1125 http://drw-www.adw.uni-heidelberg.de/drw/ (abgerufen am: 02.10.2014).

Tat die physische Beihilfe zu einer Straftat“[1126]. Des Weiteren wird die Verbindung als „häufig vorkommend in ergänzenden Paarformeln mit Hilfe, Tat usw., denen die Formel mit Wort und Werk korrespondiert“[1127] beschrieben.

Für das Mittelhochdeutsche wird *rât*, das ursprünglich „das, was jemandem zur Befriedigung seiner Bedürfnisse zu Gebote steht“[1128] bedeutete, mit „rat, ratschlag“[1129] und „rath, bösen wie guten, belehrung, lehre [...]“[1130] angegeben. *tât* bezeichnet entsprechend seiner heutigen Bedeutung die Tat oder das Werk.[1131] Auch mhd. *wort* entspricht dem nhd. ‚Wort‘[1132], wohingegen *wërc* mit „werk, tat, handlung, geschäft, arbeit, allgem.“[1133] wiedergegeben wird.

Beiden Verbindungen ist somit gemein, dass sie Aussage (*rât/wort*) und Handlung (*tât/wërc*) verbinden und umfassen so als Oberbegriff „die ganzheit menschlicher lebensäuszerung.“[1134] Da beide Kombinationen über einen festen Lexembestand zur Bezeichnung dieses Oberbegriffs verfügen, der zudem in verfestigter Reihenfolge mit jeweils der Aussage als erstem Glied verwendet wird, ist in beiden Fällen von ‚Paarformeln‘ zu sprechen.

wort – wërc ist in zwölf Texten belegt, allerdings – mit Ausnahme eines Belegs in StrL – nicht im nördlichen niederdeutschen Sprachraum. Belege für *rât – tât* sind in nur drei Texten vorhanden, wobei sich bei der Verteilung keine regionale Präferenz feststellen lässt.

1126 http://drw-www.adw.uni-heidelberg.de/drw/ (abgerufen am: 10.10.2014).

1127 http://drw-www.adw.uni-heidelberg.de/drw/ (abgerufen am: 10.10.2014).

1128 Hermann Paul: Deutsches Wörterbuch. Bedeutungsgeschichte und Aufbau unseres Wortschatzes, 10., überarb. und erw. Aufl., hrsg. v. Helmut Henne u.a., Tübingen 2002, S. 781.

1129 http://www.woerterbuchnetz.de/Lexer?bookref=2,346,46 (abgerufen am: 10.10.2014).

1130 http://www.woerterbuchnetz.de/BMZ?bookref=2,563b,43 (abgerufen am: 10.10.2014).

1131 vgl. http://www.woerterbuchnetz.de/Lexer?bookref=2,1408,21 (abgerufen am: 10.10.2014); http://www.woerterbuchnetz.de/BMZ?bookref=4,146b,39 (abgerufen am: 10.10.2014).

1132 vgl. http://www.woerterbuchnetz.de/Lexer?bookref=3,977,51 (abgerufen am: 10.10.2014); http://www.woerterbuchnetz.de/BMZ?bookref=4,806b,32 (abgerufen am: 10.10.2014).

1133 http://www.woerterbuchnetz.de/Lexer?bookref=3,770,53 (abgerufen am: 10.10.2014); vgl. http://www.woerterbuchnetz.de/BMZ?bookref=4,586b,50 (abgerufen am: 10.10.2014).

1134 DWB, Bd. 30, Sp. 1516.

Tabelle 23: Verteilung von wort – wërc *und* rât – tât.

Texte	wort – wërc	rât – tât
StrB	4	1
StrBr	1	–
StrFS	7	–
StrG	1	6
StrK	–	2
StrsK	3	–
StrL	1	–
SbAN	1	–
StrR	3	–
SStbA	2	–
ASS	1	–
RBU	7	–
WüPo	4	–

Obwohl beide ‚Paarformeln' denselben Oberbegriff bilden, lässt sich in ihrer Verwendung ein wesentlicher Unterschied erkennen: *rât – tât* bezeichnet immer die ‚Beihilfe' zu etwas, *wort – wërc* mit wenigen Ausnahmen die Tat selbst. Unter Beihilfe versteht man „allgemein die Unterstützung eines anderen. Im Strafrecht ist B. ein Fall der Teilnahme (Gehilfe) an einer Straftat […]."[1135] Tat wiederum „ist das menschliche Verhalten. Die T. ist insbesondere Anknüpfungspunkt für Schadensersatzpflichten und Strafen."[1136] Grundsätzlich ist also weder die ‚Beihilfe' noch die ‚Tat' negativ konnotiert, erst die Verwendung im strafrechtlichen Rahmen führt zu einer pejorisierenden Bedeutung von ‚Beihilfe' und ‚Tat'. Für *rât – tât* lässt sich jedoch kein, für *wort – wërc* nur ein einziger positiv zu bewertender Beleg nachweisen:

StrsK I.2: *Item gelobt ein jeklicher scheffen, der dae scheffen wird, scheffen freyheit zu halten* ***mit worten und mit werken*** *[…].*

Die übrigen Belege sind in strafrechtliche Kontexte eingebettet und beinhalten somit den strafrechtlich verfolgungswürdigen Akt ‚Beihilfe' und ‚(Straf-)Tat'.

1135 Köbler: Juristisches Wörterbuch, S. 50.
1136 Köbler: Juristisches Wörterbuch, S. 412.

StrG 2.1 §41: *Wert en up gheholden unde in hachte ghebracht, we deme ut der hachte hilpt* ***mit rade oder dat*** *weder der kleghere willen und des richteres, dat is en vredebrake.*

RBU Art. 16: *Wir haben ouch durch luter gůt gesetzt, welh burger hie ze Ulme der stat schaden wurbe* ***mit worten oder mit werken*** *[…], dez lip und gůt sol der gemaind vervallen sin […].*

Beiden Formulierungen ist gemein, dass sie die begangene Straftat in sehr unspezifischer Art und Weise bezeichnen, so dass hier jegliche Form von Äußerung und Handlung gemeint sein kann. Gerade für *wort – wërc* fällt auf, dass die Kontexte, in denen die ‚Paarformel' verwendet wird, von Bestimmungen zu Körperverletzungen (StrR Art. 13) bis hin zu Verrat an der Stadt (RBU Art. 16) reichen können.

Einmal werden *rât – tât* und *wort – wërc* miteinander verbunden. Hier handelt es sich um eine Sicherungshäufung, in der *rât – tât* die ideelle Beihilfe und *wort – wërc* das tatsächliche Zutun zu bezeichnen scheinen. Der Beleg findet sich in einem sog. Voreid bei der Anklage wegen Mordes:

StrB §244.3: *[…] das er des nicht gethan habe vnd daranb vnschuldig sey vnd darczu nicht geholffen habe, weder* ***mit worten noch mit wercken, mit retten noch mit tetten*** *[…].*

rât – tât wird zweimal mit *volbort*[1137] zur Dreigliedrigkeit, so dass dann neben der Beihilfe auch auf die Mitwisserschaft referiert wird. Zwei weitere Belege ergänzen *zuotuon*, *wizzenschaft* bzw. *behëlf*.

8. Exkurs: Wandel und Aussterben von Paarformeln

Die Frage, ob und in welcher Form ‚Paarformeln' der mittelalterlichen Rechtssprache bis heute verwendet werden, ist stark von der Bildhaftigkeit, über die eine Verbindung verfügt, abhängig. Werden ‚Paarformeln' aus ihren rechtlichen Kontexten gelöst und allgemeinsprachlich verwendet, verändert sich zumeist ihre Semantik und ihre Funktion. So wird, wie Schowe nachweist, *mit Haut und Haaren* in außerrechtlichen Kontexten in expressiver Funktion genutzt, während es in mittelalterlichen Rechtstexten zur Bezeichnung eines Strafmaßes dient. *Mit Haut und Haaren* steht dann in der Bedeutung von ‚ganz und gar, völlig'. Die Lösung aus dem rechtlichen Kontext ermöglicht hier eine Idiomatisierung der Wortverbindung, die sich unabhängig von der ursprünglichen Bedeutung aufgrund der Bildhaftigkeit der Verbindung vollzieht.[1138] Friedrich

1137 „zustimmung, erlaubnis, vollmacht", http://www.woerterbuchnetz.de/Lexer?bookref=3,435,1 (abgerufen am: 10.10.2014).

1138 vgl. Schowe: Haut und Haar, S. 143ff. Zum Wandel von Phraseologismen vgl. Filatkina: Wandel, S. 39ff.

hält daher eine Entwicklung von im Mittelhochdeutschen schwach idiomatisierten zu im Neuhochdeutschen voll idiomatisierten Phraseologismen für gegeben.[1139]

Zum Aussterben von Phraseologismen können verschiedene Mechanismen beitragen. Burger/Linke führen hier den Verlust der Gebräuchlichkeit von Phraseologismen durch das Aussterben einzelner Lexeme des jeweiligen Phraseologismus an; den Verlust einer für den Phraseologismus relevanten Bedeutungskomponente von Einzellexemen, die Konkurrenz von bedeutungsgleichen oder -ähnlichen Phraseologismen sowie den Verlust des soziokulturellen Bereichs, dem der „Bildspender"[1140] entstammt. In Übertragung auf rechtliche Kontexte ist unter dem Verlust des soziokulturellen Bildspenders der Wegfall bzw. die Umdeutung eines Rechtsinstituts zu verstehen.

Im Folgenden soll anhand der Formeln *hûs – hof* und *hûsen – hofen* sowie *eigen – erbe* und *habe – guot* kurz dargestellt werden, aus welchen Gründen jeweils eine der Verbindungen weitergenutzt wird, die andere aber ausstirbt. Hierzu werden Weiterverwendung und Aussterben anhand der Wörterbücher von Karl Friedrich Wilhelm Wander[1141], Johann Christoph Adelung[1142], Lutz Röhrich[1143], dem DWB sowie dem Duden[1144] überprüft.

hûs – hof vs. hûsen – hoven

Die Bedeutung von *hûsen – hofen* ist eng an die Bedeutung von *hûs – hof* als ‚Hausfriedensbereich' bzw. ‚Asyl' gebunden: *hûsen – hofen* bezeichnet die Gewährung eines ‚Asyls' oder die Unterstellung unter den ‚Hausfrieden'. *hûsen – hofen* wird, wie die Untersuchung gezeigt hat, ausschließlich in pejorisierenden Kontexten, nämlich dem Verbot, einen Straftäter zu *hûsen* oder zu *hofen*, verwendet.

1139 vgl. Friedrich: Historische Phraseologie, S. 1102.

1140 Zum idiomatischen Bild, seiner Veränderbarkeit bei diachroner Betrachtung und dem Verhältnis zwischen Bildspender und Bildempfänger vgl. Burger: Genese und Wandel, S. 22ff.

1141 Karl Friedrich Wilhelm Wander: Deutsches Sprichwörter-Lexikon, 5 Bde., Leipzig 1867–1880.

1142 Johann Christoph Adelung: Grammatisch-kritisches Wörterbuch der Hochdeutschen Mundart mit beständiger Vergleichung der übrigen Mundarten, besonders aber der oberdeutschen. 2., vermehrte und verbesserte Ausg., Leipzig 1793–1801.

1143 Lutz Röhrich: Lexikon der sprichwörtlichen Redensarten, 4 Bde., Freiburg 1991.

1144 Duden – Deutsches Universalwörterbuch. Das umfassende Bedeutungswörterbuch der deutschen Gegenwartssprache, 6., überarb. und erw. Aufl., Mannheim 2007 (online abrufbar unter: http://www.duden.de/woerterbuch).

Das Rechtsinstitut ‚Hausfrieden' ist zwar heute durchaus noch geläufig, allerdings hat sich seine Bedeutung seit dem Mittelalter stark verändert. Im heutigen Recht steht Hausfrieden in engem Zusammenhang mit Art. 13 des Grundgesetzes zur Unverletzlichkeit der Wohnung[1145] und wird definiert als „das Recht, innerhalb der eigenen Wohnung und des umfriedeten Lebensbereichs ungestört zu sein."[1146] Durch den Hausfrieden wird das Recht auf ein friedliches Miteinander innerhalb einer Hausgemeinschaft erfasst, dessen nachhaltige Störung ein außerordentliches Kündigungsrecht erwirkt.[1147] Die Veränderung des Hausfriedensbegriffs zu seiner heutigen Bedeutung beginnt bereits mit der Rezeption des gelehrten Rechts, durch die sich „der Schutz des Hauses von älteren Vorstellungen auf sachenrechtliche Interessen [...] wie Besitz und Eigentum"[1148] verlagert. Paul Jauer hebt hervor, dass „[e]rst die Einführung der Carolina Karls V. [...] den Hausfrieden langsam in Vergessenheit geraten [ließ]."[1149] Der Hausfrieden wird nur noch in partikulären Rechten erwähnt, die Carolina selbst führt ihn gar nicht an. So verschwindet die Kenntnis um die Rechtsvorstellung des Hausfriedens, der seinen personenrechtlichen Charakter verliert und entsprechend dem römischen Recht auf sachenrechtliche Interessen verlagert wird.[1150] Daneben entwickelt sich unter dem Einfluss der Reformation und der lutherischen Ethik ein nach innen gerichteter Hausfriedensbegriff, dem in den Rechtsquellen der Schutz vor Einflüssen von außen entspricht.[1151] Joachim Traband stellt fest, dass „den alten Worten eine neue Bedeutung unterschoben worden [ist]."[1152] Zur Bezeichnung des Hausfriedens wird nicht mehr die Paarformel *hûs – hof*, sondern ausschließlich der bereits in den mittelalterlichen Rechtstexten auftretende Begriff ‚Hausfrieden' verwendet.

1145 vgl. Michael Sachs: Grundgesetz, München 2014, §13.

1146 Köbler: Juristisches Wörterbuch, S. 206. Hausfriedensbruch bezeichnet nach §123 StGB das widerrechtliche Eindringen „in die Wohnung, in die Geschäftsräume oder in das befriedete Besitztum eines anderen oder in abgeschlossene Räume, welche zum öffentlichen Dienst oder Verkehr bestimmt sind", Thomas Fischer: Strafgesetzbuch: und Nebengesetze, München 2013, §123.

1147 vgl. Kannowski: Hausfrieden, Sp. 803.

1148 Kannowski: Hausfrieden, Sp. 803.

1149 Paul Jauer: Der Hausfriede und seine besondere Berücksichtigung im geltenden Schuldrecht, Münster 1931, S. 25.

1150 vgl. Joachim Traband: Der kriminalrechtliche Schutz des Hausfriedens in seiner geschichtlichen Entwicklung, Hamburg 1970, S. 140f. [Traband: Schutz des Hausfriedens].

1151 vgl. Kannowski: Hausfrieden, Sp. 803f.

1152 Traband: Schutz des Hausfriedens, S. 140.

Der jüngste Eintrag zur Formel ‚Haus und Hof' im DRW, dessen Quellengrundlage Texte bis 1800 einschließt, ist auf 1659 datiert.[1153]

Die Verbindung *hûs – hof*, die bereits im Mittalter auch in der Bedeutung von ‚Besitz' belegt ist, bietet aufgrund der dieser Formulierung innewohnenden eigenen Bildlichkeit die Möglichkeit, auf den gesamten Besitz einer Person bezogen zu werden. Die Bedeutung eines umzäunten „oder auf ähnliche Art befriedigter oder umschlossener oben offener Platz"[1154] scheint bereits im 18. Jahrhundert, anders als die Verwendung „Gebäude mit einem Hofe und den dazu gehörigen Grundstücken"[1155], nicht mehr gebräuchlich gewesen zu sein.[1156] Diese Erweiterung des Hofbegriffs eröffnet die Möglichkeit, ‚Haus und Hof' als Bezeichnung für ‚Gesamtbesitz' zu verwenden. Die Verbindung umfasst so nicht nur das Wohnhaus und den umgebenden Hof, sondern alles, was zum Liegenschaftsbesitz einer Person gehört.[1157] Auffällig ist, dass bereits die bei Karl Friedrich Wilhelm Wander aufgeführten Redewendungen, in denen ‚Haus und Hof' genutzt wird – wenn sie nicht mittelalterlichen Quellen entnommen sind – durchweg den Verlust von Selbigem thematisieren, so z.B.: „Er hat Haus und Hof durch die Gurgel gejagt." oder „Er hat Haus und Hof an die Wand geseicht."[1158] Diese auf Verlust ausgerichtete Verwendungsweise findet sich auch im heutigen Sprachgebrauch noch, vor allem mit dem Bezug auf ‚den Besitz vertrinken' wie z.B. in „Haus und Hof ist ihm im Wein ertrunken"[1159] oder ‚den Besitz verspielen' in „Haus und Hof verspielen"[1160]. Eine Ausnahme bildet hier die Verbindung ‚etwas kommt zu Haus und Hof „ die ausdrückt, dass jemandem etwas zugute

1153 vgl. http://drw-www.adw.uni-heidelberg.de/drw/ (abgerufen am: 26.10.2014).

1154 http://www.woerterbuchnetz.de/Adelung?bookref=2,1232,16 (abgerufen am: 26.10.2014).

1155 http://www.woerterbuchnetz.de/Adelung?bookref=2,1232,16 (abgerufen am: 26.10.2014).

1156 vgl. http://www.woerterbuchnetz.de/Adelung?bookref=2,1232,16 (abgerufen am: 26.10.2014).

1157 vgl. DWB, Bd. 10, Sp. 642: „die allitterierende formel will mit dem wohnhause eines mannes auch den gesammten länderbesitzstand desselben, repräsentiert durch den wirtschaftshof, hervorheben".

1158 http://www.woerterbuchnetz.de/Wander?bookref=„1 (abgerufen am: 26.10.2014).

1159 Lutz Röhrich: Lexikon der sprichwörtlichen Redensarten, Bd. 2, München 1991, S. 680 [Röhrich: Redensarten].

1160 vgl. Duden.

kommt.[1161] Für den Gebrauch von ‚Haus und Hof‘ in der Bedeutung ‚gesamter Besitz/Alles‘ finden sich im DWB zahlreiche Belege.[1162]

Für die Formel *hûsen – hofen* hingegen bietet sich die Möglichkeit, auf andere Bereiche übertragen zu werden, nicht. Sie ist auf die eine Bedeutung der Unterstellung unter den Hausfrieden bzw. Gewährung von Asyl beschränkt und verliert mit der Veränderung der Bedeutung des Hausfriedens im Recht seine Grundlage. Zusätzlich wird die ausschließlich negativ konnotierte Verwendung von *hûsen – hofen* in den Rechtstexten eine Nutzung in anderen Kontexten erschwert haben.

Dem heutigen Sprachschatz ist das Verb *hofen* nicht mehr bekannt.[1163] Bereits Johann Christoph Adelung hält in seinem Grammatisch-kritischen Wörterbuch der hochdeutschen Mundart fest, dass ‚hofen‘ im letzten Viertel des 18. Jahrhundert in seiner rechtlichen Verwendung als veraltet angesehen und weitestgehend im Sinne von „Hof halten, residieren“[1164] verwendet wird.

> „In seinen Hof, d. i. seine Behausung, aufnehmen; in welchem Verstande es nur noch zuweilen im gemeinen Leben in der R.A. jemanden hausen und hofen, d. i. beherbergen, üblich ist.“[1165]

Auch das DWB gibt für ‚hofen‘ in der Bedeutung „Unterkunft gewähren“[1166] die jüngsten Belege bei Luther an.[1167] Bei Wander wird ‚hofen‘ nicht aufgeführt. Auch wenn gerade für formelhafte Wendungen gilt, dass „[i]n ihrem Konstituentenbestand Lexeme […] erhalten [werden], die in der freien Verwendung als veraltet gelten […]“[1168], lässt sich eine formelhafte Verwendung von ‚hofen‘ bereits Mitte des 19. Jahrhundert nicht mehr nachweisen.

‚hausen‘ führt bereits Adelung mit negativer Konnotation an.[1169] Diese ist auch für den heutigen Sprachgebrauch belegt, so bezeichnet ‚hausen‘ laut dem

---

1161 vgl. Röhrich: Redensarten II, S. 680.

1162 vgl. DWB, Bd. 10, Sp. 642.

1163 vgl. http://www.duden.de/node/812093/revisions/1334968/view (abgerufen am: 26.10.2014).

1164 http://www.woerterbuchnetz.de/Adelung?bookref=2,1237,15 (abgerufen am: 26.10.2014).

1165 http://www.woerterbuchnetz.de/Adelung?bookref=2,1237,15 (abgerufen am: 26.10.2014).

1166 DWB, Bd. 10, Sp. 166.

1167 DWB, Bd. 10, Sp. 1665.

1168 Filatkina: Wandel, S. 38.

1169 vgl. http://www.woerterbuchnetz.de/Adelung?bookref=2,1026,2 (abgerufen am: 26.10.2014).

Duden das Anrichten von Verwüstungen und das Wohnen in schlechten Verhältnissen.[1170] Auch Wander verzeichnet Mitte des 19. Jahrhundert bereits negativ konnotierte Verbindungen wie z.B. „Hausen wie die Vandalen"[1171] oder „Sie hausen, als wenn die Katze die beste Milchkuh wäre"[1172] an. Die Kombination ‚hausen und hofen' wird im DWB zuletzt mit den Schlesischen Chroniken von Jakob Schickfuß 1625 belegt,[1173] im DRW reichen die Belege für *hûsen – hofen* ebenfalls nur bis 1689.[1174]

An ‚Haus und Hof' bzw. ‚hausen und hofen' zeigt sich, dass bei dem Wegfall des ursprünglichen Verwendungskontextes die Bildlichkeit einen wesentlichen Einfluss auf eine Weiterverwendung des jeweiligen Phraseologismus hat. Während ‚Haus und Hof' bereits für die mittelalterlichen Rechtsquellen in der Bedeutung ‚Besitz' belegt ist und in dieser Form auch außerhalb von Rechtskontexten weiterverwendet werden kann, ist ‚hausen und hofen' auf die Bedeutung der ‚Gewährung von Asyl' bzw. ‚Unterstellung unter den Hausfrieden' beschränkt. Die Verbindung kann aufgrund mangelnder Bildlichkeit nicht remotiviert werden. Hinzu kommt der Verlust der positiven relevanten Bedeutungskomponente von ‚hausen' als ‚jmd. beherbergen' sowie das Aussterben des Ausdrucks ‚hofen'. Die negative Verwendung innerhalb der Rechtsquellen, also das Verbot, jemanden ‚zu hausen und zu hofen' wird ebenso dazu beigetragen haben, dass sich die Verbindung ‚hausen und hofen' nach dem Wegfall des ursprünglich personenrechtlich verstandenen Rechtsinstituts des ‚Hausfriedens' nicht erhalten konnte. Bei ‚hausen – hofen' kulminieren also drei von vier der von Burger/Linke aufgeführten Faktoren, die zum Aussterben eines Phraseologismus führen können.

eigen – erbe vs. hab – guot

Die Zusammenfügungen *eigen – erbe* und *habe – guot* dienen beide zur Bezeichnung von Besitz. Sie unterscheiden sich in dem Ausmaß des Bezeichneten insofern, als dass *eigen – erbe* ausschließlich Liegenschaften benennt, *habe – guot* hingegen den Gesamtbesitz bezeichnet. (vgl. Kap. VII. 5.). Während, wie bereits in der Auswertung dargestellt, bei *habe – guot* die Differenz zwischen beiden Gliedern der Paarformel in mobilem vs. immobilem Besitz liegt, unterscheidet *eigen – erbe* die Liegenschaften nach der Verfügungsgewalt, die dem Gewereinhaber über

1170 vgl. Duden.
1171 http://www.woerterbuchnetz.de/Wander?bookref=„1 (abgerufen am: 26.10.2014).
1172 http://www.woerterbuchnetz.de/Wander?bookref=„1 (abgerufen am: 26.10.2014).
1173 vgl. DWB, Bd. 10, Sp. 661.
1174 vgl. http://drw-www.adw.uni-heidelberg.de/drw/ (abgerufen am: 26.10.2014).

die jeweilige Liegenschaft zusteht. Für die Veräußerung von Liegenschaften ist, wie der Sachsenspiegel zeigt[1175], bis ins 13. Jahrhundert die Zustimmung der Erben (Erbenlaub) notwendig[1176], der nur in seltensten Fällen auch auf die Fahrhabe angewendet wird. In den Städten bezieht sich dieser Erbenlaub zunächst nur noch auf Erbgut und nicht mehr auf Kaufgut, bis er schließlich gänzlich aufgegeben wird. Die Beispruchrechte der Erben werden in ein Retraktrecht[1177] umgewandelt, „das den Erben nur noch gestattet, die Sache gegen Auslösung durch Erstattung der vom Dritten für den Erwerb aufgewandten Gegenleistung herauszuverlangen (Erbenlosung)."[1178] Das Retraktrecht ist anders als der Erbenlaub nicht ausschließlich auf Erbberechtigte beschränkt, sondern kann in Form der z.B. Marklosung oder Nachbarlosung auch von Markgenossen oder Nachbarn wahrgenommen werden.[1179] Da auch die italienische Jurisprudenz das Retraktrecht theoretisch ausbildet, behält es über die Zeit der Rezeption des römischen Rechts hinaus Geltung. Erst mit dem 18. Jahrhundert werden „die Näherrechte als lästige Fessel des freien Verkehrs"[1180] gesetzlich beschränkt und im 19. Jahrhundert weitestgehend beseitigt. Im heutigen Recht existieren lediglich noch dingliche Vorkaufsrechte, die für einzelne Grundstücke rechtsgeschäftlich eingerichtet werden können.[1181]

Mit der Befreiung des Kaufguts vom Erbenlaub wird eine Unterscheidung nach *eigen – erbe* bzw. nach ‚Kaufgut – Erbgut' notwendig. Diese Notwendigkeit entfällt allerdings in dem Moment wieder, wenn auf jegliche Form von Besitz nur noch das Retraktrecht angewendet wird, so dass die Formulierung *eigen – erbe* mit dem Wegfall des Erbenlaubs an Berechtigung verliert. Die ‚Paarformel' ist im DRW bis in das 18. Jahrhundert belegt, wird hier aber als „schließlich synonyme Paarformel"[1182] verstanden. Bei Wander lassen sich noch zahlreiche

1175 Ssp I, 52 §1: „Ane erben gelobde unde ane echte ding en muz nimant sin eigen noch sine lute vergeben. […]."

1176 vgl. Andreas Thier: Liegenschaftsrecht, in: HRG, Bd. III, Sp. 985; Gmür/Roth: Grundriss, S. 90f.; Heusler: Institutionen II, S. 54ff.

1177 Das Retraktrecht wird auch als Zug- oder Näherrecht bezeichnet, es ist „das dingliche Recht, eine Sache, falls sie an einen Minderberechtigten verkauft wird, von dem Besitzer gegen Erstattung des Kaufpreises nebst sonstigen Kosten zu erwerben.", Gierke: Privatrecht II, S. 766.

1178 Köbler: Rechtsgeschichte, S. 126. Zur Erbenlosung vgl. Werner Orgis: Erbenlosung, in: HRG, Bd. I, Sp. 957–958.

1179 vgl. Heusler: Institutionen, S. 60ff.

1180 Gierke: Privatrecht II, S. 768.

1181 vgl. Gierke: Privatrecht II, S. 766ff.; Gmür/Roth: Grundriss, S. 90f.

1182 http://drw-www.adw.uni-heidelberg.de/drw/ (abgerufen am: 28.10.2014).

Belege finden, die *eigen* und *erbe* verbinden,[1183] sie sind jedoch alle der Rechtssprichwortsammlung von Eduard Graf entnommen und entstammen dem mittelalterlichen Recht.[1184] Das DWB führt unter ‚Erbe' einzelne Belege zur Verbindung von *eigen – erbe* auf, die bis auf das Zitat von Goethe, das zudem nicht die Substantive verbindet, mit dem 16. Jahrhundert abbrechen und weitestgehend rechtlichen Kontexten entstammen.

Es ist daher naheliegend, davon auszugehen, dass sich außerhalb der Rechtssprache die Verbindung *eigen – erbe* in festen Verbindungen nicht ausgeprägt und ebenso wenig erhalten hat. Diese Annahme wird durch Röhrich bestätigt, der unter ‚eigen' weder das Substantiv noch die Verbindung mit ‚Erbe' aufführt.[1185] Der DUDEN gibt für ‚Eigen' an, dass ‚Eigen' im gehobenen Sprachgebrauch für ‚Besitz' verwendet wird[1186], als feste Verbindung wird lediglich „etwas sein Eigen nennen (gehoben: etwas besitzen, haben)"[1187] angegeben. Die abnehmende bzw. als regionale Besonderheit charakterisierte Verwendung von *eigen* als Substantiv spiegelt sich bereits bei Adelung wieder, der hierzu ausführt:

> „Ehedem wurde eigen auch als ein Hauptwort gebraucht, eigene oder eigenthümliche Güter, besonders Landgüter zu bezeichnen [...]. Im Oberdeutschen wird Aigen noch jetzt für eigenthümliche Landgüter, Dörfer und Marktflecken gebraucht; ja auch in den Hochdeutschen Kanzelleyen ist der Ausdruck Erb und Eigen nicht unbekannt."[1188]

Adelungs einziger Beleg zu *eigen – erbe* entstammt allerdings keinem Rechtstext, sondern Strickers Text „Karl der Große"[1189].

Ein weiterer Faktor, der verhindernd auf die Weiterverwendung von *eigen – erbe* gewirkt haben kann, ist in der seit dem 15. Jahrhundert belegbaren, aber

---

1183 http://www.woerterbuchnetz.de/Wander?bookref=„1 (abgerufen am: 27.10.2014).

1184 Eduard Graf/Mathias Dietherr: Deutsche Rechtssprichwörter, Nördlingen 1864 (online abrufbar unter: http://www.mdz-nbn-resolving.de/urn/resolver.pl?urn=urn:nbn:de:bvb:12-bsb10551384-1).

1185 vgl. Röhrich: Redensarten II, S. 364.

1186 vgl. http://www.duden.de/node/674220/revisions/1351001/view (abgerufen am: 27.10.2014).

1187 http://www.duden.de/node/674220/revisions/1351001/view (abgerufen am: 27.10.2014).

1188 http://www.woerterbuchnetz.de/Adelung?bookref=1,1670,6 (abgerufen am: 27.10.2014).

1189 *beide ir erbe und ir eigen /und dar zuo alle ir varnden habe / der tet si sich durch got abe / und stifte ein bistuom rîche.* Der Stricker: Karl der Große. Hrsg. v. Karl Bartsch. In: Texte des Mittelalters" hrsg. v. Karl Stackmann. Quedlinburg/ Leipzig 1857. Vv. 10422–10425.

vermutlich älteren Verbindung von ‚Grund und Boden' zu sehen. Laut dem DWB dient ‚Grund und Boden' als „ausdruck der rechts- und urkundensprache"[1190] ebenso wie *eigen – erbe* der „umschreibung des gesamten grundeigenthums"[1191] und kann seit dem ersten Nachweis in einer Urkunde von 1421 fortlaufend belegt werden.[1192] Formelhafte Verbindungen zu ‚Grund und Boden' finden sich auch bei Wander[1193], Adelung[1194] und im DUDEN[1195].

Die ‚Paarformel' *eigen – erbe* scheint sich außerhalb rechtlicher Kontexte einer Weiterverwendung verwehrt zu haben. Dies kann einerseits mit ihrem sehr spezifischen Rechtsinhalt, andererseits mit ihrem geringen Maß an Bildhaftigkeit zusammenhängen. Mit der Verfügungsfreiheit über sowohl *eigen* als auch *erbe* wird die Unterscheidung zwischen beiden Arten von Besitz überflüssig, die durch die Formel ausgedrückte Differenz wird mehr und mehr unverständlich, bis sie letztendlich ganz aus dem Sprachgebrauch verschwindet. Auch hier zeigen sich mehrere der bei Burger/Linke angeführten Faktoren, die zum Aussterben von Phraseologismen führen können. So tritt neben die Umdeutung bzw. das Aussterben des Rechtsinstituts Erbenlaub/Retraktrecht die Umdeutung von ‚eigen', das schließlich kaum noch zur Bezeichnung von Besitz gebräuchlich ist, die Konkurrenz der bedeutungsgleichen aber bildhafteren Formel ‚Grund und Boden'.

Eine andere Entwicklungslinie zeigt sich bei *habe – guot*. Wie bereits aus der Auswertung hervorgeht, ist *habe – guot* im Untersuchungskorpus nur in geringer Frequenz belegt. Die Belegdichte scheint allerdings, wie sich am DRW zeigt, ab dem 15. Jahrhundert zuzunehmen. Dies korrespondiert mit dem bereits zu *eigen – erbe* Dargestellten: Während die Unterscheidung zwischen Kaufgut und Erbgut mit dem Rückgang der Bedeutung des Erbenlaubs an Bedeutung verliert, bleibt die Unterscheidung zwischen mobilem und immobilem Besitz weiterhin und auch bis heute in der Unterscheidung von Fahrnis[1196] und Liegenschaft im

1190 DWB, Bd. 9, Sp, 696.

1191 DWB, Bd. 9, Sp, 696.

1192 vgl. DWB, Bd. 9, Sp. 696ff.

1193 z.B. „Auf seinem Grund und Boden ist jeder Meister.", http://www.woerterbuchnetz.de/Wander?bookref=„1 (abgerufen am: 27.10.2014).

1194 „Ein Land in Grund und Boden verwüsten [...].", http://www.woerterbuchnetz.de/Adelung?bookref=2,825,15 (abgerufen am: 27.10.2014).

1195 vgl. http://www.duden.de/node/639995/revisions/1353561/view (abgerufen am: 27.10.2014).

1196 „Fahrnis ist im mittelalterlichen und neuzeitlichen deutschen Recht die bewegliche Sache im Gegensatz zu der unbeweglichen Sache (Liegenschaft).", Köbler: Juristisches Wörterbuch, S. 142.

Recht von Belang. Allerdings wird dieser Unterschied im heutigen Sachenrecht sprachlich nicht mehr durch die Formulierung ‚Hab und Gut' gekennzeichnet, sondern durch die Unterteilung in Mobilien[1197] (bewegliche Sache) und Immobilien[1198] (unbewegliche Sache/Grundstück).[1199]

Das DWB führt als ältesten Beleg zu *habe – guot* die Sächsische Weltchronik (bairische Fortsetzung) an. Aufgrund der im DWB ansonsten zahlreichen Belege aus mittelhochdeutschen Quellen und dem vollständigen Fehlen von Verweisen auf *habe – guot* als feste Wortverbindung in den mittelhochdeutschen Wörterbüchern BMZ und LEXER sowie dem phraseologischen Wörterbuch des Mittelhochdeutschen von Friedrich ist anzunehmen, dass die ‚Paarformel' in der Literatur ebenso wie in rechtlichen Kontexten erst spät gebräuchlich geworden ist. Jedoch kann *habe – guot*, da die Formel anders als *eigen – erbe* den Oberbegriff ‚Besitz' nicht auf der Grundlage strikter juristischer Differenzierung vornimmt, ebenso in rechtlichen wie literarischen Kontexten verwendet werden, ohne dass eine Remotivierung der Verbindung notwendig wäre. Das noch heute vorherrschende Verständnis von ‚Habe'[1200] als dem beweglichen Besitz und ‚Gut'[1201] als dem unbeweglichen Besitz führt dazu, dass die Verbindung unabhängig von kontextuellen und zeitlichen Faktoren die Bedeutung ‚Gesamtbesitz' beibehält. Dies hebt sie von zahlreichen anderen aus dem mittelalterlichen Rechtsleben stammenden Formulierungen, wie „etwas auf die lange Bank schieben"[1202], „jemanden auf die Folter spannen"[1203] oder „einem aufs Dach steigen"[1204] ab, deren ursprünglicher Sinn heute nicht mehr ohne Weiteres erkennbar ist. Unabhängig davon, ob man *habe* als bewegliche Sache und *guot* als unbewegliche Sache versteht oder diese Unterscheidung als „willkürlich und pedantisch"[1205] empfindet, umschließt die Verbindung beider den gesamten Besitz. Dies zeigt sich auch in den zahlreichen formelhaften Wendungen, die bei Wander und Röhrich aufgeführt sind, wie z.B. „Viel Hab' und

---

1197 vgl. BGB §93: Wesentliche Bestandteile einer Sache.

1198 vgl. BGB §94: Wesentliche Bestandteile eines Grundstücks oder Gebäudes.

1199 vgl. Köbler: Juristisches Wörterbuch, S. 362.

1200 vgl. http://www.duden.de/node/659413/revisions/1329930/view (abgerufen am: 28.10.2014).

1201 vgl. http://www.duden.de/node/643878/revisions/1322507/view (abgerufen am: 28.10.2014).

1202 vgl. Schmidt-Wiegand: Sprachgebärden, S. 239ff.

1203 vgl. Schowe: Haut und Haar, S. 68ff.

1204 vgl. Schowe: Haut und Haar, S. 192ff.

1205 DWB, Bd. 10, Sp. 45.

Gut macht tolles Blut“[1206] oder „Hab und Gut durchbringen“[1207]. Der durch *habe – guot* gebildete Oberbegriff ist ebenso wie die Einzelkomponenten der Verbindung heute noch in ihrer Bedeutung geläufig, so dass die Verbindung konfliktfrei in die Standardsprache übernommen werden kann. Der DUDEN klassifiziert ‚Hab und Gut‘ im heutigen Sprachgebrauch als umgangssprachlich.[1208]

Zusammenfassung

Von den hier behandelten Formeln sind zwei heute noch geläufig, die beiden anderen hingegen ausgestorben. Für die ausgestorbenen Verbindungen lässt sich festhalten, dass diese in der mittelalterlichen Rechtssprache auf ein spezielles Rechtsinstitut bezogen sind, wobei *eigen – erbe* eine sehr spezifische Definition enthält und *hûsen – hofen* von den gewählten Begriffen her zwar weiter gefasst erscheint, jedoch ausschließlich im Kontext von Hausfrieden verwendet wird. Beiden Formulierungen fehlt eine ausgeprägte Bildhaftigkeit. Mit dem Wegfall bzw. der Umdeutung des jeweiligen Rechtsinstituts verlieren sie ihre Funktion innerhalb der Rechtssprache und können aufgrund verschiedener Faktoren nicht in die Standardsprache überführt werden. Für *hûsen – hofen* sind hier das Aussterben des Lexems *hofen* sowie der Verlust einer für den Phraseologismus relevanten Bedeutungskomponente von *hûsen* zu nennen. Bei *eigen – erbe* lässt sich ebenfalls eine veränderte Semantik von *eigen*, das heute als Substantiv kaum noch gebräuchlich ist sowie die Konkurrenz der bedeutungsgleichen, aber bildhafteren Formel ‚Grund und Boden‘ konstatieren.

Die Verbindungen von *hûs – hof* und *habe – guot* haben sich dagegen als formelhafte Wendungen erhalten. Sie sind beide bereits in der mittelalterlichen Rechtssprache in der Bedeutung ‚Gesamtbesitz‘ belegt und werden in dieser auch heute noch verwendet. Neben dieser semantischen Konstanz zeichnen sich beide Verbindungen durch die Allgemeingültigkeit des durch sie gebildeten Oberbegriffs, der vereinfacht auch durch ‚Alles‘ wiedergegeben werden könnte sowie den Gebrauch heute noch gängiger Lexeme aus. Während *hûs – hof* im Untersuchungskorpus zahlreiche Belege und unterschiedliche Bedeutungen aufweist, so dass hier von einer Bedeutungsverengung gesprochen werden kann, ist *habe – guot* nur spärlich und ausschließlich in der Bedeutung ‚Besitz‘ belegt. Beide Formeln unterscheiden sich von *hûsen – hofen* und *eigen – erbe* durch eine rechtlich weniger spezifische Definition des Oberbegriffs, die sie für die Verwendung in

---

1206 http://www.woerterbuchnetz.de/Wander?bookref=„1 (abgerufen am: 28.10.2014).
1207 Röhrich: Redensarten, S. 608.
1208 vgl. Duden.

unterschiedlichen Rechtsbereichen zugänglich macht. Auch wenn die in beiden Formulierungen eigene Bildhaftigkeit gewiss zur Weiterverwendung beigetragen hat, scheint doch der Beständigkeit sowie dem unspezifischen Charakter der Bedeutung ein erheblicher Anteil an dem Fortbestand beider ‚Paarformeln' nicht abzusprechen zu sein. Für beide Verbindungen lässt sich keine fortschreitende Idiomatisierung erkennen, dies kann aber als in ihrer bereits früh vorhandenen umfassenden Bedeutung von ‚Gesamtbesitz' bzw. ‚Alles, (was eine Person besitzt)' begründet angesehen werden.

VIII. Fazit

Für die Untersuchung der Bedeutung und Funktion formelhafter Wortverbindungen, hier von ‚paarigen Wortverbindungen' unterschiedlicher Art, ist die Begrenzung auf eine Textsorte unerlässlich. Wortpaare treten in Rechtstexten wie auch in literarischen Texten des Mittelalters in hoher Zahl auf. Der Literatur können sie als rhetorisches Stilmittel dienen; für die Rechtssprache hingegen hebt bereits Sonderegger hervor, dass dieser jegliche dichterische Variation fehlt und die Paarformel hier ein Ganzes anvisiert und nicht in ihre Bestandteile zerlegbar ist.[1209] Die Bedeutung und Funktion von ‚paarigen Wortverbindungen' kann also immer nur für einen dieser Verwendungsbereiche untersucht werden. Die Beschränkung auf Texte städtischer Gesetzgebung dient hier der Gewährleistung der Homogenität des Untersuchungsgegenstands und der Vergleichbarkeit der Belege, die durch Hinzuziehung der auf andere Bedürfnisse und Verhältnisse ausgerichteten ländlichen Rechtsquellen gefährdet worden wäre.

Entgegen der von Grimm und Salomon vertretenen These, dass Stadtrechte sich aufgrund ihrer nüchternen und verstandesmäßigen Art[1210] einer vermehrten Verwendung von Paarformeln verwehrt hätten, lässt sich in den untersuchten Texten eine Vielzahl ‚paariger Wortverbindungen' in den unterschiedlichsten Rechtsbereichen nachweisen. Sie sind in den städtischen Rechtstexten ebenso wie in anderen mittelalterlichen Rechtstexten notwendig, um das Bezeichnete zu erfassen und werden daher regelmäßig eingesetzt, um etwaigen Missverständnissen vorzubeugen. Hierzu werden Formulierungen, wie z.B. *burgære – gast*, die in ländlichen Rechtsquellen nicht zu erwarten sind, nach ‚altem Muster' neu gebildet.

Die Unterteilung von Wortverbindungen des Musters *x + Konjunktion + y*, wobei *x* und *y* der gleichen Wortart angehören müssen, in die drei Typen ‚paarige Wortverbindung', ‚begriffsbildendes Wortpaar' und ‚Paarformel' erwies sich als dem Untersuchungsgegenstand angemessen. Durch das Definitionskriterium ‚Bildung eines Oberbegriffs' ist es möglich, auch Wortpaare als formelhafte Verbindungen zu verstehen und aufzunehmen, die in ihrem Lexembestand und/oder der Reihenfolge der Glieder noch nicht verfestigt sind, aber dennoch als ‚technisches Mittel der Rechtssprache' fungieren.

1209 Sonderegger: Sprache des Rechts, S. 268.
1210 Salomon: Zwillingsformeln, S. 34.

Festigkeit, die neben Polylexikalität und Idiomatizität in rezenten Definitionen zu den grundlegenden Kennzeichen von Phraseologismen zählt[1211], kann für historische Sprachstufen, wie die Untersuchung gezeigt hat, nicht als strukturelles Merkmal von ‚Paarformeln' angesehen werden[1212], da nur die wenigsten Verbindungen, wie z.B. *lëdec unde lôs*, bereits derart verfestigt sind, dass sie keine Varianten ausbilden. Zahlreiche Verbindungen, die auf Basis der dieser Arbeit zugrunde liegenden Definition den ‚Paarformeln' zugerechnet werden wie *arm – rîche* oder *wort – wërc*, sind zwar in der lexikalischen Besetzung, aber nicht hinsichtlich der Reihenfolge ihrer Glieder festgelegt. Vielfach lässt sich hier nur eine präferierte Reihenfolge erkennen, die, wie das Beispiel *habe – guot* gezeigt hat, nicht zwangsläufig der heutigen Besetzung der Glieder entsprechen muss. Daneben existieren zahlreiche – hier als ‚begriffsbildende Wortpaare' bezeichnete – Verbindungen, die einen festen Oberbegriff bilden, aber weder einen konstanten Lexembestand noch eine feste Reihenfolge der Glieder aufweisen. Dennoch sind sie als phraseologische Verbindungen zu verstehen, da sie im Sinne von phraseologischen Termini[1213] die Funktion eines technischen Mittels der Rechtssprache übernehmen.

Inwieweit die nur singulär belegten Kombinationen als ‚Paarformeln', ‚begriffsbildende Wortpaare' oder lediglich als ‚paarige Wortverbindungen' zu kategorisieren sind, lässt sich im Rahmen dieser Untersuchung nicht klären; hierzu ist eine breitere Basis an Texten sowie ein Abgleich mit zeitgenössischen Sprichwort- und Sentenzensammlungen notwendig. Die hohe Anzahl der nur in geringer Frequenz belegten Wortpaare lässt allerdings auf eine Vorliebe schließen, eindeutig zu bestimmende Sachverhalte durch ‚paarige Wortverbindungen' auszudrücken.

Dieser Ausdruck von juristisch relevanten Inhalten in einer Form, die Missverständnisse oder Fehlinterpretationen ausschließt, kann in ‚paarigen Wortverbindungen' auf verschiedene Weise erreicht werden. So können Glieder zusammengefügt werden, die additiv durch die Benennung von einzelnen für den Sachverhalt relevanten und als prototypisch verstandenen Elementen das Ganze bezeichnen sollen. Sie verweisen dann, wie beispielsweise *slahen – roufen*, als Bezeichnung für ‚leichte Körperverletzung' als *partes pro toto* auf den zu bezeichnenden Oberbegriff. Eine andere Möglichkeit bieten die komplexiven Verbindungen, die durch die Kombination der Extreme bzw. des Anfangs- und Endpunkts eines

1211 beispielhaft sei hier auf die Definitionen von Burger: Phraseologie, S. 14 und Fleischer: Phraseologie der Gegenwartssprache, S. 29ff. verwiesen.

1212 so bereits Filatkina/Gottwald/Hanauska/Rößger: Formelhafte Sprache, S. 343f. und Burger: Paarformeln, S. 31ff.

1213 vgl. Friedrich: Historische Phraseologie, S. 1094f.

Oberbegriffs diesen umschließen und so gleichsam alles dazwischen Befindliche mit erfassen. Als Beispiel für diese Art von Wortpaaren kann die ‚Paarformel' *arm – rîche* angeführt werden, da mit dieser eben nicht nur die ‚armen' und/oder ‚reichen' Bevölkerungsteile erfasst werden, sondern ‚Alle/Jedermann'. Komplexive Wortverbindungen können mit Dilcher bildlich mit dem „Zufassen eines Zangenpaares"[1214] verglichen werden, da sie den durch sie gebildeten Oberbegriff von seinen Extremen aus umgreifen. Zwischen diesen beiden Arten, einen Sachverhalt möglichst präzise zu bestimmen, ist zusätzlich eine Mischform anzusetzen, die hier als additiv-komplexiv bezeichnet wird. Diese Wortpaare verbinden zum einen in additiver Weise zwei Teile des Gemeinten, zum anderen aber umfassen sie wie die komplexiven Verbindungen den gesamten Begriff. Es handelt sich hierbei um ‚Paarformeln' wie *man – wîp* oder *phaffe – leie*, die eine Kombination der beiden einzig denkbaren Möglichkeiten darstellen.

Hinsichtlich der verwendeten Konjunktionen *unde*, *oder* und *noch* konnten unterschiedliche Funktionen nachgewiesen werden. Während *unde* grundsätzlich den gesamten Oberbegriff umschließt und so die Gesamtgröße kennzeichnet, müssen *oder* und *noch* als ‚distributiv' eingestuft werden. ‚Distributiv' bezeichnet dabei, dass bei den mit *oder* und *noch* verbundenen Belegen verallgemeinernd auf die Gesamtgröße referiert wird, hier allerdings selektiv nur eine Person/ein Aspekt des Ganzen gemeint ist. *noch* verfügt darüber hinaus über einen ein Element ausschließenden Charakter und wird gehäuft in Verboten verwendet.

Wie sich bereits an dieser Unterteilung in additiv, additiv-komplexiv und komplexiv zeigt, lässt sich zumindest für die Rechtssprache die Existenz von synonymen Paarformeln ausschließen. Die Auswertung der Textbelege hat gezeigt, dass das zweite Glied eines Wortpaares grundsätzlich notwendig ist, um den gesamten Begriff in seiner Spannweite zu erfassen. Hier waren verschiedene Mechanismen zu beobachten: Das zweite Glied kann die Dauerhaftigkeit des durch das erste Glied Ausgedrückten kenntlich machen (*lĕdec unde lôs*), es kann eine Spezifizierung des ersten Glieds vornehmen (*slahen – roufen* vs. *slahen – stĕchen*) oder die verschiedenen Möglichkeiten, die einer Person oder Institution im Rahmen einer rechtserheblichen Handlung zur Verfügung stehen, differenzieren (*setzen – machen*). Selbst bei ‚Paarformeln' wie *versetzen – verkumbern*, deren Glieder laut den gängigen Wörterbüchern in ihrem Verwendungskontext ‚Veräußerung' bzw. ‚Liquiditätsbeschaffung' als Synonyme anzusehen sind, lassen sich erhebliche semantische Differenzen erkennen. Zwar handelt es sich in beiden Fällen um dingliche Belastungen von Eigentum, die sich allerdings in einem Punkt wesentlich

1214 Dilcher: Paarformeln, S. 37.

voneinander unterscheiden: *versetzen* bezeichnet das Verpfänden eines Gegenstands, bei dem das Eigentum aber nicht als der Besitz bei dem Verpfändenden bleibt, *verkumbern* bezeichnet die Aufnahme eines Darlehens oder einer Hypothek, bei der Besitz und Eigentum in den Händen des ‚Verkumberers' verbleiben. Für komplexive Verbindungen erübrigt sich die Frage nach der Synonymie der Glieder aufgrund ihrer inhaltlichen Struktur.

Unabhängig von der inneren Struktur und Festigkeit der Wortverbindungen ist deren definitorische Funktion zu betrachten; dabei spiegelt sich die Vielfältigkeit der mittelalterlichen Rechtssprache in den verschiedenen Möglichkeiten wider, die zur Erfassung von Rechtsbegriffen zur Verfügung stehen. So kann die Gesamtheit der natürlichen Personen über das Geschlecht, das Alter, die Wirtschaftskraft, rechtliche oder religiöse Merkmale erfasst werden. Die höchsten Belegfrequenzen weisen *man – vrouwe*, *arm – rîche* und *man – wîp* auf, wobei zwischen *wîp* und *vrouwe* kein Unterschied in der Semantik nachgewiesen werden kann, da beide Lemmata sowohl auf Bürgerinnen als auch auf Auswärtige bezogen werden. Viele Belege kombinieren mehrere ‚Paarformeln' unterschiedlicher Merkmale zur Bezeichnung von ‚Alle/Jedermann'. Diese Kombinationen sind als ‚Sicherungshäufungen' zu verstehen, um eine Fehlinterpretation zu unterbinden. Ebenso stehen zur Bezeichnung verschiedener Personengruppen zahlreiche ‚paarige Wortverbindungen' zur Verfügung.

Die Bereiche ‚objektives Recht' und ‚Rechtsetzung' zeichnen sich durch eine Fülle von Formulierungsvarianten aus. Abgesehen von der ‚Paarformel' *rëht – gewonheit* sind die hier verwendeten ‚begriffsbildenden Wortpaare' vielfach nur singulär bzw. in geringer Frequenz belegt. Hier lassen sich zwei interessante Aspekte beobachten:

1. Die Begriffe einunge und willekür, in denen sich die für die städtische Gesetzgebung als grundlegend angesehenen Elemente widerspiegeln, werden kaum verwendet,
2. Das Substantiv *rëht* verfügt über ein derart breites semantisches Spektrum, dass für eine genaue Bestimmung des durch *rëht* Ausgedrückten grundsätzlich das zweite Glied und/oder der Kontext eingehender betrachtet werden muss. So kann *rëht* sowohl ‚schriftlich fixiertes' als auch ‚altes, überliefertes' Recht bezeichnen.

Für die ‚Rechtsetzung' müssen zwei Formen unterschieden werden: ‚Konstituierung von Rechtsnormen' und ‚Änderung von Rechtsnormen'. Die Belege für die ‚Veränderung von Rechtsnormen' finden sich bei ausgeprägter Variabilität in geringer Frequenz, so dass hier keine allgemeingültigen Aussagen getroffen werden können. Für die ‚Konstituierung von Rechtsnormen' lässt sich als Konstante das Verb *setzen* erkennen, das in Kombination mit unterschiedlichen Lexemen verschiedene Aspekte der ‚Rechtsetzung' definiert.

Daneben werden v.a. in den strafrechtlichen Bestimmungen vermehrt ‚paarige Wortverbindungen' eingesetzt. Sie werden zur Bezeichnung von Straftaten, Waffen und Strafmaßstäben genutzt und dienen der genauen Bezeichnung von Tat und Folge. ‚Wegnahmedelikte' und das entwendete Gut werden regelmäßig, wenn auch regional begrenzt, durch *roup – diube/diepstal* bezeichnet; die Bezeichnungen für die Täter und die entsprechende adjektivische Verbindung *rouplich – dieplich* lassen sich hingegen auch überregional nachweisen.

Anhand der Verbindungen aus dem Bereich der Körperverletzungen kann eine Dreigliederung dieses Straftatbestands in ‚leichte Körperverletzung', ‚schwere Körperverletzung' und ‚schwere bis letale Körperverletzung' vorgenommen werden. Diese Dreiteilung zeigt sich sowohl bei den verbalen als auch bei den substantivischen Verbindungen, wobei allerdings das Substantiv *wunde* sowie die Verben *slahen* und *wunden* jeweils durch das zweite Glied spezifiziert werden müssen.

Als gängige Bezeichnung ‚letaler Waffen' wird die ‚Paarformel' *swërt – mëzzer* verwendet. Sie steht stellvertretend für Waffen, deren Tragen in der Stadt verboten ist.

Lediglich zwei Verbindungen zur Bezeichnung von Strafmaßstäben implizieren nicht die Todesstrafe. Diese sind *hût – hâr* und *wazzer – brôt*. Beide formulieren ein Gesamtstrafmaß, wobei *wazzer – brôt* stellvertretend für eine Haftstrafe gebraucht wird und *hût – hâr* die Körperteile bezeichnet, an denen ein Delinquent gestraft wird. Die übrigen Verbindungen wie z.B. *hals – hant* benennen die Körperteile, an denen eine Bestrafung möglich ist, wobei *hant* hier als *pars pro toto* für alle Gliedmaßen zu verstehen ist. Einen Sonderstatus nimmt die Kombination *lîp – guot* ein, die aufgrund ihrer umfassenden Bedeutung ‚Gesamtheit der Person' nicht nur im Strafrecht, sondern auch in anderen Rechtsbereichen, wie z.B. dem Geleitrecht, Verwendung findet.

Das mittelalterliche Recht fasst Besitz und Eigentum unter dem Institut der ‚Gewere'; dabei werden hier nach dem Maß an Verfügungsgewalt, die der Gewereinhaber über eine Sache besitzt, Kaufgut und Erbgut unterschieden. Diese Unterscheidung zeigt sich in den die gesamten ‚Liegenschaften' umfassenden Verbindungen *eigen – erbe* und eingeschränkt auch bei *guot – erbe*. Die Einschränkung ergibt sich bei *guot – erbe* durch das breite semantische Spektrum von *guot*, das ebenso wie *eigen* ‚Eigengut', aber auch allgemeiner eine ‚Liegenschaft' bezeichnen kann. Eine auf anderen Differenzierungskriterien aufbauende Definition bietet *habe – guot*. Hier wird der Oberbegriff ‚Gesamtbesitz' durch die Unterscheidung von mobilem und immobilem Eigentum gebildet und so komplett erfasst.

Zur Bezeichnung der tatsächlichen Sachherrschaft über Liegenschaften werden die Verbindungen *nuz – gewër* bzw. *gewalt – gewër* verwendet. Es handelt sich hier um eine ‚Nutzherrschaft', da weder *nuz – gewër* noch *gewalt – gewër* an das Eigentum, sondern lediglich an Nutzung und Besitz einer Liegenschaft gebunden sind. Andere Formen der Gewere können durch *nuz – zins* oder *nuz – gülte* wiedergegeben werden.

Die zunächst als formelhafte Verbindungen zur Bezeichnung der ‚Veräußerung' kategorisierten Formeln *verkoufen – versetzen, verkoufen – verkumbern* und *versetzen – verkumbern* stellen sich schließlich als Verbindungen zur Bezeichnung von Varianten der ‚Sicherstellung der Liquidität' heraus. Sie unterscheiden sich jeweils in Art und Ausmaß der Aufgabe an Besitz und Eigentum an einer Sache und zeigen so das gesamte Spektrum an Möglichkeiten, das einer Person zur ‚Sicherstellung der Liquidität' zur Verfügung steht. So kann eine Sache zur Erlangung von Geldmitteln *verkauft* (Aufgabe von Eigentum und Besitz gegen Erhalt einer Geldsumme), *verpfändet* (zeitweilige Aufgabe des Besitzes gegen einen Geldwert bei Beibehaltung des Eigentums) oder *verkumbert* (Belastung in Form einer Grundschuld, Eigentum und Besitz verbleiben beim Gewereinhaber) werden.

Für die Verbindungen *minne – rëht* und *arclist – geværde* bestätigen sich im Wesentlichen die bereits in der Forschung diskutierten Ergebnisse. Allerdings verfügt dieser Befund für *arclist – geværde* aufgrund der geringen Belegdichte und der Beschränkung dieser Belege auf StrF nur über ein begrenztes Erkenntnispotential. Für *minne – rëht* hingegen können die bisherigen Forschungsergebnisse im Hinblick auf die Verwendungskontexte dahingehend erweitert werden, dass die in dieser ‚Paarformel' formulierte Option, einen Rechtsstreit gütlich oder vor Gericht auszutragen, in den Städten ausschließlich bei Streitfällen, die die Leistung eines Geldwerts beinhalten, Anwendung finden.

Die Formel *hûs – hof* verfügt über ein umfassendes Bedeutungsspektrum, das ‚Besitz', ‚Wohnort', ‚Gerichtsort' oder das Rechtsinstitut ‚Hausfrieden' umfasst. Die Einordnung in die Kategorien ‚Besitz' und ‚Eigentum' erweist sich aufgrund der Nähe beider Bedeutungen als schwierig. In gerichtlicher Funktion tritt die Formulierung *hûs – hof* immer dann in Erscheinung, wenn eine Person *czu hauß vnd czu hoffe*[1215] vor Gericht geladen wird, der Gang vor das Gericht als *gan ze hus vn̄ ze hove*[1216] bezeichnet wird oder eine Straftat am Haus

1215 StrB, II §6.
1216 StrFB, Nr. 10.

des Vogtes oder eines Gerichtsdieners angezeigt werden muss. Als eindeutig dem ‚Hausfrieden' zuordenbar erweisen sich die um *kirche – kirchhof* erweiterten Belege, die das Institut des Hausfriedens mit dem des Kirchenfriedens verbinden. In Zusammenhang mit dem durch *hûs – hof* ausgedrückten ‚Hausfrieden' sind die Belege von *hûsen – hofen* zu sehen, die die Gewährung von Asyl bzw. die Unterstellung unter den Hausfrieden benennen. Sie treten zumeist in negierter Form als Verbot, eine Person aufzunehmen, in Erscheinung. Während sich, wie der Exkurs gezeigt hat, *hûs – hof* im heutigen Sprachgebrauch erhalten hat, verliert *hûsen – hofen* mit dem Wegfall des personenrechtlichen Verständnisses des Hausfriedens seine Grundlage in der Rechtssprache und wird aufgrund der von Burger/Linke benannten Faktoren nicht in die Allgemeinsprache integriert.

Eine besondere Form der ‚paarigen Wortverbindung' liegt bei *lëdec unde lôs* vor. Hier wird der Vorgang des *lëdec*-Sprechens von einem Vorwurf mit dessen Folge, dem dauerhaft *lôs*-gesprochen-Sein, verbunden. Das zweite Glied der Verbindung drückt also im Verweisen auf Zukünftiges die Abgeschlossenheit bzw. Unumkehrbarkeit der durch das erste Glied ausgedrückten Handlung aus. Die ‚Paarformel' findet in Bezug auf Personen Anwendung, wenn diese eine Geldleistung erbracht hat oder von einem Klagevorwurf losgesprochen wird. Sie kann allerdings auch auf Immobilien angewendet werden, die dann als ‚unbesetztes, besitzerloses' Gut klassifiziert werden.

Regional stark begrenzt ist die Verbindung von *vride – genâde* zur Bezeichnung eines ‚allgemeinen Rechtsfriedens': Sie tritt neben singulären Belegen in StbA, StrB und RBU ausschließlich in StrFS auf. Abgesehen von drei Belegen, in denen *genâde* durch *schirm* (2) oder *gemach* ersetzt werden, finden sich keine ‚paarigen Wortverbindungen' äquivalenten Inhalts in anderen Texten des Korpus. Für *vride – genâde* lassen sich präferierte Verwendungsweisen erkennen: In Verbindung mit *wellen haben* bezeichnet die Verbindung einen erwünschten bzw. angestrebten Zustand, in Kombination mit *soln haben* zeigt sie an, dass *vride – genâde* der Normalzustand sein sollte, der, wie die Modifikation mit *bannen* oder *teilen* anzeigt, auch durch richterliches Gebot wiederhergestellt werden kann.

Für *rât – tât* und *wort – wërc* lässt sich der Oberbegriff ‚Gesamtheit der menschlichen Handlungen' ansetzen. Diese Handlungen werden aber, entgegen dem heutigen Sprachgebrauch von ‚Rat und Tat', nicht positiv bewertet. So bezeichnet *rât – tât* im mittelalterlichen Recht den Tatbestand der Beihilfe zu einer Straftat und *wort – wërc* die widerrechtliche Handlung an sich, wobei den Verbindungen ein sehr unspezifischer Charakter gemein ist: Sie können jegliche Form von Handlung bezeichnen. Bemerkenswert ist hier – wie bei *habe – guot* – die geringe

Belegdichte der Verbindung *rât – tât*, die sich entgegen der Verbindung *wort – wërc* noch im heutigen Sprachgebrauch nachweisen lässt.[1217]

Sowohl ‚begriffsbildende Wortpaare' als auch ‚Paarformeln' dienen in der Rechtssprache der Definition rechtlich relevanter Begriffe und komplexer rechtlicher Sachverhalte. Sie werden als „Frühform der Definition"[1218] zur Erfassung abstrakter Begrifflichkeiten[1219] in nahezu allen Bereichen des Rechts verwendet; dabei bilden sie juristische Begriffe wie ‚natürliche Person', ‚Hausfrieden' oder ‚Körperverletzung'. Sie dienen der exakten Erfassung eines Sachverhalts, indem sie diesen umfassen (komplexiv), in seinen einzig möglichen Varianten (additiv-komplexiv) oder exemplarisch (additiv) wiedergeben. So können z.B. Personengruppen, für die eine rechtliche Regelung Anspruch auf Gültigkeit erhebt, erfasst werden (*burgære – gast*), Straftaten anhand ihrer Folgen (*wunde – lemede*) oder Liegenschaftstypen über die Art der Verfügungsgewalt, die der Gewereinhaber über diese hat (*eigen – erbe*), definiert werden. Allen Formulierungen aber bleibt gemein, dass sie durch die oben genannten Mechanismen einen Sachverhalt bzw. eine Personengruppe exakt definieren.

1217 vgl. http://www.duden.de/node/662802/revisions/1338487/view (abgerufen am 28.10.2014).

1218 Sonderegger: Sprache des Rechts, S. 268.

1219 vgl. Schmidt Wiegand: Paarformeln, Sp. 1387.

IX. Literaturverzeichnis

Verzeichnis der in Abkürzung zitierten Literatur:

BMZ	Mittelhochdeutsches Wörterbuch
DRW	Deutsches Rechtswörterbuch
HRG	Handwörterbuch zur deutschen Rechtsgeschichte
HRG^2	Handwörterbuch zur deutschen Rechtsgeschichte. 2., nur z.T. veröffentlichte Auflage (Berlin 2014).
FS	Festschrift
LMA	Lexikon des Mittelalters
Lexer	Matthias Lexer. Mittelhochdeutsches Handwörterbuch.
MGH	Monumenta Germaniae Historica
MGH Const.	Monumenta Germaniae Historica Constitutiones
MndW	Mittelniederländisches Wörterbuch
RLW	Reallexikon der deutschen Literaturwissenschaft
UB	Urkundenbuch
WMU	Wörterbuch der mittelhochdeutschen Urkundensprache
ZRG (GA)	Zeitschrift der Savigny-Stiftung für Rechtsgeschichte. Germanistische Abteilung
ZRG (KA)	Zeitschrift der Savigny-Stiftung für Rechtsgeschichte. Kanonistische Abteilung

Quellen

Stadtbücher

Augsburg: Christian Meyer. Das Stadtbuch von Augsburg, insbesondere das Stadtrecht vom Jahre 1276. Nach der Originalhandschrift zum ersten Male hrsg. u. erläutert v. Christian Meyer. Augsburg 1872.

Bamberg: Harald Parigger. Das Bamberger Stadtrecht Hrsg. u. mit Erläuterungen zur Text- u. Überlieferungsgeschichte vers. v. Harald Parigger. Neustadt a. d. Aisch 1983. (Quellen zur Rechts- und Wirtschaftsgeschichte Frankens 12).

Braunschweig: Ludwig Hänselmann. Das Urkundenbuch der Stadt Braunschweig. Bd. 1: Statuten und Rechtsbriefe (1227–1499). Hrsg. v. Ludwig Hänselmann und Heinrich Mack. Braunschweig 1900.

Bremen: Karl August Eckhardt. Die mittelalterlichen Rechtsquellen der Stadt Bremen. Bremen 1931 (Schriften der Bremer Wissenschaftlichen Gesellschaft.

Reihe A: Veröffentlichungen aus dem Staatsarchiv der Freien Hansestadt Bremen. Heft 5).

Frankfurt: Armin Wolf. Die Gesetze der Stadt Frankfurt am Main im Mittelalter. Hrsg. u. eingel. v. Armin Wolf. Frankfurt a. M. 1969. (Veröffentlichungen der Frankfurter Historischen Kommission 13).

Freiberg: Hubert Ermisch. Das Freiberger Stadtrecht. (mit Zusätzen aus dem 14.-16. Jahrhundert). Hrsg. v. Hubert Ermisch. Leipzig 1889.

Freiburg: Marita Blattmann. Die Freiburger Stadtrechte zur Zeit der Zähringer. Rekonstruktion der verlorenen Urkunden und Aufzeichnungen des 12. und 13. Jahrhunderts. Bd. 2. Freiburg 1991. (Veröffentlichungen aus dem Archiv der Stadt Freiburg im Breisgau 27).

–: Heinrich Schreiber. Urkundenbuch der Stadt Freiburg im Breisgau. Hrsg. v. Heinrich Schreiber. Bd. 1. Freiburg im Breisgau 1828, S. 123–140 (Nr. L).

Goslar: Wilhelm Ebel. Das Stadtrecht von Goslar. Hrsg. v. Wilhelm Ebel. Göttingen 1968.

–: Otto Göschen. Die Goslarschen Statuten. Hrsg. u. systematisch bearb. Berlin 1840.

Hamburg: Frank Eichler. Das Hamburger Ordeelbook in der Erstfassung von 1270. Rechtshistorische und sprachliche Rekonstruktion aus den vorhandenen Quellen. Hamburg 2007.

–: Johann Martin Lappenberg. Die ältesten Stadt-, Schiff- und Landrechte Hamburgs. Hamburg 1845 (Neudruck Aalen 1966).

Kalkar: Klaus Fink. Das Stadtrecht von Kalkar. Bearb. u. hrsg. v. Klaus Fink. Kleve 1993.

Koblenz: Max Bär. Urkunden und Akten zur Geschichte der Verfassung und Verwaltung der Stadt Koblenz bis zum Jahre 1500. Bearb. v. Max Bär. Bonn 1898. (Publikationen der Gesellschaft für rheinische Geschichtskunde XVII).

Lübeck: Gustav Korlén: Das mittelniederdeutsche Stadtrecht von Lübeck nach seinen ältesten Formen. Norddeutsche Stadtrechte II Hrsg. v. Gustav Korlén. Lund/Kopenhagen 1951. (Lunder Germanistische Forschungen 23).

Magdeburg: Laband, Paul. Magdeburg Breslauer systematisches Schöffenrecht. Hrsg. von Paul Laband. Berlin 1863.

Nürnberg: Werner Schultheiß: Satzungsbücher und Satzungen der Reichsstadt Nürnberg aus dem 14. Jahrhundert. Nürnberg 1965. (Quellen zur Geschichte und Kultur der Stadt Nürnberg 3,1)

Osnabrück: Erich Fink. Des Stades Boek. I. Das älteste Stadtbuch von Osnabrück. II. Das Legerbuch des Bürgermeisters Rudolf Hammacher zu Osnabrück. Hrsg. vom Historischen Verein zu Osnabrück. Osnabrück 1927. (Osnabrücker Geschichtsquellen 4. Das älteste Stadtbuch von Osnabrück)

Ravensburg: Karl-Otto Müller. Die älteren Stadtrechte der Reichsstadt Ravensburg nebst der Waldseer Stadtrechtshandschrift und den Satzungen des Ravensburger Denkbuchs. Stuttgart 1924. (Oberschwäbische Stadtrechte 2).

Soest: Wolf-Herbert Deus. Soester Recht. Eine Quellen-Sammlung. Bd. 1: Statuten. Hrsg. v. Wolf-Herbert Deus. Soest 1969. (Soester Beiträge 32).

Schlettstatt: Joseph Gény. Schlettstadter Stadtrechte. Hrsg. v. der Kommission zur Herausgabe elsässischer Geschichtsquellen. Bearb. v. Joseph Gény. Heidelberg 1901. (Oberrheinische Stadtrechte, 3. Abt. Elsässische Stadtrechte 1).

Ulm: Carl Mollwo. Das rote Buch der Stadt Ulm. Hrsg. v. Carl Molwo. Stuttgart 1905. (Württembergische Geschichtsquellen. Hrsg. v. der Württembergischen Kommission für Landesgeschichte. Bd. 8).

Würzburg: Hermann Hoffmann. Würzburger Polizeisätze. Gebote und Ordnungen des Mittelalters 1125–1495. Hrsg. v. Hermann Hoffmann. Würzburg 1955. Ausgewählte Texte (Veröffentlichungen der Gesellschaft für Fränkische Geschichte X. Quellen zur Rechts- und Wirtschaftsgeschichte Frankens 5).

Weitere Quellen

Adam von Bremen. Adam's von Bremen Hamburgische Kirchengeschichte. Nach der Ausgabe der Monumneta Germaniae. Übers. v. Johann C. M. Laurent. Berlin 1850.

Agricola, Johannes. Sibenhundertvndfunfftzig Deutscher Spruechwœrter/ ernewert/ vnd gebessert/ Durch Johan. Agricola. Mit vielen schœnen lustigen vndnuetzlichen Historien vnd Exempeln erkleretvnd ausgelegt. Wittenberg 1582. (Digitalisat online abrufbar unter: http://digitale.bibliothek.uni-halle.de/vd16/content/titleinfo/993701; zul. abgerufen 18.03.2014).

Benediktbeurer Glauben und Beichte: Benediktbeurer Glauben und Beichte III, in: Elias von Steinmeyer. Die kleineren althochdeutschen Sprachdenkmäler. Berlin 1916.

Blums, Johann Christian. Deutsches Sprichwörterbuch. 2 Bde. Hildesheim 1990. (Nachdr. der Ausg. Leipzig 1780 u. 1782).

Corpus der altdeutschen Originalurkunden bis zum Jahr 1300. Bd. I: 1200–1282, hrsg. v. Friedrich Wilhelm. Lahr 1932; Bd. II: 1283–1292, hrsg. v. Friedrich Wilhelm u. Richard Newald 1943; Bd. III: 1293–1296, hrsg. v. Richard Newald, Helmut de Boor u. Diether Haacke 1962; Bd. IV: 1297-(Ende 13. Jahrhundert), hrsg. v. Helmut de Boor u. Diether Haacke 1963; Bd. V: Nachtragsurkunden 1261–1297, hrsg. v. Helmut de Boor, Diether Haacke u. Bettina Kirschstein. Bis Lieferung 54: Lahr, Lieferung 55: Berlin 2004.

Großer Brief Stadt Braunschweig von 1445: Urkundenbuch der Stadt Braunschweig. Bd. 1: Statute und Rechtebriefe 1227–1499. Hrsg. v. Ludwig Hänselmann. Braunschweig 1862. Nr. 88.

Huldigungsverordnung Braunschweig 1345: Urkundenbuch der Stadt Braunschweig. Bd. 1: Statute und Rechtebriefe 1227–1499. Hrsg. v. Ludwig Hänselmann. Braunschweig 1862. Nr. 30.

Hugo von Trimberg. Renner. 4 Bde. Hrsg. v. Gustav Ehrismann. Mit einem Nachwort u. Ergänzungen v. Günther Schweikle (Nachdr. d. Ausg. Tübingen 1908–1911). Berlin 1970.

Liegnitzer Stadtrechtsbuch: Hans Jörg Leuchte. Das Liegnitzer Stadtrechtsbuch des Nikolaus Wurm. Hintergrund, Überlieferung und Edition eines schlesischen Rechtsdenkmals. Sigmaringen 1990.

Petri, Friedrich. Der Teutschen Weissheit. Faksimiledruck der Ausg. v. 1604/05. Hrsg. u. eingel.v. Wolfgang Mieder. Bern 1983. (Nachdrucke deutscher Literatur des 17. Jahrhunderts 46).

Privilegium de non Evocando für Braunschweig: Ludwig Hänselmann. Urkundenbuch der Stadt Braunschweig. Bd. 1: Statute und Rechtebriefe 1227–1671. Im Auftrage der Stadtbehörden hrsg. v. Ludwig Hänselmann. Braunschweig 1862. Nr. 77.

Privilegium de non evocando Für Freiburg vom 26. Juli 1330: Monumenta Germaniae Historica. Constitvtiones et acta publica imperatorum et regum. Tomus VI.1. Hrsg. v. Jakob Schwalm. Hannover 1915–1927. Nr. 804.

Privilegium et sententia in favorem iudaeorum vom Juli 1236: Monumenta Germaniae Historica. Constitvtiones et acta publica imperatorum et regum. Tomus II. Hrsg. v. Jakob Schwalm. Hannover 1896. Nr. 204.

Privileg für die Stadt Frankfurt von 1279: Urkundenbuch der Stadt Frankfurt (Codex diplomaticus Moenofrancofurtanus). Bd. 1. Hrsg. v. Johann Friedrich Böhmer. Frankfurt a. M. 1836, S. 304ff.

Privileg für die Bürger Nürnbergs vom 11. Juni 1313: Quellensammlung zur Geschichte der deutschen Reichsverfassung in Mittelalter und Neuzeit. Bearb. v. Karl Zeumer. Tübingen 1913. Nr. 135.

Rechtsbuch Johannes Purgoldt: Das Rechtsbuch des Johannes Purgoldt und statuarische Rechte von Gotha und Eisenach enthaltend. Sammlung Deutscher Rechtsquellen. Bd. 2. Hrsg. v. Friedrich Ortloff. Jena 1860.

Res gestae Saxonicae: Widukind von Corvey. Res gestaeSaxonicae. Übers. u. hrsg. v. Bernd Schneidmüller. Stuttgart 1981.

Sachsenspiegel [Ssp]: Eike von Repgow. Des Sachsenspiegels erster Theil, oder das sächsische Landrecht. Nach der Berliner Handschrift v. J. 1369. Hrsg. v. C. G. Homeyer. 3., umgearb. Ausg. Berlin 1861.

Schwörbrief der Stadt Ulm 1397: Carl Mollwo. Das rote Buch der Stadt Ulm. Stuttgart 1905, S. 258. (Württembergische Geschichtsquellen. Hrsg. v. der Württembergischen Kommission für Landesgeschichte. Bd. 8).

Stadtrecht von Augsburg 1156: Monumenta Germaniae Historica. Die Urkunden der Deutschen Könige und Kaiser. Bd. X. Die Urkunden Friedrichs des I. 1152–1158. Bearb. v. Heinrich Appelt. Hannover 1975. Nr. 147.

Walther von der Vogelweide. Leich – Lieder – Sangsprüche. 14., völlig neubearb. Aufl. der Ausgabe Karl Lachmanns. Hrsg. v. Christoph Cormeau. Berlin/New York 1996.

Wirnt von Grafenberg. Wigalois. Hrsg. v. Christoph Fasbender. Berlin/New York 2010.

Zollverzeichnis der Stadt Bamberg 1333: Höfler, Karl Adolph Constantin Ritter von. Friedrich's von Hohenlohe, Bischofs von Bamberg, Rechtsbuch. 1348. Bamberg 1852.

Regesten

(online abrufbar unter: http://www.regesta-imperii.de/regesten/suche.html)

Bestätigungsschreiben an Manigold vom 17. Januar 1030: RI III,1 n. 150, in: Regesta Imperii Online, URI: http://www.regesta-imperii.de/id/1030-01-17_1_0_3_1_0_268_150 (zul. abgerufen: 09.09.2014).

Bestätigung des Münz- und Zollrechts für Donauwörth vom 17. Januar 1030: RI III,1 n. 150, in: Regesta Imperii Online, URI: http://www.regesta-imperii.de/id/1030-01-17_1_0_3_1_0_268_150 (zul. abgerufen: 09.09.2014).

Bestätigung der Reichsfreiheit für Augsburg vom 01. September 1316: [RI VII] H. 5 n. 20, in: Regesta Imperii Online, URI: http://www.regesta-imperii.de/id/1316-01-09_2_0_7_5_0_20_20 (zul. abgerufen: 09.09.2014).

Gelnhauser Privileg(1186 November 28): RI IV,2,4 n. 3035, in: Regesta Imperii Online, URI: http://www.regesta-imperii.de/id/1186-11-28_4_0_4_2_4_459_3035 (zul. abgerufen am 19.08.2014).

Großer Freiheitsbrief Nürnberg 08. November 1219: RI V,1,1 n. 1069, in: Regesta Imperii Online, URI: http://www.regesta-imperii.de/id/1219-11-08_1_0_5_1_1_1724_1069 (zul. abgerufen am 03.09.2014).

Nachricht an die Stadt Regensburg über Messeprivileg für Würzburg 1227: RI V,1,2 n. 4078, in: Regesta Imperii Online, URI: http://www.regesta-imperii.de/id/1227-09-21_1_0_5_1_2_321_4078 (zul. abgerufen am 03.09.2014).

Privileg vom 23. November 1171 für die Stadt Osnabrück: RI IV,2,3 n. 1950, in: Regesta Imperii Online, URI: http://www.regesta-imperii.de/id/1171-11-23_1_0_4_2_3_175_1950 (zul. abgerufen am: 19.08.2014).

Privileg vom 07. Mai 1189 für die Kaufleute Hamburgs: RI IV,2,4 n. 3258, in Regesta Imperii, URl: http://www.regesta-imperii.de/id/1189-05-07_2_0_4_685_3258 (Zugriff am 29.08.2014).

Privileg vom Juni 1226 für die Stadt Lübeck: RI V. 1,1 n. 1636, in: Regesta Imperii Online, URI: http://www.regesta-imperii.de/id/1226-06-00_7_0_5_1_1_2368_1636 (zul. abgerufen am 03.09.2014).

Privileg vom 13. Oktober 1030 für den Bischof von Würzburg: RI III,1 n. 160, in: Regesta Imperii Online, URI: http://www.regesta-imperii.de/id/1030-10-13_1_0_3_1_0_286_160 (zul. abgerufen am 04.09.2014).

Privilegium de non evocando für Augsburg vom 20. Januar 1315: [RI VII] H. 5 n. 3, in: Regesta Imperii Online, URI: http://www.regesta-imperii.de/id/1315-01-20_1_0_7_5_0_3_3 (zul. abgerufen am 09.09.2014).

Privilegium de non evocando für Braunschweig vom 01. Februar 1415: RI XI,1 n. 1417, in: Regesta Imperii Online, URI: http://www.regesta-imperii.de/id/1415-02-01_2_0_11_1_0_1560_1417 (zul. abgerufen am 09.09.2014).

Privilegium de non evocando für >Freiburg im Breisgau vom 02. Januar 1315: [RI VII] H. 2 n. 8, in: Regesta Imperii Online, URI: http://www.regesta-imperii.de/id/1315-01-02_2_0_7_2_0_8_8 (zul. abgerufen am 14.09.2014).

Schenkungsurkunde von 1018 für erzbischöfliche Kirche Trier: RI II,4 n. 1938, in: Regesta Imperii Online, URI: http://ww.regesta-imperii.de/id/1018-00-00_1_0_2_4_1_809_1938 (zul. abgerufen am 03.09.2014).

Stadtrecht für Augsburg vom 21. Juni 1156: RI IV,2,1 n. 406, in: Regesta Imperii Online, URI: http://www.regesta-imperii.de/id/1156-06-21_1_0_4_2_1_408_406 (zul. abgrrufen am 09.09.2014).

Stadtrechtsprivileg Goslar 13. Juli 1219: RI V,1,1 n. 1025, in: Regesta Imperii Online, URI: http://www.regesta-imperii.de/id/1219-07-13_1_0_5_1_1_1675_1025 (zul. abgerufen am 03.09.2014).

Verleihung der Überlinger Stadtrechts an Ravensburg 1286: RI VI,2 n. 745, in: RI VI,1 n. 1961, in: Regesta Imperii Online, URI: http://www.regesta-imperii.de/id/1286-01-10_1_0_6_1_0_2183_1961 (zul. abgerufen am 03.09.2014).

Verleihung des Ulmer Stadtrechts an Ravensburg: Regesta Imperii Online, URI: http://www.regesta-imperii.de/id/1296-07-15_2_0_6_2_0_756_745 (zul. abgerufen am 03.09.2014).

Sekundärliteratur

ALBRECHT, WILHELM EDUARD. Die Gewere als Grundlage des älteren deutschen Sachenrechts. Aalen 1967.

AMIRA, KARL VON. Grundriß des germanischen Rechts. Bd. 1. 3. Auflage. Straßburg 1913.

ARNOLD, KLAUS. Im Ringen um die bürgerliche Freiheit: Die Stadt Würzburg im späteren Mittelalter (ca. 1250–1400), in: Geschichte der Stadt Würzburg. Bd. 1: Von den Anfängen bis zum Ausbruch des Bauernkriegs. Hrsg. v. Ulrich Wagner. Stuttgart 2001, S. 94–109.

BAKKER, LOTHAR. Die Anfänge der Zivilsiedlung Augusta Vindelicum, in: Geschichte der Stadt Augsburg. 2000 Jahre von der Römerzeit bis zur Gegenwart. 2. Aufl. Stuttgart 1985, S. 34–41.

–: Augsburg in spätrömischer Zeit, in: Geschichte der Stadt Augsburg. 2000 Jahre von der Römerzeit bis zur Gegenwart. 2. Aufl. Stuttgart 1985, S. 78–87.

BADER, KARL SIEGFRIED. Recht – Geschichte – Sprache, in: Historisches Jahrbuch 93 (1973), S. 1–20.

BADERKARL SIEGFRIED/DILCHER, GERHARD. Deutsche Rechtsgeschichte. Land und Stadt. Bürger und Bauer im alten Europa. Berlin/Heidelberg 1999.

BAUER, CLEMENS. Freiburgs Wirtschaft im Mittelalter, in: Freiburg im Mittelalter. Vorträge zum Stadtjubiläum 1970. Hrsg. v. Wolfgang Müller. Bühl 1970, S. 50–76.

BAUER, ERIKA. Zweigliedrigkeit und Übersetzungstechnik, in: Würzburger Prosastudien II. Untersuchungen zur Literatur und Sprache des Mittelalters. Hrsg. v. Peter Kesting. München 1975, S. 175–192.

BÄR, MAX. Findbücher des Stadtarchivs Koblenz. Stadtarchiv Koblenz, Bestand 623: Stadt Koblenz. Findbuch II: Akten und Amtsbücher der kurtrierischen und französischen Zeit(14. Jahrhundert bis 1814). Neu bearb. v. Michael Koelges. Koblenz 1994, 2010.

BAER, WOLFRAM. Das Stadtrecht vom Jahre 1156, in: Geschichte der Stadt Augsburg. 2000 Jahre von der Römerzeit bis zur Gegenwart. Hrsg. v. Gunther Gottlieb, Wolfram Baer und Joseph Becker. 2. Aufl. Stuttgart 1985, S. 128–133.

–: Der Weg zur königlichen Bürgerstadt (1156–1276), in: Geschichte der Stadt Augsburg. 2000 Jahre von der Römerzeit bis zur Gegenwart. Hrsg. v. Gunther Gottlieb, Wolfram Baer und Joseph Becker. 2. Aufl. Stuttgart 1985, S. 134–139.

BEHAGHEL, OTTO. Deutsche Syntax. Eine geschichtliche Darstellung. Bd. 3: Die Satzgebilde. Heidelberg 1928.

Bellinghausen, Hans. Vom Frühen zum Hohen Mittelalter, in: 2000 Jahre Koblenz, Geschichte der Stadt an Rhein und Mosel. Neu hrsg. v. Hans Bellinghausen. Boppard 1971.

Besch, Werner. Zweigliedriger Ausdruck in der deutschen Prosa des 15. Jahrhunderts, in: Neuphilologische Mitteilungen 65 (1964), S. 200–221.

Beyerle, Konrad. Die deutschen Stadtbücher, in: Deutsche Geschichtsblätter. Bd. XI (6./7. Heft). Gotha 1910.

Bierbrauer, Volker. Alamannische Besiedlung Augsburgs und seines näheren Umlandes, in: Geschichte der Stadt Augsburg. 2000 Jahre von der Römerzeit bis zur Gegenwart. 2. Aufl. Stuttgart 1985, S. 87–100.

Binz, Gustav. Basler Schimpfwörter aus dem fünfzehnten Jahrhundert, in: Zeitschrift für deutsche Wortforschung. Bd. 8 (1906), S. 161–163.

Boetticher, Annette von. Niedersächsische Städte im Mittelalter und früher Neuzeit. Besonderheiten mit Ausblick, in: Die Macht der Städte. Hrsg. v. Michael Gehler. Hildesheim/Zürich/New York 2011, S. 145–164.

Bosl, Karl. Die Anfänge der Stadt unter den Saliern, in: Nürnberg. Geschichte einer europäischen Stadt. Hrsg. v. Gerhard Pfeiffer. München 1971, S. 11–16.

–: Das staufische Nürnberg, Pfalzort und Königsstadt, in: Nürnberg. Geschichte einer europäischen Stadt. Hrsg. v. Gerhard Pfeiffer. München 1971, S. 16–29.

–: Nürnberg im Interregnum und im ausgehenden 13. Jahrhundert, in: Nürnberg. Geschichte einer europäischen Stadt. Hrsg. v. Gerhard Pfeiffer. München 1971, S. 29–33.

Brunner, Heinrich. Deutsche Rechtsgeschichte. Bd. 1. 2. Auflage. Berlin 1906.

Bund, Konrad. Frankfurt am Main im Spätmittelalter. 1311–1519, in: Frankfurt am Main. Die Geschichte der Stadt in neun Beiträgen. Hrsg. v. der Frankfurter Historischen Kommission. Sigmaringen 1994, S. 53–149.

Burger, Harald. Probleme einer historischen Phraseologie des Deutschen, in: Beiträge zur Geschichte der deutschen Sprache und Literatur (T) 99 (1977), Heft 1, S. 1–24.

–: Problembereiche einer historischen Phraseologie, in: Europhras 95. Europäische Phraseologie im Vergleich: Gemeinsames Erbe und kulturelle Vielfalt. Hrsg. v. Wolfgang Eismann. Bochum 1998, S. 79–105.

–: Konzepte von „Variation“ in der Phraseologie, in: Vom Umgang mit sprachlicher Variation. Soziolinguistik, Dialektologie, Methoden und Wissenschaftsgeschichte. Fs Heinrich Löffler. Hrsg. v. Annelies Häcki Buhofer. Tübingen 2000, S. 35–51.

–: Phraseologie. Eine Einführung am Beispiel des Deutschen. 4. neu bearb. Aufl. Berlin 2010.

–: Paarformeln und Paarformen des Deutschen „revisited“ – unter historischem Aspekt, in: Aktuelle Probleme der modernen Lexikologie und Phraseologie. Fs Irena I. Černyševa. Moskau 2011, S. 31–56.

–: Alte und neue Fragen, alte und neue Methoden der historischen Phraseologie, in: Aspekte der historischen Phraseologie und Phraseographie. Hrsg. v. Natalia Filatkina, Ane Kleine-Engel, Marcel Dräger und Harald Burger. Heidelberg 2012, S. 1–20.

–: Genese und Wandel des idiomatischen Bildes, in: Formelhaftigkeit in Text und Bild. Hrsg. v. Natalia Filatkina, Birgit U. Münch und Ane Kleine-Engel. Wiesbaden 2012, S. 17–40.

Burger, Harald/Linke, Angelika. Historische Phraseologie, in: Sprachgeschichte. Ein Handbuch zur Geschichte der deutschen Sprache und ihrer Erforschung. 1. Teilbd. 2., vollst. neu bearb. u.erw. Aufl. (Handbücher zur Sprach- und Kommunikationswissenschaft 2.1).Hrsg. v. Werner Besch, Anne Betten, Oskar Reichmann und Stefan Sonderegger. Berlin/New York 1998, S. 743–755.

Conrad, Hermann. Deutsche Rechtsgeschichte. Bd. 1: Frühzeit und Mittelalter. 2. Auflage. Karlsruhe 1962.

Diestelkamp, Bernhard. »Freiheit der Bürger – Freiheit der Stadt.«, in: Die abendländische Freiheit vom 10–14. Jahrhundert. Der Wirkungszusammenhang von Idee und Wirklichkeit im europäischen Vergleich. Hrsg. v. Johannes Fried. Sigmaringen 1961, S. 485–510.

Dilcher, Gerhard. Paarformeln in der Rechtssprache des frühen Mittelalters. Frankfurt a. M. 1961.

–: Personale und lokale Strukturen kaufmännischen Rechts als Vorformen genossenschaftlichen Stadtrechts, in: Gilde und Korporation in den nordeuropäischen Städten des späten Mittelalters. Hrsg. v. Klaus Friedland. Köln/Wien 1984.

–: „Hell, verständig, für die Gegenwart sorgend, die Zukunft bedenkend“. Zur Stellung und Rolle der mittelalterlichen deutschen Stadtrechte in einer europäischen Rechtsgeschichte, in: Bürgerrecht und Stadtverfassung im europäischen Mittelalter. Köln 1996, S. 243–279.

–: Zum Bürgerbegriff im späteren Mittelalter. Versuch einer Typologie am Beispiel von Frankfurt am Main, in: Bürgerrecht und Stadtverfassung. Köln 1996, S. 115–182.

–: Kommune und Bürgerschaft als politische Idee der mittelalterlichen Stadt, in: Pipers Handbuch der politischen Ideen. Hrsg. v. Iring Fetscher und Herfried Münkler. Bd. 2. München 1993, S. 311–350.

Dimt, Gunter. Haus und Wohnung zwischen Mittelalter und Neuzeit am Beispiel Oberösterreichs, in: Haus und Familie in der spätmittelalterlichen Stadt. Hrsg. v. Alfred Haverkamp. Köln [u.a.] 1984, S. 66–98.

Dittmer, Ernst. Untersuchungen zum Formelschatz der frühen deutschen Urkunden. Die Formel minne oder reht, in: Sprachwissenschaft 4 (1979), S. 24–52.

–: Der lateinische Einfluss auf die Paarformeln der frühen hochdeutschen Urkundensprache, in: Zeitschrift für Sprachwissenschaft 6 (1987), S. 439–478.

Dreher, Alfons. Geschichte der Reichsstadt Ravensburg und ihrer Landschaft von den Anfängen bis zur Mediatisierung 1802. Bd. 1. Weißenhorn 1972.

Dünzelmann, Anne E. Vom Gaste, den Joden und den Fremden. Zur Ethnographie von Immigration, Rezeption und Exkludierung Fremder am Beispiel der Stadt Bremen vom Mittelalter bis 1848. Hamburg 2001.

Ebel, Wilhelm. Geschichte der Gesetzgebung in Deutschland. 2. erw. Aufl. Göttingen 1958.

–: Über die rechtsschöpferische Leistung des mittelalterlichen deutschen Bürgertums, in: Untersuchungen zur gesellschaftlichen Struktur mittelalterlicher Städte in Europa. Stuttgart 1966, S. 241–258.

–: Lübisches Recht. Bd. 1. Lübeck 1971.

–: Recht und Form. Vom Stilwandel im deutschen Recht. Tübingen 1975.

–: Grundlegung zu einer Darstellung eines deutschen Schuldrechts des Mittelalters, in: ZRG (GA) 105 (1988), S. 1–16.

–: Gesetzgebung und Verwaltungshoheit in mittel- und ostdeutschen Städten, in: Statuten, Städte und Territorien zwischen Mittelalter und früher Neuzeit in Italien und Deutschland. Hrsg. v. Giorgio Chittolini und Dietmar Willoweit. Berlin 1992, S. 99–112.

Ehrhardt, Harald. Der Stabreim in altnordischen Rechtstexten. Heidelberg 1977.

Ehrismann, Otfrid-Reinald. Ehre und Mut, Âventiure und Minne. Höfische Wortgeschichten aus dem Mit-telalter. München 1995.

Eitel, Peter. Oberschwäbischer „Welthandel“ im ausgehenden Mittelalter. Die große Ravensburger Handelsgesellschaft, in: Jahrbuch des Landkreises Lindau 12. (1997), S. 63–76.

Endres, Rudolf. Das Handwerk in Nürnberg im ausgehenden Mittelalter, in: Nürnberg und Bern. Zwei Reichsstädte und ihre Landgebiete. Erlangen 1990. S. 49–79.

Engel, Evamaria. Die deutsche Stadt des Mittelalters. München 1993.

Ennen, Edith. Die europäische Stadt des Mittelalters. 3. überarb. u. erw. Auflage. Göttingen 1979.

Erler, Adalbert.Die älteren Urteile des Ingelheimer Oberhofes. 4 Bde. Frankfurt a. M. 1952–1963.

–: Zeitstil und Rechtsstil, in: Studium Generale 7 (1954), S. 612–618.

Fehr, Hans. Kunst und Recht. Bd. 3: Die Dichtung im Recht. Bern 1936.

Filatkina, Natalia. Formelhafte Sprache und Traditionen des Formulierens. Vorstellung eines Projekts zur historischen formelhaften Sprache, in: Sprachwissenschaft 32. (2007), S. 217–242.

–: Historische formelhafte Sprache als „harte Nuss" der Korpus- und Computerlinguistik. Ihre Annotation und Analyse im HiFoS-Projekt. In: Linguistik online 39/3 (2009), S. 75–95.

–: Und es duncket einem noch/wann man euch anſiehet/daß ihr Sand in den Augen habt. Phraseologismen in ausgewählten historischen Grammatiken des Deutschen, in: Phraseologie disziplinär und interdisziplinär. Hrsg. v. Csaba Földes. Tübingen 2009, S. 15–31.

–: Phraseologie der germanischen Sprachen kontrastiv. Geschichte, Ergebnisse und Perspektiven, in.: Kontrastive Germanistische Linguistik. Hrsg. v. Antje Dammel, Sebastian Kürschner und Damaris Nübling. Hildesheim 2010, S. 277–309.

–: Variation im Bereich der formelhaften Wendungen am Beispiel der Luxemburger Rechnungsbücher (1388–1500), in: Sprachvariation und Sprachwandel in der Stadt der Frühen Neuzeit. Hrsg. v. Stephan Elspaß. Heidelberg 2011, S. 79–69.

–: Wan wer beschreibt der welte stat/der muoß wol sagen wie es gat. Manifestation, functions and dynamics of formulaic patterns in Thomas Murner's „Schelmenzunfft" revisited, in: Aspekte der historischen Phraseologie und Phraseographie. Hrsg. v. Natalia Filatkina, Ane Kleine-Engel, Marcel Dräger und Harald Burger. Heidelberg 2012, S. 21–44.

–: Wandel im Bereich der historischen formelhaften Sprache und seine Reflexe im Neuhochdeutschen: Eine neue Perspektive für moderne Sprachwandeltheorien, in: Jahrbuch für Germanistische Sprachgeschichte. Bd. 4. (2013), S. 34–51.

Filatkina, Natalia/Gottwald, Johannes/Hanauska, Monika/Rößger, Carolin. Formelhafte Sprache im schulischen Unterricht im Frühen Mittelalter: Am Beispiel der so genannten „Sprichwörter" in den Schriften Notkers des Deutschen von St. Gallen, in: Sprachwissenschaft 34 (2009), S. 341–397.

Filatkina, Natalia/Hanauska, Monika. Wissensstrukturierung und Wissensvermittlung durch Routineformeln: Am Beispiel ausgewählter althochdeutscher Texte, in: Yearbookof Phraseology. Vol. 1. Hrsg. v. Koenraad Kuiper. Berlin/Boston 2010, S. 45–71.

Filatkina, Natalia/Kleine-Engel, Ane/Münch, Birgit U. Verbale und visuelle Formelhaftigkeit: Zwischen Tradition und Innovation, in: Korpora, Web und Datenbanken. Computergestützte Methoden in der modernen Phraseologie und Lexikographie. Hrsg. v. Stefaniya Ptashnyk, Erla Hallsteinsdóttir und Noah Bubenhofer. Baltmannsweiler 2010, S. 229–246.

Fischer, Thomas. Strafgesetzbuch und Nebengesetze. München 2013.

Flachenecker, Helmut. Zwei verschiedene Welten in Franken: Nürnberg und Würzburg zwischen Reichs- und Regionalbindung, in: Die Macht der Städte. Hrsg. v. Michael Gehler. Hildesheim/Zürich/New York 2011, S. 493–514.

Fluck, Hans-Rüdiger. Fachsprache – Fachk.ommunikation. Heidelberg 1998.

Frenz, Barbara. Gleichheitsdenken in deutschen Städten des 12. bis 15. Jahrhunderts. Geistesgeschichte, Quellensprache, Gesellschaftsfunktion. Köln [u.a.] 2000.

Fried, Pankraz. Augsburg unter den Staufern (1132–1268), in: Geschichte der Stadt Augsburg. 2000 Jahre von der Römerzeit bis zur Gegenwart. 2. Aufl. Stuttgart 1985, S. 127–140.

Friedrich, Jesko. Historische Phraseologie des Deutschen, in: Phraseologie. Ein internationales Handbuch zeitgenössischer Forschung. 2. Teilbd. (Handbücher zur Sprach- und Kommunikationswissenschaft 28.2). Hrsg. v. Harald Burger, Dmitrij Dobrovolskij, Peter Kühn und Neal R. Norrick. Berlin/New York 2007, S. 1092–1106.

Fritz, Gerd. Historische Semantik. 2. aktualis. Aufl. Stuttgart 2006.

Fuhr, Ludwig. Zur Entstehung und Bedeutung der mittelalterlichen Formel „ane argeliste unde geverde“. Darmstadt 1962.

Gaisser, Erich. Minne und Recht in den Schöffensprüchen des Mittelalters. Tübingen 1955.

Garzmann, Manfred. Die Stadt Braunschweig im späten Mittelalter, in: Die Braunschweigischen Landesgeschichte. Jahrtausendrückblick einer Region. Hrsg v. Hort-Rüdiger Jarck und Gerhard Schildt. Braunschweig 2000, S. 317–352.

Gierke, Otto von. Das deutsche Genossenschaftsrecht. 4. Bde. Berlin 1868–1913.

–: Deutsches Privatrecht 2. Bde. Leipzig 1895–1905.

Gilomen, Hans-Jörg. Der Rentenkauf im Mittelalter. Basel 1984. (online abrufbar: http://www.hist.uzh.ch/fachbereiche/mittelalter/emeriti/gilomen/publikationen/Rentenkauf.pdf; zul. abgerufen am 09.10.2014).

Gleba, Gudrun. Über Bürgerwelt und Gemeindeleben im spätmittelalterlichen Soest, in: Soest. Geschichte der Stadt. Bd. 2: Die Welt der Bürger. Politik, Wirtschaft und Gesellschaft im spätmittelalterlichen Soest. Hrsg. v. Heinz-Dieter Heimann. Soest 1996, S. 19–56.

GMÜR, RUDOLF. Rechtswirkungsdenken in der Privatrechtsgeschichte. Theorie und Geschichte der Denkformen des Entstehens und Erlöschens von subjektiven Rechten und anderen Rechtsgebilden. Bern 1981.

GMÜR, RUDOLF/ROTH, ANDREAS. Grundriss der deutschen Rechtsgeschichte. 13. überarb. Aufl. München 2011.

GÖNNENWEIN, OTTO. Geschichte des juristischen Vokabulars, in: Beiträge zur Rechtsforschung. Hrsg. v. Ernst Wolff. Berlin/Tübingen 1950, S. 36–49.

GÖSCHEN, OTTO. Die Goslarischen Statuten mit einer systematischen Zusammenstellung der darin enthaltenen Rechtssätze und Vergleichung des Sachsenspiegels und vermehrten Sachsenspiegels. Berlin 1840.

GRAF, SABINE. Goslar zur Zeit der Stadtrechtskodifikation, in: Der Goslarer Ratskodex. Das Stadtrecht um 1350. Edition, Übersetzung und begleitende Beiträge. Hrsg. v. Maik Lehmberg. Bielefeld 2013, S. 17–31.

GRIMM, JAKOB. Deutsche Rechtsaltertümer. Bd. 1. 4. Aufl. Darmstadt 1974.

–: Von der Poesie im Recht, in: Kleinere Schriften von Jakob Grimm. Bd. 6. Berlin 1882. S. 152–191.

HAMMEL-KIESOW, ROLF. Die Entstehung des sozialräumlichen Gefüges der mittelalterlichen Großstadt Lübeck. Grund und Boden, Baubestand und gesellschaftliche Struktur, in: Die Sozialstruktur und Sozialtopographie vorindustrieller Städte. Hrsg. v. Matthias Meinard. Berlin 2005, S. 139–204.

HATTENHAUER, HANS: „Minne und Recht" als Ordnungsprinzipien des mittelalterlichen Rechts. In: ZRG (GA). Bd. 80 (1963), S. 325–344.

HÄRTER, KARL. Statut und Polizeiordnung: Entwicklung und Verhältnis des Statuarrechts zur Polizeigesetzgebung zwischen spätem Mittelalter und Früher Neuzeit in mitteleuropäischen Reichs- und Landstädten, in: Von der Ordnung zur Norm. Hrsg. v. Gisela Drossbach. Paderborn 2009, S. 127–152.

HARTMANN, JOSEF. Amtsbücher, in: Die archivalischen Quellen. Mit einer Einführung in die historischen Hilfswissenschaften. Hrsg. v. Friedrich Beck und Eckart Henning. 5. erw. u. aktualis. Aufl. Köln/Weimar/Wien 2012, S. 55–88.

HAPP, SABINE. Stadtwerdung am Mittelrhein. Die Führungsgruppen von Speyer, Worms und Koblenz bis zum Ende des 13. Jahrhunderts. Köln/Weimar/Wien 2002.

HAYMES, EDWARD R. Mündliches Epos in mittelhochdeutscher Zeit. Göppingen 1975.

HEIMANN, HEINZ-DIETER. Die Soester Fehde, in: Soest. Geschichte der Stadt. Bd. 2: Die Welt der Bürger. Politik, Wirtschaft und Gesellschaft im spätmittelalterlichen Soest. Hrsg. v. Heinz-Dieter Heimann. Soest 1996, S. 173–260.

Herborn, Wolfgang. Reichs-, Abtei- und Territiorialstädte während des späten Mittelalters, in: Mitteleuropäisches Städtewesen in Mittelalter und Frühneuzeit. Fs Edith Ennen. Hrsg. v. Wilhelm Janssen und Margret Wensky. Köln [u.a.] 1999, S. 167–200.

Heusinger, Sabine von. Die Zunft im Mittelalter. Zur Verflechtung von Politik, Wirtschaft und Gesellschaft in Straßburg. Stuttgart 2009.

Heusler, Andreas. Deutsche Versgeschichte. 3 Bde. Berlin/Leipzig 1925.

–: Institutionen des Deutschen Privatrechts Bd. 1. Leipzig 1885.

–: Die Gewere. Aalen 1968.

Hill, Thomas. Die Stadt und ihr Markt. Bremens Umlands- und Außenbeziehungen im Mittelalter (12.–15. Jahrhundert). Stuttgart 2004.

Hillebrand, Werner. Kaiserstadt und Bergstadt Goslar, in: Goslar. Bergstadt – Kaiserstadt in Geschichte und Kunst. Hrsg. v. Frank Steigerwald. Göttingen 1993.

Hinz, Werner. Die Entwicklung des gutgläubigen Fahrniserwerbs in der Epoche des usus modernus und des Naturrechts. Berlin 1991.

His, Rudolf. Das Strafrecht des deutschen Mittelalters. 2 Bde. Aalen 1964.

–: Geschichte des deutschen Strafrechts bis zur Karolina. Darmstadt 1967.

Hoffmann, Lothar. Kommunikationsmittel Fachsprache. Eine Einführung. 2., völlig neu bearb. Aufl. Tübingen 1985.

Hoffmann, Walter. Probleme der Korpusbildung in der Sprachgeschichtsschreibung und Dokumentation vorhandener Korpora, in: Sprachgeschichte. Ein Handbuch zur Geschichte der deutschen Sprache und ihrer Erforschung. 1. Teilbd. 2.,vollst. neu bearb. und erw. Aufl. (Handbücher zur Kommunikations- und Sprachwissenschaft 2.1). Hrsg. v. Werner Besch, Anne Betten, Oskar Reichmann und Stefan Sonderegger.Berlin/New York 1998., S. 875–889.

Hoffmeyer, Ludwig. Chronik der Stadt Osnabrück. 3. bearb. und erw. Aufl. v. Ludwig Bäte. Osnabrück 1964.

Homeyer, Carl Gustav. Die Stadtbücher des Mittelalters insbesondere das Stadtbuch von Quedlinburg, in: Abhandlungen der Königlichen Akademie der Wissenschaften in Berlin. Hrsg. v. der Königlichen Akademie der Wissenschaften in Berlin. Berlin 1861.

–: Über die Formel „der Minne und des Rechts eines anderen mächtig sein“, in: Abhandlungen der Königlichen Akademie der Wissenschaften zu Berlin 1866. Hrsg. v. der Königlichen Akademie der Wissenschaften in Berlin. Berlin 1866, S. 29–56.

Hüpper, Dagmar/Topalovic, Elvira/Elspaß, Stephan: Zur Entstehung und Entwicklung von Paarformeln im Deutschen, in: Phraseologie in Raum und

Zeit. Hrsg. v. Elisabeth Piirainen und Ilpo Tapani Piirainen. Baltmannsweiler 2002, S. 77–99.

Isenmann, Eberhard. Gesetzgebung und Gesetzgebungsrecht spätmittelalterlicher deutscher Städte, in: Zeitschrift für historische Forschung 28 (2001), S. 1–90.

–: Die deutsche Stadt im Mittelalter 1150–1550. Stadtgestalt, Recht, Verfassung, Stadtregiment, Kirche, Gesellschaft, Wirtschaft. Wien/Köln/Weimar 2012.

Jauer, Paul. Der Hausfrieden und seine besondere Berücksichtigung im geltenden Schuldrecht. Münster 1931.

Kalverkämper, Hartwig. Fachsprachen und Fachsprachenforschung, in: Fachsprachen. Ein internationales Handbuch zur Fachsprachenforschung und Terminologiewissenschaft. 1. Teilbd. (Handbücher zur Sprach- und Kommunikationswissenschaft 14.1). Hrsg. v. Lothar Hoffmann, Hartwig Kalverkämper und Herbert E. Wiegand. Berlin/New York 1998, S. 48–59.

Keller, Rudi. Sprachwandel. Von der unsichtbaren Hand in der Sprache. München 1990.

–: Sprachwandel, ein Zerrspiegel des Kulturwandels?, in: Kulturwandel im Spiegel des Sprachwandels. Hrsg. von Karl-Egon Lönne. Tübingen/Basel 1995. S. 207–218.

Kircher, Claudia. Zunft, Bruderschaft und Stadtgemeinde im spätmittelalterlichen Kalkar, in: Mittelalter an Rhein und Maas. Beiträge zur Geschichte des Niederrheins. Fs Dieter Geunich. Hrsg. v. Uwe Ludwig und Thomas Schilp. Münster/New York/München/Berlin 2004, S. 147–158.

Klessmann, Eckart. Geschichte der Stadt Hamburg. 7. erw. u. aktualis. Aufl. Hamburg 1994.

Klein, Thomas/Solms, Hans-Joachim/Wegera, Klaus-Peter (Hrsgg.). Mittelhochdeutsche Grammatik Teilbd. 3: Wortbildung, Tübingen (2009).

Köbler, Gerhard. Von dem Stabreim im deutschen Recht, in: Rechtshistorische Studien. Fs Hans Thieme. Hrsg. v. Karl Kroeschell. Köln/Wien 1986, S. 21–36.

–: Deutsches Etymologisches Wörterbuch. Tübingen 1995.

–: Deutsche Rechtsgeschichte. Ein systematischer Grundriss. 6. Aufl. München 2005.

Koppmann, Karl. Rundschau über die Literatur der hansischen Geschichte, in: Hansische Geschichtsblätter 1/2 (1873), S. 155.

Korlén, Gustav. Norddeutsche Stadtrechte I: Das Stader Stadtrecht vom Jahre 1279. Lund 1950.

KOTZENBERG, WALTHER ALBRECHT. man, frouwe, juncfrouwe. Drei Kapitel aus der mittelhochdeutschen Wortgeschichte. Berlin 1907. (Berliner Beiträge zur germanischen und romanischen Philologie 33.

KRAUSE, HERMANN. Consilio et iudicio. Bedeutungsbreite und Sinngehalt einer mittelalterlichen Formel, in: Speculum Historiale. Geschichte im Spiegel von Geschichtsschreibung und Geschichtsdeutung. Fs Johannes Spörl. Hrsg. v. Clemens Bauer, Laetitia Boehm und Max Müller. Freiburg i. Breisgau 1965, S. 416–438.

–: Mittelalterliche Anschauungen vom Gericht im Lichte der Formel: iustitiam facere et recipere, Recht geben und nehmen. München 1974.

KREUZER, GEORG. Augsburg in fränkischer und ottonischer Zeit (ca. 550–1024). Bischof Ulrich von Augsburg, in: Geschichte der Stadt Augsburg. 2000 Jahre von der Römerzeit bis zur Gegenwart. 2. Aufl. Stuttgart 1985, S. 115–121.

–: Augsburg als Bischofsstadt unter den Saliern und Lothar III. (1024–1133), in: Geschichte der Stadt Augsburg. 2000 Jahre von der Römerzeit bis zur Gegenwart. 2. Aufl. Stuttgart 1985, S. 121–127.

KÜNßBERG, EBERHARD FRH. VON. Die deutsche Rechtssprache, in: Zeitschrift für Deutschkunde 44 (1936), S. 379–389.

KÜNZEL, WERNER/RELLECKE, WERNER. Geschichte der Freien Hansestadt Bremen, in: Geschichte der deutschen Länder. Entwicklungen und Traditionen vom Mittelalter bis zur Gegenwart. Hrsg. v. Werner Künzel und Werner Rellecke. Münster 2005, S. 153–168.

LANGHOF, PETER. Die mittelalterliche Berghauptstadt der Wettiner bis zum beginnenden Übergang vom Feudalismus zum Kapitalismus 1307 bis 1470, in: Geschichte der Bergstadt Freiberg. Hrsg. v. Hanns-Heinz Kasper und Eberhard Wächtler. Weimar 1986, S. 58–90.

LENGLE, PETER. Handel und Gewerbe bis zum Ende des 13. Jahrhunderts, in: Geschichte der Stadt Augsburg. 2000 Jahre von der Römerzeit bis zur Gegenwart. 2. Aufl. Stuttgart 1985, S. 166–170.

LENZ, BARBARA. Reihenfolge-Präferenzen in Zwillingsformeln, in: Wer A sägt, muss auch B sägen. Beiträge zur Phraseologie und Sprichwortforschung aus dem Westfälischen Arbeitskreis. Hrsg. v. Dietrich Hartmann und Jan Wirrer. Baltmannsweiler 2002, S. 191–204.

LIEBRECHT, JOHANNES. Das gute alte Recht in der mittelalterlichen rechtshistorischen Kritik, in: Funktion und Form. Quellen- und Methodenprobleme der mittelalterlichen Rechtsgeschichte. Hrsg. v. Karl Kroeschell und Albrecht Cordes. Berlin 1996, S. 185–204.

LUDWIG, ERIKA. Wip und frouwe. Geschichte der Worte und Begriffe in der Lyrik des 12. und 13. Jahrhunderts. Stuttgart 1937. (Tübinger germanistische Arbeiten 24),

Ludwig, Otto. Synonymabildung in Formeln der Rechtssprache, in: Zeitschrift für Mundartforschung 13 (1937), S. 215–223.

Lutterbeck, Michael. Der Rat der Stadt Lübeck im 13. und 14. Jahrhundert. Lübeck 2002.

Märtl, Claudia. Ostsachsen zur Zeit der Salier (1024–1125), in: Die Braunschweigische Landesgeschichte. Jahrtausendrückblick einer Region. Hrsg. v. Hort-Rüdiger Jarck und Gerhard Schildt. Braunschweig 2000, S. 161–176.

Matzinger-Pfister, Regula. Paarformel, Synonymik und zweisprachiges Wortpaar. Zur mehrgliedrigen Ausdrucksweise der mittelalterlichen Urkundensprache. Zürich 1972.

Mellado Blanco, Carmen. Historische Entwicklung der deutschen Paarformeln mit somatischen Komponenten. In: Neuphilologische Mitteilungen 99(1998), S. 285–295.

Merk, Walther. Werdegang und Wandel der deutschen Rechtssprache. Marburg 1933.

Mersiowsky, Mark. Städtische Verwaltung und Verfassung im spätmittelalterlichen Soest, in: Soest. Geschichte der Stadt. Bd. 2: Die Welt der Bürger. Politik, Wirtschaft und Gesellschaft im spätmittelalterlichen Soest. Hrsg. v. Heinz-Dieter Heimann. Soest 1996, S. 57–151.

Meyer, Richard Moritz. Die altgermanische Poesie nach ihren formelhaften Elementen beschrieben. Nachdruck der Ausgabe von 1889. Hildesheim 1985.

Mitterauer, Michael. Zur familienbetrieblichen Struktur im zünftischen Handwerk, in: Grundtypen alteuropäischer Sozialform. Haus und Gemeinde in vorindustriellen Gesellschaften. Hrsg. v. Michael Mitterauer. Stuttgart 1979.

–: Familie und Arbeitsorganisation in städtischen Gesellschaften des späten Mittelalters und der frühen Neuzeit, in: Haus und Familie in der spätmittelalterlichen Stadt. Hrsg. v. Alfred Haverkamp. Köln/Wien 1984, S. 1–36.

Moeller, Bernd. Kleriker als Bürger, in: Fs Hermann Heimpel. Bd. 2. Hrsg. v. den Mitarbeitern des Max-Planck-Instituts für Geschichte. Göttingen 1972, S. 195–224.

Müller, Gereon: Beschränkungen für Binomialbildung im Deutschen 1997. In: Zeitschrift für Sprachwissenschaft 16, 5–51.

Munske, Horst H. Wie entstehen Phraseologismen?, in: Vielfalt des Deutschen. Fs Werner Besch. Hrsg. v. Klaus J. Mattheier, Klaus-Peter Wegera, Walter Hoffmann, Jürgen Macha und Hans-Joachim Solms. Frankfurt a. M. 1993, S. 481–516.

Naumann, Hans. Versuch einer Geschichte der deutschen Sprache als Geschichte des deutschen Geistes, in:Deutsche Vierteljahresschrift für Literaturwissenschaft und Geistesgeschichte 1 (1923), S. 139–160.

Nübling, Damaris. Von der ‚Jungfrau' zur ‚Magd', vom ‚Mädchen' zur ‚Prostituierten': Die Pejorisierung der Frauenbezeich-nungen als Zerrspiegel der Kultur und als Effekt männlicher Galanterie?, in: In: Jahrbuch für Germanistische Sprachgeschichte Bd. 2. Berlin 2011.

Oexle, Otto G. Die mittelalterlichen Gilden: Ihre Selbstdeutung und ihr Beitrag zur Formung sozialer Strukturen, in: Soziale Ordnungen im Selbstverständnis des Mittelalters (Miscellanea Mediaevalia 12.1). Hrsg. v. Albert Zimmermann. Berlin/New York 1979, S. 203–226.

Oppitz, Ulrich-Dieter. Deutsche Rechtsbücher des Mittelalters. Bd. 1–4. Köln/ Wien 1990.

Oppl, Ferdinand. Wien – nach Köln eine der bedeutendsten Städte des Regnum Theutonicum. Ein Städtevergleich, in: Mitteleuropäisches Städtewesen in Mittelalter und Frühneuzeit. Fs Edith Ennen. Hrsg. v. Wilhelm Janssen und Margret Wensky. Köln/Weimar/Wien 1999, S. 63–89.

Osenbrügen, Eduard. Der Hausfrieden. Ein Beitrag zur deutschen Rechtsgeschichte. Aalen 1968.

Orth, Elsbet. Freiheit der Stadt: Der Fall Frankfurt, in: Die abendländische Freiheit vom 10. bis zum 14. Jahrhundert. Hrsg. v. Johannes Fried. Sigmaringen 1991, S. 435–460.

–: Frankfurt am Main im Früh- und Hochmittelalter, in: Frankfurt am Main. Die Geschichte der Stadt in neun Beiträgen. Hrsg. v. der Frankfurter Historischen Kommission. Sigmaringen 1994, S. 9–52.

Pätzhold, Stefan. Willkommene Gäste oder gefährliche Gauner? ‚Fremde' in Essen, Bochum und Dortmund während des späten Mittelalters, in: Concilium medii aevi *online*. Zeitschrift für Geschichte, Kunst und Kultur des Mittelalters und der Frühen Neuzeit 13 (2010). Online abrufbar unter: https://cma.gbv.de/dr,cma,013,2010,a,12.pdf.

Paul, Hermann. Mittelhochdeutsche Grammatik. 25. Aufl. neu bearb. v. Thomas Klein, Hans-Joachim Solms und Klaus-Peter Wegera. Mit einer Syntax von Ingeborg Schröbler, neubearb. von Heinz-Peter Prell. Tübingen 2007.

Pilz, Klaus D. Phraseologie. Versuch einer interdisziplinären Abgrenzung, Begriffsbestimmung und Systematisierung – unter besonderer Berücksichtigung der deutschen Gegenwartssprache. Bochum 1977.

Planitz, Hans. Die Deutsche Stadt im Mittelalter. Von der Römerzeit bis zu den Zunftkämpfen. 5. unveränd. Aufl. Wiesbaden 1996.

Polenz, Peter von. Deutsche Sprachgeschichte vom Mittelalter bis zur Gegenwart. Bd. 1. 2. Aufl. Berlin/New York 2000.

Ptashnyk, Stefaniya. Formulierungstraditionen im Rechtsleben: Historische Phraseographie und ihre Erfassung im Deutschen Rechtswörterbuch, in:

Aspekte der historischen Phraseologie und Phraseographie. Hrsg. v. Natalia Filatkina, Ane Kleine-Engel, Marcel Dräger und Harald Burger. Heidelberg 2012, S. 245–262.

Rehme, Paul. Über Stadtbücher als Geschichtsquelle. Halle a. d. Saale 1913.

Roelcke, Thorsten. Fachsprachen. 3. neu bearb. Aufl. Berlin 2010.

Rosenstock, Dirk. Siedlungsgeschichte im Frühmittelalter, in: Geschichte der Stadt Würzburg. Bd. 1: Von den Anfängen bis zum Ausbruch des Bauernkriegs. Hrsg. v. Ulrich Wagner. Stuttgart 2001.

Rötting, Hartmut. Die Anfänge der Stadt Braunschweig, in: Die Braunschweigischen Landesgeschichte. Jahrtausendrückblick einer Region. Hrsg. v. Hort-Rüdiger Jarck und Gerhard Schildt. Braunschweig 2000, S. 301–316.

Sachs, Michael. Grundgesetz. München 2014.

Sage, Walter. Frühes Christentum und Kirchen aus der Zeit des Übergangs, in: Geschichte der Stadt Augsburg. 2000 Jahre von der Römerzeit bis zur Gegenwart. 2. Aufl. Stuttgart 1985, S. 100–112.

Salomon, Gerhard. Die Entstehung und Entwicklung der deutschen Zwillingsformeln. Göttingen 1919.

Sander, Paul. Feudalstaat und bürgerliche Verfassung. Ein Versuch über das Grundproblem der deutschen Verfassungsgeschichte. Berlin 1906.

–: Die Entwicklung des deutschen Städtewesens im Mittelalter. Bonn/Leipzig 1922.

Schäfer, Dietrich. Consilio vel judicio = mit minne oder mit rechte in: Sitzungsberichte der Königlichen Preussischen Akademie der Wissenschaften zu Berlin. Berlin 1913, S. 719–733.

Schimmelpfennig, Bernhard. Bamberg im Mittelalter. Siedelgebiete und Bevölkerung bis 1370. Lübeck/Hamburg 1964.

Schlesinger, Walter. Zur Gründungsgeschichte von Freiburg, in: Freiburg im Mittelalter. Vorträge zum Stadtjubiläum 1970. Hrsg. v. Wolfgang Müller. Bühl 1970, S. 24–49.

Schlosser, Hans. Grundzüge der Neueren Privatrechtsgeschichte. Rechtsentwicklungen im europäischen Kontext. 10. neu bearb. u.erw. Aufl. Heidelberg 2005.

Schmidt, Margot. Zwillingsformeln als plus ultra des mystischen Weges, in: Archiv für das Studium der neueren Sprachen und Literaturen, 223 (1986), S. 36–42.

Schmidt-Wiegand, Ruth. Fremdeinflüsse auf die deutsche Rechtssprache, in: Sprachliche Interferenz.Fs Werner Belz. Hrsg. v. Herbert Kolb. Tübingen 1977, S. 226–245.

–: Eid und Gelöbnis, Formel und Formular im mittelalterlichen Recht, in: Recht und Schrift im Mittelalter. Hrsg. v. Peter Classen. Stuttgart 1977, S. 55–90.

–: Gebärdensprache im mittelalterlichen Recht. In: Frühmittelalterliche Studien 16 (1982), S. 363–379.

–: Sprachgebärden aus dem mittelalterlichen Rechtsleben. Versuch einer Begriffsbestimmung, in: Das andere Wahrnehmen. Beiträge zur europäischen Geschichte. Fs August Nitschke. Hrsg. v. Martin Kintzinger, Wolfgang Stürner und Johannes Zahlten. Köln/Weimar/Wien 1991, S. 233–249.

–: Mit Hand und Mund. Sprachgebärden aus dem mittelalterlichen Rechtsleben, in: Frühmittelalterliche Studien 25 (1991), S. 283–299.

–: Rechtssprache in althochdeutscher Zeit, in: Frühmittelalterliche Studien 30 (1996), S. 1–18.

–: Zwei- und Dreigliedrigkeit in den deutschsprachigen Urkunden, in: Urkundensprache im germanisch-romanischen Grenzgebiet. Hrsg. v. Kurt Gärtner und Günter Holtus. Mainz 1997, S. 139–149.

Schneidmüller, Bernd. Stadtherr, Stadtgemeinde und Kirchenverfassung in Braunschweig und Goslar im Mittelalter, in: Zeitschrift der Savigny-Stiftung für Rechtsgeschichte. Kanonistische Abteilung. Bd. 79 (1993), S. 135–188.

Schowe, Ulrike. Mit Haut und Haar. Idiomatisierungsprozesse bei sprichwörtlichen Redensarten aus dem mittelalterlichen Strafrecht. Frankfurt a. M. 1994.

Schröder, Richard/Künßberg, Eberhard Frh. von. Lehrbuch der deutschen Rechtsgeschichte. 7. Aufl. Berlin/Leipzig 1932.

Schubert, Ernst. Der Fremde in den niedersächsischen Städten des Mittelalters, in: Niedersächsisches Jahrbuch für Landesgeschichte 69 (1977), S. 1–44.

Schubert, Fritz. Sprachstruktur und Rechtsfunktion. Untersuchung zur deutschsprachigen Urkunde des 13. Jahrhunderts. Stuttgart 1979.

Schultheiss, Werner. Verfassung und Verwaltung in der ersten Hälfte des 14. Jahrhunderts, in: Nürnberg. Geschichte einer europäischen Stadt. Hrsg. v. Gerhard Pfeiffer. München 1971, S. 33–38.

–: Das Bürgerrecht der Königs- und Reichsstadt Nürnberg. Beiträge zur Verfassungsgeschichte der deutschen Städte, in: Fs. Hermann Heimpel. Bd. 2. Hrsg. v. den Mitarbeitern des Max-Planck-Instituts für Geschichte. Göttingen 1972, S. 159–194.

Schultze, Johannes. Richtlinien für die äußere Textgestaltung bei Herausgabe von Quellen zur neueren deutschen Geschichte, in: Blätter für deutsche Landesgeschichte 98 (1962), S. 1–11.

Schulz, Knut. „Denn sie lieben die Freiheit so sehr…“: Kommunale Aufstände und Entstehung des europäischen Bürgertums im Mittelalter. Darmstadt 1992.

Schuster, Peter. Gerichtsbarkeit in einer spätmittelalterlichen Bischofsstadt. Das Beispiel Konstanz, in: Das Bistum Bamberg in der Welt des Mittelalters. Hrsg. v. Christine van Eickels und Klaus van Eickels. Bamberg 2007, S. 177–186.

Schwarzwälder, Herbert. Geschichte der Freien Hansestadt Bremen. Bd. 1: Von den Anfängen bis zur Franzosenzeit (1810). Bremen 1975.

Schwineköper, Berent. Zu den topographischen Grundlagen der Freiburger Stadtgründung, in: Freiburg im Mittelalter. Vorträge zum Stadtjubiläum 1970. Hrsg. v. Wolfgang Müller. Bühl 1970, S. 7–23.

Simmler, Franz. Zur Bedeutung textsortengebundener Materialkorpora für die Erforschung der deutschen Sprachgeschichte, in: Korpuslinguistik deutsch: synchron –diachron – kontrastiv. Hrsg. v. Johannes Schwitalla und Werner Wegstein. Tübingen 2005, S. 189–199.

Sonderegger, Stefan. Die Sprache des Rechts im Germanischen, in: Schweizer Monatshefte 42 (1962/63), S. 259–271.

Spieß, Pirmin. Willkür, Statuten und Landesherrschaft in der spätmittelalterlichen Stadt Südwestdeutschlands, in: Statuten, Städte und Territorien zwischen Mittelalter und früher Neuzeit in Italien und Deutschland. Hrsg. v. Giorgio Chittolini und Dietmar Willoweit. Berlin 1992, S. 325–342.

Steinacker, Harold: Die Lehre von den nichtköniglichen (Privat-)Urkunden vornehmlich des deutschen Mittelalters. Leipzig 1906.

Strahm, Hans. Mittelalterliche Stadtfreiheit, in: Schweizer Beiträge zur allgemeinen Geschichte 5 (1947), S. 77–114.

Stromer, Wolfgang von. Drei Jahrhunderte Entwicklung zur Reichsstadt (1050–1347), in: Nürnberg. Geschichte einer europäischen Stadt. Hrsg. v. Gerhard Pfeiffer. München 1971, S. 46–54.

Thielert, Frauke. „huorensunald […] boesewiht“. Zum Straftatbestand der Beleidigung in spätmittelalterlichen Stadtrechten, in: Die dunklen Seiten der Mediävistik. Fs Rüdiger Brandt. Hrsg. v. Björn Bulizek, Gaby Herchert und Simone Loleit. Duisburg 2014, S. 165–174.

–: Zwischen Rechtsformel und rhetorischem Stilmittel: Zur Bedeutung und Funktion von Paarformeln in Hartmanns von Aue „Iwein“, in: Nina Bartsch/ Simone Schultz-Balluff: Perspektivwechsel. Oder: Die Wiederentdeckung der Philologie. Bd. 2: Grenzgänge und Grenzüberschreitungen. Zusammen-spiele von Sprache und Literatur in Mittelalter und Früher Neuzeit (zugleich FS Klaus-Peter Wegera). Berlin 2016 [im Druck].

Traband, Joachim. Der kriminalrechtliche Schutz des Hausfriedens in seiner geschichtlichen Entwicklung. Hamburg 1970.

Trusen, Winfried. Zum Rentenkauf im Spätmittelalter, in: Fs Hermann Heimpel. Bd. 2. Hrsg. v. den Mitarbeitern des Max-Planck-Instituts für Geschichte. Göttingen 1972, S. 140–158.

Unger, Manfred. Von den Anfängen der bäuerlichen Besiedlung bis zum Ende der Machtkämpfe um den Besitz der Bergstadt 1162 bis 1307, in: Geschichte der Bergstadt Freiberg. Hrsg. von Hanns-Heinz Kasper und Eberhard Wächtler. Weimar 1986, S. 15–57.

Vaňková, Lenka. Überlegungen zum Erstellen von Korpora spätmittelalterlicher und frühneuzeitlicher Fachsprachen, in: Grundlagen einer sprachwissenschaftlichen Quellenkunde. Hrsg. v. Arnulf Deppermenn u.a. Tübingen 2013, S. 159–172.

Wallmeier, Nadine. Sprachliche Muster in der mittelniederdeutschen Rechtssprache. Zum Sachsenspiegel und zu Stadtrechtsaufzeichnungen des 13. bis 16. Jahrhunderts. Köln 2013.

Weber, Max. Die »Objektivität« sozialwissenschaftlicher Erkenntnis, in: Max Weber. Gesammelte Aufsätze zur Wissenschaftslehre. 6. Aufl. Hrsg. V. Johannes Winckelmann. Tübingen 1968, S. 146–148.

–: Wirtschaft und Gesellschaft. Grundriß der verstehenden Soziologie. 5. Aufl. besorgt v. Johannes Winckelmann. Tübingen 1972.

–: Wirtschaft und Gesellschaft. Die Wirtschaft und die gesellschaftlichen Ordnungen und Mächte. Nachlaß Teilbd. 5: Die Stadt. Hrsg. v. Wilfried Nippel. Tübingen 1999.

–: Die Stadt. in: Archiv für Sozialwissenschaften und Sozialpolitik 47. (1920/21) S. 621–772.

Wegera, Klaus-Peter. Grundlagenprobleme einer mittelhochdeutschen Grammatik, in: in: Sprachgeschichte. Ein Handbuch zur Geschichte der deutschen Sprache und ihrer Erforschung. 2. Teilbd. 2., vollst. neu bearb. u. erw. Aufl. (Handbücher zur Kommunikations- und Sprachwissenschaft 2.2). Hrsg. v. Werner Besch, Anne Betten, Oskar Reichmann und Stefan Sonderegger. Berlin/New York 2002, S. 1304–1320.

–: Language data exploitation: design and analysis of historical language corpora, in: New Methods in Historical Corpora. Hrsg. v. Paul Bennett Martin Durrell, Silke Scheible und Richard J. Whit. Tübingen 2013, S. 55–73.

Weinrich, Ludwig. Quellen zur deutschen Verfassungs- Wirtschafts- und Sozialgeschichte bis 1250, ausgew. u. übersetzt von Ludwig Weinrich. Darmstadt 1977.

Weiß, Hildegard. Stadt und Landkreis Bamberg. München 1974.

Weiss, Ulman. Fremde in thüringischen Städten der Frühneuzeit, in: Mitteleuropäisches Städtewesen in Mittelalter und Frühneuzeit. Fs Edith Ennen. Köln 1999, S. 141–165.

WERNET, KARL FRIEDRICH. Handwerksgeschichtliche Perspektiven. Forschungsberichte aus dem Handwerk. Bd. 10. Münster 1963.

WENDEHORST, ALFRED. Bischofssitz und königliche Stadt Von der Karolingerzeit bis zum Wormser Konkordat, in: Geschichte der Stadt Würzburg. Bd. 1: Von den Anfängen bis zum Ausbruch des Bauernkriegs. Hrsg. v. Ulrich Wagner. Stuttgart 2001.

WERNICKE, STEFFEN. Von Schlagen, Schmähen und Unendlichkeit. Die Regensburger Urfehdebriefe im 15. Jahrhundert. In: Kriminalitätsgeschichte. Beiträge zur Sozial- und Kulturgeschichte der Vormoderne. Hrsg Andreas Blauert und Gerd Schwerhoff, Konstanz 2000, S. 379–404.

WILLOWEIT, DIETMAR. Die Territorialisierung der Blutsgerichtsbarkeit im Spätmittelalter, in: Wirtschaft - Gesellschaft - Mentalitäten. Fs Rolf Sprandel. Hrsg. v. Hans-Peter Baum, Reiner Leng und Joachim Schneider. Stuttgart 2006, S. 247–270.

–: Stadt und Territorium im Heiligen Römischen Reich, in: Statuten, Städte und Territorien zwischen Mittelalter und früher Neuzeit in Italien und Deutschland. Hrsg. v. Giorgio Chittolini und Dietmar Willoweit. Berlin 1992, S. 39–48.

WITTMANN, JUDITH J. A semantic study of five words for „girl" and „woman" from Wulfila through Luther. Boulder 1982.

Lexika und Wörterbücher

ADELUNG, JOHANN CHRISTOPH. Grammatisch-kritisches Wörterbuch der Hochdeutschen Mundart mit beständiger Vergleichung der übrigen Mundarten, besonders aber der oberdeutschen. 2., vermehrte und verb. Ausg. Leipzig 1793–1801.

BMZ: Mittelhochdeutsches Wörterbuch. Mit Benutzung des Nachlasses von Georg Friedrich Benecke ausgearbeitet von Wilhelm Müller und Friedrich Zarncke. 3 Bde. Leipzig 1854–1866. (online abrufbar unter: http://woerterbuchnetz.de/BMZ/; zul. abgerufen 28.10.2014).

DRW: Deutsches Rechtswörterbuch. Wörterbuch der älteren deutschen Rechtssprache. Hrsg. v. der Preußischen Akademie der Wissenschaften. Bisher im Druck erschienen: Bd. 1–12. Weimar 1934–2012. (online abrufbar unter: http://drw-www.adw.uni-heidelberg.de/drw/; zul. abgerufen 28.10.2014).

DUDEN: Duden - Deutsches Universalwörterbuch. Das umfassende Bedeutungswörterbuch der deutschen Gegenwartssprache. 7., überarb. und erw. Aufl. Mannheim 2003.

GESCHICHTLICHE GRUNDBEGRIFFE: Historisches Lexikon zur politischen Sprache in Deutschland. Bd. 2. Hrsg. v. Otto Brunner, Werner Conze und Reinhart Koselleck. Stuttgart 1975.

HRG: Handwörterbuch zur deutschen Rechtsgeschichte. Bd. 1–5. Begr. u. hrsg. v. Adalbert Erler. München 1971–1998.

Friedrich, Jesko. Phraseologisches Wörterbuch des Mittelhochdeutschen. Redensarten. Sprichwörter und andere feste Wortverbindungen in Texten von 1050–1350. Tübingen 2006.

Kluge Friedrich. Etymologisches Wörterbuch der deutschen Sprache. Bearb. von Elmar Seebold. 25., durchges. und erw. Aufl. Berlin/New York 2011.

Köbler, Gerhard. Juristisches Wörterbuch. Für Studium und Ausbildung. 15. neubearb. Aufl. München 2012.

–: Deutsches Etymologisches Wörterbuch. Tübingen 1995. (online abrufbar unter: http://www.koeblergerhard.de/der/DERW.pdf; zul. abgerufen am 17.03.2014).

MndW: Mittelniederländisches Wörterbuch (online abrufbar unter: http://gtb.inl.nl/iWDB/; zul. abgerufen am 08.10.2014).

Lexer: Lexer, Matthias: Mittelhochdeutsches Handwörterbuch. 3 Bde. Leipzig 1872–1878. (online abrufbar unter: http://woerterbuchnetz.de/Lexer/; zul. abgerufen 28.10.2014).

LMA: Lexikon des Mittelalters. Bd. I–IX. München 2002.

Paul, Hermann. Deutsches Wörterbuch. Bedeutungsgeschichte und Aufbau unseres Wortschatzes. 10. überarb. u. erw. Aufl. Hrsg. Helmut Henne [u.a.]. Tübingen 2002.

Pfeiffer, Wolfgang. Etymologisches Wörterbuch des Deutschen. Bd. 2. Berlin 1989.

RLW: Reallexikon der deutschen Literaturwissenschaft. Neubearbeitung des Reallexikons der deutschen Literaturgeschichte. Hrsg. v. Werner Kohlschmidt und Wolfgang Mohr. 2. unveränderte Auflage. Bd. 1. Berlin 2001.

Röhrich, Lutz. Lexikon der sprichwörtlichen Redensarten. 5 Bde. München 1991.

Schiller, Karl/Lübben, August. Mittelniederdeutsches Wörterbuch. Bd. 1–6. Bremen 1875–1881.

Schützeichel, Rudolf. Althocheutsches Wörterbuch. 7. durchgesehene und verb. Auflage. Berlin/Boston Mass. 2012.

Splett, Jochen. Althochdeutsches Wörterbuch. Analyse der Wortfamilienstrukturen des Althochdeutschen, zugleich Grundlegung einer zukünftigen Strukturgeschichte des deutschen Wortschatzes. Bd. I,1. Berlin/New York 1993, S. 556.

Wander, Karl Friedrich Wilhelm. Deutsches Sprichwörter-Lexikon. 5 Bde. Leipzig 1867–1880.

WMU: Wörterbuch der mittelhochdeutschen Urkundensprache auf der Grundlage des ‚Corpus der altdeutschen Originalurkunden bis zum Jahr 1300'. Hrsg. v. Bettina Kirschstein und Ursula Schulze. Berlin 1994–2010.

Lexikonartikel

Auer, Leopold. Art. ‚Augsburg (Bistum und Stadt im Früh- und Hochmittelalter)', in: LMA, Bd. I, Sp. 1212–1213.

Blaschke, Karlheinz. Art. ‚Freiberg', in: LMA, Bd. IV, Sp. 887f.

Fahlbusch, Friedrich Bernward. Art. ‚Soest', in: LMA, Bd. VII, Sp. 2021–2023.

–: Art. ‚Osnabrück', in: LMA, Bd. VI, Sp. 1509–1512.

Graßmann, Antjekathrin. Art. ‚Lübeck (Geschichte)', in: LMA, Bd. V, Sp. 2147f.

Grawert, Rolf. Art. ‚Gesetz', in: Geschichtliche Grundbegriffe. Historisches Lexikon zur politisch-sozialen Sprache in Deutschland. Bd. 5. Stuttgart 1984, S. 863–922.

Gruber, Joachim. Art. ‚Augsburg (Augsburg in der Spätantike)', in: LMA, Bd. I, Sp. 1211–1212.

Hagemann, Hans-Rudolf. Art. ‚Eigentum', in: HRG, Bd. I, Sp. 882–896.

Hammel-Kiesow, Rolf. Art. ‚Lübeck (Topographie, Stadtentwicklung und Archäologie)', in: LMA, Bd. V, Sp. 2146f.

–: Art. ‚Lübeck (Gesellschaftliche Entwicklung und Verfassung)', in: LMA, Bd. V, Sp. 2148f.

Heinig, Paul-Joachim. Art. ‚Rat (Städtischer Rat)', in: LMA, Bd. VII, Sp. 452.

Janssen, Wilhelm. Friede, in: Geschichtliche Grundbegriffe, S. 543–591.

Kannowski, Bernd. Art. ‚Hausfrieden', in: HRG², Bd. II, Sp. 803–805.

Kaufmann, Ekkehard. Art. ‚Friede', in: HRG, Bd. I, Sp. 1286–1291.

Kerber, Dieter. Art. ‚Koblenz', in: LMA, Bd. V, Sp. 1242–1244.

Kintzinger, Martin. Art. ‚Stadtbuch', in: LMA, Bd. VIII, Sp. 12f.

Krause, Hermann. Art. ‚Gesetzgebung', in: HRG, Bd. I, Sp. 1606–1620.

–: Art. ‚Magdeburg', in: LMA, Bd. VI, Sp. 71–77.

Kroeschell, Karl. Art. ‚Stadtrecht, -sfamilien', in: LMA, Bd. VIII, Sp. 24–26.

–: Art. ‚Innung', in: HRG, Bd. I, Sp. 910–912.

Kreuzer, Georg. Art. ‚Augsburg (Bistum und Stadt im Früh- und Hochmittelalter)', in: LMA, Bd. I, Sp. 1212.

Last, Martin. Art. ‚Braunschweig', in: LMA, Bd. II, Sp. 584–586.

LORENZ, SÖNKE. Art. ‚Ulm', in: LMA, Bd. VIII, Sp. 1190–1193.

ORGIS, WERNER. Art. ‚Besitz', in: HRG, Bd. I. Berlin 1978, Sp. 389–393.

–: Art. ‚Erbgut', in: HRG, Bd. I, Sp. 964–965.

–: Art. ‚Gewere', in: HRG, Bd. I, Sp. 1658–1669.

PITZ, ERNST. Art. ‚Stadt (Staufische und nachstaufische Zeit)', in: LMA, Bd. VII, Sp. 2176f.

–: Art. ‚Stadt (Allgemein. Forschungsbegriff und Geschichte)', in: LMA, Bd. VII, Sp. 2169–2174.

RAPP, FRANCIS. Art. ‚Schlettstadt', in: LMA, Bd. VII, Sp. 1488.

SCHERNER, KARL OTTO. Art. ‚Kauf', in: HRG, Bd. II. Berlin 1978, Sp. 675–686.

SCHIMMELPFENNIG, BERNHARD. Art. ‚Bamberg (Stadt, Geschichte und Archäologie)', in: LMA, Bd. I, Sp. 1394–1397.

SCHMINCK, CHRISTOPH-ULRICH. Art. ‚Hab und Gut', in: HRG, Bd. I, Sp. 1887.

SCHMIDT, KARL. Art. ‚Freiburg', in: LMA, Bd. IV, Sp. 888–890.

SCHMIDT-CADALBERT, CHRISTIAN. Art. ‚$Formel_2$ (Erzählformel)', in: Reallexikon der deutschen Literaturwissenschaft. Neubearbeitung des Reallexikons der deutschen Literaturgeschichte. Hrsg. v. Werner Kohlschmidt und Wolfgang Mohr. 2. unveränderte Auflage. Bd. 1. Berlin 2001. S. 471–476.

SCHMIDT-WIEGAND, RUTH. Art. ‚Rechtssprache', in: HRG, Bd. IV, Sp. 344–359.

–: ‚Haus und Hof', in: HRG^2, Bd. II, Sp. 791.

–: ‚Paarformeln', in: HRG, Bd III., Sp. 1387–1393.

SCHRÖDER, JAN. Art. ‚Rechtsfähigkeit', in: HRG, Bd. 4, Sp. 288–293.

SCHULER, PETER-JOHANNES. Art. ‚Goslar', in: LMA, Bd. IV, Sp. 1568–1570.

–: Art. ‚Ravensburg', in: LMA, Bd. VII, Sp. 486f.

–: Art. ‚Ravensburger Handelsgesellschaft', in: LMA, Bd. VII, Sp. 488f.

SCHWARZWÄLDER, HERBERT. Art. ‚Bremen', in: LMA, Bd. II, Sp. 603–606.

SCHWIND, FRED. Art. ‚Frankfurt am Main', in: LMA, Bd. IV, Sp. 735–740.

SPRANDEL, ROLF. Art. ‚Hamburg (Geschichte)', in LMA, Bd. IV, Sp. 1883.

–: Art. ‚Markt (Hoch- und Spätmittelalter)', in: LMA, Bd. VI, Sp. 309.

TOUBERT, PIERRE. Art. ‚Emphyteusis, Erbleihe', in: LMA, Bd. III, Sp. 1892–1895.

WENDEHORST, ALFRED. Art. ‚Würzburg', in: LMA, Bd. IX, Sp. 377–382.

–: Art. ‚Nürnberg', in: LMA, Bd. VI, Sp. 1317–1322.

WENSKY, MARGRET. Art. ‚Kalkar', in: LMA, Bd. V, Sp. 871.

ZORN, WOLFGANG. Art. ‚Augsburg (Bistum und Stadt im Spätmittelalter)', in: LMA, Bd. I, Sp. 1213–1215.

Verzeichnis der Tabellen und Abbildungen

Tabellen

Abbildungen

X. Anhang

Karte 1: Geographische Verteilung der Textzeugen

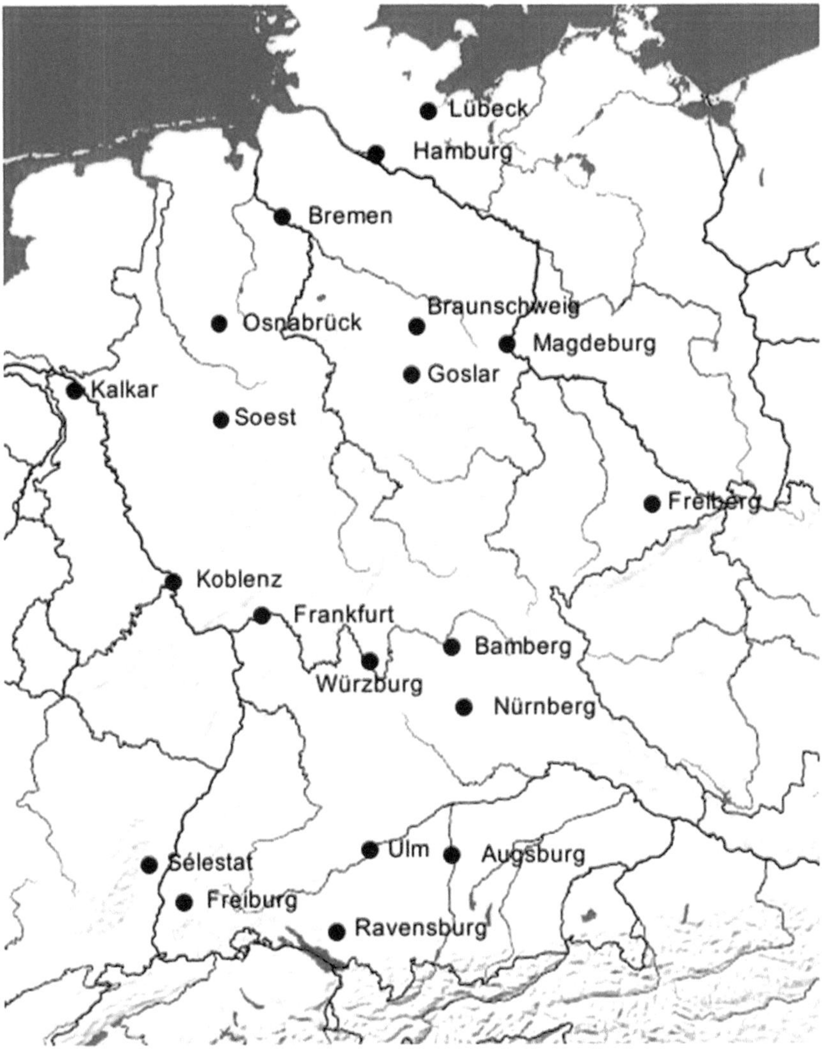

Grundkarte erstellt mit MapCreator 2 (Free Edition)

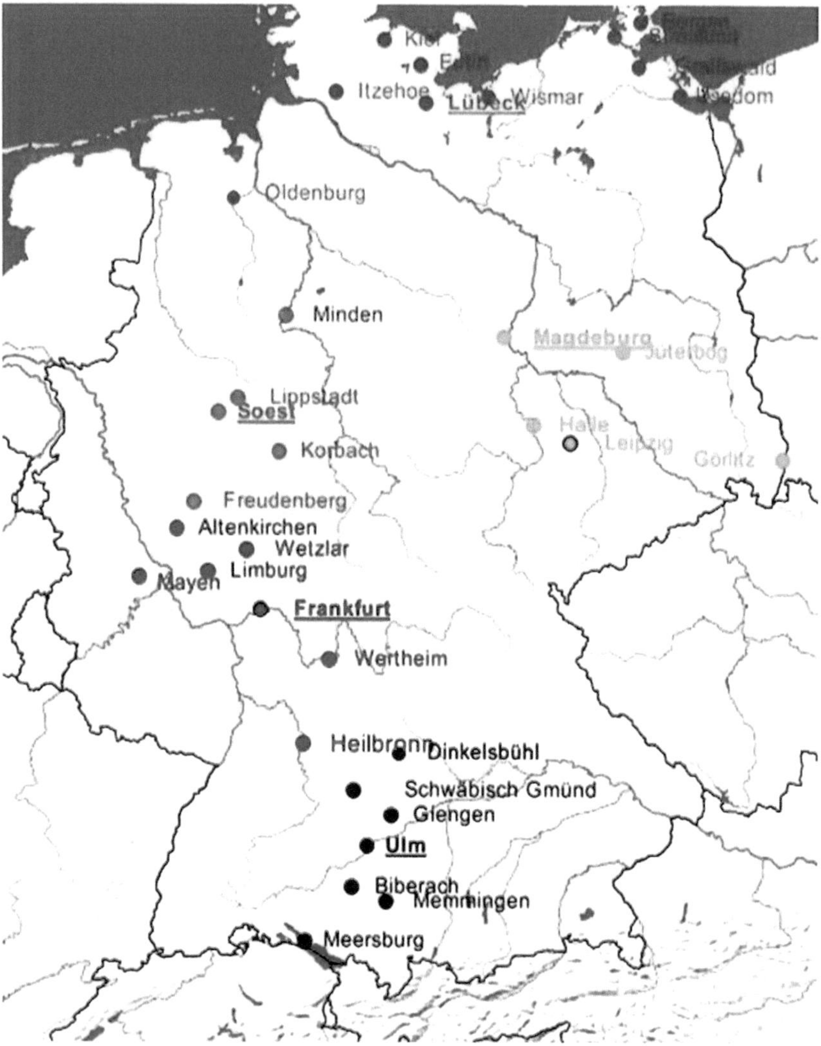

Grundkarte erstellt mit MapCreator 2 (Free Edition)

Dieses Werk enthält zusätzliche Informationen als Anhang. Sie können von unserer Website heruntergeladen werden: http://www.peterlang.com/?267012 Dazu müssen Sie den folgenden Freischaltcode eingeben: A15PKc7H.

Deutsche Sprachgeschichte
Texte und Untersuchungen

Herausgegeben von Thomas Klein, Eckhard Meineke, Hans Ulrich Schmid, Hans-Joachim Solms, Klaus-Peter Wegera und Claudia Wich-Reif

Band 1 Oliver Pfefferkorn: *Übung der Gottseligkeit.* Die Textsorten Predigt, Andacht und Gebet im deutschen Protestantismus des späten 16. und des 17. Jahrhunderts. 2005.

Band 2 Jörg Meier: Städtische Kommunikation in der Frühen Neuzeit. Historische Soziopragmatik und Historische Textlinguistik. 2004.

Band 3 Judith Schwerdt: Morphosemantik der schwachen Verben im Ostgermanischen und Kontinentalwestgermanischen. 2008.

Band 4 Nina Bartsch: Programmwortschatz einer höfischen Dichtersprache. *hof/hövescheit*, *mâze*, *tugent*, *zuht*, *êre* und *muot* in den höfischen Epen um 1200. 2014.

Band 5 Frauke Thielert: Paarformeln in mittelalterlichen Stadtrechtstexten. Bedeutung und Funktion. 2016.

www.peterlang.com

www.ingramcontent.com/pod-product-compliance
Ingram Content Group UK Ltd.
Pitfield, Milton Keynes, MK11 3LW, UK
UKHW041826290926
8980IPUK00002B/92

9 783631 670125